JN252101

スターリンの娘

「クレムリンの皇女」スヴェトラーナの生涯

Rosemary Sullivan

ローズマリー・サリヴァン

訳◆染谷徹

Stalin's Daughter

The Extraordinary *and* Tumultuous Life *of*

Svetlana Alliluyeva

上

白水社

スターリンの娘——「クレムリンの皇女」スヴェトラーナの生涯◆上

STALIN'S DAUGHTER
by Rosemary Sullivan

Copyright © 2015 by Rosemary Sullivan

Published by arrangement with Harper, an imprint of HarperCollins Publishers
through Japan UNI Agency, Inc., Tokyo

Cover Photo/Hulton Archive/Getty Images

わが母、レアノア・マージョリー・ガスリー・サリヴァンに捧ぐ

スターリンの娘——「クレムリンの皇女」スヴェトラーナの生涯◆上

目次

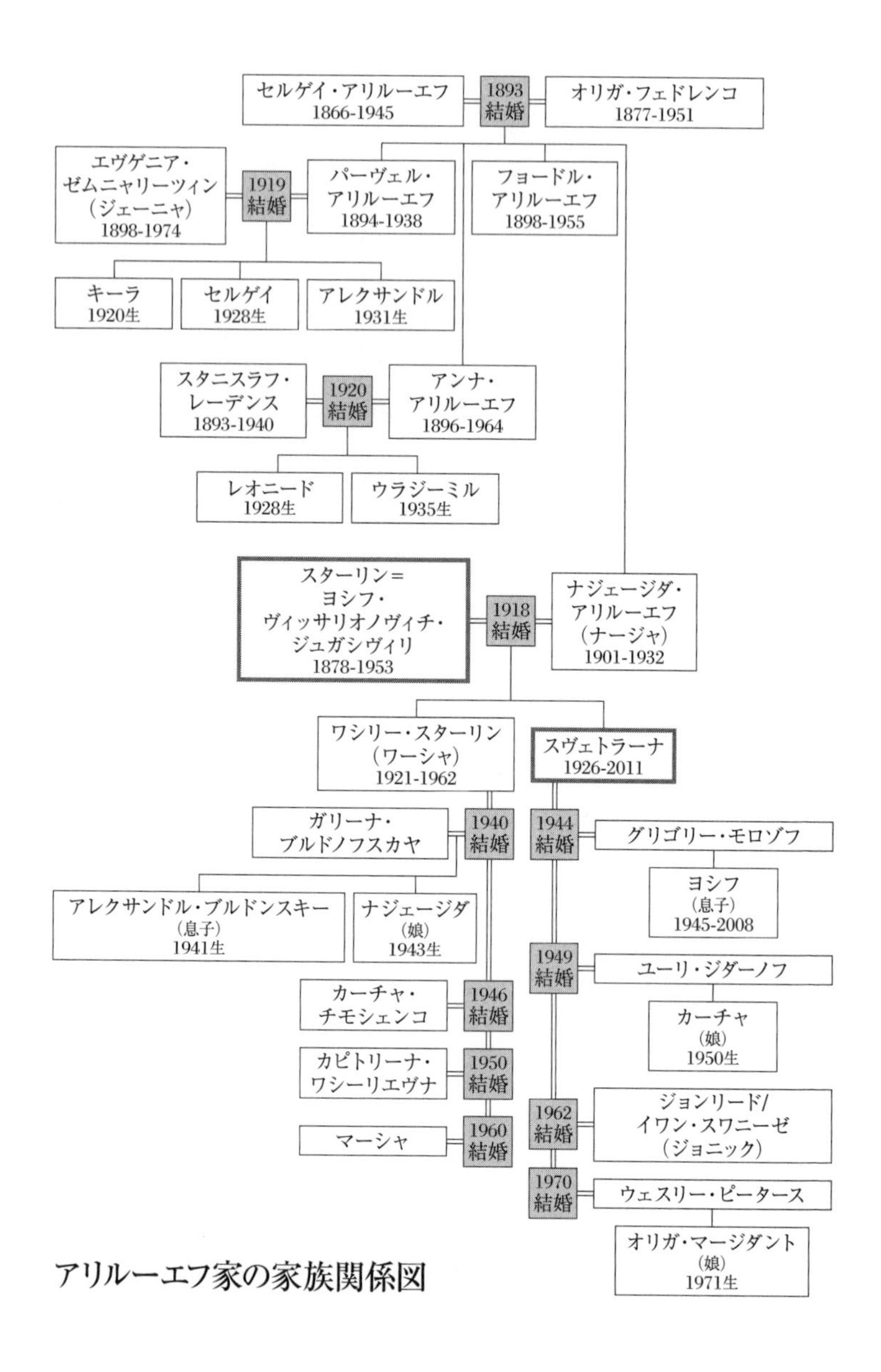

アリルーエフ家の家族関係図

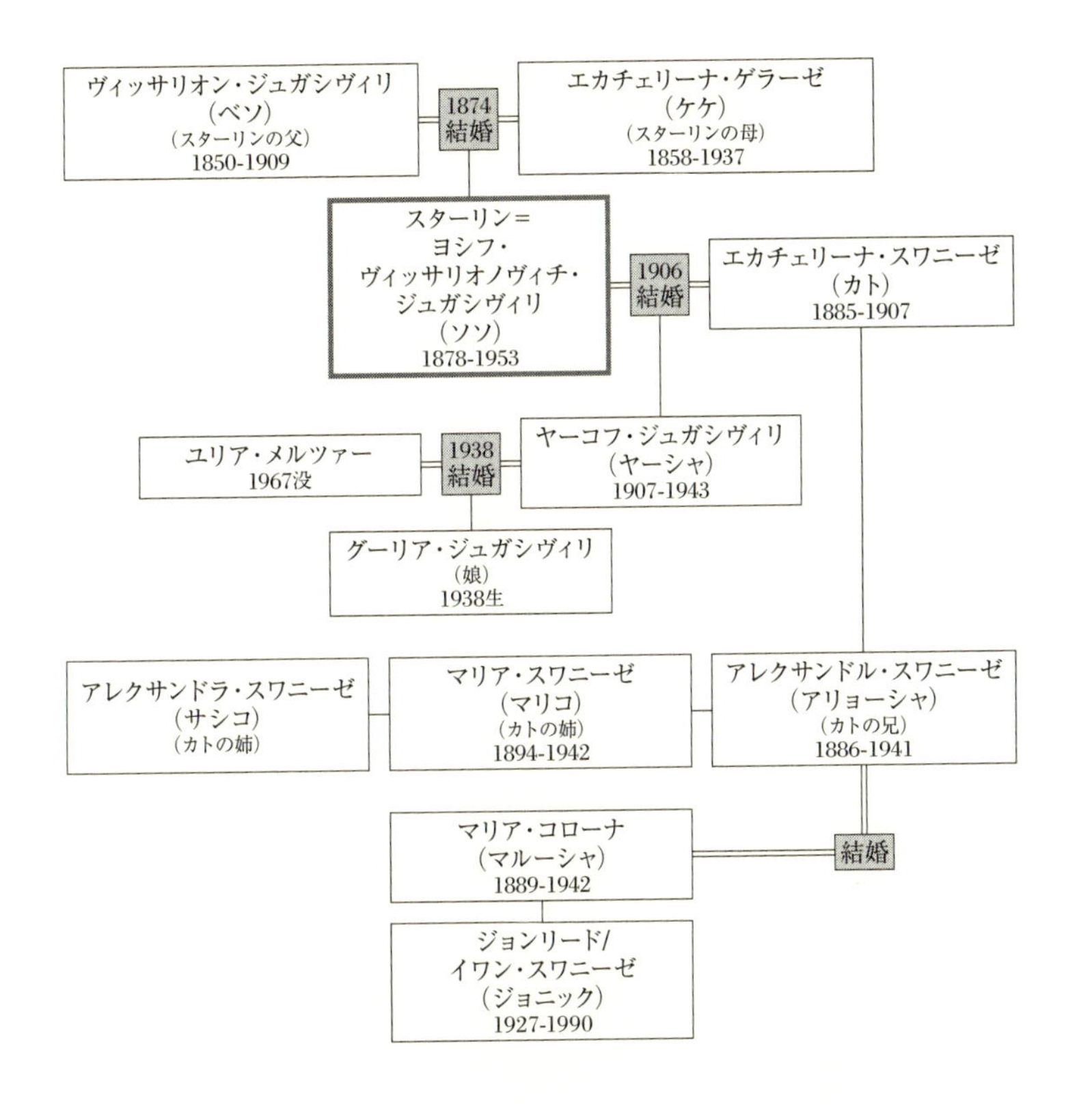

ジュガシヴィリ家の家族関係図

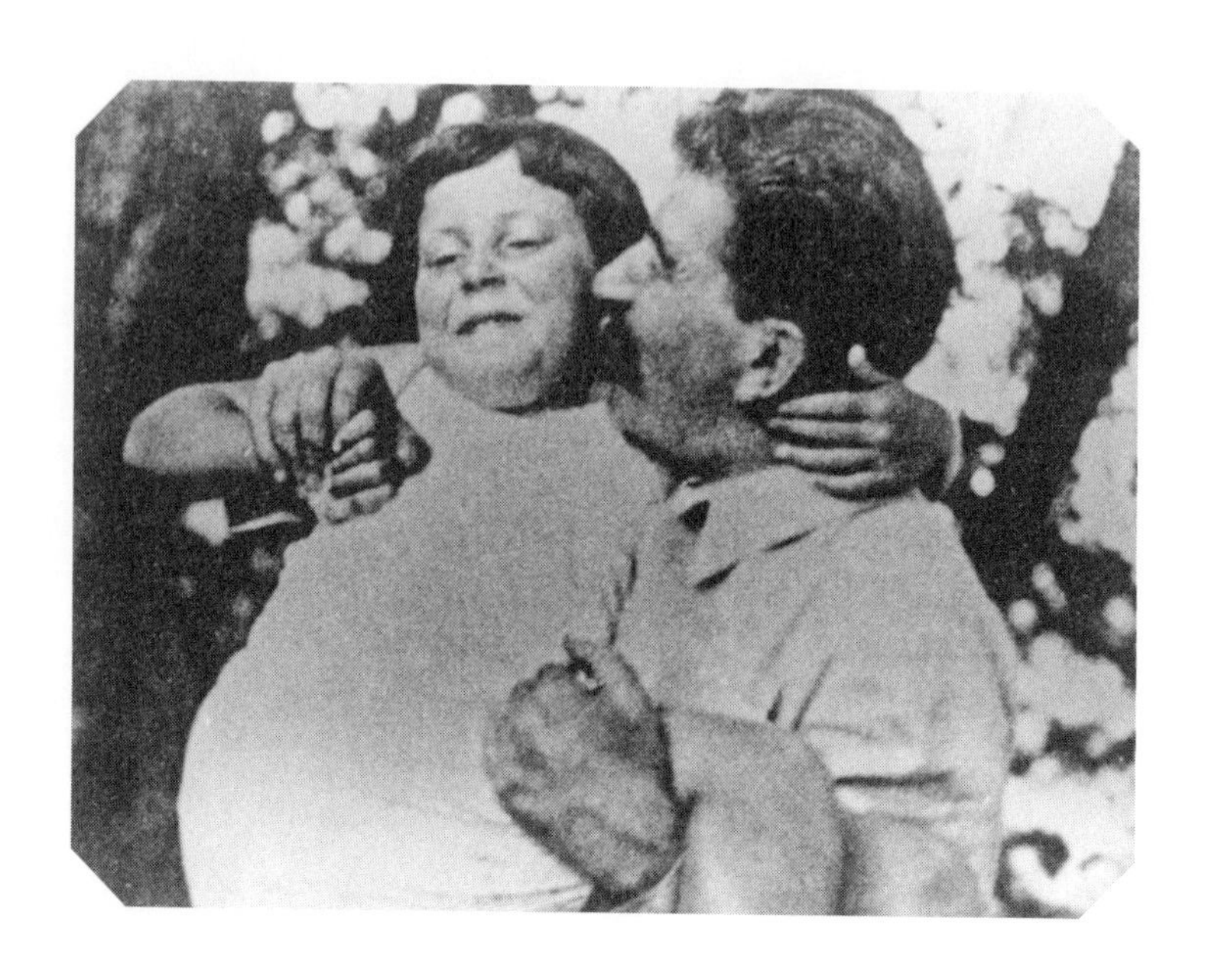

まえがき

スターリンの娘として生まれるということは何を意味するのだろうか。生涯を通じてスターリンという名の重荷を背負い、その重圧から一時も逃れられずに生きる人生とはどんなものだろうか。ソ連ではスターリンは生前からすでに神話的な存在だった。成立以来わずか三十年の歴史しかないソ連邦を世界の超大国に育て上げ、ナチス・ドイツとの戦争を勝利に導いた偉大な「最高指導者（ヴォーシチ）」として崇拝されていたのである。しかし、その一方で、残酷な粛清を行ない、悪名高い強制収容所システムを導入して恐怖政治を強行した元凶として、数百万のソ連市民から憎まれてもいた。西欧では、スターリンは世界で最も残忍な独裁者の一人と考えられており、悪の権化と見なされていた。スヴェトラーナ・アリルーエワは、たとえどんなに努力しても、スターリンの娘という烙印を振り払うことができなかった。「世界中どこへ行っても、たとえ、オーストラリアであれ、絶海の孤島であれ、私は父親の名前を刻印された政治的囚人の立場を免れないのです[1]」というのが彼女の嘆きだった。

ソ連国内でのスヴェトラーナの生活は想像を絶する苦痛の連続だった。まず、六歳半の幼さで母親のナジェージダ（ナージャ）・アリルーエワを失った。母親の死は自殺だった。その後、一九三〇年代後半にスターリンが大粛清を発動すると、その波はスターリン自身の親族をも次々に呑み込んでいった。スターリンの最初の妻エカチェリーナ（カト）の兄アレクサンドル・スワニーゼとその妻マリアは、スヴェトラーナが大好きな伯父と伯母だったが、人民の敵として逮捕され、処刑された。スワニーゼ夫妻の息子ジョニック（イワン）はスヴェトラーナの従兄で、幼少時代の遊び友達だったが、両親が逮捕されると、彼も行方不明となってしまった。自殺した母ナージャの姉アンナの夫で、スヴェトラーナの伯父にあたるスタニスラフ・レーデンスも処刑された。ナージャの兄パーヴェルはショックのあまり心臓発作に襲われて死亡する。十七歳になったばかりのスヴェトラーナの初恋の相手アレクセイ・カープレルはスターリンの命令で刑期一〇年の重労働刑に処せられ、強制収容所に送られた。異母兄のヤーコフは一九四三年にナチス・ドイツの捕虜収容所で殺害された。反コスモポリタン闘争の名で知られる戦後の粛清では、一九四七年に母の姉アンナが、また、一九四八年には母の兄パーヴェルの未亡人ジェーニャが、それぞれ逮捕され、独房での七年の禁固刑に処せられた。ジェーニャの娘でスヴェトラーナの従姉にあたるキーラも収監され、流刑処分となった。

一九五三年にスターリンが没した後も悲劇は続いた。兄のワシリーは逮捕され、紆余曲折を経て一九六二年にアルコール中毒で死亡する。一九六〇年代の半ばには、スヴェトラーナの友人だった文学者たちが相次いで逮捕され、強制収容所に送られた。スヴェトラーナはついに相思相愛の伴侶を見つけて心の平安を得るが、ブラジェシュ・シンという名のその人物との結婚は政府当局によって禁止され、ようやく彼の死後になって遺灰をインドに運ぶための出国を許可される。

スヴェトラーナ・アリルーエワは、人生の半ばにあたる四十一歳になった時点で、突如として衝動的に亡命を決意する。一九六七年三月六日の夕方のことだった。滞在先のニューデリーでアメリカ大使館に駆け込み、保護を求めたのである。過去から身を振りほどき、ソ連国内では望めない自由を期人は自分に与えられた運命を悔やむことはできない。でも、私の母親の結婚相手が平凡な大工さんで待しての行動だった。ソ連国内にとどまるかぎり、まるで「国有財産」であるかのように扱われる。それが彼女には耐えられなかった。ところが、米国務省は当初スヴェトラーナの亡命受け入れを拒否する姿勢だった。米ソ関係の安定を破壊するというのがその理由だった。米国が受け入れ先の第三国を探す間、彼女はスイスで待機することになる。

最終的に、スヴェトラーナは観光ビザでの米国入国を認められ、ソ連からの最も有名な亡命者として迎えられた。彼女は百万長者の亡命者でもあった。一九六三年に執筆した原稿を国外に持ち出すことに成功した回顧録『友人に宛てた二十通の手紙』を出版して、一五〇万ドルの利益を得たのである。しかし、彼女には金銭感覚というものがなかった。手に入れた利益の多くを寄付という形で人々に分け与えてしまい、残りの全財産もフランク・ロイド・ライトの未亡人オリギヴァンナ・ライトの策略にはまって失ってしまう。オリギヴァンナ・ライトは亡夫が設立したタリアセン財団の主任建築士ウェスリー・ピーターースとの結婚にスヴェトラーナを誘い込んで、財産をむしり取ったのである。ピーターースと結婚したスヴェトラーナ・アリルーエワは四十五歳でオルガ・ピーターースを産む。娘の誕生はスヴェトラーナにとって心の慰めだった。子供といえば、スヴェトラーナは、五年前、当時二十一歳だった息子のヨシフと十六歳だった娘のカーチャをソ連国内に残したまま亡命したのだった。それ以来十五年間、KGBの妨害工作によって、スヴェトラーナは二人の子供と連絡を取ることができなかった。

スヴェトラーナには、ぶっきらぼうにも見えるユーモア精神で自分を支えるという一面があった。それは、たとえば、次のような発言にも表れている。「ひょっとしたら『スターリンの娘』というレッテルから逃げられるかも知れないという心地よい幻想を、私はもうとっくに捨ててしまった……

あったらどんなによかったかと悔やんでいるのは事実です」[2]。スヴェトラーナが亡命後に西欧世界で過ごした歳月は四四年に及んだが、その四四年の大半はまるで遊牧民のように移動を繰り返す流転の暮らしだった。転居の回数は三〇回を越えた。しかも、その移動の中には、短期間ながらソ連邦に帰還するという行動も含まれていた。

スヴェトラーナ・アリルーエワについては、その「性格の不安定さ」を指摘する人が少なくない。また、歴史家のロバート・タッカーは「何のかんのと言っても、結局のところ、スヴェトラーナはある意味で父親によく似ていた」と評している[3]。しかし、スヴェトラーナについて驚くべき点は、むしろ父親に似ていないところにあった。彼女は暴力を全面的に否定していた。あえてリスクを冒すという一面はあったが、その一方で、柔軟に耐え忍ぶ力を備えていた。また、生への執着心を持ち、思いがけない楽観主義を発揮することがあった。その生涯の間に、彼女は二十世紀のありとあらゆる残虐行為を目撃し、このうえなく悲痛な経験を重ねたが、その経験を通じて、普通の人間ならば遭遇しないようなこの世の暗黒面を知ることになった。冷戦に巻き込まれ、東西両陣営の間でその身を引き裂かれ、両陣営のどちら側からも優しい扱いを受けなかった。亡命後は、苦しみながら西側世界の生活様式を一歩一歩学ばなければならなかった。その学習過程は彼女にとって驚異に満ちていたが、学習の結果はしばしば悲嘆をもたらした。

スターリンとは何者だったのかと問われて一言で答えることは誰にとっても難しいが、スヴェトラーナにとっても父親が何者だったのかを説明することは困難だった。父親に対するスヴェトラーナの気持ちには矛盾が含まれている。スターリンの犯罪については、スヴェトラーナは無条件に糾弾する立場だったが、彼女の子供時代の記憶の中では、スターリンは情愛あふれる父親でもあった。しかし、ある時点から、スターリンは愛情に満ちた父親ではなくなる。残忍な政策を推進したスターリンの動機は何だったのか、スヴェトラーナは理解しようとしたが、ほとんど成功しなかった。「父が良心の呵責に苦しんだとは思えない。きっと、良心の呵責など感じなかったのだろう。しかし、多くの人々を殺害し、さらに多くの人々の生活を破壊し、一部の人々から崇拝されつつその野心を実現した後も、父が幸福だったことは一度もない[4]」

ただし、スヴェトラーナはスターリンを単に怪物として片づける見方は重大な間違いであると警告している。歴史的に特異な政治体制が個人の私生活とその人生に何をもたらしたかを知ることが重要なのだ。スヴェトラーナによれば、スターリンは単独犯ではなかった。彼には数千人の共犯者がいた。

西側世界に亡命すれば作家としての私的生活が保証され、しかも、その生活を分かち合う伴侶に出会えるだろうとスヴェトラーナ・アリルーエワは夢想していた。彼女はその夢の実現のために果敢に努力したが、最後にはその努力は失敗だったという結論に達する。しかし、客観的に見れば、それは必ずしも失敗ではなかった。何よりも驚嘆すべきは彼女がともかくも生き抜いたという事実そのものにあったと言うべきだろう。

プロローグ　亡命劇

一九六七年三月六日のことだった。すでに午後の七時を過ぎていたが、ニューデリーのシャンティパス並木通りに面するアメリカ大使館の門はまだ開いていた。一台のタクシーが、鋭い眼つきで見守るインド人の門衛の前を通り過ぎ、門をくぐり抜けて大使館の構内に滑り込んだ。門から正面玄関に通ずる道は左右に分かれて大きな円形を作り、その円に囲まれる形で池があった。夕暮れの陽光が池の水面に反射して、タクシーの後部座席に座る乗客の目を射た。静かな光景だった。池の中央には噴水があり、吹き上げる水柱の向こう側に数羽の家鴨と野生の鴨の泳ぐ姿が見えた。近づいてくる大使館の建物を見やると、その外壁は隙間のあるコンクリート・ブロックで仕上げられており、それが軽やかで風通しの良い印象を建物に与えていた。今しがた後にして来たソ連大使館の物々しいほどに堅固な作りの建物とは対照的だと乗客は思った。

タクシーを降りた女性の乗客は、正面玄関に通じる広い階段を昇り切ると、米国の国章である白頭鷲が刻み込まれたガラスのドアをじっと見つめた。これまで彼女が人生の節目で下してきた重要な決断はすべて唐突だったが、今回の決断も衝動的だった。このドアを越えてしまえば、過去の生活はすべて失われ、二度と元に戻れないことは承知のうえの行動だった。こんなことをすれば、自分の頭上にクレムリンの怒りの鉄槌が下ることは間違いなかった。負けてなるものかと思いながらも、恐怖に身がすくんだ。この決断は生涯で最も重要な決断と言ってもよかった。彼女は脱出を決意したが、脱出した先に何が待っているのかは見当もつかなかった。しかし、ためらいはすでに消えていた。小さなスーツケースを片手に抱え直して、彼女はドアのベルを押した。

その日、正面玄関の当直デスクにいたのは海兵隊員のダニー・ウォールだった。ダニー・ウォールがドアを開けると、目の前に小柄な中年女性が立っていた。服装はきちんとしていたが、特にこれといって特徴のない女性だった。「今日の大使館業務はもう終わりました」と彼が言おうとした時、女性がパスポートを差し出した。それを見て、海兵隊員は一瞬青ざめ、女性を中に入れたうえで、玄関のドアに鍵をかけると、彼女をホールのすぐ横の小部屋に案内し、館内電話で二等書記官ロバート・レイルの呼び出しを要請した。「不意の客」への対応はロバート・レイルの担当だったからである。「不意の客」とはアメリカ大使館で使われていた隠語で、亡命希望者を意味する暗号だった。数分後、当時大使館内にいなかったレイルが外部から電話してきた。海兵隊員ダニー・ウォールは大使館の受付にソ連からの亡命者が来ている旨を暗号混じりの言い方で伝えた。レイルにとっては予想外の事態だった。この静かな月曜日の夕方、インドの首都にソ連からの亡命者が現れるとは思っていなかったのである。

七時二十五分、二等書記官ロバート・レイルが大使館に到着した。その時、例の女性は領事のジョージ・ヒューイと言葉を交わしていたが、現れたレイルの方に向き直ると、ほとんど出し抜けにこう言った。「多分信じてもらえないかも知れないけれど、私はスターリンの娘です」(1)。

レイルは目の前に立つ赤い髪をした控え目で魅力的な女性を見つめた。女性の方も淡い青色の眼で真っ直ぐに彼を見つめ返した。どう見てもスターリンの娘のイメージには合わない、とレイルは思った。ただし、スターリンの娘のイメージがいったいどんなものかを知っていたわけではなかった。女性はレイルに向かってパスポートを差し出した。レイルは素早く名前を読み取った。「ソ連邦市民スヴェトラーナ・ヨシフォーヴナ・アリルーエワ」と記されていた。様々な可能性が彼の頭をよぎった。ソ連がスパイを送り込んで、何らかの新しい情報戦を始めようとしているのか、それとも、少し頭のおかしい変わり者の女が現れただけなのか。しかし、父称の「ヨシフォーヴナ」は確かに彼女の父親がヨシフであることを意味している。領事のジョージ・ヒューイが呆れたような口調で質問した。「ということは、つまりスターリンが貴女のお父上ということですか？　あのスターリンが？」[2]。

レイルは、共産圏からの「不意の客」に対応する責任者として、まずこの女性の身元を確認する必要があると考えた。そこで、ひとまず女性との会話を打ち切り、その場を離れて大使館内の通信センターに向かい、ワシントンの国務省に電報を打った。スヴェトラーナ・ヨシフォーヴナ・アリルーエワという名の女性に関するすべてのファイルを電送するよう要請したのである。一時間後に回答が来た。しかし、回答の内容は「素性不明」だった。ワシントンはその名前の女性について何ひとつ知らなかった。スヴェトラーナ・ヨシフォーヴナ・アリルーエワに関するファイルは、ＣＩＡにも、ＦＢＩにも、国務省にも存在しなかった。米国政府はそもそもスターリンに娘がいることさえ知らなかったのである。[3]

ワシントンからの回答を待つ一時間の間に、レイルはスヴェトラーナ・アリルーエワを名乗る女性にいくつかの質問をした。どういう事情でインドに滞在しているのか？　スヴェトラーナは、インド人だった内縁の夫の葬儀をインドで執り行うために十二月十九日にソ連を出国した、と答えた。内縁の夫だったインド人ブラジェシュ・シンの遺灰をヒンズー教の教義に従ってガンジス川に流す目的で、ウッタルプラデシュ州のカラカンカルという小さな村を訪問するための国外旅行をソ連政府から特別に許可された、という説明だった。そして、スヴェトラーナはいかにも口惜しげにつけ加えた。閣僚会議議長のアレクセイ・コスイギンは、ブラジェシュ・シンが外国人であることを理由に、みずから介入して自分とシンとの結婚に反対し、どうしても結婚許可を与えなかったが、ようやくシンの死後になって遺灰をインドに運ぶための出国を認めたのだ。三ヵ月滞在する間に、彼女はインドがすっかり好きになり、もうしばらく滞在を続けたいと希望したが、滞在期間延長の申請は却下された。「クレムリンは私を国有財産のひとつと見なしている」とスヴェトラーナはうんざりした口調で言った。「私がスターリンの娘だからだわ」。インド政府も、ソ連の圧力を受けて、ビザの延長を認めようとしない、と彼女はレイルに説明した。国家の「文化財」のように扱われるのはもう沢山だった。二度とソ連に戻る気はなかった。スヴェトラーナはレイルの眼を直視しながら、このアメリカ大使館に来たのは政治的亡命者としてアメリカ政府の保護を求めるためである、と言った。(4)

ここまでのやりとりからレイルが得た結論は、この女性が冷静であり、しかも本気であるということだけだった。しかし、万一彼女の話が本当だった場合、それが重大な政治的事件であることはレイルにもすぐに理解できた。もし、スターリンの娘なら、この女性はいわばソ連の皇女であり、皇女が亡命したということになれば、ソ連政府の受ける打撃は計り知れないほど大きい。彼らは必ず皇女を奪還しようとするだろう。そうなれば、この大使館は国際紛争の暴風雨に巻き込まれるだろう。(5)

しかし、レイルには疑わしい点がまだ残っていた。なぜ彼女の姓は父親ヨシフの姓であるスターリナ〔スターリンの女性形〕またはジュガシヴィリ〔スターリンの本名〕ではないのか？　女性は答えた。すべてのソ連邦市民に認められている改姓の権利を行使して、一九五七年に父親の姓スターリナから母親ナジェージダの旧姓アリルーエワに改姓したのだ。

次に、このアメリカ大使館に来る前にはどこにいたのか、とレイルが尋ねると、ソ連大使館のゲストハウスに滞在していた、というのが彼女の答えだった。ソ連大使館とアメリカ大使館は同じシャンティパス並木通りにあり、その距離はわずか数百メートルにすぎない。「どのようにして気づかれずにソ連大使館を抜け出すことができたのか？」という質問に、彼女は「ソ連から到着したばかりの軍事使節団を迎える大規模なレセプションがあり、同時に、国際婦人デーの祝賀行事の準備に追われて誰もが忙しく動いているので、私の外出に気づかなかったのだろう」と答えた。ゲストハウスから彼女が消えたことが発覚するまでにどのくらいの時間が見込まれるか、との質問に対しては、四時間ぐらいは気づかれないだろう、というのが答えだった。今夜はソ連大使館の全員が酔っぱらっているからだ。インドの前駐ソ大使T・N・カウルの屋敷を訪ねるというのが彼女の外出の表向きの理由だった。そこまで言って、女性は急に慌てて叫んだ。「そうだわ！　カウル大使とお嬢さんのプリーティに電話して、今晩の食事に行かれなくなったことを知らせなくちゃ！[6]」。

レイルはこのちょっとした好機を見逃さずに事実を確認しようとした。「分かりました。この電話を使いましょう」。そう言って、女性から電話番号を聞き、ダイアルを回し、そして受話器を女性に手渡すと、会話に耳を傾けた。女性は電話の向こうのT・N・カウルとその娘に今晩は頭痛がするので夕食の招きには応じられなくなったと説明し、二人に心のこもった別れの挨拶をして、電話を切った。[7]

スターリンの娘を名乗る女性は、次に、小さなスーツケースから分厚い不揃いの紙の束を取り出してレイルに手渡した。それはロシア語で書かれた手稿で、表紙には『友人に宛てた二十通の手紙』というタイトルと筆者スヴェトラーナ・アリルーエワの名が書かれていた。これはクレムリンの中で生まれ育った自分の個人的な回想記である、とスヴェトラーナは説明した。ブラジェシュ・シンに紹介されたモスクワ駐在のインド大使T・N・カウルが一年前の一九六六年一月に密かにソ連から持ち出し、彼女が三ヵ月前にニューデリーに到着した後になって返却された手稿だった。スターリンの娘が本を書いていたとしたら、それは驚くべき展開だった。父親についての何らかの新事実が判明するかも知れないからだ。コピーを取ってもよいか、とレイルが尋ねると、スヴェトラーナは了承した。

政治亡命を求める際に必要な公式書類への記入手続が始まった。スヴェトラーナはレイルの細かな助言に従って書類を完成し、署名した。この時点では、まだ、政治亡命の受け入れを確実に約束することはできない、とレイルが警告すると、彼女は持ち前とも思われる政治的取引の才能を発揮して答えた。「もし、米国が私を助けることができないか、あるいは、私を助ける意志がないと言うのなら、インド国内に大使館を持つ他のいかなる国も私を助けようとはしないだろう」。スヴェトラーナはソ連邦に戻らない決心を固めていた。したがって、米国が受け入れないならば、残された唯一の道は事のすべてを「率直かつ全面的に」報道機関に公表し、インドと米国の世論に訴えるしかないだろう、と彼女は言った[8]。亡命者としての保護を求めるスターリンの娘の要請を冷たく拒絶したということになれば、アメリカの国内世論の不興を買うことは必定である。スヴェトラーナは政治的脅迫のやり方を心得ていた。それは彼女がそれまでの人生を通じて学び取った重要な処世術のひとつだった。

レイルはスヴェトラーナを二階の別室に案内し、紅茶を出し、頭痛薬として数錠のアスピリンを与えたうえで、身上書を書くように勧めた。生い立ちを簡潔に記し、亡命を希望する理由を記述するように求めたのである。そして、上司に相談する必要があるとして、再び席を外した。

その日、米国の駐インド大使チェスター・ボウルズは体調を崩して、自宅で臥せっていた。そこで、レイルは大使館付きのCIA主任と連れ立ち、歩いて一〇分の距離にある大使私邸に向かった。ボウルズ大使が後に語ったところによれば、彼はスヴェトラーナを名乗る女性と顔を合わせたくなかった。誇大妄想の精神病者か、あるいは、悪意を抱く詐欺師である場合の影響を恐れたからだった。特別補佐官のリチャード・セレストを交えて、四人の関係者がこの突発事件について話し合った。ソ連側がこの女性の失踪に気づく前にスヴェトラーナなる人物の身許を確認する作業は、現在のインド大使館の力では明らかに困難だった。ボウルズ大使の考えでは、ソ連は武器援助を通じてインド政府に絶大な影響力を有しており、したがって、スヴェトラーナがアメリカ大使館に匿われていることが分かれば、インド政府は司法権を行使して彼女を国外追放処分にする恐れがあった。そうなる前にスヴェトラーナをインド国外に安全に脱出させなければならない。

午後九時四十分、インド大使館からワシントンの国務省宛てに二通目の電報が発信された。今回の電報は前回よりもやや詳しく状況を報告し、ソ連大使館が女性の失踪に気づくまでに残された時間が四時間であることを伝えたうえで、次のように結論していた[9]。「もし別段の指示がなければ、スヴェトラーナなる女性をグリニッジ標準時十九時四十五分（インド現地時間の午前一時十五分）にニューデリーを離陸するカンタス航空751便でローマに送致する予定である」。十一分後、ワシントンから電報を受理した旨の返電があった[10]。

大使私邸の四人は、想定できるすべての選択肢をもう一度検討し直した。スヴェトラーナの保護を打ち切り、ソ連大使館に帰らせるという手もあった。ソ連大使館はまだスヴェトラーナの失踪に気づいていないはずだった。しかし、その場合、スヴェトラーナは各国の記者を集めて事実を公表する意志を明らかにしている。米国大使館の本館または大使公邸（ローズヴェルト・ハウス）のいずれかにいったん匿ったうえで、インド側にスヴェトラーナの亡命希望を伝え、インドの裁判所の決定を待つことも可能だった。ただし、その場合は、インド政府が力ずくでスヴェトラーナの身柄確保に乗り出す恐れがあった。極秘裏にインドから密出国させるという対応もないわけではなかった。しかし、どの選択肢も適切とは思われなかった。

決定的に重要な鍵は、スヴェトラーナの手許にパスポートがあるという事実だった。ソ連からの亡命者がパスポートを所持するのは異例のケースだった。ソ連市民が外国旅行をする際には、外国への到着と同時にパスポートを取り上げられ、帰国便の飛行機に乗り込むまで返還されないのが常だったからである。その日の午後、ソ連大使館ではI・A・ベネディクトフ大使がスヴェトラーナを呼んで、送別の昼食会を開いた。それは大使にとっても、スヴェトラーナにとっても、不愉快な昼食会だった。大使は内心激怒していた。スヴェトラーナが帰国しないために、ソ連政府が認めた一ヵ月の滞在許可を大幅に超過したにもかかわらずスヴェトラーナが帰国しないために、モスクワからは即時帰国させるよう督促する指示が来ていた。外交官としての大使の経歴が危機にさらされていた。そこで、ベネディクトフ大使はスヴェトラーナを説得し、明後三月八日のモスクワ直行便で帰国することにようやく同意させたところだった。

「では、どうしても帰国しなければいけないというのなら」とスヴェトラーナは言った。「私のパスポートはどこにあるの?」。ベネディクトフは傍らの部下に向かって怒鳴った。「パスポートを渡してやれ!」[11]。スヴェトラーナはいかにもスターリンの娘らしい対応を示したのだった。彼女が何かを要求する時には、決して相手に拒否を許さない強引さがあった。重大な間違いを犯したベネディクトフは、後に高い代償を支払わされることになる。ソ連はその歴史始まって以来の最大の亡命者を取り逃がそうとしていた。

アメリカ大使の私邸では、チェスター・ボウルズ大使が病床に座り直して決断を下した。インド政府発行の有効な関係書類とソ連のパスポートを所持する以上、スヴェトラーナは合法的に公然とインドを出国することができる。大使はスヴェトラーナのパスポートに米国の観光ビザB—2のスタンプを押すよう指示した。観光ビザB—2は六ヵ月間有効な滞在ビザである。次に、大使はロバート・レイルに向かって、スヴェトラーナのインド出国に同行するよう指示し、レイルは了承した。ボウルズ大使を私邸に残して、三人の男たちは米国大使館へ戻った。[12]
午後十一時十五分、空港へ向かう準備に追われながら、レイルはスヴェトラーナに重ねて念を押した。「自分が何をしているのか完全に分かっていますか？　あなたはやり直しのできないことをしているのですよ」。もう一度慎重に考えてみてはどうか、とレイルが忠告すると、スヴェトラーナは、すでにたっぷり時間をかけて考え抜いたことだ、と答えた。そこで、レイルは大使館の予備費の中から一五〇〇ドルの現金を米国到着後の当座の経費としてスヴェトラーナに渡した。
スヴェトラーナは長い廊下を歩いた先のエレベーターで大使館の車庫に降り、例の手稿と数着の衣服の入った小さなスーツケースを抱えて車に乗り込んだ。若い海兵隊員と大使館のソ連問題専門家ロジャー・カークの二人が彼女の両隣に座った。カークは最近モスクワから戻ったばかりだった。二人はスヴェトラーナに微笑みかけた。スターリンの娘の隣に座って護衛する経験は刺激的だった。一方、スヴェトラーナは「アメリカ人はどうしていつも笑顔を見せるのだろう？」と訝っていた。「礼儀正しくありたいと思うのか、それともゲイ気質の人間が多いのか？」。いずれにせよ、「微笑みに毒されたことのない」スヴェトラーナにとっては、不愉快な経験ではなかった。[13]
一方、ロバート・レイルは大使館から自宅にいる妻のロマーナに電話し、数日間の日程で出張するための旅行用品をトランクに詰め、一時間後にパーラム空港〔現在のインディラ・ガンジー空港〕に持って来るように頼んでいた。妻には旅行先を告げなかった。その後、カンタス航空の事務所に立ち寄り、ローマ経由米国行きの日時指定のないファーストクラスの航空券を二枚購入し、空港で一行に合流した。閑散としてほとんど人影のない深夜の空港だったが、少なくとも一〇人以上のアメリカ大使館職員が歩き回って警戒にあたっていた。スヴェトラーナは二人の護衛に挟まれて椅子に腰かけていた。[14]

税関と出国審査のゲートは何の問題もなく通過することができた。五分後、スヴェトラーナは正式のインド出国ビザと米国の入国ビザを手にして、レイルとともに国際線の出発ロビーにいた。「不安ではありませんか?」とレイルに聞かれて、スヴェトラーナは「いいえ、ちっとも」と答え、ニッコリ笑った。いかにも彼女らしい反応だった。スヴェトラーナは本質的に賭け事師だったと言える。その生涯を通じて彼女が下した重大な決断はすべて衝動的な賭けの一種だった。そして、賭けの結果として生じる事態を目のくらむような奔放さで乗り切るのがスヴェトラーナの流儀だった。ドストエフスキーの作品の中で彼女が最も気に入っていたのは『賭博者』だった。

一方レイルはといえば、見たところ冷静だったが、内心には不安を抱えていた。スヴェトラーナが失踪したことが露見すれば、ソ連側が強硬に身柄の引き渡しを求めてくることは間違いなかった。空港にいることが分かれば、インド警察はスヴェトラーナを拘束するだろう。そうなれば、レイルには対抗すべき手段がなかった。彼女が拘束された場合の結果は重大だった。[15] スターリンが生きていた頃なら、彼女は銃殺される恐れさえあった。もちろん、スターリンの死から十四年を経た今、さすがに銃殺はないとしても、現在のソ連政権は亡命者に対して厳しい態度を取っており、投獄は必至だった。一九六一年に古典舞踏家のルドルフ・ヌレーエフが亡命した時には、欠席裁判で七年の重労働刑が宣告されている。レイルはソ連で最近行なわれたアンドレイ・シニャフスキーとユーリ・ダニエルの裁判を思い出していた。二人は「反ソ的」な文筆活動を行なった罪で有罪判決を受けて強制収容所に収監され、今もそこで呻吟している。スヴェトラーナの場合には、クレムリンはあえて公開裁判のリスクさえ冒そうとしないだろう。彼女はどこかの精神病院の闇の中に跡形もなく消えてしまうだろう。レイルは知らなかったが、この時、スヴェトラーナも、また、シニャフスキー裁判を思い出していた。彼女はシニャフスキーと親しい友人の間柄だった。もし、身柄を拘束されれば、少なくとも二度と再びソ連邦から出国できなくなることは、スヴェトラーナも承知していた。
二人が乗る予定のカンタス航空便が時間通りに空港に到着した。レイルはホッとしたが、その安堵はすぐに不安に変わった。機体にトラブルが発生したので離陸が遅れる、というアナウンスがあったからである。レイルとスヴェトラーナは出発ロビーに座って待つしかなかった。遅延時間は分単位から時間単位に延びていった。レイルがスヴェトラーナを見ると、彼女も苛立ち始めた様子だった。緊張した気持ちをほぐそうとして、レイルは何度も立ち上がり、到着カウンターを見に行った。モスクワ発のアエロフロート航空定期便が午前五時に到着することは分かっていた。その時間になると、到着または出発するソ連の外交使節や代表団を出迎え、あるいは見送るために、大勢のソ連大使館員が空港に詰めかけることが予想された。すでに、アエロフロートの社員たちが搭乗口のブースを開き始めていた。その時、ようやくローマ行きカンタス便の出発アナウンスがあった。飛行機が離陸したのは午前二時四十五分だった。[16]
二人がようやく機上の人となった頃、ワシントンの国務省からニューデリーの米国大使館に「亡命者」に関する電報が届いた。ワシントンでは、国務省との連絡調整を担当するCIAのドナルド・ジェイムソンが国務次官補のフォイ・コーラーにニューデリーの状況を説明したが、その時のコーラー次官補の反応は驚くべきものだった。国務次官補は「その女を今すぐ大使館から叩き出すようにニューデリーの連中に言ってやれ。絶対に亡命を助けたりしてはならない」と怒鳴ったのである。[17]つい最近までソ連大使の職にあったフォイ・コーラーは、米ソ間の雪どけのきっかけを作ったのは自分の個人的な業績だと自負していた。折しもソ連がロシア革命五〇周年を祝おうとするこの年にスターリンの娘の亡命騒ぎに手を貸して、米ソ関係の改善に水を差すような事態を招くことはとうてい許すわけにはいかなかった。スヴェトラーナの亡命申請を却下せよという内容の国務省の公電に対して、ニューデリー大使館は次のように返電した。「指示が遅きに失したため、事態は手遅れとなった。問題の人物は当大使館の職員に付き添われてすでに出国し、ローマに向かう飛行機の機上にある[18]」。

この時、ニューデリーのアメリカ大使館はカンタス航空便の出発状況を確かめていなかった。スヴェトラーナとレイルの二人がパーラム空港の出発ロビーで二時間近くも待たされており、したがって、呼び戻すことが可能であることを大使館が把握していれば、スヴェトラーナは大使館に呼び戻されたうえで、「叩き出された」であろう。そうなれば、その後の彼女の人生はまったく別のものとなっていたはずである。しかし、いずれにせよ、彼女の人生は綱渡りのロープの上で踊るような暮しの連続だった。そのロープは運不運に見舞われて大きく左右に揺れ動いた。後年、スヴェトラーナは自分をジプシーに喩えている。スターリンの娘は最後まで父親の名前の影から逃れることができず、安全な着地点を見つけようとして叶わず、流浪の旅を続けることになるのである。

第1部

クレムリンの皇女

第1章　陽の当たる場所

スヴェトラーナには、折に触れて昔の写真を取り出して眺め入り、思いに耽るという習慣があった。その習慣は生涯続いた。幼い頃の写真を目にした時に呼び覚まされる愛おしくも切ない懐旧の念が彼女の心を捉えて離さなかったのである。彼女の幼年時代にカメラを構えて写真を撮影したのは、いつも母親のナジェージダだった。その頃の家族写真に登場する人々は誰もが若々しく、生気に溢れ、晴れやかな表情をしていた。母親が亡くなる一九三二年までにスヴェトラーナが過ごした人生の最初の六年半は、陽光の降りそそぐ幸福な時代だった。「私が子供時代を過ごしたあの陽の当たる場所」という表現で、しばしば彼女は当時を懐かしく振り返っている。[1]

個人的な過去を振り返ることなしに生きることのできる人は少ない。人がいつも幼少時代を思い出すのは、人格の最も深いところにある芯が子供の頃に両親の影響で形成されるからである。自分の人格が幼少期にどのようにして形成されたのかについて、人は常に思いを巡らすことになる。スヴェトラーナには、幸福だった子供時代を好んで思い出そうとする傾向があった。しかし、その幸福の裏側に当時は知ることのなかった流血の社会的惨状があったことをしだいに理解するようになるのである。心の慰めを求めようとして彼女がいつも振り返ったその特異な子供時代とは、いったいどんなも

1930年頃の家族写真。
後列に立つ二人の女性は、左からスターリンの最初の妻カトの姉
マリコ・スワニーゼとサシコ・スワニーゼ。
その前に座る三人は、左からスヴェトラーナの乳母のアレクサンドラ・アンドレーエヴナ・ブイチコワ、
家庭教師のナタリー・コンスタンチノワ、スヴェトラーナの母方の伯母アンナ・レーデンス。
前列に座る子供たちは、左からスヴェトラーナ、兄のワシリー、
ニコライ・ブハーリンの娘(ワシリーに抱かれている)。
右端に立つ男性はスヴェトラーナの母方の祖父セルゲイ・アリルーエフ。

のだったのだろうか。

　スヴェトラーナは幼少期をクレムリンで過ごした。クレムリンとは皇帝（ツァーリ）のためにモスクワ川の北岸に高い城壁をめぐらして建てられた広大な王宮であり、ほとんど独立の小都市としての性格を備えた城砦だった。威容を誇る多数の塔と大寺院、宮殿などが大聖堂広場を中心に林立し、巨大な門が城外の赤の広場に向かって開いていた。モスクワの市街は赤の広場を通じてさらにその北側に広がっていた。王宮でもあったこの城砦はスターリン一家が住むにはあまりにも壮大で華麗にすぎると思われるかもしれないが、スヴェトラーナがヨシフ・スターリンとナジェージダ（ナージャ）・スターリナの第二子として生まれた一九二六年当時は、ロシア革命の成功からわずか九年の時期であり、国民大衆から見ればスヴェトラーナはクレムリンの皇女に他ならなかった。ただし、父親のスターリンが信奉するボリシェヴィズムの規律が命ずるところによって、スターリン家の生活は比較的質素だった。

　スターリン家の住居はクレムリン内の旧宮殿のひとつであるポテシュヌイ宮殿の中にあった。ポテシュヌイ宮殿は一六五二年に建設された四階建の古い建物で、喜劇を上演するための劇場として使われていたために「娯楽宮殿」とも呼ばれていたが、十九世紀に入ってからは皇帝の秘密警察組織「オフラーナ」の本部事務所となっていた。ポテシュヌイ宮殿には劇場時代の優雅なシャンデリアが残っており、階段には絨毯が敷き詰められていた。スターリン家の住居はその階段を昇った二階の天井の高い薄暗い一角を占めていた。

　スヴェトラーナはポテシュヌイ宮殿のこの住居を次のように回想している。「家庭教師のためにも特別の部屋があった。食堂はグランドピアノを置くのに十分な広さだった。母の部屋があり、別に父専用の小さな寝室もあった。父の寝室のテーブルの上には電話機が何台も載っていた」[2]。その他に子供部屋が二つあり、スヴェトラーナはそのひとつで乳母と一緒に寝起きしていた。さらに、台所があり、家政婦の部屋があり、バスルームも二つあった。各部屋に暖房用の薪ストーブが置かれていた。スヴェトラーナによれば、「家具類はブルジョア趣味だったが、質素で飾らない住まいだった」。スターリン以外のボリシェヴィキ党幹部の多くは、ポテシュヌイ宮殿と小道を隔てて向かい側に立つ旧騎兵隊宿舎の建物に家族とともに暮らしていた。彼らはスターリンの住居にも気軽に立ち寄った。

ボリシェヴィキ党の教義に従えば、私有財産というものは存在しなかった。ワイングラスから食事用の銀食器に至るまで、すべては国家に属する国有財産だった。それは、つまり、すべての財産が早い者勝ちで誰かの物になるという意味だった。革命初期には党幹部でさえ配布される食料配給カードで生活物資を購入する時期があったが、それは表向きの建前にすぎなかった。国民全体が飢餓に喘いでいる時にも、党幹部が互いの自宅に集まって開く内輪のパーティーの食卓には、有り余る料理が並んだ。また、党幹部には、全員に郊外の別荘が割り当てられていた。それらは革命初期に国外に逃亡した金持ちの上流階級が放棄した屋敷だった。

一九二六年二月二十八日にスヴェトラーナが生まれた時、スターリンの住居には多くの人々が暮らしていた。まず、一九二一年三月二十一日生まれで五歳年上の兄ワシリーがいた。このワシリーを出産する時、母親のナージャは、ボリシェヴィキ女性としての剛健さと鉄の意志を示すために、夕食を終えてから病院まで自分の足で歩いて行き、出産が終わると、家にいるスターリンに無事出産を知らせる電話を自分でしたと伝えられている。[3] スヴェトラーナの異母兄のヤーコフ・ジュガシヴィリも一緒に暮らしていた。スターリンの最初の結婚で生まれ、一九二一年から一家に合流していたヤーコフは、スヴェトラーナにとって十九歳年上の尊敬すべき長兄だったが、後にナチス・ドイツの捕虜収容所で悲惨な死を遂げることになる。

さらに、スターリン家には多数の親戚や縁者が絶えず出入りして、チェーホフ風の長閑な生活を繰り広げていた。主な親戚はアリルーエフ家とスワニーゼ家の人々だった。ナージャの実家であるアリルーエフ家の人々は頻繁にスターリン家を訪ねて来た。そのメンバーは、ナージャの両親でグルジア出身のセルゲイ・アリルーエフとオリガ・アリルーエワ、ナージャの兄のフョードルとパーヴェル、パーヴェルの妻のエヴゲーニャ（ジェーニャ）、ナージャの姉のアンナとその夫のスタニスラフ・レーデンスなどだった。ここに名を上げた人々の全員が後にスターリンの粛清劇で悲劇的な犠牲者の役割を演ずることになる。

一方、スワニーゼ家の人々がグルジアからモスクワに出て来たのは一九二一年以降のことだった。彼らはスターリンの過去をよく知る人々だった。グルジア生まれのヨシフ・スターリンは、彼がまだ「ソソ」の仮名を使って革命の夢を語る一地方の扇動家（アジテーター）のひとりにすぎなかった一九〇六年、神学校時代の友人で、同じ地下活動家として革命の同志だったアレクサンドル・スワニーゼ（アリョーシャ）の妹カトと結婚した。ボリシェヴィキ革命の勝利が際限もなく遠い未来の夢としか思えなかった当時、アレクサンドル・スワニーゼの三人の姉妹はチフリス（トビリシ）の町でアトリエ・エルヴィーユという名の高級婦人服店を経営していた。アトリエ・エルヴィーユの待合室は、洋服の注文や採寸のために立ち寄る上流階級の妻や娘と、彼女たちに付き添って来る貴族、将軍、警察高官などでいつも混み合っていた。アリョーシャの三人の姉妹が将軍の妻のドレスの試着に立ち会っている間、その隣の部屋では革命家たちが破壊工作の計画を相談し、秘密文書をマネキンが着る最新流行の服の内側に隠していたのだった。(4)

三人姉妹のうち一番年下のエカチェリーナはとりわけ美しく、カトと呼ばれて誰にも親しまれていたが、彼女はいつしか同志ソソに思いを寄せるようになる。秘密めいた雰囲気に包まれ、機知に富む話し方をするスターリンに心惹かれたのだった。その頃、スターリンはボリシェヴィキ党チフリス支

1907年に死亡したスターリンの最初の妻
エカチェリーナ・スワニーゼ(カト)。

部の責任者に昇格し、そのため皇帝の秘密警察に付け狙われていた。結婚して数ヵ月後にカトは妊娠し、一九〇七年三月に息子ヤーコフを出産するが、その後まもなく、チフスに罹患して倒れてしまう。スワニーゼ家に伝わる話によれば、カトは、一九〇七年十一月二十二日、夫ソソの両腕に抱かれ、わずか二十一歳の若さでこの世を去った。カトの埋葬式に出席したスターリンはすっかり取り乱し、墓穴に飛び込んで棺にすがったと言われている。そして、妻の死後の二ヵ月間、彼はどこへとも知れず行方不明になってしまった。[5]

後にスターリンは娘のスヴェトラーナに向かってカトの思い出を次のように語っている。「カトはとても美しく、優しい女性だった。固い氷のようだった私の心を溶かしてくれる存在だった」[6]。しかし、氷は十分には溶けなかった。スターリンは生後間もない息子を養育する責任を果たさなかった。ヤーコフを置き去りにし、その世話をカトの母親と二人の姉にまかせっきりにしたのである。その後、スターリンからスワニーゼ家への連絡はほとんどなかった。数少ない連絡のひとつは流刑先のシベリアからの手紙で、その内容はワインとジャムを送るようにという無心だった。[7]
一九二一年になってスターリンはグルジアを訪問したが、その際、スワニーゼ家の人々は当時十四歳になっていた息子のヤーコフをモスクワに連れ帰るように説得した。ヤーコフとともに、カトの兄のアリョーシャ・スワニーゼと二人の姉マリコとサシコもモスクワに来て、クレムリンのエリート社会への仲間入りを果たした。アリョーシャは革命運動の初期からスターリンの親しい同志であり、ヨーロッパ化したグルジア人としてドイツに留学した経験があり、ちょっとしたダンディーでもあった。アリョーシャの妻マリアは裕福なユダヤ人一族の出身で、派手な美人だった。結婚前は、チフリスのオペラ劇場で歌手として活動していた。そのマリアも、夫とともにモスクワにやって来た。しかし、スワニーゼ家の人々はモスクワに来るよりもグルジアに残っていた方がはるかに安全だっただろう。

スターリン家には、さらに、スターリン夫妻の養子アルチョム・セルゲーエフもしばしば顔を出した。ボリシェヴィキの幹部のひとりだったアルチョムの実父が一九二一年に飛行機事故で死亡した際、その遺児をスターリンが引き取って養子として面倒を見たのである。党幹部が幼い子供を残して死亡した場合、同志の幹部が遺児を養子として育てるというボリシェヴィキの慣習に従ったのだった。アルチョムはすぐにスヴェトラーナの兄ワシリーと親しくなった(8)。

スターリンとナージャの周囲に集まる親戚の輪からいつもひとりだけ外れている人物がいた。ケケの愛称で呼ばれていたスターリンの母親エカチェリーナである。ナージャはしばしば姑のケケにご機嫌伺いの手紙を書いている。「こちらは順調です。全員が元気で過ごしています。子供たちはどんどん成長しています。ヨシフと私は二人とも多忙な日々を送っています。でも、特に不満はありません。今のところ、上手に切り抜けています(9)」。

すでに未亡人となっていたスターリンの母親ケケは、嫁のナージャに会うためにクレムリンを一度訪れたことはあったが、それ以外は彼女の愛するグルジアから離れようとしなかった。ケケにはチフリスの旧提督邸が与えられていたが、彼女は主に一階の使用人部屋で暮らしていた。二階から上の旧主人部屋はもっぱら客間として使われていた。

スヴェトラーナにとって、父方の祖母ケケは遠い存在だった。一度だけグルジアまで会いに行ったことはあるが、一族の物語の中でケケが演ずる役割は大きくなかった。ただし、スヴェトラーナもケケにまつわる伝説を知らないわけではなかった。ケケの夫でベソと呼ばれたヴィッサリオン・ジュガシヴィリは靴職人だったが、酔っぱらっては幼い息子のヨシフに残忍な暴力を振るう父親だった。そ

スターリンの母親エカチェリーナ・ジュガシヴィリ（ケケ）。
モスクワに出て行くことを拒んで、
生まれ故郷のグルジアで暮らしていた。

れを見かねて、ケケはついに夫を家から叩き出してしまう。そして、なけなしの金を工面して息子をゴリの教会学校に入れ、さらにチフリスの神学校に入学させた。ヨシフを司祭にすることが彼女の夢だった。スヴェトラーナによれば、学生を地下の独房に何日間も閉じ込めて罰するという正教神学校の司祭たちの残酷さは有名であり、それが母親の苛烈な性格の影響と相まって、スターリンの性格を形成したとも考えられる。

成人後のスヴェトラーナが友人たちの前で父を語ることはほとんどなかったが、数少ない発言のひとつが残っている。スターリンが心から恐れていたただ一人の人物は母親のケケであるという内容だった。[10] しかし、スターリンには、自分の過去を秘密のヴェールで隠して曖昧にしておこうとする傾向があり、娘のスヴェトラーナにさえ自分の本当の誕生日を明かさなかった。スターリンが生まれたのは実際には一八七八年十二月六日だったが、自分の経歴を書き換えるという習癖から、彼はそのほぼ一年後の一八七九年十二月二十一日を公式の誕生日としていた。[11] スターリン家の人々が毎年祝ったスターリンの誕生日も十二月二十一日だった。

以上がスヴェトラーナの家族と身近な親戚の人々だった。スヴェトラーナによれば、その中心にいたのは母親のナージャのはずだった。しかし、ナージャはスヴェトラーナが六歳半の時に亡くなってしまう。六歳半の子供がどれだけよく母親を覚えているかは疑問だが、突然消えてしまった母親が娘の心の中で決定的に重要な要素となったことは間違いない。スヴェトラーナが一番好きだった写真は幼い自分を抱く母の写真だった。それは母の愛の証しだった。

実は、スヴェトラーナは母親ナージャの顔をはっきりと思い浮かべることができなかった。しかし、母親がつけていたシャネルの香水の匂いはよく覚えていた。ナージャは夫の反対を押し切って香水を使っていたのである。ナージャは、夜になると、お休みを言いにスヴェトラーナの部屋に入って来て、スヴェトラーナの額に触れ、そして枕にも触れた。スヴェトラーナは香水の香りに包まれて眠りにつくのだった。[12] しかし、スヴェトラーナは母親にキスされた記憶がなく、髪を撫でられた覚えもなかった。ナージャはむしろ厳格な母親だった。留守宅のスヴェトラーナが「良い子にしていない」ことを報告する手紙が告げ口屋の兄ワシリーから届いた時、ナージャは休暇先のソチからモスクワの娘宛てに書いている。

私のスヴェトラーノチカ、

ワーシャからの手紙を読むと、私の可愛い娘はお行儀が悪く、悪戯ばかりしているそうですね。そんな知らせを聞くのは残念です……ママが出発した時、ママの可愛い娘は立派な約束をたくさんしたはずです。でも、約束は守られなかったことが分かりました。良い子になるか、それとも、悪い子になるか、どちらか決心して手紙で知らせてください。あなたが自分で決めるのです。もう大きいのだから自分で考えられるでしょう。何か本を読んでいますか？　返事を待っています。あなたのママより。[13]

スヴェトラーナが四歳か五歳の時に受け取ったこの手紙は、休暇でしばしば家を留守にする母親から娘に届いたただ一通の便りだった。

スヴェトラーナは自分が物静かで従順な子供だったと思っていた。三十年後になって彼女は「私に対する母の要求は過大だった」[14] と書いている。母親から優しく扱われた思い出の少ないことが心の傷として依然として残っていたのだ。しかし、ひとつだけ、特にはっきりと覚えていることがあった。母のナージャが抱き上げた娘の胸に指で小さな四角形を描いて、こう言ったのだ。「あなたの秘密はここに埋めておきなさい」[15]。中傷と密告が渦巻くクレムリンの政治世界の中で、ナージャは自分の感情を抑え、秘密を胸の内に秘めて洩らさない生き方を選んでいた。だが、その点で娘のスヴェトラーナが母の手本を見習うことはなかった。やがて、スヴェトラーナは激しい感情の爆発で名を馳せることになる。

もちろん、娘のスヴェトラーナは母親を美しい女性として覚えていた。思い返せば、母親のナージャは教育を通じて子供への愛情を表現していたのだろう。子供たちが幼い頃から、ナージャは教育に熱心だった。スヴェトラーナは母ナージャの教育熱を、献身的な母親のあるべき姿として受け継ぐことになる。

1932年に撮影された
6歳のスヴェトラーナと11歳の兄ワシリー。
同じ年の11月9日に母親ナージャが自殺する。

スターリンの周囲の世界では、ナージャは少々特異な存在だった。娘のスヴェトラーナとアリルーエフ家の人々によれば、ナージャがスターリンに熱烈な恋心を抱いたのは、まだ十六歳の少女期のことだった。その時、スターリンはすでに三十九歳、レーニンの忠実な同志で、ボリシェヴィキ党のスター的存在だった。一九一八年、両親の不安をよそに、ナージャはスターリンの許に走る。スターリンの秘書となって、革命の防衛に身を投じたのである。彼女は無鉄砲であると同時に頑固であり、清教徒のように純粋な理想主義者でもあった。外からは冷淡な人間のようにも見えたが、内には情熱的で爆発しやすい気質を秘めていた。

先妻の産んだ息子ヤーコフの義理の叔母にあたるマリア・スワニーゼに宛ててナージャが書いた手紙には、人柄の温かさが表れている。ナージャはこのマリア・スワニーゼに明らかに好意を感じており、手紙の中で自分が抱える欲求不満を率直に表現している。当時、マリアは夫のアレクサンドル・スワニーゼとともにベルリンで暮らしていた。アレクサンドルはソ連邦対外貿易銀行の幹部だった。ナージャがこの手紙を書いたのはスヴェトラーナを出産する直前であり、そこには第二子の妊娠を必ずしも喜んでいない心情が吐露されているが、それでもスヴェトラーナはこの手紙を大切に扱い、みずから英訳して保存していた。

一九二六年一月十一日

親愛なマルーシャ

あなたは手紙に一人ぼっちで退屈だと書いているけれど、でも、どこに行っても同じです。モスクワにいても、親しくお付き合いできる人はなかなか見つかりません。こんなに長い間モスクワに住んでいるのに親友が見つからないなんて、不思議としか思えませんが、人間の性格にもよるのでしょう。奇妙なことに、むしろ党員でない人々の方に親しみを感じます。つまり、党員でない女性という意味ですが。一般の市民の方がつきあいやすい気がします。

困ったことに、家族がもうひとり増えそうです。（原注—ここにスヴェトラーナは「当時、ナジェージダ・アリルーエワは娘スヴェトラーナの出産を控えていた」という注を入れている）。最近では、子供を持つのはそう簡単な事ではありません。職業を持たない女は「バーバ」（原注—「バーバ」について、スヴェトラーナは手紙の余白に『ただの農婦』を意味する語」との注釈を加えている）と同じだという新しい偏見が広まっているからです。仕事がないのは、資格がないからに過ぎないという場合も多いのです。でも、子供を産み育てるということになれば、資格を取ることなど不可能です。マルーシャ、あなたに忠告するけれど、外国にいる間に、何かロシアのためになるような技能を身につけなさい。これは心からの忠告です。単に稼ぎのためだけに働くことがどんなに不愉快か、あなたには想像できないでしょう。職業につくには特殊な技能を持つ必要があります。専門技術こそが他人への依存から人間を解放してくれるのです。

では、マルーシャ！　孤独を嘆いていないで、必要な資格を身につけて、私たちの所へ帰っていらっしゃい。みんなが貴女たちを大歓迎するでしょう。ヨシフがよろしくと言っています。ヨシフもあなたに好感を持っているのです（彼は「マルーシャは頭の良い『バーバ』だ」と言っています）。どうぞ怒らないでください。私を含めて、女性に対する彼一流の物の言い方なのです。

キスを送ります。さようなら。ナージャ[16]

ナージャは自分がクレムリンの中で影の薄い存在であることに耐えられなくなっていた。そして、「バーバ」には絶対なるまいと決心していた。スヴェトラーナを出産すると、ナージャはすぐに赤ん坊の世話を見てくれる乳母を探した。すでに二十五歳だったが、大学に入って勉強するために自由な時間を作ろうとしていたのである。何人かの候補者を面接したうえでナージャがスヴェトラーナの乳母に選んだのは、アレクサンドラ・アンドレーエヴナ・ブイチコワだった。

アレクサンドラ・アンドレーエヴナは雇い主に忠誠を尽くすべきであるという使用人の心得をよくわきまえていた。彼女は一八八五年にモスクワの南東に位置するリャザンの農家で生まれ、女中、料理女、看護婦、家政婦などの仕事を経て、最後はサンクトペテルブルクのニコライ・エヴレイノフ家の使用人となった。有名な演出家で、演劇批評家でもあったエヴレイノフは、革命前の自由主義的なインテリゲンチャのひとりだった。アレクサンドラ・アンドレーエヴナはエヴレイノフ家で読み書きを教えられた。革命後、エヴレイノフの一家はパリに亡命することを余儀なくされ、アレクサンドラにも同行を求めたが、彼女はロシアを離れることを嫌い、パリ行きを断った。一九二〇年代に入って飢饉が始まると、彼女は生き残った息子を連れてモスクワに逃れた（もう一人の息子はすでに餓死していた）。そして、今回、ナージャにめぐり合って乳母の職を得たのである。スヴェトラーナの義兄である養子アルチョム・セルゲーエフによれば、アレクサンドラ・アンドレーエヴナはプーシキンの忠実な乳母アリーナ・ロジオーノワを想起させるような「申し分なく素晴らしい乳母」だった[17]。

　アレクサンドラ・アンドレーエヴナは、子供たちに話をして聞かせるという類いまれな才能を発揮した。ロシアの俚諺や伝説を織り交ぜた昔話、リャザンの村の話、サンクトペテルブルクの「劇場時代」の話などに、子供たちは目を輝かせて聞き入った。しかし、彼女の最も優れた才能は、スターリン家の波乱に満ちた日々を長年にわたって間近に目撃しつつも固く沈黙を守ったことにあった。スヴェトラーナはアレクサンドラ・アンドレーエヴナを次のように評している。「いつも物静かで、勤勉に働き、心が温かく、驚くほど沈着で、どんな場合にも楽天的なアレクサンドラは、私の全生涯を通じて見習うべき手本だった[18]」。

　ナージャは、乳母に娘の世話をさせるにあたって、娘を決して怠けさせないように注文した。スヴェトラーナは就学前にアレクサンドラに連れられて音楽教室に通ったことを覚えている。二〇人ほどの子供が通う音楽教室だった。スヴェトラーナは児童合唱団に入って歌い、楽譜の読み方と書き方、そして、ピアノの弾き方を習った。アレクサンドラ・アンドレーエヴナは一九五六年に没するまでの三〇年間をスヴェトラーナとともに生活し、その間に、スヴェトラーナ自身の子供たちの乳母も務めた。道徳的に問題の多いスターリン周辺の世界で、スヴェトラーナが何らかの倫理的観念を身につけることができたとすれば、それはアレクサンドラ・アンドレーエヴナのおかげだった。スヴェトラーナは書いている。「もし、あの頃、この大柄で心優しい人物が与えてくれる公平で安定した温かさがなければ、私はとっくの昔に気が狂っていただろう[19]」。

一九二八年、スヴェトラーナが二歳になった頃、ナージャはモスクワ工業大学に入学した。専攻には当時の化学部門の最先端だった合成繊維学を選択した。学生生活に戻ったナージャには、授業の他にも際限なく繰り返される党の会合があり、その間にわずかな自由時間を見つけて夫スターリンの世話をしなければならなかった。家を留守にすることの多くなったナージャは、乳母に加えて子供たちの教育のために家庭教師を雇うことにした。

スヴェトラーナはやや恨みがましく書いている。「党員の家庭の場合は特にそうだったが、当時は母親と子供が一緒に長い時間をともに過ごすということはまずなかった[20]」。クレムリンに住むすべての妻たちが党務を抱えていた。彼女たちは、暇な時間があれば、子供の面倒を見るよりもテニスをした。幹部党員の別荘にはたいていい芝のテニスコートがあり、クロッケーの遊具も備わっていた。旧帝政時代の貴族生活が奇怪な形で再現されていたのである。

ナージャは家政婦としてラトヴィア出身のドイツ人女性カロリナ・ティルを雇い入れ、クレムリンの住まいと生活のすべてをドイツ式の効率の良さで運営するように委任した。また、スヴェトラーナのための女性家庭教師とワシリーのための家庭教師を雇い入れた。帝政時代の貴族のやり方によく似た生活様式だった。スヴェトラーナは六歳になるまでにロシア語とドイツ語の読み書きを習得した。

クレムリンには多数の党幹部が住居を構えていたので、そこに暮らす子供たちの数も多かった。男

左から、家政婦のカロリナ・ティルと乳母のアレクサンドラ・アンドレーエヴナ・ブイチコワ。

性または女性の家庭教師に監督される子供たちの生活は同じような日常の繰り返しだったが、すべてが規律一点張りだったわけではない。古参ボリシェヴィキであり、ソ連政府の高官であり、スターリンの粛清を免れて生き延びることになる数少ない幹部のひとりだったアナスタス・ミコヤンの一家は旧騎兵隊宿舎の建物に住んでいたが、その息子のステパン・ミコヤンは、ワシリーとスヴェトラーナの遊び仲間だった。ステパンの記憶によれば、クレムリンの中で暮らす党幹部の子供たちの三〇人から四〇人が午後になると集まってきて、「かけっこ」と称して構内の庭園を走り回って遊んだものだった。この遊びには家庭教師たちも参加した。その頃のスヴェトラーナはいっぱしのお転婆娘だった。彼女は男の子たちに混ざって、クレムリン内に置かれていた世界最大の大砲「大砲の皇帝（ツァーリ・プーシカ）」に大胆にもよじ登って遊んだ。[21]

クレムリン内では、子供のための「お楽しみ会」が開かれることもあった。二〇人から三〇人の子供が集まって十九世紀の寓話詩人イワン・クルイローフの作品の朗読をしたり、作中に登場する動物の物真似をしたりした。本物の熊の毛皮をかぶる子供もいた。また、「裏表のある政治家」を批判する風刺詩を作って吟唱する子供もいた。主な聴衆は両親たちで、スターリン自身も聞きに来ることがあった。スターリンはいつも片隅に座って黙って耳を傾ける消極的な観衆のひとりだった。スヴェトラーナは短い言葉で回想している。「時として、父は子供が遊ぶ時の騒音を楽しんでいるようだった」[22]。

スヴェトラーナは自分が六歳になった時に開かれた誕生日会の様子を覚えている。その日、クレムリンのスターリン家に大勢の子供たちが詰めかけた。みんなは練習してきた歌を歌い、踊りを披露した。スヴェトラーナはドイツ語の詩を何篇か吟唱した。紅茶と美味しいマフィンがたくさん出て、子供たちは楽しく飲み食いした。しかし、成人後のスヴェトラーナはこの誕生日会の記憶を封印して誰にも言わなかった。同じ時期にクレムリンの壁の外ではソ連市民の大半が飢餓状態にあったことを後に知ったからである。

スヴェトラーナがある一日を丸々母親とともに過ごした記憶は一度しかなかった。その日、びっくりして見守るスヴェトラーナの視線の先で、母のナージャは猫足つき浴槽の底の裏側を一心不乱に磨き、それから、必死の形相で家中の清掃を続けた。もともと、ナージャには潔癖症の一面があったが、その日の行動は必ずしも潔癖症のせいだけではなかった。幼いスヴェトラーナには察することができなかったが、その日の母親の行動の動機は、むしろ、抑圧された妻の怒りだった。夫婦の関係は決して順風満帆ではなかった。夫婦喧嘩は絶えなかった。ヴャチェスラフ・モロトフの妻でナージャの親友のひとりだったポリーナ・モロトワは、後年、スヴェトラーナに向かって次のように言ったことがある。「貴女のお父さんは亭主関白だったから、お母さんのナージャは辛い思いをしていた。それは誰もが知っていることだわ。でもね、あの夫婦も、昔は二人で楽しい時をたくさん過ごしたのよ。ナージャは家庭を持ち、家を構え、子供を産み、誰からも好かれていたわ。もし、スターリン夫妻の結婚が失敗だったとしたら、結婚とはいったい何なのかしら？」[23]。

スヴェトラーナは、母親に一度だけ叩かれた覚えがあった。食堂のテーブルに新しいテーブルクロスが掛けられた時のことだった。円形の刺繍が隙間なくほどこされた美しいテーブルクロスの裾がテーブルから優雅に垂れ下がっていた。スヴェトラーナは自分の鋏を取り出して、きれいな円形の刺繍を切り取り始めた。それを見たナージャがカッとなって娘の頬を叩いたのである[24]。スヴェトラーナにとっては恐ろしいショックだった。泣き声を聞いて、スターリンが駆けつけて娘を宥めた。

スヴェトラーナが宥め役にまわることもあった。ナージャとスターリンの夫婦喧嘩が始まると、スヴェトラーナは父親の足許に走って行って、長靴を履いたスターリンの足を小さな両手で包み込むように抱きしめた。そうすると、スターリンの怒りがようやく収まるのだった。ナージャの親友のひとりで、スターリンとナージャの夫婦喧嘩を目撃したことのあるイリーナ・ゴーグアはこう言っている。「スターリンの興奮を鎮めることができるのは娘のスヴェトラーナだけだった[25]」。

母親のナージャが理知的で冷静な女性だったとすれば、スヴェトラーナの激しやすい性格は父スターリンから受け継いだものということになる。スヴェトラーナは父親の秘蔵っ子だった。父親は娘を「小雀ちゃん」とか「小さな蠅ちゃん」と呼んで溺愛した。父親の姿を見ればその膝を目がけて飛びついて来るスヴェトラーナを抱き上げると、スターリンは娘にキスし、やさしく愛撫した。それは母親からは得られない愛情の表現だった。スヴェトラーナは父親がしばしば家を留守にしても平気だった。稀にしか顔を合わせないことが父親との関係をかえって劇的なものにしていた。スヴェトラーナは愛情に飢えていた。

ナージャはスターリンの前妻カトに連なる親戚を大事に扱っていた。特に、義理の息子ヤーコフについては、何かにつけて味方する姿勢を示した。というのも、スターリンがヤーコフに対して明らかに冷淡な態度を取っていたからである。思春期になってグルジアからモスクワに出て来た時、ヤーコフはグルジア語しか話せなかった。スターリンがヤーコフを嫌った理由のひとつはそこにあるとスヴェトラーナは感じていた。スターリン自身が自分のグルジア訛りに劣等感を感じていたのだ。スヴェトラーナによれば、スターリンは「日常会話的な水準の単純なロシア語には堪能だったが、演説をしたり文章を書いたりする時のロシア語には問題があった。語彙が貧弱で、ニュアンスに欠け、深みがなかった」[26]。権威を誇示する際にスターリンが武器としたのは、雄弁よりもむしろ沈黙だった。人々を支配する道具として、沈黙は雄弁よりもむしろ効果的だった。スターリンが沈黙すると、人々はその本意を測り知ることができずに恐怖に陥ったのである。

幼い頃、スヴェトラーナは父親の出身地がグルジアであることさえ知らなかった。妹をからかい、いじめることを趣味としていた兄のワシリーから、ある時、一家がグルジアの出身であると聞かされた。グルジア人であるとはどういう意味なのかとスヴェトラーナが反問すると、ワシリーは答えた。「グルジア人とはチェルケス風の長い上着を着てうろつき回り、短剣を振るっては、誰彼の区別なく切りつける連中のことさ」[27]。スヴェトラーナによれば、スターリンは自分のルーツから距離を置こうとしていた。故郷からモスクワに出て来る幹部が手土産としてグルジア産のワインや果物を持参することを禁止し、そもそも手土産を持参する習慣は公金の浪費であると非難した。この点については、妻のナージャも同じ意見だった。

クレムリンの住まいの中でスヴェトラーナが最も好きだった場所は母親ナージャの部屋だった。母親が留守の間、そうできる時はいつでも、スヴェトラーナは母親の部屋に入り込み、ラズベリー色をした東洋風の厚い敷物に座ったり、背もたれのないグルジア風の長椅子(タフター)に乗って、刺繍入りのクッションを抱えて横になったりした。母親のデスクや製図用テーブルの上にある本に触るのも大好きだった。緊張と危険をはらむ家庭環境の中で成長しつつあったスヴェトラーナが、生き残るための心理的な安定を得るためには、愛情溢れる母親の理想像を心に描く必要があった。しかし、外部の人間から見れば、それは単に留守の多い母親と愛情に飢えた不安定な娘という構図でしかなかっただろう。言うまでもないことだが、生き残れなかったのはナージャの方だった。

ズバロヴォの生活

自分の記憶の底に子供時代の風景が残っている人々は幸運である。子供時代を空想と魔法の場所として、また、安全な場所として思い出すことのできる人々はなおさら幸運である。子供時代は自己形成の土台であり、生涯を通じて回帰することのできる故郷だからだ。スヴェトラーナの生涯は決して幸運続きではなかったが、彼女にもその意味での故郷は存在した。

ウラジミール・レーニンの側近の幹部は皆そうだったが、スターリンにも革命成功の褒賞として別荘が与えられた。ズバロヴォ邸と呼ばれるその別荘はモスクワから三〇キロメートルほど離れたウソヴォ村の近くにあった。一九一九年から三二年までの間、スターリンの一家はズバロヴォの別荘で週末と夏休みを過ごした。ナージャの死後も、スターリンの家族と親戚は一九四九年までズバロヴォ邸を使い続けた。

ズバロヴォ邸という名前は元所有者のズバーロフに由来している。バクー出身のズバーロフはアルメニア人の石油王だった。革命前には、ウソヴォ村の周辺一帯にモスクワの富裕層が休暇を過ごす別荘地が点在していたが、革命後は報復を恐れた持ち主が土地と別荘を放棄して亡命してしまったので、党幹部たちが突然のように別荘を手に入れることになったのである。ズバロヴォはスターリンとアナスタス・ミコヤンの二人に割り振られた。これにはちょっとした因縁があった。革命前、ズバーロフはアゼルバイジャンのバクーとグルジアのバトゥーミで製油所を経営していたが、両製油所の長時間労働と劣悪な労働条件に抗議するストライキを指導したのが、他ならぬスターリンとミコヤンの二人だったのである。

赤い煉瓦塀で囲まれた広大なズバロヴォ邸の敷地には、主屋、離れ、旧使用人棟という三棟の独立した家屋が立っていた。主屋はミコヤンなど数人の党幹部の別荘となり、旧使用人棟はアリルーエフ家とスワニーゼ家の人々のものとなった。スターリン夫妻と子供たちは離れを使った。スターリンの別荘にはいつも多くの客が訪ねて来た。(28)

スターリンは別荘として与えられた離れをすぐに改築した。切妻屋根を取り除き、古い家具調度を取り除いたうえで、二階にバルコニーを増設した。このバルコニーは「パパのバルコニー」と呼ばれるようになる。さらに、一階の裏手にベランダを新設した。スターリン夫妻は建物の二階を使い、子供たちは一階で過ごした。一階には、また、訪問客や親戚が滞在する客室もあった。玄関の前には紫色の花を咲かせるライラックの茂みがあり、建物からやや離れたところに白樺の木立が配置された。家の周囲には、アヒル用の池、蜂の巣箱を置くための養蜂場、ニワトリとキジを放し飼いにする養鶏場、果樹園などがあり、木立の中の空き地では、蜂に花粉と蜜を供給する蕎麦が栽培されていた。産業界の大物が所有していた別荘地は、持ち主がボリシェヴィキ幹部に変わった後も、昔とほぼ同様の快適な田園生活を保証していたのである。スヴェトラーナによれば、それは「独自の生活様式を備えた小さな荘園」だった。(29)

子供の頃のスヴェトラーナは、この小世界を自分の掌のように隅々まで知り尽くしていた。美味しいキノコが生えている秘密の場所も知っていたし、マスがよく釣れる穴場も心得ていた。彼女は祖父や兄に連れられてすべての小川と池に行って釣りをしたことがあった。イチゴ類を摘むのに最も適した場所も知っていたが、そこに行き着くには棘のある灌木をかき分けて行かねばならず、そのためにスヴェトラーナの手足はひっかき傷だらけだった。イチゴ類がバケツに何杯も採れた時は、料理の材料として持ち帰った。バケツを抱えて意気揚々と帰宅したスヴェトラーナは、幸福な疲労感に浸りながら、褒め言葉を待つのだった。彼女には、また、自分の手で耕し、収穫するための菜園が与えられ、数羽のウサギも自分で飼育していた。カラマツの樹の匂い、白樺の幹から剝がれ落ちた樹皮の白さ、燃えるような若葉の緑、ロシアの大地の香り、これらすべての風景が幼いスヴェトラーナの心に刻み込まれたのである。

　夏になると、他の党幹部の子供たちが大挙してズバロヴォにやって来た。スヴェトラーナは子供たちを率いて養鶏場に行っては、ホロホロチョウとキジの卵を集め、キノコ狩りの探検では案内役を務めた。ズバロヴォの敷地内には木登りをして遊ぶための樹上の小屋があり、ブランコやシーソーも設置されていた。森の中でのキャンプも子供たちの楽しみだった。木の枝を集めて作った仮小屋で一夜を過ごし、川で魚を釣り、釣った魚は焚火で炙り、焚火の灰でキジの卵を焼いた。

　スターリンはシベリアの流刑時代に親しんだロシア式蒸し風呂を懐かしんで、ズバロヴォにも風呂小屋（バーニャ）を建てさせた。それは屋根つきの仮小屋で、庇には白樺の枝が使われ、そこから芳香が漂っていた。父親が不在の時、スヴェトラーナはこの風呂小屋へ入り込み、床の敷物の上に手足を伸ばして寝転がり、絵本に読み耽った。

　ズバロヴォには親戚の人々が絶えず出入りしていた。スヴェトラーナの祖父母のセルゲイ・アリルーエフとオリガ・アリルーエワ、伯母のアンナと夫のスタニスラフ・レーデンス、伯父のパーヴェルと妻のジェーニャたちは常連だった。パーヴェル伯父さんは内戦直後にレーニンの命令で極北地方の探鉱踏査に出かけた時の冒険譚を聞かせてくれた。極北の地にテントを張って眠り、トナカイに乗り、トナカイの毛皮で作った衣服を着て、鉄鉱石と石炭を探し回るという旅の話だった。[30] スワニーゼ家の人々も訪ねて来た。特に、アリョーシャ伯父さんと女優の妻マリアは頻繁にやって来た。スターリン自身もズバロヴォに居合わせることが多かったが、彼はいつも仕事を抱えて忙しく、テラスに持ちだしたテーブルに向かって書類に目を通していた。

スヴェトラーナの祖父母のセルゲイとオリガはズバロヴォでも支配的な存在だった。そもそも、スターリンをアリルーエフ家に迎え入れたのはセルゲイだった。解放農奴の息子として生まれたセルゲイは苦学して鉄道技師になり、チフリスの鉄道操車場で働いている時に、一八九〇年代初めに結成されたグルジア社会党の第三グループ（「メサメ・ダーシ」）に入党した。スターリンと最初に出会ったのは一九〇四年だったが、将来婿となるその青年は、労働者による非合法なメーデー・デモの指導者として優れた組織力と政治的な説得力を発揮し、すでに地元の有名人になっていた。当時、セルゲイはマルクス主義の宣伝ポスターとパンフレットを印刷する地下組織の責任者だったが、そのために七度にわたって逮捕投獄された。彼が暴力革命に関与したかどうかは明白ではない。ただし、当時九歳だった娘のアンナが革命組織のために爆薬運搬係を務めることは容認していた。アンナは爆薬を縫い込んだ胴着を着てバクーからチフリスまでの列車の旅を繰り返した。[31] そのセルゲイが皇帝の秘密警察に追われるスターリンを自宅に匿ったのだった。

祖母のオリガは彼女の夫よりもやや複雑な人物だった。彼女が専制君主のように横暴な父親の支配から逃れるために下宿人のセルゲイ・アリルーエフと駆け落ちしたのは一八九三年、彼女が十六歳、彼が二十六歳の時だった。オリガはセルゲイの革命運動に進んで参加したものと思われる。その後は、四人の子供を連れて町から町へ絶え間なく移動する暮らしが彼女の生活の基調となった。警察による家宅捜索、逮捕されるかも知れない恐怖、秘密を守るための気苦労、獄中の夫への差し入れと面会、次々に姿を消す友人たちを失う喪失感などが繰り返された。オリガは幼い娘たちの手を引いてマルクス主義の宣伝パンフレットを配って歩いた。それは懲役刑の対象となる危険な行為だった。一九一七年の夏、サンクトペテルブルクのロジェストヴェンスカヤ通りに住んでいたオリガは、レーニンを数日間自宅に匿った。二月革命が頓挫してボリシェヴィキへの逆風が吹き荒れ、追われる身となっていたレーニンは、フィンランドに脱出する機会を狙って、オリガの自宅に潜伏したのだった。その後、レーニンはフィンランドからサンクトペテルブルクに舞い戻り、一九一七年十月にはボリシェヴィキ革命を成功させる。オリガはレーニンを匿っただけでなく、逃亡中のスターリンの訪問も歓迎し、何度も自宅に受け入れた。スターリンが流刑先のシベリアからオリガ宛に書いた手紙は感謝の言葉に満ちている。

一九一五年十一月二十五日
オリガ・エヴゲーネワ様
親愛なるオリガ・エヴゲーネワ、私に対する貴女の優しい心遣いには感謝しきれない気持ちです。貴女の親切は決して忘れません。流刑の刑期を終えてペテルブルクに戻る日を心待ちにしています。戻ったら、受けた御恩のお礼を言いに必ずご主人のセルゲイと貴女をお訪ねします。とは言っても、刑期はまだ二年も残っていますが……お子様たちに挨拶を送ります。敬具。
ヨシフ(32)

やがて娘婿となり、いずれは彼女の信頼を裏切ることになる男からの手紙だった。

末娘のナージャが十四歳になり、手がかからなくなると、オリガは助産婦の訓練を受けて自立する道を選ぶ。そして、第一次世界大戦の開戦とともに看護婦としてロシア赤十字に参加し、ドイツ戦線から大量に送還されて来る負傷兵の看護に当たった。ほとんど病院に泊まりっきりの生活だったが、息子のパーヴェルによれば、オリガの恋愛遍歴が始まったのはこの時期だった。

ズバロヴォ邸で夏を過ごすようになった頃には、セルゲイとオリガの夫婦関係は完全に冷え切っていた。別荘の建物に出入りする時さえ、二人は別々のドアを使い、食堂のテーブルでも互いに一番遠い席に座った。セルゲイは古参党員ではあったが、すでに本流から外れていた。しかし、彼は依然としてボリシェヴィズムの信奉者だった。一方、オリガは懐疑的になり始めていた。彼女は娘婿スターリンの本性を最初に見抜いた人々のひとりだった。

ズバロヴォ邸で過ごした毎年の長い夏の間、セルゲイとオリガの関係はいつ爆発するかも知れない緊張を家族全体にもたらしていた。それは典型的なグルジアの家族関係と言ってもよかった。お祖父さんのセルゲイは、子供たちのうちの誰かが食卓で騒いだりすると、いきなりその子の膝にスープをかける習慣があった。[33] オリガはいったん捨てた東方正教会の信仰に回帰していた。無神論を旨とする共産主義イデオロギーの中で育ったスターリン家の子供たちやその友人たちがお祖母さんの信仰をからかうと、オリガは答えるのだった。「おまえたちの魂はどこへ行ってしまったんだい？ そのうち、魂が痛む時が来る。その時になれば、おまえたちも魂の存在に気づくだろうさ」[34]。ただし、オリガは自分の特権的な地位や利益が他ならぬ娘婿スターリンのおかげであることには気づかない振りをしていた。

赤い髪の毛と青い目を祖母のオリガから受け継いだスヴェトラーナは自分でも祖母に似ていると思っていた。スヴェトラーナによれば、母親のナージャは祖母のオリガがクレムリンのスターリン家

スヴェトラーナの母方の祖父
セルゲイ・アリルーエフ（1920年代末）。

を訪ねて来ることを禁じていた。ナージャがボリシェヴィキの活動に没頭するあまり留守が多くなり、子供たちの面倒を見ないことをオリガが絶えず非難するからだった。[35] ただし、これは、おそらく、スヴェトラーナが伯母たちから聞きかじった話であろう。六歳の子供が記憶にとどめるような話とは考えられないからである。多分、オリガはナージャに向かって、「私は四人の子供を育て上げた経験者だよ」などと怒鳴ったに違いない。しかし、ナージャは自分の子供時代の断片的な記憶から、母親の言葉を皮肉な思いで聞いたはずである。カッとなりやすいオリガには、自分を振り返る冷静さが欠けていた。この点でも、孫娘のスヴェトラーナは祖母の性格を受け継いだのかもしれない。

スターリン家の日常生活の根底に潜む複雑な人間関係を幼いスヴェトラーナが理解していたとは考えられない。子供にとっては難しい話だった。ズバロヴァでは、留守の多い両親に代わって、祖父母、特に祖父が、優しい親の役割を果たした。セルゲイは敷地内に独立の工作小屋を建て、子供たちを呼び入れては工具で遊ばせたり、物を作らせたりした。時には木立の枝にキャンディーを吊るして、子供たちに競争で取らせたり、キノコ採りの探検と称して森の奥まで連れて行ったりした。

毎年、夏休みになると、ボリシェヴィキ党の幹部たちの多くがズバロヴォを訪ねて来た。スヴェトラーナにとっては、党幹部たちはみな「おじさん」だった。「ヴォロシーロフおじさん」や「ミコヤンおじさん」は家族連れでスターリンの別荘にやって来た。なかでも、スヴェトラーナが一番好きだった客は、スターリンの昔からの同志ニコライ・ブハーリンだった。ブハーリンがやって来ると、別荘は明るい笑いに包まれた。誰にでも好かれる人気者のブハーリンは、スヴェトラーナの乳母アレクサンドラ・アンドレーエヴナに自転車の乗り方を教えたばかりでなく、ズバロヴォを訪ねる時も、クレムリンに来る時も、自分の移動動物園を連れて来るのだった。ブハーリンの移動動物園には、ハリネズミ、ガーターヘビ（広口瓶に入っていた）、タカ、キツネなどがいた。キツネは馴らしてあった。ブハーリン自身はスターリンが一九三八年に発動した最後の見世物裁判で裁かれ、処刑されてしまうが、ブハーリンのキツネは主人の死後も長い間クレムリンの庭を走り回っていた。その他、セルゴ・オルジョニキーゼとその妻ジナイーダも常連だった。六歳のスヴェトラーナは子供らしい好奇心を抱いて大人たちの集まりを眺めていた。セミョーン・ブジョンヌイがアコーディオンを弾き、それに合わせて、大人たちはロシア民謡を歌った。ナージャでさえ、時にはスターリンと組んでグルジアの踊り「レズギンカ」を踊った。スターリンは美声を張り上げて歌った[36]。別荘を訪れる常連の「おじさん」たちの中でスターリンの死後まで生き延びたのは、ミコヤン、ブジョンヌイ、ヴォロシーロフの三人だけだった。その他の「おじさん」や「おばさん」たちは一九三〇年代半ば以降、次々に姿を消して行った。多くは粛清されて処刑され、一部はオルジョニキーゼのように自殺した。しかし、子供だったスヴェトラーナには、みんながどこへ姿を消すのか理解できなかった。人々はただ「消えてしまう」のだった。「そのわけは誰も説明してくれなかった[37]」。

スヴェトラーナが生まれた時、スターリンはすでに五十二歳だった。彼はうるさく騒ぐ子供が周りにいない静かな休暇を好むようになっていた。そこで、スターリンとナージャは黒海沿岸のソチで夫婦だけの休暇を過ごすことが多くなった。ソチの温泉はスターリンのリューマチに効き目があった。リューマチは度重なるシベリア流刑の後遺症だった可能性がある。党幹部のほとんど全員が自動車の長い車列を組んで南の別荘地に向かうことがしばしばあった。スヴェトラーナは母親のナージャが撮影した休暇旅行の写真を保存していた。ナージャの大好きな名付け親のアベル・エヌキーゼが海岸のピクニックに参加した時の写真が残っている。モロトフ、ミコヤン、ヴォロシーロフなどの党政治局員も写っていた。休暇を一緒に過ごすことはボリシェヴィキ党の伝統になっていたのだ。スターリンは子供時代の事故の後遺症で左腕に障害を持ち、また、左足の足指の一部が癒着していたので、決して泳ごうとせず、ソチの海岸でもデッキチェアに寝そべって書類に目を通すことが多かった。スヴェトラーナが両親とともにソチの別荘に行くことを許されたのは、五歳を過ぎてからだった。

スヴェトラーナは長じて三十七歳で回顧録を書くことになるが、その中で当時の党指導者たちの「死」には触れたものの、彼らが「殺害された」とは書けなかった。「私は自分が知っていること、覚えていること、この目で見たことしか書かない」という言い方で、彼女は心理的なトラウマから距離を置こうとした。[38] しかし、まさにそこから心の裂け目が始まったのである。かつて、ズバロヴォは陽光に満ちた魔法の場所だった。昔からの友人仲間でもある革命の同志たちが集まり、子供たちを交えて毎年の夏を笑って過ごす場所だった。ところが、突然、すべてが血なまぐさい暗黒の闇に呑み込まれてしまうのである。

過去を振り返る時、スヴェトラーナは自分の幸福な子供時代に逆説的な矛盾が内包されていることを否定できなかった。子供時代の幸福は隔絶された特権的な孤立によって外界から守られた者の幸福だった。外界では、恐るべき不幸が吹き荒れていた。党内闘争は情け容赦のない殺し合いの様相を呈し始めていた。スターリンは、ライバルを蹴落として自分の優位を維持するために、古参ボリシェヴィキや党内エリートに対する粛清を繰り返した。急速な工業化推進の名のもとに農業集団化が強行され、その結果、飢饉が人為的に引き起こされ、数百万の農民が餓死しつつあった。階級制度を廃絶すると称するボリシェヴィキが、実は帝政時代さながらの身分制度を復活させていた。人民は今や農奴と化し、党指導者たちは安全な壁に囲まれて、エリートの暮らしをしていた。ただし、当時はまだ党指導者たちがブルジョア的な奢侈贅沢をほしいままにする時代ではなかった。党官僚の物質的特権が悪評を買うのは第二次大戦後のことである。

しかし、スヴェトラーナは大好きな人々とともに過ごした子供時代を忘れることができなかった。それは自意識に悩まされることのない時期であり、時間の観念を超越した魔法の世界だった。幸福な子供時代の思い出をすべて否定することができるだろうか？　しかし、ここで彼女は矛盾の核心に直面する。幸福だった時代が実は恐るべき不幸の時代だったというようなことがあり得るだろうか？　彼女が乳母に促されて父親の足許に駆け寄り、スミレの花束やイチゴの籠を差し出すと、父親は彼女の頭を撫でて優しく抱き上げ、タバコ臭いキスを浴びせるのだった。その父親が、すでにその時点で、世界で最も残忍な支配者のひとりとして独裁政治を確立しつつあったというようなことがあり得るだろうか？

自分はごく普通の子供時代を送った、とスヴェトラーナは言ったことがある。愛する親族と親しい友人に囲まれ、休暇を楽しむ生活だった。彼女は、自分の子供時代が質素だったとも言ったことがある。たしかに、それは国家の最高指導者の娘としては質素な暮らしだった。しかし、家や職場を追われ、飢餓の線上をまよっていた数百万の国民がそれを聞けば驚き怒ったに違いない。

スヴェトラーナは回顧録の中で次のように書いている。「彼らの思い出に敬意を払うためにも、また、私が子供時代と呼ぶあの陽の当たる場所で彼らが私に示してくれた愛情に感謝するためにも、私は彼らについて語らなければならない」[39]

これは力を振り絞って自分を鼓舞しようとする宣言のように聞こえる。なぜなら、彼女の記憶は矛盾と挫折に満ちているからだ。三〇年以上を経た後に、スヴェトラーナは書いている。「私は過ぎ去った昔を呼び戻し、子供時代の陽光溢れる年月を思い出そうとしている」。しかし、その口調はそれがあたかも不可能な作業であることを認めているかのようである。[40]

子供の眼から見れば、幼年時代の世界は遮るものもなく陽の当たる場所だったかも知れない。しかし、子供の持つ直観力はこの天国に裂け目が潜んでいることを察知していたはずである。その天国は、大人の視点から見れば、苦痛と不安が絡み合う迷宮に他ならなかった。

第2章 母のない児

母ナージャに抱かれる幼いスヴェトラーナ(1926年頃)。

一九三二年十一月七日の午後、スヴェトラーナは母親ナージャに手を取られて群衆の最前列に立ち、革命十五周年を祝う兵士の隊列が赤の広場を行進する姿を眺めていた。革命記念日の行事に参加することが許されるのはこれが初めてだった。普通の祝祭日とは違う独特の雰囲気が漂っていた。足に竹馬をつけて歩き回る人、口から火を噴く人など、サーカスの芸人たちが数千の群衆の人波の間を出たり入ったりしていた。スヴェトラーナは振り返って、演壇の上に立つ父親を見上げた。演壇の背景には父親の巨大な肖像画が掲げられ、その前に党の大物たちが横一列に並んでいた。列の中央に立つのが「首領（ヴォーシチ）」たるスターリンだった。当時スヴェトラーナはまだ六歳半だったが、自分の父親が世界で一番偉い人だということは漠然と理解していた。

その日、赤の広場に行くために家を出る前に、スヴェトラーナは母親のナージャの部屋に呼ばれた。「母と二人だけになることは滅多になかったので、その日のことははっきりと覚えている」。スヴェトラーナは大好きな長椅子（タフター）に腰をかけて、人前に出るための行儀作法に関する母親の長い説教を聞いた。母親は最後に強調した。「お酒には絶対に口をつけてはいけませんよ」(1)。ワインに自分の指を浸し、その指を子供たちに吸わせるというスターリンの癖をめぐって、夫婦の間には口論が絶えなかった。父親の悪癖が子供たちをアルコール中毒にしかねないと指摘して、ナージャは夫を非難した。スヴェトラーナが耳にしたこの日の説教はいかにもナージャらしかった。感情を表に出す態度をナージャは日頃から一種のわがままとして否定していた。彼女自身の母親オリガや姉のアンナは感情に流されやすいタイプの女性だった。しかし、ナージャの資質には、泣くことも、秘密を打ち明けることも、愚痴を言うことも、そして率直であることさえも含まれていなかった。彼女にとって最も重要な徳目は自分の義務を果たすことだった。秘密は口に出さずに胸の小さな四角い箱の中に隠しておかねばならなかった。

この革命記念日の夜、スヴェトラーナは白馬に跨ったヴォロシーロフおじさんが颯爽として軍事行進の総合指揮に当たった様子を乳母のアレクサンドラ・アンドレーエヴナに逐一語り聞かせながら眠りについたのだった。

その二日後の十一月九日の早朝、まだ辺りが暗い時間に、スヴェトラーナとワシリーは乳母のアレクサンドラ・アンドレーエヴナに叩き起こされ、戸外で遊んでいるように言い渡された。外は小雨だった。しばらくして、二人は一緒に車に乗せられたが、その時、大人たちが目に涙を浮かべているのに気づいた。車の行き先はスターリンがソコローフカに新たに建てた別荘だった。スターリンは各地に別荘を建てるという新しい趣味を始めていた。そこで、その年の秋、一家はズバロヴォ邸ではなく、ソコローフカの新別荘を使ったのである。ソコローフカ邸は陰気な建物で、外光がほとんど入らないために室内は薄暗かった。子供たちは、何かひどく良くないことが起きたに違いないと思い、母親の所在を尋ね続けた。そのうち、ようやく、ヴォロシーロフがやって来て、子供たちをモスクワに連れ戻した。ヴォロシーロフも目に涙を浮かべていた。父親スターリンの姿はどこにもなかった。

前日、十一月八日の晩に何があったのかについては、出所の怪しい話があまりにも数多く語られているので、事実と作り話をより分け、ゴシップと真実を区別するのは難しいところだが、事件の推移を再構成すれば、おおよそ次のようであったと推察できる。

十一月八日の午後遅く、ナージャはポテシュヌイ宮殿の自宅にいて、その晩の革命記念祝賀パーティーに出席する支度をしていた。革命記念日の翌日の晩に党幹部が集まって賑々(にぎにぎ)しい祝賀パーティーを開くことは毎年の定例行事となっていた。普段はソ連貿易使節団付きの武官としてベルリンに駐在しているナージャの兄パーヴェル・アリルーエフが妹への土産物を携えて一時帰国していたが、彼女はその土産物の中にあった美麗な黒いドレスを着てパーティーに出ようとしていた。モスクワの繁華街クズネツキー・モスト通りには内務省が管轄する党幹部専用の婦人服店があり、幹部の婦人たちはそこで衣装を調達するのが普通だった。しかし、ナージャがその店を訪ねた時に選ぶのはいつも一番地味で面白味のない衣装だった。ナージャの地味な趣味はクレムリンに住む幹部連の奥方たちにとって密かな不満の種だった。彼女たちの意見では、ナージャはボリシェヴィキの時代遅れの倫理である質素剛健の原則にいまだにこだわっているとしか思えなかった。[2] しかし、今夜、外国製の優美な黒いドレスを身にまとったナージャは美しかった。彼女は黒髪に一輪の赤いバラの花さえ挿していた。

ナージャは姉のアンナとともにポテシュヌイ宮殿を出て、雪の降り積もった小道を横切り、向かいの旧騎兵隊宿舎の建物にある国防人民委員ヴォロシーロフ同志の住居に入った。ヴォロシーロフは党幹部の大物たちが夫婦連れで集まるこの恒例のパーティーの主宰者役を毎年務めていた。一方、スターリンは黄色宮殿の執務室から騎兵隊宿舎までの小道をぶらぶらと歩いて来た。同志モロトフと経済部門担当の同志ヴァレリアン・クイブイシェフが一緒だった。この時、三人に付き添う護衛は一人か、せいぜい二人にすぎなかった。ただし、少し前、党政治局は「首領(ヴォーシチ)が街路を徒歩で歩き回ることを禁止する決議」を採択していた。[3] 政治局はスターリンの身がもはや安全ではないと判断していたのである。いわゆる産業界の破壊分子、ブルジョア出身の専門家、外国勢力と結託して事を起こそうとする政治的テロリストなどに対してスターリンがあまりにも苛烈な恐怖政策を取ったために、それが激しい憎悪を招いており、そのため、現実的な可能性としてスターリンの暗殺を警戒する必要があった。

革命祝賀パーティーは、党幹部の面々が緊張を解いて寛ぐことのできる数少ない機会だった。十分な量のオードブル、魚料理と肉料理、ウォッカ、グルジア産ワインなどがクレムリンのキッチンから届けられ、ヴォロシーロフ家の家政婦が給仕をした。男性客たちの大半は十月革命当時の遺物である赤軍の軍服を依然としてこれ見よがしに身に着けていた。一方、女性たちは特注のドレスで着飾っていた。全員が宴会のテーブルに着いた。スターリンは定席となっていたテーブルの中央付近に座を占め、テーブルを挟んでその正面にナージャが座った。会食者はみな意気軒昂として、大いに食べ、大いに飲んだ。革命の勝利の思い出と最近新たに達成された成果を祝って、数えきれない回数の乾杯が重ねられた。

この晩のパーティーの参加者たちが書き残した多数の回顧録に見られる挿話風の証言を総合すると、その後の経緯はほぼ次のようだったと考えられる。酔いの回ったスターリンが赤軍司令官アレクサンドル・エゴーロフの妻で映画女優のガリーナ・エゴーロワにふざけかかった。パン屑を丸めてガリーナに投げつけるという、品のないやり方だった。ナージャは夫の態度にうんざりして、嫌悪感を抑えることができなかった。これまでも、スターリンとクレムリンの女性理髪師との関係が噂に上ったことがあった。妻以外の女性と事を起こす場合、スターリンはその後の事の成り行きを自分が支配できるような立場の相手を選ぶのが常だった。クレムリンで勤務している以上、その女性理髪師は秘密警察の一員であった可能性が高い。ナージャは夫のこれまでの女性関係を見てきて、その種の関係が長くは続かないことを知っていたが、関係がどこまで進んだのかは、ナージャにも、他の誰にも分からなかった。何年も後になって、スターリンのボディーガードだったニコライ・ヴラーシクがスヴェトラーナに向かって次のように漏らしたことがある。「結局のところ、あなたの父上もひとりの男性だったのだ」[4]。その晩、ナージャは、彼女の名付け親で、当時クレムリンの管理責任者を務めていたグルジア人のアベル・エヌキーゼとペアを組んでいかにも親しげに踊って見せた。夫の不品行に腹を立てた妻がことさらに無関心を装い、夫に見せつけようとする際に採用するありきたりの戦術だった。

多くの人々の回想によれば、ナージャが怒りを露わにしたのは、政治的な乾杯の場面だった。スターリンは「国家の敵を殲滅したこと」を祝う乾杯の音頭を取ったが、その時、ナージャがグラスを上げないことに気づいて、テーブル越しに怒鳴った。「おい、お前！ なぜ飲まないのだ？ グラスを干さんか！」[5]。

するとナージャは怒気を込めて言い返した。「私の名は『お前』じゃないわよ！」。そう言うと、彼女は席を蹴って部屋を出て行った。彼女が出て行きながら興奮して肩越しに怒鳴り返す言葉が酒席の人々の耳に届いた。「あなたこそ、お黙り！」。部屋中の人々が衝撃を受けて一瞬沈黙した。たとえ妻であっても、あえてスターリンに歯向かうなどという事態があっていいのだろうか？ スターリンは蔑むような口調で「何という馬鹿な女だ」とつぶやき、酒を飲み続けた。

ナージャの親友だったポリーナ・モロトワが小走りにナージャの後を追った。ポリーナによれば、建物の外に出た二人はクレムリンの壁の内側を歩いて回った。その間、ポリーナはスターリンが重圧に耐えつつ働いていることをナージャに指摘した。貴女の夫が酩酊することは滅多にないが、今夜は確かに酔っぱらっていた。よほどの重圧にさらされているに違いない。スターリンにも息抜きが必要なのだ。ポリーナの回想によれば、話しながら歩いているうちにナージャは「完全に冷静さを取り戻したように見えた」。そこで、二人は挨拶を交わして別れた。すでに早暁だった[6]。

ポテシュヌイ宮殿の自宅に戻ったナージャは自分の寝室に入り、ドアを閉め、鍵をかけた。結婚して一四年を経た頃から、夫婦は寝室を別にしていた。ナージャの寝室は食堂から見て右手のホールの奥にあった。スターリンの寝室は食堂の左手にあり、子供たちの部屋はホールの反対側の奥にあった。さらにその奥に使用人の部屋が並んでいた。

払暁のある時刻に、ナージャは兄のパーヴェルから土産にもらった小型のモーゼル拳銃を取り出し、自分の心臓を撃った[7]。

しかし、その銃声は誰の耳にも届かなかった。少なくとも、子供たちと使用人たちは誰も銃声を聞かなかった。当時、警備の兵士は戸外に立って警戒するシステムだった。その時に夫のスターリンが在宅だったかどうかは不明だが、もし、在宅だったとしても、熟睡していて何も気づかなかった可能性がある。

翌朝、家政婦のカロリナ・ティルがいつもと同じように朝食を盆に載せてナージャの寝室に入り、ベッドの脇の床の上に倒れているナージャを発見した。あたり一面が血の海だった。ナージャは手にモーゼル拳銃を握ったままで倒れていた。カロリナ・ティルはスヴェトラーナの部屋まで走って行き、そこで寝ていた乳母のアレクサンドラ・アンドレーエワを起こした。二人はそろってナージャの寝室に取って返し、死体を抱え上げてベッドの上に寝かせた。ともかくもスターリンを起こそうとしたが、予想される反応に恐れをなして起こすのをためらった二人は、まずナージャの名付け親のアベル・エヌキーゼに電話し、次いでポリーナ・モロトワに電話した。急を聞きつけて次々に人々が集まってきたが、どうしたらよいか決めかねて、食堂で待機していた。ついにスターリンが起きてきて、食堂に顔を出した。誰かがスターリンに声をかけた。「ヨシフ、ナージャがもうこの世にいなくなってしまったんだよ!」[8]。

後になって、様々な噂話が飛び交うことになるが、そのひとつは、祝賀パーティーの終了後、スターリンが妻以外の女性を伴ってズバロヴォ邸に行き、早朝になってからクレムリンの自宅に戻ったという説だった。帰宅したスターリンとナージャとの間に激しい言い争いが始まり、スターリンがナージャを撃った、というのである。スターリンをめぐっては、遺恨と悪意に満ちた作り話が数多く残されている。ナージャの死に関する噂も一つや二つではなかった。しかし、スターリンがナージャを撃ったという説はありそうもない話である。それよりも説得力があるのは、ナージャの死は自殺だったとする家族関係者の証言である。もっとも、家族の誰もがナージャが自殺したことに激怒してい

ピクニックを楽しむスターリンとナージャ（1920年代初期）。

た。どうしてあんな風に子供たちを見捨てることができたのだろうか？

家族関係者は、また、自殺する前にナージャがスターリンを痛烈に非難する遺書を書いていたと主張している。スターリンはその遺書を読んだが、すぐに破棄したというのである。パーヴェル・アリルーエフの妻ジェーニャの証言によれば、その後の数日間、スターリンはショックのあまり茫然自失の様子だった。「スターリンは、自分も死んでしまいたいと言った……あまりにも打ちひしがれた様子だったので、彼を一人にしておけなかった。呆然としているかと思うと、時々、突発的に怒りを爆発させるのだった」[9]。

家族としては、スターリンはナージャの死に打ちのめされたのだと信じ込む必要があった。スターリンが打撃を受けたことは十分にあり得る。スターリンは彼なりのやり方でナージャを愛していた。それは彼がナージャに書き送った手紙からも窺える。むろん、独裁者にも感情はあった。しかし、妻の死に対するスターリンの反応は残酷なほどに自己中心的だった。彼は自分のことしか考えていなかった。マリア・スワニーゼの個人的な日記には、彼女がスターリンの面前でナージャの自殺を非難した時のスターリンの反応が記録されている。「どうしてナージャは二人の子供を見捨てることができたのだろう？」とマリアが言うと、スターリンは答えた。「子供たちは二、三年もすれば母親を忘れてしまうだろう。だが、私が受けた傷は生涯癒えることがない」[10]。母を失った子供たちについて父親が口にする言葉とも思えないが、スターリンの自己憐憫にもある種の説得力がある。スヴェトラーナによれば、スターリンの偏執狂的な猜疑心はナージャの自殺によっていっそう悪化し、幻想と現実の区別があいまいになった。最も身近な人間さえ自分を裏切るとしたら、この世の中に信用できる人間がいるだろうか？

なぜ、ナージャは三十一歳の若さで自殺したのか？　今となっては、その真実を知ることはできない。しかし、様々な推測は可能である。最も単純な説明はナージャが精神を病んでいたという説であろう。娘のスヴェトラーナでさえ当初はこの説を信じていた。歴史家のサイモン・セバーグ・モンテフィオーリは次のように書いている。「スターリンの書類綴りに保管されているナージャの診療記録とナージャを知る人々の証言を合わせると、ナージャが深刻な精神疾患を抱えていたことは間違いない。娘のスヴェトラーナは『精神病』という言葉を使っているが、多分、それは遺伝的な躁鬱病か、あるいは境界性パーソナリティー障害だったと考えられる。加えて、頭蓋骨に外科的な障害があり、そのために慢性的な片頭痛に苦しんでいたという事情もあった」。ナージャには他にも病気があった。避妊が普及していなかった当時としては特に珍しいことではなかったが、彼女は複数回の人工中絶を経験していた。そのため、婦人科の疾患をいくつか抱えていたのである[11]。病状を和らげるために、ナージャはしばしば国内各地の温泉やドイツの保養地を訪れて滞在した。ほとんど温泉信仰ともいえるその習慣は、ナージャに限らず、当時の共産党エリートの大半が耽溺していた贅沢だった。

しかし、やがて、スヴェトラーナは母親に絶望をもたらした最大の要因がスターリンの抑圧政策への怒りにあったのではないかと考えるようになる。問題はその説の信憑性である。

工業大学でナージャの同級生だったニキータ・フルシチョフによれば、ナージャはスターリンから自立しようとしていた[12]。一九二八年に工業大学に入学した当時、彼女はスターリン姓ではなく結婚前のアリルーエワ姓を名乗って手続きをしている。ただし、旧姓を用いることはボリシェヴィキの妻たちの間では珍しくなかった。ナージャは通学に政府の公用車を使うことを拒否し、市電に乗って大学に通った。彼女が拳銃を携行していた理由もそこにあった。ナージャの兄パーヴェル・アリルーエフは英国旅行の土産としてモーゼル拳銃を二丁買い求め、一丁をナージャに、もう一丁をモロトフの妻ポリーナに与えていた。後年、パーヴェルの息子アレクサンドル・アリルーエフは次のように語っている。「ナージャとポリーナは市電で大学に通っていたが、当時、モスクワの市電は非常に危険な乗り物だった。そこで、父は、後にそれが仇になろうとはつゆ思わずに、英国で買った小型拳銃を二人に与えたのだ。スターリンは私の父に向かって、『何か別の土産を思いつかなかったのか！』と言ったことがある。小口径のちっぽけな拳銃だったが、ナージャが自分の心臓を撃ち抜くには十分な威力があったのだ[13]」。

ナージャが十代の頃に書いた手紙から判断すれば、彼女は明らかに教条主義的で理想主義的な青年共産主義者だった。ボリシェヴィキ革命直後に始まった反革命勢力との内戦期には、彼女も革命が生き延びるための手段として暴力を正当化していたようである。一九一八年六月、レーニンはスターリンを四五〇〇人の赤衛隊兵士の指揮官としてツァリーツィン（一九二五年にスターリングラードに改称される）に派遣する。その使命は、モスクワとペトログラードのための食糧調達だった。当時十七歳だったナージャは三歳年上の兄フョードル・アリルーエフとともにスターリンの輔佐役としてこの遠征に参加する。スターリンは鉄道の客車を一輌待避線に引き込んで司令部とした。スターリンとナージャはまだ正式の夫婦ではなかったが、ボリシェヴィキの慣習に従えば、ナージャはその時すでにスターリンの「妻」だった。

ツァリーツィンに到着すると、スターリンは直ちに反革命の疑いのある分子を市内から放逐し、増援部隊の派遣を求めてレーニンに繰り返し手紙を送ったが、その手紙はナージャがタイプしたものだった。レーニンが「いっそう冷酷で情け容赦なく」作戦を実行するようスターリンに命令すると、スターリンは答えている。「安心していただきたい。我々の手が震えるようなことはない[14]」。スターリンはツァリーツィンで「見せしめのテロル」作戦を実行した。赤軍の命令に違反した場合にどうなるか、その結果を見せつけ、反革命サボタージュが迎える結末を具体的な形として示すために、村々を焼き払ったのである。しかし、当時は、無差別的暴力へのスターリンの情熱が本部の鉄道車輛内でタイプライターを打つナージャを困惑させるようなことはなかった。

スターリンを愛していたナージャはボリシェヴィキの暴力主義を都合よく正当化し、賛美さえしていた。二人が一時的に離れている期間に交わされた情熱的でやや古典的なラブレターは激しい情熱に溢れている。一九三〇年六月になっても、その情熱は衰えていない。その頃、ナージャは悪化する頭痛の治療のためにドイツのカールスバートに滞在していた（別の資料によれば、彼女はおそらく妊娠中絶に起因する急性の腹痛にも悩まされていた）。そのナージャに宛ててスターリンは書いている。「タートカ！〔スターリンがナージャを呼ぶ時のグルジア語の愛称〕何でもいいから手紙をおくれ……こちらは寂しい思いをしている。タートチカ！　私は家に一人ぼっちで座っている。まるで小さなフクロウのようだ。最近は別荘にも行っていない。仕事に追われていたのだ。仕事は完成していないが何とか目鼻がついたので、明後日あたり、子供たちの顔を見に別荘へ行くつもりだ。では、さようなら。あまり長居はしないで、早めに戻って来ておくれ。キスを送る。愛するヨシフ[15]」。ナージャの方も、夫宛ての手紙の一通を次のように締めくくっている。「お願いだからお身体に気をつけて下さい。私が出発した時に貴方がしてくれたキスと同じくらい熱烈なキスをあなたに送ります。あなたのナージャ[16]」。

しかし、スターリン家の家庭生活は、これらの手紙の文面とは裏腹にきわめて不安定で、危機をはらんでいた。一九二六年、スヴェトラーナがまだ生後六ヵ月の乳児だった頃、ナージャはスターリンの許を去ろうとした。最初の家出だった。激しい口論の末に、ナージャはスヴェトラーナ、ワシリー、乳母のブイチコワ三人を連れて列車に飛び乗り、レニングラード（一九二四年のレーニンの死後、サンクトペテルブルクはレニングラードに改称されていた）の実家に舞い戻り、スターリンと離婚して自立する意向を両親に向かって宣言した。スターリンは電話で謝罪し、戻って来るよう懇願する。スターリンがレニングラードまで迎えに行こうと申し出ると、ナージャは答えた。「自分で戻ります。あなたがレニングラードに来るようなことになれば、国家予算に余分な負担がかかるでしょう[17]」。

夫としてのスターリンの最悪の欠点は、多分、人をじらして楽しむというその性格にあった。寡黙で自尊心の強いナージャが家庭内の秘密を漏らすことはめったになかったが、姉のアンナによれば、妻としてのナージャは「絶え間のない苦しみに耐える犠牲者」だった。スターリンは、普段は本心を明かさない冷ややかな態度だったが、突如として制御不能な怒りを爆発させ、妻の感情を傷つけても平気だった。ナージャは夫から雑用を言いつかってひっきりなしに追い回されることへの不満を漏らしている。スターリンはどこかの人民委員の事務所から来た書類や図書館の本を必要とする時にもナージャを使った。しかも、その帰宅時間は不規則だった。「私たちは夫の帰りを待っていた。しかし、夫がいつ帰るかは分からなかった[18]」。

ナージャが工業大学に入学して二年目の一九二九年は「大転換」の年だった。農民を強制的に「コルホーズ」に囲い込む農業集団化が始まったのである。集団化の手法は残忍だった。個人企業を壊滅させる目的で村々の市場は閉鎖され、家畜は没収され、「クラーク」と呼ばれる富農（牛を一頭以上所有する農民は富農と見なされた）は強制移住の対象となった。「クラーク撲滅運動」と称するこの政策の過程で、農民は「家畜同様に扱われた……移送される途中で、寒さ、飢え、殴打などの虐待を受けて死ぬことも珍しくなかった[19]」。ナージャが自殺する一九三二年までに、悪名高い「強制労働収容所」（グラーグ）に「二五万人が収容され」、加えて、主として「強制移住の対象となったクラーク」を中心とする一三〇万人の農民が「特殊居住地」に隔離された[20]。

一九三二年から三三年にかけて、飢饉がウクライナを襲った。スターリンとその閣僚たちはウクライナ産の穀物を国外に輸出し、その収入で急速な工業化を促進するための溶鉱炉やトラクターの輸入代金を支払った。ウクライナ共産党の政治局は緊急の救済を懇願したが、中央からは何の支援も来なかった。餓死者の数は数百万人に達した。一九三二年には、工業大学のナージャの同級生の多くが、ウクライナの飢饉に言及した罪で逮捕された。ナージャ自身も「不道徳な集団化」に反対していると噂された[21]。彼女はスターリンに対して批判的で、内心ではニコライ・ブハーリンの右翼反対派に共感していた[21]。スターリンはナージャに大学を二ヵ月間休むように命令した[22]。

かつて、ナージャはスターリンに対して一定の影響力を与えようとしたことがあった。一九二九年九月、彼女は休暇でソチに滞在中のスターリンに慎重な手紙を書き、党内の序列に応じた検閲を経ない記事が『プラウダ』紙上に掲載された事件をめぐって持ち上がった大騒動を報告した。事前に記事を目にした人間は大勢いたが、誰もが編集者のコヴァリョーフに責任を押しつけ、その解職を要求していた。コヴァリョーフはナージャの友人だった。「愛するヨシフ」という書き出しで始まる長い手紙の中で、ナージャは次のように訴えている。

……こんなことを書いても怒らないでください。でも、私はコヴァリョーフが気の毒だと心から感じています。彼が新聞のために大いに献身してきたことを知っているからです……コヴァリョーフを追放するなど、とんでもないことです……彼はもうすでに死人のような顔をしています。……あなたが私の口出しを嫌うことは分かっています。でも、この絶対に間違ったやり方には、あなたの調査が必要だと信じています。……同志であり、優れた労働者でもある人物の運命に私は無関心ではいられません。……では、さようなら。優しいキスを送ります。返信を待っています。[23]

スターリンは四日後に返事を書いた。「タートカ！　コヴァリョーフについての手紙を読んだ。……君が正しいと思う。……明らかに、連中はコヴァリョーフをスケープゴートにしようとしている。できるだけのことをするつもりだ。遅すぎなければの話だが。……私のタートカに何回も何回もキスを送る。君のヨシフ」[24]。スターリンは実際にナージャの助言に従って行動した。党紀違反者の懲罰を担当する責任者のセルゴ・オルジョニキーゼに次のような手紙を書き送ったのである。コヴァリョーフをスケープゴートに仕立てることは「間違いを正す方法としては、きわめて安直であり、反ボリシェヴィキ的であって、妥当性を欠いている。……コヴァリョーフは、編集部の上司から明示的または暗示的な了承を得ることなしに、レニングラードに関する例の記事を一行でも独断で印刷させるような人物ではない」[25]。コヴァリョーフは結局『プラウダ』の編集部員を解任されるが、それは「人民の敵」としてではなく、「党の忠実な息子」であることを認めた上での処分だった。[26]

ナージャはスターリンに感謝の手紙を書いた。「コヴァリョーフの件であなたが私を信用してくれたことをとても嬉しく思います」。そして、工業大学での楽しい学生生活を報告している。「大学の成績は、その学生が『富農』、『中農』、『貧農』のどれに属するかによって決まるようです。これについては、みんな大笑いしています。大学では私は右翼反対派と見なされています」。まもなく右翼反対派の大量殺戮に着手しようとしていたスターリンに書き送る手紙としては危険な内容だった[27]。ナージャとスターリンの間に緊張が高まっていたことは間違いない。一九三〇年の夏に彼女は書いている。「今年の夏は、私がソチに長く滞在したことを貴方が喜んでいるとは思えなかった。むしろその逆のような気がしました。去年の夏は喜んでくれたのに、一年で事情が変わってしまったのでしょうか……この手紙に腹を立てて、返事も書きたくないというのでなければ、手紙をください。もちろん、その気持ちがあればですが[28]」。スターリンの返事は、「そのような非難は見当違いだ」という内容だった[29]。同じ年の十月の手紙では、ナージャは次のように書いている。「貴方からは何の便りもありませんね。……多分、ウズラ狩りに夢中なのか、それとも、手紙も書けないほど怠け者になってしまったかのどちらかでしょう[30]」。スターリンはこれに皮肉で答えている。「最近は私のことを褒めるようになったね。君の真意は何かね？　私が次に君から期待できるのは良い話か、それとも悪い話か？[31]」。ソチに滞在するスターリン宛てのナージャの手紙には、モスクワで始まった飢饉、食品店の前の長い行列、燃料不足、補修が追いつかない市街の荒廃など、最近の状況を報告するくだりがしばしば含まれていた。「以前より少しはマシになったとはいえ、モスクワは顔のシミを隠すために白粉を塗りたくった女のようです。雨が降った後などは、ペンキが縞状に流れ落ちて、特にひどい有様になります……いつかこんな状態が改善され、人々が快適に暮らし、仕事に熱中できる日が来ることを祈るのみです[32]」。

自殺する直前のナージャが精神病患者などではなく、むしろ、夫の革命政策に幻滅して反対派に転じていた可能性も考えられる。革命記念パーティーの晩も、彼女は「国家の敵を殲滅した」ことを祝うスターリンの乾杯に応じようとしなかった。

イリーナ・ゴーグアはグルジア時代からナージャを知る幼馴染だった。イリーナの住むアパートには風呂がなかったので、週に一度は風呂を貰いにアリルーエフ家と訪れていた彼女は、アリルーエフ家の子供たちとも仲良くなっていた。そのイリーナが、スターリンの面前でナージャが取った態度を回想している。

ナージャは用心深かった。モスクワに戻って見ると、彼女の友人の多くが逮捕され、シベリア送りになっていた。ナージャは友人たちの事件の再調査を要求したが、それもごく慎重なやり方での要求だった。ヨシフの面前でのナージャはガラスの破片の上を素足で歩いて見せるサーカスの芸人に似ていた。客席には笑顔を振りまきながらも、その眼は緊張して足の下の状況を見究めていた。ヨシフの面前でそういう態度を取るのは、次の瞬間に何が起こるか分からなかったからだ。ヨシフが何をきっかけにして爆発するのかは誰にも予測できなかった。彼は実に気まぐれで、勝手だった。ヨシフの心を和らげる唯一の存在は娘のスヴェトラーナだった。

イリーナ・ゴーグアはナージャの死が自殺だったという噂を聞いても驚かなかった。ナージャが自殺したという噂はすぐに封印されたが、イリーナによれば、公安機関の関係者の間では自殺説は公然の秘密だった。彼女は興味深い証言をつけ加えている。「ナジェージダは顔立ちの整った美人だった。でも、彼女が美人だったことに人々が気づいたのは、その死後になってからだ……ヨシフの前に出る時はいつもガラスの破片の上を素足で歩いて見せるサーカスの芸人のような内心の緊張を抱えていたので、表情が不自然に硬かったのだろう(33)」。

ナージャの兄パーヴェルの息子であるアレクサンドル・アリルーエフは、二〇〇一年になって、ナージャの自殺の謎を解き明かすヒントを語っている。それは彼が両親から聞いた話だった[34]。

パーヴェルが妹の自殺に関する噂を耳にしたのは仕事中だった。彼はすぐに妻のジェーニャに電話し、急いで帰るのでそのまま自宅で待つように指示した。帰宅したパーヴェルは、ナージャから預かっていた書類の包みの保管場所を妻に尋ねた。「下着用の引き出しの中よ」とジェーニャが答えると、「すぐに出しなさい」と夫は言った。

実は、ナージャはスターリンの許を去る計画を立てていた。レニングラードへ行って、同市の共産党組織の責任者であるセルゲイ・キーロフに仕事を紹介してもらうつもりだった。パーヴェル夫婦が預かった書類包みの中には、兄夫妻に宛てた別れの手紙が入っていたものと思われる。

ジェーニャはスヴェトラーナの手紙の存在をその後二〇年間秘密にしていた。息子のアレクサンドルに手紙の内容を明かしたのは、スターリンの死後、一九五四年になってからのことだった。息子が母親から聞いたところによれば、ナージャは兄夫婦宛ての手紙に次のように書いていた。「スターリンとはこれ以上一緒に暮らすことができない。あなたたちには信じられないかも知れないが、彼は前後に二つの顔を持つヤヌスなのです。彼は世界中のすべての人間を平気で踏みつぶしていける人です」。アレクサンドル・アリルーエフは注釈を加えている。「同志スターリンがどんな人物だったのかは、やがて私たちの全員が知ることになる。しかし、当時は、ただひとり、ナージャだけがそれを知っていたのだ」。

この手紙をどうしたらいいか、と妻のジェーニャが尋ねると、パーヴェルは答えた。「燃やしてしまうしかない」。手紙が書類包みもろともに破棄されてしまったので、この話の真偽を証明することはもちろん不可能である。謎に満ちたスターリン像をめぐる多数の証言についても同じことが言える。

成人後のスヴェトラーナは母親の死を自殺とする説を信じるようになる。母親には自殺以外の出口がなかったというのが娘の結論だった。いったいどうすればスターリンから身を隠すことができただろうか？　スヴェトラーナの乳母は、ナージャが自殺の数日前に女友達と交わした会話を漏れ聞き、後にその内容をスヴェトラーナに語っている。ナージャは「もう何もかも嫌になったわ。すべてがうんざりよ。私を幸福にしてくれるものは何もないの」と言った。友人が信じられないという調子で「子供たちはどうなの？」と聞き返すと、ナージャは「何もかもよ。子供だって同じ」と答えたというのである。[35] この絶望的な表現はナージャが陥っていた抑鬱状態の深刻さを物語っている。当の娘にとっては苦痛なしに聞けない挿話だった。母親はあらゆることにうんざりしていたのだ。母親に対するスヴェトラーナの気持ちは、感傷的な理想化と苦痛に満ちた怒りの間でいつも不安定に大きく揺れ動いた。

いつ、どのようにして母親の死を知ったのか、また、誰から聞かされたのかさえ、スヴェトラーナは思い出せなかった。彼女が覚えているのは、十一月九日の午後二時三〇分から始まった公式の遺体正装安置式に出席したことだった。ナージャの死の知らせは衝撃を持って世間に迎えられ、数十万人のモスクワ市民が別れを告げに集まった。ただし、彼らの多くは、ナジェージダ・スターリナというスターリンの妻の名を耳にするのはこれが初めてだった。スターリンが自分の家庭生活を厚い秘密のヴェールの陰に隠していたからだった。

ナージャの遺体を収めた棺は、蓋を開けた状態で、国営百貨店（グム）会館の集会ホール「円柱の間」に安置された。グム会館は吹き抜けのアトリウムを持つ巨大な建築物で、百貨店の他にも多数の政府機関事務所が入っていた。イリーナ・ゴーグアによれば、遺体に別れを告げようとする人々の列があまりにも長かったので、特に強い動機を持たずに集まった市民の一部は待ちきれずに、列を離れてグム百貨店の売り場を冷やかして回っていた。[36] セルゴ・オルジョニキーゼの妻ジーナがスヴェトラーナの手を引いてナージャの棺に近づいた。冷たくなった母親の顔にキスをさせ、別れを告げさせるためだった。ところが、スヴェトラーナは金切り声を上げて、あとずさりをしてしまう。[37] その時目にした棺の中の母親の姿はスヴェトラーナの心に焼き付き、生涯離れることがなかった。スヴェトラーナは「円柱の間」から慌ただしく連れ出された。

スターリンが妻の遺体正装安置式でとった行動については、諸説が残されている。ある説によれば、スターリンはすすり泣いていた。息子のワシリーが父の手を握り、「パパ、泣かないで」と言って慰めたという。ポリーナの夫であるヴャチェスラフ・モロトフの説では、「スターリンは両頬に流れる涙を拭いもせずに棺に近づいた。そして、『私は彼女を救うことができなかった』と悲しげにつぶやいた。確かにそう言う声が聞こえたのを私は今でも覚えている」。[38] スヴェトラーナ自身の説によれば、棺に近づいたスターリンは突然感情を高ぶらせ、棺を激しくゆすって、「この女はまるで敵のように私を見捨てた」と言った。[39] そして、遺体にくるりと背を向けて、その場を離れた。しかし、はたして、スヴェトラーナは父親の言葉を自分の耳で聞いたのだろうか？　それは人を貶める目的で過去を脚色するたぐいの説であり、ヒステリーの発作を起こしていた六歳の少女が目撃した事実とは考えられない。おそらくは誰か他の人から吹き込まれた話だろう。

ナージャの棺は布をかぶせた砲車に載せられて運ばれた。砲車は花で飾られ、護衛の部隊に守られて進んだ。スターリンとワシリーが葬列に加わり、棺を載せた砲車と並んでノヴォジェーヴィチ墓地まで歩いた。スヴェトラーナの姿はなかった。

スヴェトラーナによれば、スターリンは一度もナージャの墓参りをしなかった。「ただの一度もなかった。父は母の墓を訪ねることができなかったのだ。妻が自分の敵として去っていったと思ってい

1932年11月、ノヴォジェーヴィチ墓地に向かうナージャの霊柩馬車と葬列。
最前列の少年はワシリー。スヴェトラーナは参加していない。

たからだ」。しかし、運転手の証言によれば、スターリンは深夜密かにナージャの墓に詣でることがあったという。特に、戦争中は何度も訪ねたということだった。[40]

『プラウダ』はナージャの死を説明抜きで事務的に報道した。彼女が自殺したことは国家秘密だった。ただし、党と政府機関の幹部にとっては、自殺は公然の秘密だった。スターリンの子供たちと国民には別の説明が行なわれた。ナージャの死因は虫垂炎が悪化した結果の腹膜炎だったと発表された。

スヴェトラーナが母親の死の真相を知るのは、その十年後のことである。信じられないような話だが、十分にあり得る話だった。スターリンが始めた恐怖支配は、まず一番身近な人々の口を塞ぐことから始まった。スターリンの娘に向かって母親の死は自殺だったという事実を告げる勇気が誰にあっただろうか？　真実を知っているというだけの理由で多数の人々が銃殺される時代だった。ナージャの名前を口にすることさえ「無作法」と見なされる時代がすぐにやって来た。

ナージャの死がスターリンに衝撃を与えたことは間違いない。しかし、スターリンはその衝撃から立ち直った。母親のケケに宛てたスターリンの手紙には次のような一節がある。

一九三四年三月二十四日

親愛なお母さん

ジャムと生姜とチュクチェリ〔グルジアのキャンディー〕を受け取りました。子供たちは大喜びで、お祖母さんに感謝しています。私は元気でやっていますので、心配しないでください。私は自分の運命に耐えることができます。お母さんがお金を必要としているかどうか分かりませんが、念のために、五〇〇ルーブル送ります。

お母さんも身体に気をつけて、元気で暮らしてください。キスを送ります。

あなたの息子、ソソ

追伸　子供たちがくれぐれもよろしくと言っています。ナージャの死後、私の個人生活は厳しいものとなっています。でも、強い男はいつでも勇気を持って前進しなければなりません。(41)

しかし、親の死が幼い子供たちの心に与える傷はきわめて深い。その理由のひとつは、子供たちには死の意味がまだ理解できないことにある。幼い子供たちは自分が親に見捨てられたとしか思えないのだ。スターリン家の養子アルチョム・セルゲーエフは、ナージャの死の四ヵ月後に開かれたスヴェトラーナの七歳の誕生生パーティーを覚えている。全員がスヴェトラーナへのプレゼントを持って集まった。スヴェトラーナは質問した。「ママはドイツからどんなプレゼントを送ってくれたの？」[42]。彼女はまだ母親の死の意味を理解していなかった。それでも、スヴェトラーナは暗い部屋で一人で寝ることを怖がるようになった。

有名な作家マクシム・ゴーリキーの孫娘で、スヴェトラーナの幼馴染だったマルファ・ペーシコワは、ナージャの死後にスヴェトラーナの部屋を訪れた時のことを覚えていた。スヴェトラーナは人形で遊んでいた。床の上に散乱していた黒い布切れを衣装に見立てて、人形に着せようとしているところだった。彼女はマルファ・ペーシコワに向かって言った。「この布切れはママのドレスの一部なの。ママが死んじゃったので、ママのドレスを切って人形に着せているのよ」[43]。

第3章　女主人と従僕

左から、ワシリー、スヴェトラーナ(8歳)、スターリン。

「私の人生は母親の死を境にして前後二つの時期に区分される」とスヴェトラーナは常々言っていた。母親の死が彼女の世界をすっかり変えてしまったという意味だった。スターリンは、妻ナージャが死ぬとすぐにポテシュヌイ宮殿の住居を引き払う決心をする。自宅のいたるところに妻の思い出が亡霊のように見え隠れしたからである。事情を知って、ニコライ・ブハーリンが住居の交換を提案した。ブハーリンの住居はクレムリン内の旧元老院の建物の一階にあった。旧元老院は黄色宮殿とも呼ばれ、かつてレーニンもそこに住んでいたことがある。

ブハーリンから譲られた旧元老院の住居は長細い形状をしていた。円天井の薄暗い居室と寝室が並んでいたが、それらはかつて事務室として使われていた部屋だった。スヴェトラーナは新しい住居が好きになれなかった。思い出を懐かしむことのできる物といえば、ズバロヴォで撮影されたナージャの写真だけだった。写真の中の母親は刺繡のある美しいショールをしていた。その写真はスターリンが引き伸ばさせたもので、食堂に置かれた優美な曲線のサイドボードの上に飾ってあった。旧元老院の新住居に移ると、スヴェトラーナは自分の寝室を母親にまつわる思い出の品で埋め尽くした。スターリンの執務室は同じ建物の二階にあり、党政治局の会議も同じ旧元老院で行なわれていた。

スヴェトラーナの新しい住居には見知らぬ人々が大勢乗り込んできて、警備と家事の両方を軍隊式のやり方で切り盛りし始めた。彼らは秘密警察ＯＧＰＵの職員で、「使用人」ではなく、「業務職員」と呼ばれていた。スヴェトラーナによれば、職員たちはスターリン以外の家族を無視し、まるで存在しないかのように振る舞った。ナージャならば、他人がこんな風に家庭に踏み込むことを決して許さなかっただろう。しかし、スターリンは半軍隊式の家事運営に満足している様子だった。子供を甘やかしてはならなかった。贅沢も、わがままも、ご法度だった。おそらく、スターリンは警戒を強める必要があると思っていたのだろう。敵はどこに潜んでいるか分からないからである。

スヴェトラーナの大好きなズバロヴォ邸さえも変わってしまった。母親の死後に兄ワシリーと一緒に初めてズバロヴォ邸を訪れたスヴェトラーナは、その驚くべき変化に目を見張った。子供たちが「ロビンソー・クルーソーの小屋」と呼んでいた樹上の小屋は取り払われ、ブランコも跡形なく消え去っていた。[1] 砂土のままだった小道は保安上の理由から黒い醜悪なアスファルトで舗装され、美しかったライラックの茂みも、桜の林も掘り起こされて撤去されていた。それでも、週末ともなれば、大勢の親戚縁者がズバロヴォ邸の客となり、祖父のセルゲイ・アリルーエフに至っては、ほぼズバロヴォに住み着いていた。しかし、スターリン自身は、ナージャの死後、ほとんどズバロヴォに顔を見せなくなった。

祖母のオリガ・アリルーエワはクレムリン内の別の建物の小さな居室で暮らしていた。オリガの部屋にはカフカス産の敷物が敷き詰められ、長椅子（タフター）の上には刺繍を施したクッションが積み上げられていた。また、古ぼけた箪笥があり、その中には多数の写真がしまわれていた。オリガの居室は、変わってしまった世界の中でただ一ヵ所、スヴェトラーナが心を休めることのできる場所だった。スヴェトラーナが訪ねて行くと、祖母は最近の政治についての憤懣を口にした。彼女に言わせれば、彼女の面倒を見ている「国家公務員」たちの存在は税金の無駄遣いとしか考えられなかった。オリガは周囲の人々から「文句の多い変わり者の婆さん」と見なされていた[2]。

スヴェトラーナの母方の祖母
オリガ・アリルーエワ（撮影時期不詳）。

スターリンはクレムリンに住み続ける気持ちを失っていた。それは、ナージャの死後すぐに気に入りの建築家ミロン・メルジャーノフ[3]に新しい別荘の設計を命じたことからも明らかだった。新別荘はモスクワから二四キロメートルほど離れたクンツェヴォ地区のヴォルインスコエ村に建設された。スターリンはこのクンツェヴォ邸を「近い方の別荘」と呼んだが、それは電話での会話を敵に盗聴される場合に備えて居場所を曖昧にしておくための用心だった。一六部屋からなるクンツェヴォ邸は広大な森の中心部に位置し、カモフラージュのために緑色に塗装されていた。建物に近づくにはアスファルト舗装の細い道路を車で進み、高さ五メートルのフェンスを通過しなければならなかった。フェンスには随所にサーチライトが設置されており、フェンスの内側にさらにもう一回り有刺鉄線のフェンスが張りめぐらされていた。スヴェトラーナは父親の新しい別荘が嫌いだった。クンツェヴォの別荘とクレムリンの新住居はその後何十年間も悪夢の中に現れてスヴェトラーナを苦しめることになる。

一九三四年に入ると、スターリンは寝泊まりの本拠をクンツェヴォ邸に移した。昼間はクレムリンの黄色宮殿の執務室で仕事をし、夕方になると同じ建物の階下にある住居に降りてきて子供たちと夕食をともにした。スターリンの夕食には政治局のインナーサークルに属する大物たちも加わるのが常だった。もちろん、全員が男だった。スターリンが降りてくると、スヴェトラーナは急いで食堂まで走って行った。父親は娘を自分の右側に座らせた。大人たちが仕事の話をしている間、スヴェトラーナはサイドボードの上の母親の写真を見つめていた。やがて、スターリンは娘の方に向き直り、今日学校で勉強したことについて質問し、連絡帳にサインした。これが少なくともスヴェトラーナが記憶していた家族の夕食だった。彼女は兄のワシリーについてまったく言及していないが、もちろん、ワシリーも食卓にいて、妹と同じように黙って食事をしていたはずである。食事が終わると、スターリンは子供たちを下がらせ、そのまま日付が変わる頃まで政治局のメンバーと議論を続け、その後でクンツェヴォ邸に行って寝るのだった。時には外套を着終わってからスヴェトラーナの部屋に立ち寄り、お休みのキスをすることもあった。

スターリンがクレムリンからクンツェヴォ邸まで車で移動する時には細心の警備体制が敷かれた。旧元老院の玄関口には、窓に青い色ガラスを嵌めた同型の乗用車が三台待機するのが常だった。スターリンがそのうちの一台を選んで乗り込むと、一行は車列を組み、警戒線の張られた道路を疾走する。スターリンは毎晩違う車を選んで乗り込み、車列が通過する経路も毎晩変更された。アルバート通りとミンスコエ街道の各交差点では、四方向の交通がすべて遮断されて、スターリンの車列はノンストップで通過するのだった。別邸に向けて出発する正確な時刻は、個人秘書のアレクサンドル・ポスクリョーブイシェフにも、ボディーガードのニコライ・ヴラーシクにも、最後の瞬間まで知らされなかった。(4)

クンツェヴォ邸の日常生活は軍隊式だった。各部門を指揮する数人の責任者、複数のボディーガード、料理人二人、掃除婦、運転手数人、警備員数人、庭師数人、スターリンの食卓で給仕をする女性たちなどの職員が交代制で勤務していた。全員がOGPUの職員だった。なかでも、各部門の指揮責任者とボディーガードにはOGPUの上級職員が指名され、スターリンの別邸で働く見返りとして、贅沢な住居、別荘、公用車など、党幹部並みの特権が与えられた。やがて、ワレンチーナ・イストーミナが家政婦としてスタッフに加わり、スターリンの身の回りの世話を焼くことになる。スヴェトラーナをはじめ、誰からもワーレチカと呼ばれて親しまれたイストーミナは、その後の一八年間、スターリンの身近で暮らすことになる。モロトフによれば、スターリンが彼女とベッドを共にしているという噂は後を絶たなかった。(5)

乳母のアレクサンドラ・アンドレーエヴナはクレムリンの住居にとどまって従来通りスヴェトラーナの世話をすることを許されたが、一九三三年になると新しい家庭教師のリディア・ゲオルギエヴナが現れる。スヴェトラーナは新しい家庭教師が好きになれなかった。乳母のアレクサンドラを「同志、分をわきまえなさい」と厳しい口調で叱責したからだった。その時、七歳だったスヴェトラーナは大声で言い返した。「私の乳母を侮辱することは許しませんよ」[6]。

母親を失ったスヴェトラーナの心の渇きは、外から見てもそれと分かるほど深刻だった。空虚感を抱えた少女が救いを求める相手は父親以外になかった。一九三三年の夏休みを乳母とともにソチで過ごしていたスヴェトラーナはモスクワの父親宛てに手紙を書いている。

一九三三年八月五日

こんにちは、私のパーポチカ〔パパ〕

お元気ですか？　お身体の調子はいかがですか？　お手紙を受け取りました。パパが来るまでソチにいることを許してくれてありがとう。パパが来ないうちにモスクワに戻ることになれば、行き違いになってパパに会えなくなる。それが心配でした。パーポチカがソチに来て私を見ても、誰だか見分けがつかないかも知れません。すっかり日焼けしてしまったからです。でも、毎晩、狼の遠吠えが聞こえます。ソチで待っています。キスを送ります。パパのスヴェタンカより[7]。

それは母親の死から十ヵ月を経た頃のことだった。暗闇を恐れる少女は森から聞こえる狼の遠吠えに怯え、父親が来ないのではないかと心配していた。少女は七歳だった。彼女はひたすら待っていた。満たされることのない飢餓感は、生涯を通じて何の前触れもなく繰り返し再発してスヴェトラーナを苦しめることになる。

スターリンも幼い娘の心理的な飢餓にある程度まで気づいていた節がある。彼は日頃からグルジアの政治家で作家でもあるカンディード・チャルクヴィアーニに一目置き、何かと引き立てていたが、そのチャルクヴィアーニがモスクワに来てクレムリンを訪ねた時にスターリンの意外な一面を発見し、それを回想記に記している。「センチメンタリズムとは無縁のはずのスターリンが、自分の娘に対して思いがけない優しさを見せ、『私の小さな女主人様』などと呼びかけ、膝の上に抱き上げて座らせ、キスするのだった。そして、『母親が亡くなって以来、わが家の主婦はお前だと常々この子に言い聞かせているのだよ』と私たちに説明した」[8]。

スターリンは、「小さな蝶々さん」、「かわいい蝿ちゃん」、「小雀ちゃん」など、様々な愛称でスヴェトラーナを呼んでいた。スターリンが娘を喜ばせるために考え出した二人の関係はスヴェトラーナが十六歳になるまで続く。スヴェトラーナが誰かに何かを頼もうとするたびに、スターリンは言うのだった。「なぜ『お願い』などと言うのだ？　命令すればいいのだよ。お前が何かを望めば、その望みがいつもすぐ叶うように私が取り計らってやるから」[9]。スターリンはスヴェトラーナを「女主人」と呼び、自分はその書記官であると称していた。一番偉いのはスヴェトラーナだった。スターリンは黄色宮殿の二階の執務室から階段を駆け下り、子供たちが暮らす階下のホールに向かう時には、「女主人様！」と大声で叫ぶのだった。

スターリンには間違いなくこのような一面があった。スターリンは、また、スヴェトラーナのためにリョールカという名の想像上の女友達を創り出した。リョールカはスヴェトラーナの分身であり、模範的な少女だった。スターリンは、「今しがたリョールカを見かけたところだ」などと言い、リョールカの模範的な行動を称賛した。スヴェタンカ（スターリンが好んで使ったスヴェトラーナの愛称のひとつ）もリョールカに負けずに頑張らなければならなかった。スターリンはリョールカの行動のあれこれを絵に描いて見せたりもした。スヴェトラーナは内心ではリョールカを嫌っていた。

ソチの別荘に滞在する間、スターリンは子供にも読める活字体の文字でスヴェトラーナに手紙を書き、「パパちゃんより」などと署名している。

女主人のスヴェタンカ様
パパちゃんは手紙を待っているのですが、その手紙はなかなか来ません。もうパパちゃんのことを忘れてしまったのですか？ 元気ですか？ 病気をしているのではないでしょうね。今は、何をしていますか？ 最近、リョールカに会いましたか？ 人形たちはどうですか？ 女主人様から何か命令が来ることを期待していましたが、来ないのは残念です。パパちゃんはがっかりしています、でも、気にすることはありません。キスを送ります。手紙を待っています。パパちゃんより。(10)

スターリンは女主人に仕える従僕たちのうちの第一書記を自任していた。スヴェトラーナは第一書記宛ての命令を短いメモにしたため、スターリンの机の上の電話機の横の壁にピンで張り付けることになっていた。滑稽だったのは、スヴェトラーナがクレムリンの他の大人たちをも第二書記、第三書記として扱い、指示を出していたことだった。カガノーヴィチ、モロトフなどの大物閣僚も父娘のこのゲームに参加させられていたのである。

スヴェトラーナは彼女の第一書記に対して、「劇場に連れて行くように」、「新たに開通した地下鉄に乗せてくれるように」、「ズバロヴォの別荘に行かせてほしい」、などの命令を出している。

一九三四年十月二十一日

第一書記、同志J・V・スターリンに
命令第四号
私を一緒に連れて行くよう命令します。

署名　女主人、スヴェタンカ

スヴェタンカ様、
承知つかまつりしました。

第一書記、J・スターリン[11]　公印

毎年、夏から秋にかけての数ヵ月間、スターリンはソチの別荘にひとり籠もって仕事をするのを常としていた。その間、スヴェトラーナはモスクワにとどまって乳母とともに過ごすのである。彼女は父親宛てに愛情あふれる手紙を何通も書いているが、それらの手紙からは父親への気遣いが窺えるとともに、寄るべない少女の頼りなさ伝わってくる。

一九三三年九月十五日
親愛なパーポチカ、
お元気ですか？　お身体はいかがですか？　私は無事にモスクワに着きましたが、乳母のアレクサンドラは途中で気分が悪くなりました。でも、今はすべてが順調に運んでいます。パーポチカ、私がいなくても寂しがらずに、十分に休息して、健康を取り戻してください。私もベストをつくして、パパを喜ばせてあげます。心からのキスを送ります。パパのスヴェタンカより。[12]

スターリンから娘への手紙も、多少からかい気味だったが、愛情に溢れていた。

一九三五年四月十八日
小さな女主人様、
少しばかりですが、女主人様にザクロとタンジェリンと缶詰の果物を送ります。味わってみてください。でも、ワーシャ〔ワシリーの愛称〕には何も送りません。ワーシャは相変わらず学校の成績が悪く、しかも、空約束しかしないからです。空約束は信用できないとワーシャに伝えてください。たとえ成績が「可」だけでもいいから、本気で勉強する気になれば、信用できるのですが。女主人様に報告することがあります。先日、チフリスまで行って、お祖母さんに会ってきました。スヴェタンカとワーシャからもよろしくと伝えておきました。お祖母さんも元気にしている様子でした。二人に大きなキスを送るそうです。今回の報告はこんなところです。キスを送ります。もうすぐ帰ります。[13]

スターリンは娘への手紙に「女主人スヴェタンカ様の卑しい第一書記、貧しき農奴、J・スターリン」などと署名している。
「小さな女主人」のゲームを覚えている人物は他にもいた。ナージャの死後、スターリンの寵臣のひとりとなったニキータ・フルシチョフである。フルシチョフはスヴェトラーナを「ウクライナ風のスカートと刺繍入りのブラウスという洒落た身なり」の愛らしい少女として回想している。赤毛でそばかすのその少女は「着飾った人形」のように可愛らしかった。

スターリンは娘に向かって「さあ、この家の主婦としてお客さんをもてなしなさい」などと言うのだった。すると、娘は走ってキッチンへ逃げ込んだ。スターリンは我々に説明した。「娘は私に腹を立てるといつも『キッチンへ行ってコックに言いつけてやる』と言うのだ。そこで私は、『やめてくれ！　コックに言いつけたりしたら、私がひどい目に合う！』と娘に懇願する。すると、スヴェトランカ〔フルシチョフの原文のまま〕は、『パパが今度また何か悪いことをしたら、必ずコックに言いつけてやる』と宣言するのさ」(14)。

「女主人と従僕」のゲームは罪のない遊びのように見えたが、その陰には暗い一面も潜んでいた。フルシチョフは幼いスヴェトラーナに不憫を感じたと言っている。「それは孤児を不憫と思う時の憐れみの感情だった。スターリンは本質的に他人の感情に鈍感で、その意味では残酷だった。彼はたしかに娘を愛していたが、それは猫がネズミを弄ぶ時の愛情に似ていた」。

英国のジャーナリストで作家のアイリーン・ビッグランドは一九三六年にモスクワでスヴェトラーナとスターリンを見かけた時のことを書いている。当時、スヴェトラーナは十歳、「丸ぽちゃの小学生」だった。「スターリンは娘を溺愛している様子だった。彼は文化休息宮殿の会館で開かれた少年少女の発表会に出かけ、娘の演奏に目を細めて聞き入っていた。スヴェトラーナがピアノで『スコットランドの釣鐘草』を弾いた時には、嬉しそうに娘の頭を撫でた。しかし、スターリンはまるで親熊が仔熊をあしらうように子供をじらしていたぶる乱暴な父親でもあった。その大きな熊の手にはいつなんどき仔熊を突き飛ばしかねない雰囲気があった。それでも娘のスヴェトラーナは明朗快活な少女だった」(15)。

クレムリンには小さな映画館があった。かつて「冬庭園」があった場所に建てられたその映画館へは、旧元老院の建物から長い廊下通路を通って行くことができた。午後七時から九時頃までの二時間にわたる夕食が終った後で、スヴェトラーナは「まだ起きていたい」と父親にねだることがあった。スターリンは、まず渋面を装った後で、笑いながら言った。「じゃあ、わしらを映画館まで案内してくれるかな？　女主人様の案内がなければ、わしらだけではとうてい行き着かないのでね[16]」。

複雑な廊下通路をたどって、ひと気の絶えたクレムリンの構内を横切り、大人たちの一行の先頭に立って映画館への道中を進むことは、子供にとって胸の高まる興奮だった。スヴェトラーナの後にスターリンと取り巻きたちが続き、警護の職員が続き、さらに一行から遠く離れて、装甲を施したスターリンの専用車がゆっくりとついて来た。今や、「首領（ヴォーシチ）」の行く所には必ずこの装甲乗用車がついて回っていた。映画が終わるのは午前二時頃だった。スヴェトラーナは、またも議論を始める大人たちを置き去りにして、ひと気の失せた通路を走って自宅に帰るのだった。

このクレムリンの映画館で、スターリンはソ連国内で制作されるすべての映画を一般公開に先立って見ていた。スヴェトラーナも父親とともに『チャパーエフ』、『サーカス』、『ヴォルガ、ヴォルガ』などのソ連映画を数多く見ることになった。しかし、スターリンが好んで見たのはアメリカの西部劇であり、チャーリー・チャップリンの作品だった。チャップリンの作品は特に気に入っていて、腹を抱えて笑いながら鑑賞した。ただし、チャップリンの『独裁者』だけは例外で、ソ連国内では上映禁止だった[17]。スヴェトラーナはこの頃の経験をいつも懐かしく思い出している。「私の記憶に残っているこの時期の父親は、娘を愛し、良き父親たろうと努め、自分なりに最善を尽くして娘を育て上げようとする人物だった。しかし、戦争が始まると、その父親像のすべてが崩壊してしまう[18]」。

スヴェトラーナによれば、母親の死後「あらゆることについての最終的な、そして、疑問の余地のない権威」となったのは父親だった。[19] 他人の心理を操作することにかけては、スターリンの右に出る者はいなかった。「哀れな農奴の従僕」が「小さな女主人」を支配していたのである。スヴェトラーナはこの幼年時代に父親向けにかぶり始めた「良い子」の仮面を顔から引き剝がそうとして残りの生涯を過ごすことになる。時には突飛な行動に出ることによって一時的に「良い子」の仮面を脱ぐことに成功するが、気がつくと、仮面は再び戻ってきて彼女の顔を覆ってしまうのだった。逆説的な図式が成立しつつあった。ひとりの少女がソ連邦の最高権力者の集団である共産党政治局員の面々に命令を下し、使いまわしていたが、その少女は恐るべき孤独に苦しみつつ、父親の好みどおりの生き方を学ばされていたのだった。

ナージャの死後、スターリン一族は解体してしまったという説があるが、親族の人々はこの説に反駁している。祖父のセルゲイと祖母のオリガ、パーヴェル伯父さんとジェーニャ伯母さん、アンナ伯母さんとスタニスラフ伯父さん、アリョーシャ伯父さんとマリア伯母さんなど、一族のほぼ全員が引き続きスヴェトラーナの住居に出入りしていた。ナージャの死後も、二、三年間は、アリルーエフ家とスワニーゼ家の人々はスターリン自身と頻繁に接触していた。夏休みには、彼らはそろってソチの別荘にスターリンを訪ね、新年や誕生日の祝いにはクンツェヴォの別邸に集まってパーティーを開いた。スヴェトラーナの従弟のアレクサンドル・アリルーエフによれば、一族のきずなは弱まってはいたが、まだ保たれており、親族はナージャの自殺から受けた衝撃を吸収し、克服しようとしていた。誰もが「なぜあの事態を予測することができなかったのか?」と自問していた。[20] 特に、アレクサンドルの父親のパーヴェルは、例の小型拳銃を妹に与えたことで罪悪感に苦しんでいた節がある。スヴェトラ

スターリン自身も家族の紐帯という体裁を維持するために一定の努力をした節がある。

左から、兄ワシリー、後に最高ソヴィエト議長となるアンドレイ・ジダーノフ、スヴェトラーナ、スターリン、異母兄ヤーコフ。1934年頃にソチの別荘で撮影された写真。

ーナが九歳の時、スターリンはヤーコフ、ワシリー、スヴェトラーナの三人をグルジア旅行に送り出した。子供たちの祖母ケケを見舞わせるためだった。つまり一九三五年、ケケの死の二年前のことである。チフリスに住む自分の母、ケケには宮殿のように立派なチフリスの旧総督邸があてがわれていたが、彼女は実際には使用人用の一階の粗末な部屋に住み、農民同様の質素な暮らしをしていた。三人の孫の訪問は惨めな失敗だった。ケケはカラスのような黒ずくめの衣装をまとった老婆の一団に取り囲まれ、黒い鉄製の簡易ベッドに横たわった状態でスヴェトラーナに向かってグルジア語で話しかけた。三人の孫の中でグルジア語を解するのはヤーコフだけだった。スヴェトラーナは祖母が差し出すキャンディーを受け取ると、機会を窺ってすぐに部屋の外に逃げ出した。

スターリン自身はこのグルジア行きに加わらなかったが、その後、ケケが没する直前にその病床を見舞う機会があった。後に語り草となる親子の会話が交わされたのはその際だったと考えられる。ケケは言った。「ヨシフよ、お前はいったい何になったんだい？」。スターリンは答えた。「お母さん、皇帝を覚えているだろう。今は、この私が皇帝みたいなものだよ」。ケケは息子を叱責するかのように言った。「お前が司祭にならなかったのは本当に残念だよ」。スヴェトラーナによれば、スターリンはこのやり取りを思い出しては、いつも「嬉しそうに」懐かしんでいた。[21]

当時、スヴェトラーナはモスクワ都心のスタロピメノフスキー通りにある第二五模範学校に入学したところだった。スヴェトラーナが七歳になった時、スターリンは一家の身辺警護の責任者だったカルル・ヴィクトロヴィチ・パウケルに命じて娘のための最善の学校を選定させたのだった。[22] すでに十二歳だった兄のワシリーは比較的程度の低い第二〇学校の五年生だったが、スヴェトラーナの入学とともに、同じ第二五模範学校に転校することになった。毎朝、スヴェトラーナとワシリーはクレムリンのリムジンで送られ、七時四五分にプーシキン広場でリムジンを降りた。プーシキン広場から第二五模範学校までは歩いてわずかの距離だった。学校の正面玄関には樫材の大きなドアがあった。そのドアを入り、階段を昇って二階の教室に行く階段の途中には広い踊り場があり、踊り場の壁にはレーニンの肖像と並んで兄妹の父親の肖像がかかっていた。

スヴェトラーナの小学生時代はスターリン個人崇拝が始まった時期と重なっていた。「偉大な領導」、「ソ連邦婦人の最善の友人」などの形容詞で飾られたスターリンの肖像画がいたるところに掲げられていた。一族のひとりであるマリア・スワニーゼによれば、個人崇拝はスターリン個人の虚栄心の産物ではなかった。マリアはスターリンの次のような言葉を伝えている。「ロシアの民衆には皇帝が必要なのだ。皇帝とは、ロシアの民衆がその前に頭を垂れて崇拝する対象である。ロシア人は皇帝のために生き、そして働く国民なのだ」。[23] スターリンのこの主張に十分な説得力があるとは思えないが、スターリン個人崇拝の背景として、誇大妄想に近いプロパガンダが大きな効果を生むという抜け目のない政治的計算があったことは間違いない。いずれにせよ、スヴェトラーナは毎朝学校の階段を昇るたびに父親の肖像画に迎えられることになった。

それまで家庭教師による個人教授に慣れ親しんでいたスヴェトラーナにとって、学校は新しい衝撃だった。入学した初日に、彼女は男子用トイレに入ってしまった。家庭ではいつも兄たちや従弟たちと同じトイレを使っていたからだ。その日以降、スヴェトラーナは「男子用トイレに入った女の子」として有名になる。[24]

第二五模範学校は普通の学校ではなかった。国内最高の名門校と見なされていたのである。ある卒業生によれば、それは「大物の子供たちが通うための学校だった」。[25]第二五模範学校の生活は外の社会で起きていることとあまりにもかけ離れていたので、まるで鏡の向こう側の別世界のようだった。廊下には、椰子や檸檬の植木鉢が並び、食堂のテーブルは白いテーブルクロスで覆われていた。生徒の多くは有名人や権力者の子弟だった。親の顔ぶれには、俳優、作家、有名な北極探検家、航空技師、コミンテルンの執行委員、党政治局員、政府高官などが含まれていた。登下校時になると、学校の周辺の道路には送り迎えのリムジンがずらっと並んだ。

第二五模範学校はソ連国内で最も教育内容の充実した学校だった。「知識がなければ、共産主義はあり得ない」という標語の書かれたきらびやかな横断幕が掲げられた図書室には、一九三七年現在、一万二〇〇〇冊の蔵書と四〇種の雑誌新聞が収蔵されていた。図書館の隣にはゲーム室があり、生徒たちが静かな雰囲気でドミノや卓上クロッケーやチェスに興じていた。[26]

クラブ活動も盛んだった。演劇部、社交ダンス部、文芸部、無線・電子技術部、パラシュート降下部、チェス部などがあり、ボクシング部と陸上競技部は学校周辺の街路でもトレーニングしていた。

モスクワ第二五模範学校の教室風景(1935年)。2列目の前から3番目がスヴェトラーナ。

スポーツ競技会、ライフル射撃大会、バレーボール大会なども開催された。校内に医師と歯科医が常駐していた。遠足では、モスクワ市内の有名なトレチャコフ美術館や遠くトルストイの屋敷を訪れ、夏休みのキャンプは黒海沿岸の保養所で行なわれた。クリミア半島での夏のキャンプに向かう生徒たちを乗せた汽車は、一九三〇年代初頭の飢餓で壊滅的な打撃を受けたウクライナを通過した。各駅のプラットホームには集団化の犠牲者となって飢えた農民が群がっていたが、第二五模範学校の魔法にかかった生徒たちにとって、それは無縁の光景だった。学校の教師たちが授業で飢饉の問題を取り上げることはなかった。

第二五模範学校は「社会主義のショーウインドー」の役割を負っていたので、毎年、外国人を含む数千人の見学者が視察に訪れた。新聞記者や写真記者の訪問も絶えなかった。一九三六年には、米国の黒人歌手ポール・ロブソンが偽名を使って息子を第二五模範学校に入学させた。学校の運営のために予算が必要な場合には、校長がスターリンまたはカガノーヴィチ宛てに直接に手紙を書けば、然るべき措置が講じられた。米国からやって来た見学者のひとり、ジョーゼフ・C・ルークスは来訪者の感想帳に次のように記入している。「この学校の照明、暖房、換気、清潔さなどの水準の高さは米国の基準に匹敵している」[27]。すると、その後まもなく、第二五模範学校の予算は大幅に増額された。米国の基準を上回る水準を達成するためだった[28]。

一方、外国人の見学者が訪れることのないモスクワ内外の一般の学校では、ノートが行きわたらないために、生徒たちは擦り切れた教科書の余白をノート代わりにしていた。筆記用具も配給制だった。それが一九三〇年初めの実態だった。机が足りないので、授業は二部制や三部制だった。薪や灯油の不足が理由で休校になることも稀ではなかった。モスクワ首都圏以外の地域では、強制的な農業集団化とクラーク撲滅運動が大規模な飢饉を引き起こし、その結果、生徒の半数が学校に通えなくなっていた。学校から脱落した生徒の大半が死亡した[29]。

一九二九年、教育人民委員で共産党宣伝扇動部（アジトプロップ）の部長でもあったアンドレイ・ブーブノフが政令を発し、すべての学校に対して「ソヴィエト経済およびソヴィエト社会の改革を目指す階級闘争に積極的に参加すること」を要求した。第二五模範学校の生徒と教師にも、「規律、序列、権威を尊重すること、理性、楽観主義、進歩を信じること、自然、社会、人間の変革の可能性を認めること、革命のための暴力の必要性を受け入れること」などというスターリン主義の教条を内面化することが求められた[30]。ソ連国内のすべての学校がそうだったが、校舎の入口やホールには横断幕が掲げられた。横断幕には「ファシストによるスペイン介入を許すな」とか「同志諸君、生活は改善されている。以前よりずっと楽になっている」（一九三五年のスターリンの有名な発言）などのスローガンが書かれていた[31]。

ソ連ではすべての子供が共産主義の教義に基づいて訓練された。子供たちは、年齢に応じて、まずオクチャブリョーノク〔十月の子〕になり、次にピオネール、最後にコムソモールになった。一年生として入学した子供は、革命記念日にあたる十一月七日（旧ユリウス暦の十月）にオクチャブリョーノクになる。オクチャブリョーノクには赤い星の徽章が配られる。星の中央には白い円があり、その円の中に幼いレーニンの顔が描かれていた。

三年生になった子供はピオネールに加盟する。ピオネールには赤い三角巾状のスカーフが配付され、ピオネールの子供たちは毎日そのスカーフを襟に巻いて登校する。スカーフと同時に配られるバッジには、「備えよ、常に」の標語が書かれている。毎年五月一日に赤の広場で繰り広げられるメーデーの行進には、スヴェトラーナも第二五模範学校の隊列の一員として、誇らかにピオネールの制服に身を包み、熱烈な共産主義者として参加した。スヴェトラーナは後に当時を振り返って言っている。「レーニンは私たちの偶像だった。マルクスとエンゲルスは私たちの使徒だった。彼らの言葉のすべてが福音書の真理だった[32]」そして、言うまでもなく、彼女の父スターリンは、「例外なしに」あらゆる意味で正義を体現していた。

しかし、第二五模範学校の内情を見ると、そこには逆説的な矛盾が含まれていた。スヴェトラーナが入学したのは一九三三年だったが、当時、第二五模範学校の教職員に占める共産党員の割合は一五パーセントにすぎなかった。多くの教職員が問題のある過去を抱えていたのである。彼らは革命前の貴族、白衛軍、宗教組織、商人階級などの出身者だった。第二五模範学校は比較的リベラルな雰囲気を維持しており、イデオロギー的には受け入れられないはずの個人主義者を育てるという皮肉な結果になっていた[33]。やがては共産主義体制に反対する批判勢力となり、改革派の編集者、歴史家、弁護士、人権活動家などとして活動する卒業生も少なくなかった。

スターリンの二人の子供についての学校での評判は対照的だった。兄と妹は対極的な存在だったのである。ワシリーの級友の大半はスターリンの息子を、滑稽ではあるが、絶えず面倒を引き起こす、手におえない乱暴者として記憶している。ワシリーの相棒だった親友は最近になって田舎から出て来たばかりの少年で、「コルホーズニク（集団農場の子）」と呼ばれていた。少年の母親は学校の床掃除を仕事としていた[34]。

ワシリーの悪ふざけは有名だった。第二五模範学校の隣は昔の教会の跡地で、打ち捨てられた教会墓地の墓の盛り土が学校の窓からも見えていた。ワシリーが大いに気に入っていた悪戯のひとつは、友人の一隊を引き連れて教会の墓地に忍び込み、墓を暴いて骨を掘り出すことだった[35]。ワシリーは汚い言葉で悪態をつくことでも有名だった。教師に言葉遣いの悪さを指摘されると、ワシリーは、「今後は自分が誰の息子かを思い出して、慎みます」などと答えるのだった。

当時は、まだ、級友たちもワシリーを自分たちと平等な立場の仲間と見なしていた。ワシリーが窓を割って、その罪を級友のひとりになすりつけた時には、彼らはワシリーを袋叩きの目に合わせた。ワシリーが視力の弱い級友をいじめた時には、仲間たちはワシリーをコムソモールから追放する決議を採択した[36]。視察に訪れていた訪問客たちのためのフィルムの映写をワシリーが故意に妨害した時には、面白いことが起こった。担任の教師が「スターリン！　教室から出て行きなさい！」と叫んだのである。部屋中が凍りついて見守るなかを、ちびのワシリーが憤然として部屋を出て行った。ワシリーが父親の名前を引き合いに出して学校の教職員を威嚇するたびに、その旨を知らせる報告書がスターリンの許に届けられた。スターリンは自分の子供たちを第二五模範学校に入れるにあたって、他の生徒と平等に扱うようにとの指示を出していたのである[37]。

ワシリーは父親を恐れていたが、父親の名前がもたらす権威につけ込んで、うまく利用する生き方をすでに身に着けていた。十二歳のワシリーがスターリンに書いた手紙が残っている。息子は父親を喜ばせようとして自分を「赤いワーシカ」（ワーシカ・クラースヌイ）と呼んでいた。

一九三三年八月五日
パパ、こんにちは。
お手紙受け取りました。十二日にはモスクワに向けて帰途につくという予定を了解しました。
パパ、例の先生の奥さんのことですが、奥さんの便宜を図ってくれるように司令官に頼んだところ、断られました。奥さんは労働者のバラックで働くことになりました。……パパ、石を三個送ります。色を塗っておきました。こちらは皆元気でやっています。まもなく再会するまで、しっかり勉強します。赤いワーシカより。[38]

この手紙では、ワシリーの口出しは善意からのように見える。しかし、学校関係者はスターリンの子供たちを生徒として抱えることに緊張していたに違いない。ワシリーは父親宛てに不満を訴えることもあった。

九月二十六日〔年は不明〕
パパ、こんにちは。
元気で学校に通っています。楽しい毎日です。僕は学校のサッカーチームの一軍に属していますが、僕がプレーに参加しようとするたびに、父親の許可がないかぎり僕にプレーさせることはできないという話になります。僕がサッカーの試合に参加してよいかどうか決めて手紙をください。パパの言う通りにします。赤いワーシカより。[39]

十一歳の時に経験した母親の自殺がワシリーにとってどれほど重大な打撃だったかを理解していたのはおそらくスヴェトラーナだけだっただろう。兄妹の生活から母親の姿が消えてしまったことが兄を完全に駄目にしたとスヴェトラーナは思っていた。ワシリーは十三歳で酒を飲み始め、酒に酔うと毒のある言葉で妹を攻撃した。汚らしい言葉遣いと露骨な性的表現があまりにひどくなると、異母兄のヤーコフが乗り出してスヴェトラーナを守らなければならなかった。彼女は後に何人かのインタビュアーに語っている。「私は兄のワシリーから最も汚らわしい種類の性教育を施された」[40]。スヴェトラーナはそれ以上に詳しいことを言わなかったが、自分の身を守るためにワシリーとの間に距離をおいたことは間違いない。スヴェトラーナによれば、兄のワシリーを愛していたことに気づいたのは彼が死んだ後になってからだった。

ただし、その兄に感謝することがひとつだけあった。少女期のスヴェトラーナは病気がちだったが、父のスターリンは、おそらく保安上の理由で、彼女を病院に行かせることを嫌った。病気のスヴェトラーナは長い時間を自分の部屋で孤独に過ごさなければならなかった。世話をしてくれるのは乳母と看護婦だけだった。[41] しかし、思春期に入って事情が変わった。兄のワシリーが「お前はデブだから病気にかかりやすいのだよ」と罵りつつ、彼女を無理やりにスポーツ・クラブに押し込んだのである。スヴェトラーナはスキー・チームとバレーボール・チームに参加して訓練を重ね、そのおかげで、生涯の財産となる丈夫で健康な身体を手に入れることができた。

一九三七年、ワシリーはついにモスクワ市内の第二特別学校に転校させられる。転校先でもスターリンの名を笠に着る態度は改まらなかった。宿題の提出を拒んだばかりか、教室内では、紙屑を唾で固めて投げ、口笛を吹き、歌を歌い、あげくの果てに勝手に部屋から出て行った。ところが、今度の学校の管理者たちはワシリーの問題行動を隠蔽し、期末試験をサボることさえ黙認した。落第点をつけようとしたドイツ語の教師は学校側から解雇するとの脅迫を受けた。さすがに事態を憂慮したスターリンは学校側に息子の行状を逐一記載した「秘密報告書」の提出を命じたが、それでも学校当局はワシリーを擁護した。[42] 単なる非行では済まない悪辣な行為をワシリーがしているという噂もあった。「陸上競技会で彼を負かした同級生を憎み、その両親が逮捕されるように仕向けた」という噂だった。[43]

一九三八年、十七歳になったワシリーはカチンスクの軍飛行学校に入学させられる。必要な規律を身に着けさせようとするスターリンの配慮だった。しかし、飛行学校でもワシリーは特権的な扱いを要求し、要求を押し通した。息子は父親の名前の威力を抜け目なく利用する生き方を着実に身に着けつつあった。しかし、最終的には、その生き方が身の破滅につながるのである。

一方、優等生のスヴェトラーナは言われるとおりに「連絡帳」を家に持ち帰っていた。そこには毎日の学業成績と操行評価が記録されていた。子供への気配りを怠らない親の義務として、スターリンは黄色宮殿での夕食の席でこの「連絡帳」に目を通し、署名するのだった。良い子のスヴェトラーナはスターリンの自慢の娘だった。スヴェトラーナがいかに純粋培養された優等生だったかは、彼女が三年生の時に校長のニーナ・グローザの業績を称えて書いた作文からも、はっきりと読み取ることができる。「校長先生の指導の下で、私たちの学校はソ連邦で最も優秀な学校の資格を獲得したのです。スヴェトラーナ・スターリナ」。[44] 彼女はすでに「共産主義を目指す小さな闘士」だった。

十六歳になるまでのスヴェトラーナは、多数の級友と同様に、理想に燃える若き共産主義者だった。彼女は党のイデオロギーを無批判に鵜呑みにしていた。後に、当時を振り返って、彼女は党のイデオロギーが集団主義を外れた個人の思想をいかに抑圧し、数百万人の人間を集団催眠にかけていたかを思い出して愕然とし、それを「奴隷の心理」と呼んでいる。ワシリーはその奴隷心理のシステムを冷笑的なやり方で利用しようとした。しかし、それは本質的に身の破滅を招くやり方だった。ワシリーは、ごく若いうちから、この社会で自分が前に進むための最も効果的な方法は誰かを裏切ることだという原理を理解していたのだった。

第4章 吹き荒れるテロル

一九三四年十二月六日、母親の死から二年の歳月を経て八歳となっていたスヴェトラーナは、再び国営百貨店（グム）会館の円柱の間での遺体正装安置式に出席することになった。今回、告別の対象となったのはセルゲイ・キーロフの遺体だった。「セルゲイおじさん」は彼女の大好きな「おじさん」たちの一人であり、一緒に「女主人と従僕」のゲームを楽しんだ仲間だった。そのわずか数日前、スターリンは取り巻きを大挙引き連れてマールイ劇場に繰り出し、上演中の喜劇『饗宴後の二日酔い』を鑑賞し、その後、一同をクンツェヴォ邸の夕食に招待した。その食卓には、キーロフがレニングラードから送ってきた胡瓜魚（スネトキー）も供されていた。[1] そのキーロフが今は亡き人となって横たわっているのだ。「私は『死』というものがどうしても好きになれなかった。恐ろしかった……私は暗い場所、暗い部屋、そして暗い闇そのものを怖がるようになっていた」とスヴェトラーナは後にある友人に語っている。[2]

レニングラードの党書記長だったセルゲイ・ミローノヴィチ・キーロフは、五日前の一九三四年十二月一日午後四時三〇分、旧スモーリヌイ女学院の建物内のレニングラード共産党本部で、それも自分の執務室の前の廊下で暗殺された。暗殺犯のレオニード・ニコラーエフは白昼堂々と党本部に乗り

1934年12月21日、クンツェヴォ邸で開かれたスターリンの誕生日祝賀パーティーの写真。
後列左から、アンナ・レーデンス、ドーラ・ハザン(政治局員アンドレイ・アンドレーエフの妻)、
エカチェリーナ・ヴォロシーロワ(国防人民委員クリメント・ヴォロシーロフの妻)。中列左から、
マリア・スワニーゼ、マリア・カガノーヴィチ(「クレムリンの狼」と言われたラーザリ・カガノーヴィチの妻)、
サシコ・スワニーゼ、スターリン、
ポリーナ・モロトワ(スターリンに最も近い側近のひとりヴャチェスラフ・モロトフの妻)、
クリメント・ヴォロシーロフ(スヴェトラーナが大好きだった「ヴォロシーロフおじさん」)。
前列左から、アンナ・エリアーヴァ(有名なグルジア人科学者ゲオルギー・エリアーヴァの妻)、
ジェーニャ・アリルーエワ(スターリンの義兄の妻)、ソ連邦議会代議員ドミートリー・マヌイルスキー夫妻。

込み、拳銃でキーロフを射殺したのである。事件直後にNKVDが作製した報告書によれば、ニコラーエフは自分の妻とキーロフとの不倫を疑い、嫉妬と怨恨から犯行に及んだものと見られた。しかし、その後まもなく、ニコラーエフは政府転覆を企む反革命テロリスト組織のメンバーだったことが判明する。十二月末までに、ニコラーエフを含む一五人の共同被告が即決裁判にかけられて処刑された。[3]

厳粛な雰囲気の円柱の間に集まった弔問者の間には、キーロフ家、スターリン家、アリルーエフ家、スワニーゼ家の人々が顔を揃えていた。マリア・スワニーゼは、後に秘密警察によって押収された秘密の日記の中で、当日の情景を次のように記述している。

広間は煌々と輝く電灯で明るく照らされていた。天井からは分厚いビロードの旗幟が幾筋も下がっていた。二階まで吹き抜けの広間の中央にきわめて簡素な棺が置かれていた。棺は赤い綿布が貼られ、蠟燭で飾られていた……遺体の顔は黄緑っぽく見えた。鼻が鋭く突出し、唇はきつく結ばれ、額と頬には深い皺が刻まれていた。口角が下がっているために、遺体の表情は寂しげだった。倒れた時に打った跡であろうか、左のこめかみから頬骨にかけて青い痣が残っていた。棺の周囲には、様々な組織から献呈されたリボンつきの花環が並んでいた……新聞社のカメラマンが焚くラッシュの閃光の中で……警備の公安職員が目を光らせていた。演壇では、ボリショイ劇場のオーケストラがずっと演奏を続けていた……煌々と照明が輝いているにもかかわらず、陰鬱で暗い雰囲気だった。

午後十一時、スターリンを先頭にして、党幹部の面々が式場に姿を現わした。

ヨシフは悲しみのために歪んだ顔つきで棺に近づき、セイルゲイ・ミロノーヴィチの遺体の額に口づけした。その様子を見て、居合わせた者全員が胸を抉られる思いだった。二人がきわめて親密な間柄だったことを誰もが知っていたからだ。広間にいた全員がすすり泣いた。私も思わずすすり泣いた。自分の泣き声に混じって、周囲の男たちの嗚咽が聞こえてきた。[4]

マリア・スワニーゼによれば、キーロフ暗殺のニュースがモスクワに伝わった直後のスターリンの様子をナージャの兄パーヴェル・アリルーエフが目にしていた。スターリンは両手で頭を抱えて座り込み、「私は天涯の孤児になってしまったような気がする」と言って嘆いた。パーヴェルは胸を突かれて、思わず義弟の許に駆け寄り、抱きしめ、慰めのキスをした。

しかし、実際にはその日スターリンは別邸には行っていなかった。パーヴェルが優しさを発揮したのは、おそらく、その数日後のことだったのだろう。十二月一日、スターリンは終日クレムリンの執務室にいて、午後五時にキーロフ暗殺のニュースが伝わると、直ちに政治局のメンバー全員とNKVD長官のゲンリフ・ヤゴダを召集し、同時にレニングラード行きの夜行列車の手配を命じた。それはパーヴェルが目撃した感傷的なスターリンとは正反対の実務的な指導者の姿だった。スターリンが「十二月一日法」の草案を策定したのも、多分、その日の夜だったと思われる。「十二月一日法」とは、「テロリストに対しては捜査と裁判を遅滞なく遂行し、被告の上告は認めず、判決後は直ちに刑を執行すること」を警察当局と裁判所に指示する内容の政令を意味していた。[5]この政令によって司法手続きが簡素化され、本来は党内の反革命分子を排除するキャンペーンとして始まった引き締め政策が次の三年間に「大粛清」というテロルの嵐に発展するのである。

一部には、スターリン自身がキーロフ暗殺を命じたという説もあった。たしかに、キーロフの人望はスターリンにとって危険なほどに高く、しかも、キーロフはスターリンの急速な工業化政策にブレーキをかけようとする勢力に同情的だった。ただし、スターリン黒幕説を裏づけるに足る十分な証拠は存在しない。しかし、キーロフ暗殺がその後の「大粛清」の発動にとって必要かつ重要な幕開けであったことは間違いない。大粛清期には数十万人の単位で人々が大量逮捕され、その多くが処刑されることになる。[6]

農業集団化とクラーク撲滅運動（原注―クラーク撲滅運動とは、いわゆる「富農」に対する政治的抑圧キャンペーンだったが、実際には、集団化に抵抗する農民を強制移住と処刑をもって弾圧する政策だった）を通じて、秘密警察ＯＧＰＵ（一九三四年に改組されてＮＫＶＤになる）はすでに社会の隅々に触手を伸ばして「階級の敵」を摘発しつつあった。電話の盗聴、監視、密告の強制、独房への監禁、拷問による自白強制などが通常の捜査手段として日常的に採用された。当局にとって都合の良い情報が作り上げられ、ウイルスのように拡散して、数十万人を巻き添えにしたのである。

一九三五年から三六年にかけて、集団的ヒステリーとでも言うべき混乱の中で大量逮捕が繰り返された。大粛清のテロルが頂点に達する一九三七年から三八年にかけては、わずか一七ヵ月の間に一七〇万人が逮捕され、そのうち七〇万人が銃殺され、三〇万～四〇万人がシベリア、カザフスタンその他の遠隔地の強制収容所へ流刑された。[7]

一九三七年は革命二〇周年の年だった。革命記念日の行事の後に開かれた幹部たちの内輪の晩餐会で、スターリンは側近たちに次のように語ったと言われている。

我々はあらゆる敵を殲滅しなければならない。たとえ、それが古参のボリシェヴィキ幹部であっても手心を加えてはならない。その場合、敵である個人だけでなく、その家族も、親族も、もろともに殲滅すべきだ。社会主義国家の存在を脅かすような行動や思想があれば、それが誰であれ、容赦なく殲滅する。そうだ、思想こそが重要なのだ。[8]

NKVDが抑圧政策を強化した結果、強制収容所(グラーグ)に収監された囚人の数は一九三八年までに二〇〇万人に膨れ上がった。[9]

スヴェトラーナは十一歳の少女となっていた。まだ世の中の複雑な動きを理解することはできなかったが、一九三七年の夏が終わった頃、休暇先のソチからモスクワに戻った際に、テロルの季節の到来を肌で感ずるような出来事に遭遇した。それまでの一〇年間、スターリン家の家政婦を務めてきたドイツ人家政婦のカロリナ・ティルが、信頼できない人物の容疑をかけられて夏の間に解雇されていたのである。[10] 新しい家政婦として現れたのはアレクサンドラ・ナカシーゼ中尉だった。ナカシーゼ中尉はスヴェトラーナの部屋を全面的に模様替えしてしまった。母親から引き継いだ家具類はすべて運び去られ、箪笥にしまわれていた幼少期の思い出の品々もすべて姿を消した。子供の頃に描いた絵の綴りも、粘土で作った人形も、伯母さんたちから貰ったプレゼントもなくなっていた。母親の思い出として特に大切にしていた龍の絵のついたエナメルの箱、小さな鏡、数客の茶碗なども例外ではなかった。[11] スヴェトラーナは乳母のブイチコワを通じて抗議しようとしたが、乳母は「しかたないことだ」と答えて肩を落とした。すべては国有財産だったからだ。

ナカシーゼはNKVDの公安部隊の将校だった。まだ三十歳前の若い女性で、家政婦としての経験もなかった。彼女の使命は別の所にあった。スヴェトラーナとワシリーの保護者役として、二人の周囲に集まる友人や知人を監視することが彼女の主な仕事だった。

一九三七年の秋以降、スヴェトラーナにも専任のボディーガードがついた。イワン・クリヴェンコという名のボディーガードは、黄疸にかかったような顔つきの不機嫌な人物で、スヴェトラーナは一目見て嫌いになった。クリヴェンコは、学校であれ、劇場であれ、音楽のレッスンであれ、スヴェトラーナの行く所にはどこにでもついて来た。スヴェトラーナは、ある日、クリヴェンコが彼女の学校鞄の中を探って日記を盗み読みしている現場を目撃した。(12)

学校での扱いも変わった。スヴェトラーナは級友たちと同じ着替え室を使うことを禁じられ、ひとりだけ事務室横の小部屋で外套を脱ぎ着しなければならなくなった。皆と一緒に食堂で昼食を取ることも許されなくなった。今では、食堂の片隅の衝立で囲まれた小さなスペースにひとり座り、NKVD職員の監視を受けながら、家から持参したランチを食べるのである。スヴェトラーナは顔が赤くなるほど恥ずかしかった。

次にミーシャの問題が起きた。スヴェトラーナと同様にそばかすと赤毛を特徴とするミーシャは、二人が八歳だった頃からの最も親しい友達の一人で、本が大好きな少年だった。二人とも、親の膨大な蔵書を漁るのが好きで、気に入った本が見つかると感想を言い合った。十一歳になった二人は、ともにモーパッサンの愛読者であり、また、ジュール・ヴェルヌの空想小説と米国の作家フェニモア・クーパーのインディアン物語に夢中だった。学校でスヴェトラーナとミーシャは小さなメモ用紙にラブレターのような手紙を書いて交換し、家に帰ってからも毎日電話で話し合っていた。ところが、ある日突然、国営出版社の職員だったミーシャの両親が逮捕される。すると、スヴェトラーナの家庭教師が例のメモ用紙を見つけて第二五模範学校の校長に示し、ミーシャを別のクラスに移すように要求した。「信頼できない両親」を持つミーシャの影響は明らかに危険と見なされ、二人の幼い関係はそれで終焉を迎えた。スヴェトラーナがミーシャに再会するのはその一九年後のことである。[13]

「人民の敵」、「反ソ分子」などのレッテルを貼って反対派を弾圧するやり方は、革命当初からのボリシェヴィキの流儀だった。証拠の捏造と見世物裁判も、内戦期以来、ほとんど当たり前の慣行となっていた。[14] ソヴィエト政権は偉大な歴史的実験を展開しているのだが、そのソヴィエト政権を破壊しようとする陰謀も絶えず企てられているという宣伝を信じるように人々は訓練されていた。一九三六年八月と一九三七年一月の二度にわたってスターリンが発動した大規模な見世物裁判では、主としてボリシェヴィキ党の大物古参幹部が「人民の敵」として粛清された。スヴェトラーナの伯母のマリア・スワニーゼはその秘密の日記に見世物裁判の感想を記している。

一九三七年三月十七日
私の魂は怒りと憎しみで燃え上がっている。単なる死刑ではとうてい飽き足らない。あんな邪悪な行為をする連中は、たっぷり拷問したうえで、生きたまま火炙りにすべきだ。党に寄生していながら祖国を裏切っていた連中だ。しかも、あんなに大勢いたとは！　寄って集って私たちの社会を破壊し、革命の勝利を台無しにし、私たちの夫や息子を殺そうとしていたのだ……。
今度の裁判では、次から次に、大物幹部の名前が現れた。長い間、私たちが英雄と思っていた幹部たちだ。彼らは国家の大事業を指導し、国民の信頼を集め、何度も褒賞を受けてきた。その彼らが、実は、人民の敵であり、裏切り者であり、贈収賄罪の犯人だったのだ……いったい、どうしてこんなことが見過ごされてきたのか？[15]

マリア・スワニーゼは本気で怒っていた。この段階では、彼女は自分の怒りの正当性に何の疑問も感じていなかった。その状態は彼女自身が逮捕されるまで続いた。

同じ年の十二月二十一日、マリア・スワニーゼは夫のアレクサンドル・スワニーゼとともにNKVDによって逮捕される。スターリンの親族から出た最初の逮捕者だった。

アナスタス・ミコヤンによれば、アレクサンドル・スワニーゼとスターリンは実の兄弟のように親しい間柄だった。一九三七年当時、スワニーゼはソ連国立対外貿易銀行の副理事長であり、すでに何年もドイツに駐在して、スターリンのための微妙な業務を担当していた。ところが、この年の四月、スターリンはNKVDの新長官となったニコライ・エジョフに命じて国立対外貿易銀行の幹部に対する粛清を開始したのである（NKVDの前長官ゲンリフ・ヤゴダはこの時すでに監獄に収監されて処刑を待つ身だった）。

その日はパーヴェル・アリルーエフと妻のジェーニャがアパートの自宅に客を集めて早めの新年パーティーを開いていた。優雅で楽しい祝祭行事だった。マリア・スワニーゼとアレクサンドル・スワニーゼの夫妻もこのパーティーに参加し、夜遅く同じアパートの中にある自宅に戻って行った。深夜を過ぎた頃、パーヴェルとジェーニャの部屋のベルを鳴らす者がいた。スワニーゼ家の息子のジョニックだった。ジョニックとは、『世界を揺るがした十日間』の著者である米国人作家のジョン・リードに敬意を表して両親がつけた名前だった。ジョニックが戸口に立って言った。「ママとパパが逮捕された。ママはパーティー・ドレスを着替える間もなく連れて行かれた」[16]。アレクサンドル・スワニーゼの妹マリコ・スワニーゼとマリア・スワニーゼの兄も同じ時期に逮捕された。息子のジョニックはスヴェトラーナのズバロヴォ以来の幼馴染だったが、まもなく、彼もまたどこへともなく姿を消してしまう。

スヴェトラーナにとっては、アリョーシャ伯父さんとマリア伯母さんを「人民の敵」と見なすことはあり得ない事態だった。二人は「何らかの恐るべき手違いに巻き込まれた犠牲者であり、その意味では、父のスターリン自身でさえ巻き込まれる恐れがある」とスヴェトラーナは信じていた。[17]親族の全員が恐慌を来たし、スヴェトラーナを通じてスターリンに取り成しを求めようとした。スヴェトラーナが親族の言葉を伝えると、スターリンは答えるのだった。「どうしてお前はまるで空っぽの太鼓のように他人の言葉を繰り返すのだ?」。父は娘に今後は「口利き業」をしないように命令した。[18]

パーヴェルとジェーニャの次男アレクサンドル・アリルーエフは、獄中のマリア・スワニーゼからの手紙が秘密の経路を経て母のジェーニャに届いた話を記録している。手紙は下着のシャツに書かれていた。「ジェーニャ、ここでどんなことが起こっているか、あなたには想像もつかないでしょう。スターリンが何も知らないことは確かです。お願いです。スターリンに知らせてください」。ジェーニャは夫には内緒でこの手紙をタイプし、スターリンの許に持参した。スターリンの応答は冷淡で、しかも警告を含んでいた。「ジェーニャ、この種の手紙を二度と私の所に持って来ないようにしてくれ[19]」。

一九三八年の夏、パーヴェル伯父さんはしばしばクレムリンを訪れてスワニーゼ夫妻の救出を訴えた。彼はスターリンとの面会が許されるのを待つ間、スヴェトラーナの部屋かワシリーの部屋に来て座り込み、がっくりと肩を落として深いため息をつくのだった。[20]しかし、その努力が最初から無駄であったことをパーヴェル自身の次男アレクサンドルが説明している。

スターリンは情報提供者の巨大なシステムを動かしており、そこにはあらゆるチャンネルを通じて膨大な量の情報が絶えず流れ込んできていた。彼は将来自分のライバルとなる可能性のある古参ボリシェヴィキと軍の高級幹部を計画的に排除しつつあった。おぞましい話だが、スターリンは人々をいくつかの範疇に分類していた。スターリンが排除すべき対象としてみずから目をつけた人間を救出しようとしても、どだい無理な話だったのだ[21]。

やがて、粛清は赤軍に及ぶ。パーヴェル・アリルーエフは装甲戦車師団の副師団長だった。一九三八年十一月一日、ソチの休暇から戻ったパーヴェルが司令部に出勤すると、師団指導部の大半がすでに逮捕されたことが判明する。パーヴェルはその場で心臓発作に襲われた[22]。

妻のジェーニャの許にNKVDから電話が入った。NKVDは彼女がその日の朝食として夫に何を食べさせたかを質問した。ジェーニャが病院に着いた時には、パーヴェルはすでに絶命していた。ジェーニャは死んで横たわる夫の衣服を引き裂いた。それを見て周囲の人々は仰天したが、彼女は銃弾の跡を探したのだった。パーヴェルは妻に言ったことがあった。「連中が逮捕に来たら、私は自分を撃つつもりだ[23]」。

実は、パーヴェルが心臓発作を起こしたのはこれが最初ではなかった。つまり、これは「自然死」だった。もっとも、この残酷な時代の恐るべき圧力に屈することが人間にとって自然であるという意味での「自然死」だった。葬儀が終わると、パーヴェルの遺体を載せた砲車を先頭に、葬列はノヴォジェーヴィチ墓地までの道を歩いた。スターリンはジェーニャに電話で悔みの言葉を伝えたが、葬儀には顔を出さなかった。葬儀に出席すれば容易に暗殺の標的になり得るというのが欠席の理由だった。パーヴェルの次男アレクサンドルは、「見え透いた言い訳だと思った」と書いている[24]。

親族の他のメンバーたちはそれぞれ自分の関係者を守ろうとして、スターリンに働きかけた。スヴェトラーナの祖父のセルゲイ・アリルーエフはクレムリンにやって来てソファに座り込み、未明にスターリンが執務室から降りて来るまで何時間も待つのだった。しかし、スターリンはその昔世話に

1937年に撮影されたアリルーエフ家とレーデンス家の人々。
後列左から、パーヴェル・アリルーエフ（スヴェトラーナの母方の伯父）、タチアナ・モスカレーワ（乳母）、
次男のウラジーミルを抱くスタニスラフ・レーデンス（スヴェトラーナの母方の伯母アンナの夫）、
その妻アンナ・アリルーエワ・レーデンス。
前列左から、スヴェトラーナの母方の従兄セルゲイ（パーヴェル・アリルーエフの長男）、
同じく母方の従兄レオニード（スタニスラフ・レーデンスの長男）。

なった義理の父を軽くあしらった。「お義父さん、また私に会いに来たのですか？　無理もない。無理もない」。スターリンはセルゲイの古い口癖を真似て、義父をからかったのである。[25]

スヴェトラーナの祖母のオリガ・アリルーエワは義理の息子に腹を立てていた。「スターリンの知らないことが起こるはずはない」。[26]オリガは正しかった。スターリンはすべての事態を把握していた。クンツェヴォ邸のテラスで、あるいは、ソチの別荘の庭で、スターリンは青インクのペンを握って何時間も書類に目を通したが、その手許にはNKVD長官のエジョフから提出された三八三冊の「アルバム」があった。「アルバム」には四万四〇〇〇人の粛清予定者の氏名が記載されていた。スターリンは粛清すべき者の名前に横線を引き、粛清の対象から除外すべき者の名前にはチェックを入れた。「首領（ヴォーシチ）」としてこなすべき膨大な量の仕事を抱え、しかも、事柄の細部にまで注意を怠らないスターリンだったが、それにもかかわらず、粛清予定者を選別するための時間は確保していたのである。[27]

パーヴェル・アリルーエフの死後まもなく、ナージャの姉アンナの夫であるスタニスラフ・レーデンスが逮捕された。一九三八年十一月十九日、カザフスタンの内務人民委員を務めていたレーデンスは赴任先からモスクワに帰って来た。スヴェトラーナにとって、スタニスラフ伯父さんはいつも元気いっぱいで、生命力に溢れ、子供に優しい人物だった。彼女は仕事中のレーデンスの姿を知らなかったが、彼はかつてウクライナのOGPU長官として一九三〇年代初期の粛清を主導し、その後NKVDの幹部となったが、今は粛清される側に身を置いたのである。[28]スタニスラフ・レーデンスが逮捕されたのは十一月二十二日だった。彼はかつて自分が種を撒いた暴力の犠牲となり、粛清された数十万人の公務員と同じ運命をたどったのである。[29]

レフォルトヴォ監獄に収監されたスタニスラフ・レーデンスの許に妻のアンナを面会に差し向けた

のは、明らかにスターリン自身の意向だった。スターリンは、もしレーデンスが反革命的犯罪を自白するなら、二人の息子の自由と安全を個人的に保証する旨の伝言を妻のアンナに託した。しかし、スタニスラフはスターリンの条件を拒否し、妻に向かって「スターリンの約束は何であれ信用できない」と断言した。[30] 一九四〇年二月十二日、スターリンは義兄スタニスラフ・レーデンスの死刑執行命令に署名する。

ところが、妻のアンナと子供たちの身には何事も起こらなかった。家族は「川岸ビル」と呼ばれる高級公務員アパートに住み続けることさえ許された。失墜した政府高官の家族としては異例の措置だった。アンナと子供たちは、スヴェトラーナとワシリーに会うためにクレムリンを訪ねることは禁止されたが、ズバロヴォで二人に会うことは認められた。

一九三九年に入ると、NKVDはスヴェトラーナの乳母をも排除しようとする。NKVDがスターリンに提出した報告書によれば、アレクサンドラ・アンドレーエヴナには革命前に皇帝政府警察の事務官と結婚していた履歴があり、したがって「信頼できない人物」だというのが排除の理由だった。乳母を排除しようとする「陰謀」を耳にして、スヴェトラーナはヒステリーを起こし、父親に介入するよう懇願した。スターリンは娘の口出しに腹を立てたものの、意外にも、秘密警察に計画を諦めさせた。「父は涙に弱かった」とスヴェトラーナは言ったが、むしろ、「スターリンも娘の涙には抵抗できない場合があった」と言う方が正確だったろう。[31]

一九四〇年のある日、学校で、スヴェトラーナは女友達のガーリャが泣いている姿を目にした。わけを聞くと、前夜、父親が逮捕されたという。ガーリャの母親はスターリン宛てに手紙を書き、スヴェトラーナに渡すように娘に託していた。スヴェトラーナは政治局の面々が同席する夕食の席でスターリンにその手紙を渡し、何とかしてくれるよう懇願した。スターリンは腹を立てて答えた。「N

ＫＶＤが間違いを犯すことは絶対にない」。スヴェトラーナは泣きながら言った。「でも、私はガーリャが大好きなの[32]」。スターリンは素っ気なかった。「時には、大好きな人とも対決しなければならないことがあるのだよ[32]」。

スターリンはモロトフ以下の政治局員とガーリャの父親の事件について話し合った後で、スヴェトラーナを長々と叱りつけ、学校の友人から託された手紙を父親に渡すという「郵便配達」のような真似を二度としてはならないと言い渡した。ところが、スヴェトラーナの懇願は効果をもたらした。その数日後、ガーリャの父親は監獄から釈放されて、帰宅したのである。この出来事を通じて、スヴェトラーナは「私の父の一言がひとりの人間の生死を全面的に支配し得る」ことを理解したのだった[33]。

「警戒を怠るな」というプロパガンダが始まり、第二五模範学校も恐怖の雰囲気に包まれた。反ソ・スパイに対する警告のスローガンが至る所に貼り出された。扇動者たちは消えるインクで秘密のメモを書き、用が済むと焼き捨てるという噂が囁かれた。

スヴェトラーナの学校には、投獄されたり、銃殺されたりする教師や職員はいなかったが、級友たちの親の中には運の悪い者もあった。ただし、父親か母親の少なくとも一方が逮捕を免れている間は、その子供は学校にとどまることができた。しかし、誰も彼もが恐るべき混乱に巻き込まれ、何ひとつ理解できない状況だった。ある生徒は、父親の逮捕を次のように説明している。「僕は父の無罪を信じている。しかし、公安機関が間違いを犯すはずはない。多分、父は騙されて、無意識のうちに敵の手先になっていたのだ[34]」。

しかし、多くの場合、何が起こっているかについては誰も口に出さなかった。スヴェトラーナによれば、「ある種の不運が私たちに取りついているとしか思えなかった[35]」。生徒たちは皆懸命に学業に打ち込んでいるように見えたが、誰かの親が逮捕されればすぐにスヴェトラーナはそれに気づいた。親

幼いスヴェトラーナが悪名高いNKVD長官ラヴレンチー・ベリヤの膝に抱かれている。スターリンは後方のテーブルで仕事をしている。1935年または36年に撮影された写真。

が逮捕された場合、校長はその子供をスヴェトラーナとは別のクラスに移すよう命令されていたからである。「信頼できない分子」の危険な影響がスヴェトラーナに及ばないための措置だった[36]。

誰にとってもそうだったが、十四歳の少女スヴェトラーナにとっては、もちろん、この悲劇は不可解だった。彼女は大人になってから次のように説明している。「私の一族だけでなく、国中の家庭で起こっていた悲劇の意味が私の父親の名前と結びついて私の意識の地平に浮かび上がり、すべての事態の黒幕が私の父親だったことが理解できるまでには、長い年月を経なければならなかった[37]」。「私の意識の地平」という言い回しから、事実を認識した時の彼女の恐怖が窺われる。

一方、姿を消していった親族について、スヴェトラーナは切々たる懐旧の念を込めて書いている。「私の母を中心として構成されていた親族の輪は、母が亡くなるとまもなく消滅してしまった。最初はゆっくりと、最後には後戻りできない勢いで消えてしまった」。もし今、母親が生きていれば、このような事態を受け入れることは決してないだろう、とスヴェトラーナは思った。必ずや、母親も父スターリンが発動した粛清の犠牲になっていただろうと思うと、スヴェトラーナは暗澹たる思いだった(38)。

しかし、スターリンがこの段階で意識的に自分の一族を粛清の標的にしていたとは考えられない。スターリンは、ただ、自分の一族から犠牲者がでることを止めようとしなかったのである。彼らは不運にも権力の中枢に入り込み、そのために、粛清の対象となるべき人々と関わりを持った。権力と特権をめぐるゲームに参加して敗れ去ったのだ。ただし、一族の間から粛清の犠牲者が出たことはスターリンにとって好都合な効果を生んだ。自分が恐怖政治を操る張本人であることを否定する口実になったのである。スターリンはこう言うことができた。「黒幕は私ではない。その証拠に私の一族からも犠牲者が出ているではないか」。

法制度上の合法性を偽装することによって醜悪極まる人権侵害を合理化するやり方は、あらゆる独裁政治に共通する特徴のひとつである。マリア・スワニーゼとアレクサンドル・スワニーゼの夫婦が逮捕されたのは一九三七年十二月のことだったが、逮捕後もNKVDによる「捜査」は二人が処刑される日まで三年半もの間延々と続いた。

〔アレクサンドル・スワニーゼの事件に関する〕捜査は一九三七年十二月から四〇年十二月まで継続的に実施され、その結果、一九四〇年十二月四日、ソ連邦最高裁判所軍事法廷はA・S・スワニーゼに死刑の判決を下した。判決理由は「グルジア民族主義者グループへの積極的参加」、および、「反ソ的右翼組織との共謀」だった。被告は、また、国家の業務に対する破壊工作、反ソ組織ソコルニコフ・グループへの参加、あらゆる種類の反ソ活動を通じてのソコルニコフ組織への支援表明、などの理由でも起訴されていた。被告がL・ベリヤ暗殺計画に加担した疑いを示す供述書も存在した。死刑判決後、A・S・スワニーゼは一ヵ月間独房に監禁され、その間に起訴された罪状を認めたうえで命乞いをすることを期待された。しかし、被告は応じなかった。

一九四一年一月二十三日、ソ連邦最高裁判所大法廷はA・S・スワニーゼの死刑を取り消し、代わって禁固一五年の刑を宣告した。しかし、同年八月二十日、大法廷は再び判決を変更し、従前の刑すなわち銃殺刑を復活させた。同日、NKVD長官ベリヤの直接の命令により、A・S・スワニーゼの銃殺刑が執行された。

A・S・スワニーゼの妻マリア・オニッシモヴナ・スワニーゼは一九三九年十二月二十九日に禁固八年の刑を宣告された。判決理由は、「夫の反ソ活動を隠蔽し、反ソ的言辞を弄して流言を振り撒き、ソヴィエト体制を批判し、ソ連邦共産党とソ連邦政府の指導者の一人であるL・ベリヤを公然と誹謗したこと」だった。

一九四二年三月三日、ソ連邦NKVD特別委員会は、何ら新たな証拠を上げずに、マリア・スワニーゼの禁固刑を死刑に変更することを決定し、刑は即日執行された。

A・S・スワニーゼの妹マリコ・スワニーゼは一〇年の禁固刑を宣告されていたが、ソ連邦NKVD特別委員会の新たな決定により、一九四二年三月三日に銃殺された[39]。

スターリンの死後、一九五五年になって、A・I・ミコヤンがマリア・スワニーゼとアレクサンドル・スワニーゼの事件に関する再調査を命令した。翌五六年一月六日、軍事法廷検察官V・ジャービンがミコヤンに次のように報告している。「調査を担当した判事から異議申し立てがあり、その結果、A・S・スワニーゼおよびM・O・スワニーゼの事件は犯罪の証拠なしとして公訴棄却となった」[40]。この持って回った表現は、スワニーゼ夫妻を反逆者として裁く裁判が二人の処刑後も長く続いていたことを意味している。そして、ようやく今、犯罪の事実が存在しなかったことが判明して、二人に対する「死後の名誉回復」措置が取られたのだった。

第5章 嘘と秘密の世界

11歳のスヴェトラーナ。
ピオネール(共産主義少年団)の赤いスカーフをしている。

スヴェトラーナにとっては「母の世界がまるごと否定され、母の魂そのものが組織的に消し去られていく」と感じられるような時代が始まった[1]。スヴェトラーナが愛していた人々、彼女の幸福な幼少期を支えていた人々が次々に姿を消していった。しかも、その理由は皆目分からなかった。彼女の周りに沈黙の壁が高くそびえ立ち、その向こう側に、口にするだけでも危険な何かが隠れている様子だった。親戚の人々の身の上に何が起こったのかとスヴェトラーナが質問すると、祖母のオリガは答えた。「とかく世の中はこうしたものさ。これが運命というものだよ」。乳母のアレクサンドラは助言した。「そんな質問をしてはいけません」[2]。

残された一族の人々は、現実から目をそむけ、あるいは、慰めの幻想に逃げ込み、恐怖に蓋をして何とか生き延びようとしていた。スターリンはスタニスラフ・レーデンスが処刑されたことをその妻アンナ・レーデンスに面と向かって告げたが、それを聞いた後も、アンナは夫が実はシベリアで生きていると頑固に信じ込んでいた。一族の人々は、人数こそ減ったが、週末には依然としてズバロヴォに集まっていた。子供たちは以前と同じように冬には森へスキーに出かけ、夏にはハイキングを楽しんだ。ただし、外出時には必ずボディーガードが付き添うようになった。アンナ・レーデンスの十一歳の長男レオニードはハイキングに出かけた時の出来事を覚えている。レオニードと母親のアンナ、スヴェトラーナと乳母のアレクサンドラ、それにボディーガードの五人が出かけたのは春浅い頃だった。レオニードよりも三歳年上のスヴェトラーナは途中で「慎重に少しずつ大人たちから距離を置き」、レオニードと二人だけになろうとした。数キロメートル歩くと川辺に出た。やや険しい岸にさしかかった時、レオニードが足を滑らせて川に落ちた。スヴェトラーナは従弟を川から助け上げ、自分の上着を脱いでレオニードに着せた。レオニードはこの日の従姉の親切を忘れなかった。それは、また、「罠から脱出したい」というスヴェトラーナの密かな願望をレオニードが最初に感じ取った日でもあった。ズバロヴォ邸に戻ると、スヴェトラーナはボディーガードから離れたことをこっぴどく叱られた[3]。

十四歳になったスヴェトラーナは自立を求めて身悶えし始める。自分はもう子供ではないという内容の手紙を父親宛てに書いたのもこの頃だった。「親愛なパパ、今後はパパからの命令を待ってばかりいるつもりはありません。もう小さな子供ではないのですから」[4]。その数週間後、彼女はまた父親に手紙を書いた。不思議なことに、媚を含みつつも相手に有無を言わせない手紙の調子は、母親ナージャの口調によく似ていた。おそらく、それがスターリンの注意を惹くための最善の方法だったのだろう。

一九四〇年八月二十二日
私の大事な、大事なパーポチカ、
お元気ですか？　身体の具合はいかがですか？　私やワーシャがいなくて、寂しい思いをしていませんか？　私は、パパがいないので、とても寂しい思いをしています。パパが来るのを待っていますが、パパは来てくれない。パパは私を驚かそうとして、また何か楽しいことを企んでいるらしい。「私の肝臓」のお告げでは、命令が出ないので、パパは来ることができない。ああ、まったく何ということでしょう……
ところで、地理のことですが、また問題点を見つけました。新たに共和国が五つ加わり、領土が拡大し、人口が増え、工業地帯の数も増したのに、教科書は一九三八年当時のままで、改定されていないのです。特に、ソ連邦の経済地理についての記述はまったく不完全です……一方、どうでもいい記述がたくさんあります……ソチ、マツェスタ、その他の温泉保養地の写真などは、いったい誰が必要としているのでしょうか……。
パーポチカ、この手紙を読んだらすぐに返事を書いてください。後回しにすると、忘れてしまうか、忙しすぎて書けなくなるに決まっているからです。その頃には私がそちらに行っています。大切なパーポチカに心からのキスを送ります。では、また会う日まで。パパのスヴェトラーナより。[5]

スターリンは、自分の娘とはいえ、教科書批判を展開する小生意気な十四歳の少女にどう対応したのだろうか？　ちなみに、驚くには値しないが、スターリンには女嫌いの一面があった。ある時、スヴェトラーナは父親と兄のワシリーが女性について交わす会話を耳に挟んだことがあった。色々な問題を議論し合える女性が良いとワシリーが言うと、「父は哄笑で応じた。『なんだって。じゃあ、お前は思想を持った女が良いと言うのか！　はっはっはっ！　その種の女のことはよく知っているよ。思想を持ったニシンだろ！　骨と皮ばかりの連中さ』というのが父の意見だった」[6]。スターリンはスヴェトラーナの母親ナージャのことを言ったのだろうか？　ニシンについてのスターリン言葉はスヴェトラーナの心に消えることない深い傷を残した。

スヴェトラーナは知的な十代の少女だった。文学を好み、異国の文物に心惹かれる中学生だった。ズバロヴォ邸で過ごした当時の記憶の中で特に気に入っていたのは、別荘の前庭の芝生に置かれた二基の円形移動式住居だった。それは、今は亡きアレクサンドル・スワニーゼ伯父さんが中国の広西省から持ち帰った「包（パオ）」で、スヴェトラーナと四人の従兄弟（レオニード、アレクサンドル、セルゲイ、ウラジーミル）はその奇妙な住居に入り込んで座り、この住居を使って暮らす人々に思いを馳せたものだった。

パオはへぎ板を張り合わせて作った円形の木製構造物で、壁面には断熱材として模様入りフェルトが張られ、床にも厚いフェルトの敷物が敷かれていた。どちらのパオの中にも赤い櫃（ひつ）があり、櫃の上の木箱の中に青銅製の仏像が安置されていた。かすかに微笑する仏像の表情とその額にある神秘的な第三の眼がスヴェトラーナを魅了した。それは彼女が最初に目にした神仏の偶像だった[7]。スヴェトラーナは五〇年後になってもこの二基のパオの様子を正確に描写して見せることができた。

これはスヴェトラーナが遠い異国の文化に深い関心を抱いていたことを物語るエピソードだが、父親スターリンの好奇心は娘ほどではなかった。スターリンは旅行嫌いだった。また、異文化に本格的な興味を向けることもなかった。権力の座に就いた後にソ連邦から出国したのは二回だけで、いずれも連合国首脳会談に出席するためのやむを得ない旅行だった。娘のスヴェトラーナも、モスクワとソチ以外の場所に出かけることを許されなかった。初めてレニングラードを訪れたのも、父親の死後、二十一歳になってからのことだった。移動の自由が認められないことはソ連邦市民の常だったが、それは好奇心にあふれる若者にとっては重大な制約だった。

ズバロヴォ邸のパオはスヴェトラーナが十五歳の時に、突然、前庭から消えてなくなった。消えたのはパオだけではなかった。彼女にとってのそれまでの世界が一挙に消滅するような事態が起こったのである。

第二次世界大戦がソ連邦に波及したのは突然だった。もっとも、警告がなかったわけではない。一九四一年六月二十二日午前四時、クンツェヴォ邸の長椅子で寝ていたスターリンは参謀総長ジューコフ元帥からの電話で起こされた。ドイツ軍の飛行機がキエフ、ヴィリニュス、セヴァストポリ、オデッサその他の都市を爆撃していることを伝える電話だった。ドイツ軍は一四七個師団の編成で国境を越え、すでに猛烈な速度でウクライナを横断しつつあった。(8)

暗号名で「バルバロッサ作戦」と呼ばれるソ連侵攻作戦をヒトラーが六月二十二日に開始する予定であるという情報は、英国およびソ連の情報機関を通じてすでに数ヵ月前からスターリンの許にもたらされていた。ステパン・ミコヤンによれば、六月二十二日の前夜にも同じ趣旨の警告がスターリンに届けられた。ステパンの父親アナスタス・ミコヤンをはじめ数人の政治局員が同席する場面で、ドイツ軍の攻撃開始が明朝に差し迫っている旨の警告がもたらされた。それはソ連軍に捕らえられたばかりのドイツ軍脱走兵がもたらした情報だった。しかし、ステパン・ミコヤンは説明している。「情報というものに対するスターリンの態度は、彼の極端な人間不信の性向を反映していた。スターリンの意見では、すべての人間は裏切り者か反逆者になる可能性があった」。自分が現場に派遣した諜報員が「警戒警報」を送ってくると、スターリンはその諜報員を召還し、強制収容所に送って、「塵になるまですり潰してしまう」のだった。[9]

ヒトラーは一九三九年に締結した独ソ不可侵条約を守るはずだ、というのがスターリンの持論だった。したがって、ソ連側から戦争を挑発することはあり得ない。実は、ソ連軍の戦争準備が不十分であることをスターリンは承知していた。軍事指導部に対するスターリンの粛清が残した傷はあまりにも深かったのである。ドイツ軍の侵攻が始まると、前線は完全な混乱状態に陥った。ロシア軍は雪崩をうって敗走した。責任はスターリンにあった。ヒトラーは見事にスターリンの裏をかいて、壊滅的な打撃をもたらしたのである。

六月二十九日、ドイツ軍は防戦するロシア軍兵士四〇万人を包囲し、ベラルーシの首都ミンスクを奪取した。モスクワへの最短の侵攻ルートを確保したことになる。スターリンはクレムリンの旧元老院の外に待たせていた車に這うようにして乗り込み、同志たちに告げた。「もう、何もかもおしまいだ。レーニンが残してくれた偉大な遺産を我々は肥溜めに流してしまったのだ」。[10] クンツェヴォへ向かう車中でも、スターリンは悪態をつき続け、引退を宣言し、別邸に着くと、その後二日間、引き籠ったまま沈黙を守った。神経衰弱に陥ったという噂も流れたが、それはありそうもない話だった。むしろ、スターリンは自分の指導力でこの危機を乗り越えられるかどうかを見極めるために、側近たちの反応を試していたと考えられる。[11]

ベリヤ、ミコヤン、モロトフなどの閣僚が恐慌を来たしてクンツェヴォ邸に駆けつけ、スターリンに新しい強力な「戦時内閣」を設立し、そのトップとして仕事に復帰するよう懇願した。スターリンを抜きにして戦争を戦うことなど、彼らには想像もできなかった。アナスタス・ミコヤンは説明している。「スターリンという名前こそが国民の士気を鼓舞する最大の力だった」[12]。

七月三日、スターリンは新たに「最高司令官」に就任し、その資格で国民に向かって演説して「大祖国戦争」を宣言した。演説は国民に「レーニンとスターリンの党の周囲に結集すること」を求めたが、ここで言う「スターリン」はもはや個人の名前ではなく、個人を越えた別の存在、ひとつの観念だった。スターリンは、また、次のように警告した。この「無慈悲な戦い」では、「臆病者、脱走兵、恐怖を撒き散らす者はすべて情け容赦なく粉砕されるであろう」[13]。

スヴェトラーナは、成人した後に当時を振り返って、父親がヒトラーに出し抜かれた事実をどうしても認めようとしなかったことを思い出している。「父は自分が無謬であり……自分の政治的な勘は並ぶもののないほど優れていると信じていた」。彼女は、また、戦後にスターリンが何度も繰り返して口にした次のような言葉も覚えていた。「ああ、あの時、ソ連とドイツが手を組んでいれば、無敵の同盟になり得たはずだ！　ドイツの連中はこのスターリンの裏をかけると思ったのだろうか？　結果を見るがいい。連中はよりによってこのスターリンを出し抜けると思ったのだ！」。父親が自分自身をスターリンと呼ぶのを聞くたびに、スヴェトラーナは違和感を覚えた。そして、彼は「自己欺瞞」を自覚したことがないのだろうかと訝るのだった[14]。

スターリンはドイツ軍の侵攻を食い止めるために努力を集中していたが、娘の保護について手を打つことも忘れなかった。スヴェトラーナを疎開先のソチまで連れて行くよう、ナージャの兄パーヴェルの未亡人ジェーニャに依頼したのだった。「この戦争は長引くだろう」とスターリンは言った。「多くの血が流されるだろう……スヴェトラーナを連れて南方に疎開してもらえないだろうか？」[15]。

驚くべきことに、ジェーニャはスターリンの頼みを断った。彼女はパーヴェルの死後すぐに再婚していたので、新しい夫と行動を共にせねばならず、また、自分にも守るべき子供がいるというのが拒否の理由だった。スターリンの頼みをはねつける者は他にいなかった。彼は一度でも自分を拒絶した人間を決して忘れず、決して許さなかった。そして、何年後になろうとも、時期を見計らって復讐を果たした。やがてジェーニャも思い知らされることになるだろう。

ジェーニャに断られたスターリンは、次にナージャの姉のアンナ・レーデンスに疎開の引率を依頼した。必死にモスクワ脱出を図ろうとして駅頭に詰めかけた無慮数千人の群衆を掻き分けて、アンナは不安におびえる一族の小グループを引き連れ、黒海方面行きの列車に乗り込んだ。アンナと二人の息子、アンナの両親のセルゲイとオリガ、ヤーコフの妻ユーリアとその娘のグーリア、スヴェトラーナと乳母のアレクサンドラの九人からなる一行は狼狽えながら、ひとつのコンパートメントに押し込まれた。スヴェトラーナはすでに何年も前から学校の軍事訓練を経験していた。クラスの全員がガスマスクをつけて参加した一九三五年の訓練の記念写真が残っている。しかし、今、彼女は本物の戦争の恐怖を嫌というほど味わうことになった。特に、愛する人々がまだモスクワに残っていると思うと胸が張り裂けそうだった。

ドイツ軍進攻の翌日にあたる六月二十三日、スターリンは長男ヤーコフ、次男ワシリー、養子アルチョムの三人を前線に送り込んだ。アルチョムは当時を振り返って、やや謎めいた調子で書いている。

ヤーコフと私は砲兵隊に配属された。ワシリーは空軍のパイロットだった。三人とも開戦初日に前線に送られた。スターリンが司令官に直接電話して、三人の息子を前線に送り出すよう指示したのだ。前線行きはスターリンの息子たちに与えられる特権でもあるかのような措置だった。ワシリーは前線から父親宛てに何通か手紙を書いたが、今も残されているその手紙の一通で、息子は父親に送金を依頼している。飛行連隊の駐屯地に新たに酒保ができたので、買い物がしたかったのだろう。ワシリーは、また、士官用の新しい制服を送るようにも頼んでいる。父親スターリンの返事はこうだった。「一、私の知るかぎり、空軍は十分な糧食を兵士に支給している。二、スターリンの息子のために制服を新調する費用は予算化されていない」。というわけで、ワシリーの手許には金も制服も届かなかった。(16)

スヴェトラーナの一行はソチの別荘に疎開して夏を過ごしていた。ある朝、同じようにソチに疎開していた友人のマルファ・ペーシコワが訪ねて来た。マルファの回想によれば、スヴェトラーナは取り乱した様子で次のように言った。「昨夜、とっても変な夢を見たの。樹の上に大きな巣があって、巣の中に大きな鷲が一羽と子供の鷲が何羽かいるのだけれど、突然、親鷲が子鷲の一羽を咥えて、巣から外に投げ出したの。その子鷲は巣から落ちて死んでしまったのよ」。そして、スヴェトラーナは叫んだ。「ねえ、ヤーシャの身に何か恐ろしいことが起きたに違いないわ」(17)〔ヤーシャはヤーコフの愛称〕。スヴェトラーナが最後にヤーコフと話をしたのは、彼が前線に送られる直前の電話だった。

スヴェトラーナがこの夢を見てからまもなく、スターリンから別荘に電話があり、彼女が受話器を取った。スヴェトラーナがヤーコフの消息を尋ねると、スターリンは答えた。「ヤーシャは敵の捕虜になった」。そして、スヴェトラーナが何も言えないうちにつけ加えた。「だが、しばらくの間、ヤーシャの妻には何も言うな」。すぐ近くの長椅子に座っていたヤーシャの妻ユーリアが心配そうに耳をそばだて、スヴェトラーナの顔色を読もうとしていた。スヴェトラーナはスターリンが気遣いをしているのだと思って、口ごもりながらユーリアに言った。「お父さんも、ヤーシャの消息は知らないそうよ[18]」。スヴェトラーナはユーリアに真実を告げることができなかった。

ヤーコフの不運を告げる父親からの電話はスヴェトラーナを打ちのめした。最近数年間、彼女は異母兄のヤーコフと非常に親しい間柄になっていた。ヤーコフはスヴェトラーナより十九歳も年上だったが、二人はよくズバロヴォのサウナ室に籠り、芳しい白樺の枝の上に毛布を敷き、本を片手に身を丸めて、一緒に勉強したものだった。

しかし、スターリンと長男ヤーコフの関係はしっくりいっていなかった。家族の証言によれば、スターリンはヤーコフを容赦なくからかい、弱虫、役立たず、などと言って蔑(さげす)んでいた。ヤーコフは十九歳で最初に結婚したが、スターリンはその結婚を認めなかった。絶望したヤーコフは拳銃自殺を試みるが、銃弾が胸をかすめたのみで、自殺は未遂に終わる。その知らせを滞在先のソチで聞いたスターリンは、モスクワのナージャに手紙を書いている。「ヤーコフに私の言葉を伝えてくれ。彼はごろつきのような振る舞いで私を脅迫したが、私と彼との間には何の共通点もない[19]」。ただし、当時の噂によれば、スターリンは笑って言い放ったと伝えられている。「はっはっ！　奴は拳銃もまともに撃てないようなろくでなしだ[20]」。ヤーコフはレニングラードに去り、その後八年間父親と顔を合わせることがなかった。スヴェトラーナはいつもヤーコフの味方だった。「ヤーコフは優しく穏やかな青年だったが、それが父を苛立たせた。父は短気で、激昂しやすい性格だった。その性格は晩年になっても変わらなかった[21]」。

最初の結婚で生まれた子供が死亡するという悲劇があり、結局、ヤーコフは離婚する。そして、多分、父親と和解したいという希望からエンジニアとしてのキャリアを諦めモスクワに戻ってフルンゼ

ヤーコフ・スターリンとその娘グーリア(1939年)。

軍事大学に入学した。一九三五年のことだった。翌三六年、ヤーコフはユーリア・メルツァーと再婚する。この結婚についても、スターリンは祝福を与えなかった。スヴェトラーナによれば、その理由はユーリアがユダヤ人だったことにある。ただし、スターリンは「ユダヤ人を常に嫌っていた。ユダヤ人への憎悪を戦後ほどあからさまに表現することはなかった」[22]。一九三八年、ヤーコフとユーリアの間に娘グーリアが生まれる。戦争が始まるまでは、毎年、夏になるとヤーコフ一家はズバロヴォを訪れるようになった。スターリンは依然としてヤーコフとユーリアとの結婚を認めようとしなかった。ヤーコフは父親との関係を修復するための手がかりを得ようとしていた。

九月に入ると、ソチも疎開先として安全な場所ではなくなり、スヴェトラーナの一行はいったんモスクワに帰還する。戦争の惨禍はすでに誰の眼にも明らかだった。クレムリンの住居の窓からも、向かいの武器庫の建物の角に開いた大きな穴が見えた。ドイツ軍機が爆撃した痕だった。その爆撃があった時には、スターリンの住居の窓も粉々に砕け落ち、居合わせたワシリーは衝撃でベッドから転げ落ちた。[23]第二五模範学校にも爆弾が落ちたことを知って、スヴェトラーナは恐怖に震えた。もちろん、生徒たちは疎開していて、学校は無人だった。工兵隊が地下鉄の中に戦時内閣のための地下防空壕を大慌てで建造中だった。

スターリンはモスクワに帰還したスヴェトラーナに今後の方針を説明した。「当面、ヤーシャの娘はお前たちと一緒に暮らしていて構わない。だが、ヤーシャの妻には問題がある。彼女は調査の対象になるだろう[24]」。スヴェトラーナは仰天した。父親が何を言っているのか理解できなかった。いったい、ユーリアにどんな問題があると言うのか？

ユーリアは逮捕され、ルビャンカ監獄に収監された。このような形で一族のメンバーがまた一人姿を消すなどということがどうしてあり得るのか？　前回、一族を逮捕の波が襲ったのは一九三八年だった。当時、スヴェトラーナは十二歳だったが、今、十五歳になってもまだ事態を理解することはできなかった。彼女の一族にこんな仕打ちをしているのはいったい誰なのか？

それより前、八月十六日に、スターリンは命令第二七〇号を発令していた。敵に降伏した者、敵の捕虜となった者は誰であれ「祖国への反逆者」として罰するという布告だった。そして、捕虜となった士官の妻も逮捕され、投獄されることになった[25]。ヤーコフは反逆者であり、したがって、ユーリアは逮捕されなければならなかった。たとえ、スターリンの息子であっても、例外はあり得なかった。

その間、哀れにもユーリアは世間の誰もが恐れるルビャンカ監獄の闇の奥の独房に監禁されていた。「調査」には一年半が必要だった。ドイツ軍がモスクワに迫ると、彼女の身柄はヴォルガ河畔の町エンゲルスの監獄に移送された[26]。一九四三年になってようやく釈放された時には、五歳になっていた娘のグーリアはすでに母親の顔を忘れており、周囲から励まされなければユーリアに近づこうとしなかった。ユーリアには逮捕理由の説明も行なわれなかった。釈放される時にも、ただひとこと、「帰宅してよい」と言われただけだった。その後、ユーリアはスターリンと口をきかなかった。

ヤーコフは赤軍砲兵士官として第二次世界大戦に従軍し、1941年7月16日にドイツ軍の捕虜となった。

ヤーコフの身に実際に何が起こったのかは、少しずつ漏れ伝わってきた。第三〇三軽砲兵連隊司令官イワン・サペールルギンの報告によれば、ヤーコフの所属する機甲師団は一九四一年七月十二日にベラルーシのヴィテプスク付近でドイツ軍に包囲され、撃破された。その際、師団長は戦場から脱出したものの、ヤーコフは部隊から孤立して、ドイツ軍に捕まり、捕虜となった[27]。

ドイツ軍司令部は、スターリンの息子を捕虜として捕捉した旨を直ちにソ連側に伝えたうえで、プロパガンダに利用した。ベルトと肩章を剝ぎ取られた制服姿のヤーコフがドイツ軍士官たちに取り囲まれている写真が大量に印刷され、飛行機からソ連軍の頭上に撒かれた。

スターリンの息子である砲兵隊指揮官ヤーコフ・ジュガシヴィリ中尉はドイツ軍に降伏した。彼のように重要な立場にあるソ連軍士官が降伏した事実はドイツ軍に対するあらゆる抵抗が無意味であることを疑いの余地なく立証している。ソ連軍の将兵諸君に勧告する。ただちに戦闘を停止してドイツ軍に降伏せよ。[28]

捕虜となったヤーコフは各地の収容所をたらいまわしにされつつ捕虜生活を送っていた。ドイツ軍は一九四一年春にスターリングラード戦で壊滅的な敗北を喫するが、その際、ソ連軍に降伏したフリードリヒ・パウルス元帥とヤーコフとの捕虜交換を提案してきた。しかし、スターリンはこの捕虜交換を拒否する。その後、ヤーコフは捕虜収容所で命を落としたが、彼が射殺されたのか、あるいは自殺したのか、その間の事情はいまだに判明していない。いずれにせよ、スヴェトラーナが異母兄ヤーコフの運命を知ったのは彼の死から数年を経た後だった。行方不明の家族の消息が長い間不明だったという点では、他の数百万人のソ連邦市民と同じだった。

ドイツ軍がモスクワの門前まで迫り、首都への突入が切迫した時期だった。ロシア南東部の町クイブイシェフ〔サマーラ〕が臨時首都に指定され、一九四一年十月、政府職員、各国の外交団、文化機関などが急遽モスクワから疎開を開始した。ミイラ化されたレーニンの遺体はすでにレーニン廟から秘密裏に運び出され、シベリアのチュメニに送られていた。

重要書類を燃やす焚火の煙がモスクワの空を覆い尽くしている頃、スターリン家の家財一切が有蓋貨車に積み込まれた。一族のメンバーの大半はすでにクイブイシェフに到着していたが、スターリン自身が予定通りに疎開するかどうかはまだ明らかになっていなかった。ドイツ軍の占領に備えて、クンツェヴォ邸には偽装爆弾が仕掛けられ、スターリンを乗せる秘密列車が待避線で待機していた。

クイブイシェフでは、ピオネール通りの小さな地元美術館がスターリン家の住居に転用されることになった。展示物が撤去され、ペンキが塗り直された。ボディーガード、料理人、給仕たちも同じ建物に住むことになった。スヴェトラーナの乳母アレクサンドラ・ブイチコワと監視役の秘密警察官ミハイル・クリーモフも一緒だった。ワシリーの若い妻ガリーナ（二人は一九四〇年に結婚していた。結婚した時、ワシリーは十九歳だった）も合流した。祖母のオリガはこの住居に同居したが、祖父のセルゲイはトビリシに帰り、戦争期の大半をグルジアで過ごすことになる。スヴェトラーナの取り計らいで、まもなく、ヤーコフの幼い娘グーリアも一緒に暮らすことになった。

スターリン自身は、結局、モスクワに留まって戦争を指導する道を選択する。スヴェトラーナは一九四一年九月十九日付けで父親に次のような手紙を書いている。

親愛なパーポチカ、私の幸福さん、こんにちは。

私の第一書記さんはお元気ですか？　私は当地で元気にやっています。当地の学校にはモスクワから疎開してきた生徒が大勢います。友達が多いので退屈しません。

パパがいないのが残念です……このごろ特にパパに会いたくなります。もし、パパの許しがあれば、飛行機でモスクワに飛び、二、三日そちらで過ごせたらと思います。

この前、マレンコフの娘とブルガーニンの息子たちがモスクワに一時帰宅しました。彼らが飛行機で旅行できるのなら、私にもできるはずです。三人とも私とほとんど同年齢だし、総じて私より優れているというわけでもありません。

この町はあまり好きになれません……何故かは分かりませんが、眼の見えない人が大勢います……五人に一人は障害者です。貧乏な人が多く、浮浪児もたくさんいます。戦争が始まってから、モスクワ、レニングラード、キエフ、オデッサその他の大都市から多数の疎開者がクイブイシェフに流れ込んだので、地元の人々は疎開者をあからさまに厄介者扱いしています。

ヒトラーは近いうちにこの町も爆撃するでしょう。パパ、ドイツ軍はどうして進撃を続けているのですか？　いつになったら、連中の首根っこに一発食らわしてやるのですか？　いずれにせよ、すべての工業地帯を放棄することなどできないはずです。

パパ、もうひとつお願いがあります。ヤーシャの娘のガーレチカ〔グーリアの愛称〕がまだソチにいます……ぜひとも、ガーレチカをクイブイシェフに引き取りたいのです。今では、ガーレチカの面倒を見る者は私しかないのです。

親愛なパパ、飛行機でモスクワに行く許可を待っています。二日間だけでいいのです……パパに自由な時間があるかどうか分からないので、電話はしません……何度も何度もキスを送ります。さらにもう一度キスを送ります。スヴェタンカより。(29)

十五歳のスヴェトラーナは、拗ねて見せ、懇願し、無邪気になり、そして最後に、寛大さを示している。遠く離れたモスクワで危険にさらされている父親を気遣いながら、飛行機で父親に会いに行く許可をねだる娘だった。十月二十八日、スターリンは娘のモスクワ訪問を許可する。その日はボリショイ劇場がドイツ軍の爆撃を受けた日だった。ボリショイ劇場だけでなく、モホーヴァヤ通りの大学とスターラヤ・プローシチャチ（オールド・スクエアー）の共産党中央委員会ビルも爆撃された。スヴェトラーナは父親に会いに最高司令部に行った。最高司令部はエレベーターで二七メートルも降った地下防空壕の中にあった。司令部の内部はクンツェヴォ邸をそのまま再現した作りで、壁面には木製のパネルが張られていた。ただし、その壁面には一面に地図が貼られていた。クンツェヴォ邸で使われていた客用のディナー・テーブルが持ち込まれ、その周りにクンツェヴォ邸に集まったのと同じ顔ぶれの人々が集まっていたが、彼らは皆軍服姿だった。テーブルも地図で覆われていた。たくさんの電話線が蛇のように絡み合って部屋中を這い回っていた。スターリンは絶えず前線と連絡を取っていた。スヴェトラーナの訪問は明らかに仕事の邪魔だった。

ドイツ軍に包囲された各地の都市では数百万人の市民が飢餓に苦しんでいたが、クイブイシェフでは平時と同じ日常生活が維持されていた。それは非現実的で奇怪な日常生活というべきだった。モスクワから避難して来た音楽家たちがオーケストラを組織してコンサートを開いた。ショスタコーヴィチの第七交響曲はクイブイシェフで初演され、世界に向けて放送された。もちろん、戦争の影も忍び寄っていた。市内の保健施設や市民病院の大半が軍事病院に転用され、重傷を負った負傷兵を受け入れていた。

旧美術館の中のキッチンの隣に仮設の映写室が設置されたので、前線で撮影されたニュース映画を誰でも見ることができた。カメラマンが塹壕に隠れ、戦車とともに前進しながら撮影した映像だった。スヴェトラーナはモスクワ郊外の戦闘場面を伝えるニュース映画を見て、戦争について抱いていた素朴な幻想を捨てることになる。

その年の春のことだった。クイブイシェフの地で、スヴェトラーナは彼女自身に言わせれば人生を粉々に打ち砕かれるような破滅的な事実に直面する。スターリンは日頃から英語の力を磨くように娘に指示していた。ソ連が英米両国と同盟関係を結んだ今となっては、英語はこれまで以上に必要だった。そこで、スヴェトラーナは手に入るかぎりの英米の雑誌を片端から読み始めた。『ライフ』を読み、『フォーチュン』を読み、『タイム』も、『イラストレーテッド・ロンドン・ニューズ』も読んだ。十六歳になったばかりのある日、ある雑誌を読んでいた時、彼女はスターリンについて書かれた記事を目にする。その記事には、「スターリンの妻ナジェージダ・セルゲーエヴナ・アリルーエワが一九三二年十一月八日の夜に自殺したことは、単なる情報ではなく、今や誰もが知る事実である」と書かれていた[30]。

スヴェトラーナは心臓が止まるほどの衝撃を受けて、その雑誌を手に祖母オリガの許に走って行き、母親が自殺したというのは本当かと質問し、もし本当なら、どうしてこれまで自分に知らされなかったのかを知りたいと迫った。オリガは本当だと答えた。ナージャは小さな拳銃で自殺した。その拳銃はパーヴェルが与えた土産物だった。そして、オリガは何度も繰り返して言った。「でも、あの子が自殺するなんて、いったい誰が予想し得ただろう?」。

マルファ・ペーシコワはスヴェトラーナからその記事の載った雑誌を見せられたことを覚えている。「私はよく覚えている。スヴェトラーナは私に雑誌の写真を示した。棺の中に横たわる彼女の母親の写真だった。スヴェトラーナは母親のそのような姿を見たことがなかったのだ。彼女は母親の死について確かなことを知らなかった。当時の噂では、死因は盲腸炎だとか、手術の失敗だとか言われていた。ともかく、スヴェトラーナにとってはショックだった[31]」。

記事を読んだ時、スヴェトラーナは信じたくない気持ちだった。しかし、祖母は記事の内容を肯定した。母親の死は実は自殺だったのだ。しかも、娘の自分だけがその事実を知らなかった。自分を見捨てて自殺した母親への怒りが湧き起こり、その怒りによって彼女の心は深く傷ついた。怒りは父親にも向けられた。父親の否定的な面を知っていたからである。父親の意地悪さも、残酷さも目撃したことがあった。母親の自殺の原因が父親の残酷さにあったことは間違いないと彼女は確信した。スヴェトラーナは自分の拠り所を父への愛情から母親の記憶へと切り替え始めた。しかし、親に自殺されたすべての孤児と同じように、自分を見捨てた母親を許すまでには何十年もの年月が必要となるであろう。

これまで不思議だったことが突然明白な意味を持ち始めた。以前、父親は電話で「しばらくの間、ヤーシャの妻には何も言うな」と言ったが、それはユーリアへの気遣いなどではなかったのだ。スターリンは疑っていたのだ。ユーリアやヤーコフが国家を裏切ることなど、スヴェトラーナには考えられなかった。彼女は自分の父親が無実の人々を投獄し、死に追いやりさえした可能性を信じ始めていた。

スヴェトラーナは当時を振り返って語っている。「ほとんど気が狂いそうだった。私の中で何かが壊れてしまった。父の言葉と父の意志に無条件で従うことも、父の意見を尊重することも、もはや不可能だった」[32]。これは成人してからの述懐だが、十代のスヴェトラーナにとって当時の精神的混乱は圧倒的だったに違いない。しかし、母親の自殺の責任が父親にあるのではないかという疑いと、母親が自殺を思いとどまるほどには娘の自分を愛していなかったことの発見のどちらが彼女をより深く傷つけたかは不明である。

家でも、学校でも、国中のいかなる場所でも、彼女の父親は賢明で誠実な指導者と呼ばれていた。スターリンの名前は戦争に勝利するための合言葉だった。父親は偉大なスターリンだった。ロシアを救うことができるのはスターリンだけだった。スターリンを疑うことは冒瀆行為に他ならなかった。しかし、スヴェトラーナはすでに疑い始めていた。

第6章 恋愛事件

16歳のスヴェトラーナ。

一九四二年一月、侵攻したドイツ国防軍はモスクワ近郊まで迫ったが、赤軍は激戦の末にドイツ軍を撃退する。ドイツ軍は焼けただれた戦車の残骸を残して敗走した。モスクワをあくまで守ろうとするロシア国民の意志とロシアの冬の厳しさの両方をヒトラーは完全に読み違えていたのである。モスクワ防衛戦では軍人と民間人を合わせて推定一〇〇万人の生命が失われたが、それでも、スターリンはモスクワの戦いに勝利を収めた。六月になると、クイブィシェフに疎開していたスヴェトラーナの一行にモスクワへの帰還許可が出る。しかし、帰り着いたズバロヴォ邸は前年秋に発生した火災でほとんど焼失していた。一家はわずかに焼け残った建物の一角に落ち着いた。十月までには、焼け跡に不格好ながら新しい建物が建設された。新ズバロヴォ邸にはカモフラージュのために緑色のペンキが塗られた。

モスクワに帰還した後も、しばらくの間、スヴェトラーナはスターリンと顔を合せる機会がなかったが、八月に入って、クンツェヴォ邸の晩餐会に呼び出された。晩餐会の客はウィンストン・チャーチルだった。英国首相は連合軍の戦略を協議するために空路モスクワを訪問したのだった。チャーチルがもたらしたニュースは朗報ではなかった。連合軍が第二戦線を開いてヒトラーの対ソ侵攻拡大を牽制するという構想が実現するまでには、まだしばらく時間がかかるという話だった。

スヴェトラーナには、自分がチャーチルの歓迎晩餐会に呼ばれた理由が分からなかった。スターリンは外国人との一切の接触を国民に禁じていたし、また、スヴェトラーナが外交関係に関与したことはそれまでに一度もなかったからだ。晩餐会の席では、スターリンが娘をチャーチルに紹介し、娘の赤毛に言及した。すると、チャーチルは自分も昔は赤毛だったと応じ、自分の禿げ上がった頭を葉巻の先で指して、「だが、今はこんな状態だ」と言った。スヴェトラーナは恥ずかしくて受け答えもできなかった。スターリンは娘にキスして、すぐに下がらせた。後にこの奇妙な経験を思い出して、スヴェトラーナは、それが魅力的な家庭生活を送っていることをチャーチルに示すための父親の演出だったという結論に達する。(1)

スヴェトラーナは当時もまだ学校に通う高校生だった。シラー、ゲーテ、ゴーリキー、チェーホフを愛読し、マヤコフスキー、エセーニンの詩に親しむ十年生だった。一番好きな作家はドストエフスキーだったが、ドストエフスキーの著作はスターリンの命令で禁書の扱いとなっていた。スヴェトラーナは精神的に自立した若い女性へとゆっくり成長しつつあった。その一方、父親のスターリンは、友人のマルファ・ペーシコワによれば、成長する十代の娘の行動に眉を顰めるようになっていた。スヴェトラーナが膝の見えるスカートを履いたり、ストッキングではなくソックスを身に着けたりすると、スターリンは怒り狂って、「何ということだ！　次は裸で歩き回るつもりか？」と怒鳴るのだった。彼は娘に「シャロヴァールイ」（足首の部分がゴムで締まった緩いズボン）を履くように命令し、ドレスを注文する際にも、足が隠れる長さを指定した。[2] 父親に叱責されて、スヴェトラーナはしばしば涙を流したが、彼女も頑固だった。巧妙なやり方で父親に抵抗したのである。彼女はドレスの裾を少しずつ上げて行き、最後には膝上の丈に戻してしまった。忙しい父親が気づかないことを見越していたのだった。

一九四二年の秋、第二五模範学校にオリガ・リーフキナが転校してきた。オリガはこの名門学校の生徒としては異色の背景の持ち主だった。共同住宅のワンルームに三家族がひしめいて暮らすような貧しいユダヤ人家庭の出身で、『プラウダ』の記者として働くオリガの母親が自分の稼ぎで三家族全員の生活を支えていた。一家にとって、一九四一年はひどい年だった。政府が三歳以下の子供全員をモスクワから疎開させる命令を出したので、オリガ、母親、祖母の三人はオリガの幼い弟グリーシャを連れてペンザに疎開しなければならなかった。四二年五月にモスクワに帰還した時、オリガの学業は一年遅れになっていた。[3] 第二五模範学校にはオリガのような境遇の生徒を受け入れる特別の枠が設けられていた。彼女は転校を認められ、祖母と二人で暮らすことになった。

第二五模範学校についてのオリガの思い出は楽しいものではなかった。さすがに教師たちが貧乏を理由に生徒を差別することはなかったが、子供たちは事あるごとにオリガに劣等感を思い知らせるような扱いをした。後に過去を振り返って、彼女は証言している。「最も得意になっていいはずなのに、自分の地位にこだわることなく、本当の意味で『人間性』を堅持している人物が一人だけいた。[4]それがスヴェトラーナ・スターリナだった」。オリガはあるインタビューに答えて次のように語っている。

私はすぐにスヴェトラーナが好きになった。彼女はとても謙虚で、内気でさえあったが、人間的な魅力と女性らしさを十分に備えていた。私は彼女に惹きつけられ、憧れの気持ちで彼女に接した。私たちの友情は生涯続いた。そう、生涯の最後の日まで。[5]

二人の少女は教室で机を並べて座るようになり、放課後には二人並んでモスクワ川沿いの遊歩道を長い間歩いた。ただし、その散歩はしばしばスヴェトラーナの言葉によって中断された。「もう帰らなくちゃ。今日はパパが来るの。」もう二週間もパパに会っていない」。オリガはスヴェトラーナが自分の父親を「ただの父親ではなく」、大多数の国民と同じように「偉大なるスターリン」と見なしているような印象を受けた。[6]

戦時中の食糧不足のせいで、国民の大半は飢えていた。オリガももちろん例外ではなかった。学校から帰宅すると夕食として椀一杯の粥を食べ、コップ一杯のカカヴェーリ（カカオの外皮を砕いて茹でた汁）を飲んで宿題をするという日常をオリガは思い出している。食べ物がない時には、祖母は孫娘をすぐにベッドに入れて寝かせてしまうのだった。さもなければ、空腹で寝られなくなるからだ。オリガによれば、「しかし、そんなことはスヴェトラーナには想像もつかなかっただろう。当時のスヴェトラーナは現実の生活から人為的に切り離されていた……彼女は買い物をする必要がなかったので、紙幣や貨幣の金種の区別さえほとんどできなかった」。[7]

スヴェトラーナは自分がスターリンの娘であることを学校でひけらかすようなことはなかった。彼女の不満の種は、秘密の情報にアクセスできる「部内者」であるかのようにクラスメートから見られることだった。スヴェトラーナはオリガに打ち明けている。「私は何も知らないし、実を言えば、何がどうなっているのか関心がないのよ」。スターリンの名前を冠した地名や施設名を生徒に書かせる教師がいた。しかし、スヴェトラーナはその教師が嫌いだった。たとえば、ペルミ近郊のスターリン山、ヴォルガ河畔の都市スターリングラード、自動車メーカーのZIS（スターリン名称工場）などがそのリストに含まれていた。オリガは回想している。「哀れなスヴェトラーナ！　彼女はみんなと対等でありたかったのだ。ある時、街角で彼女が若い男性の足を踏んでしまったことがあった。男は彼女を『赤毛ののろま女！』と罵った。それを聞いた時、スヴェトラーナは嬉しさのあまり満面に笑みを浮かべたのだった」(8)。

しかし、スヴェトラーナの行く所には常にエリートの地位を示す特別の刻印がついてまわった。つまり、彼女にはボディーガードがつき従っていたのだ。クイブイシェフの疎開先でも一緒だったミハイル・クリーモフがそのままボディーガードを務めていた。政府高官や党幹部の子弟にボディーガードがつくのは当たり前の時代だった。モロトフ家の三兄弟には三人のボディーガードがいた。学校の更衣室の隣にボディーガード専用の休憩室があり、彼らはそこで一日を過ごした。オリガとスヴェトラーナはともにピアノを習っていたので、よく一緒にコンサートに行った。バッハ、モーツァルト、チャイコフスキー、プロコフィエフなどが二人の好きな作曲家だった。切符を買うのはクリーモフの役目だった。プログラムにヴァイオリン演奏が含まれていると、クリーモフは「また鋸で木を挽く音を聞かされるのか」などと文句を言い、身震いをこらえて、二人の後ろの席に座るのだった(9)。スヴェトラーナはクリーモフがそれほど嫌いではなくなっていたが、それでも、年がら年中ボディーガードにつき纏われるのはいい気持ではなかった。

スヴェトラーナとオリガはともに読書家だった。スヴェトラーナは一九二五年に編纂された詞華集『二十世紀ロシア詩集』を持っていて、今では発禁となったアフマートワ、グミリョーフ、エセーニンなどの詩人の作品をオリガと一緒に読んでいた。十年生としては早熟だったオリガは、自作の詩をまとめて書きつけたノートをスヴェトラーナに贈った。オリガは自分とスヴェトラーナの間に多くの共通点を見出していた。オリガも、また、幸福な子供時代を不幸な事件で打ち砕かれていた。不在の母親に深く執着する点も似ていた。一方、スヴェトラーナも詩を書いてオリガに贈った。

詩の心を通じて、そう、まるで透明な涙を通して見るかのように、
私は彼女の魂を何度も何度も繰り返し覗き込む。
どうして私に彼女が理解できないことがあろうか?
私も、また、帰ってくることのない大切な母を待つ身なのだ。

泉のような眼をした愛らしい少女よ、
私には語るべき言葉がない。
自分についても、また、私にとって親密で透明な
彼女の思いと夢と悲しみについても。(10)

これはスヴェトラーナがオリガに捧げた詩だったが、同時に、十年前に没した母親ナージャに捧げる挽歌でもあった。スヴェトラーナが味わっていた厳しい孤独を窺わせる歌だった。母親を失ったこ

とが彼女にもたらした苦痛は少しも癒えていなかった。オリガはスヴェトラーナが「本質的には孤児である」と感じ取っていた[11]。

モスクワに帰還して以来、スヴェトラーナは主としてズバロヴォ邸で暮らしていた。一方、スターリンは戦争指導に忙殺され、政治局の面々とともに地下防空壕の司令部で寝泊まりしていた。ズバロヴォには兄のワシリーと妻のガリーナも暮らしていた。二十一歳になったワシリーはリペックの航空大学を卒業して、一九四一年十月には大尉に任官し、翌四二年二月には大佐に昇進していた。友人のステパン・ミコヤンは負傷してクイブイシェフの病院に入院していたが、ワシリーが大佐の制服を着て不意に見舞いに現れた時の驚きを回想している。後にステパンがワシリーから聞いたところによれば、ワシリーは父親のスターリンに呼ばれて、飛行機の操縦を控えるように言い渡されていた。政府高官と党幹部の息子たちの多くがすでに戦死していた。ステパン・ミコヤンの兄も、フルシチョフの息子も、英雄フルンゼの息子チムールも死んだ。犠牲が大きすぎた。ワシリーは空軍監察局の司令官に任命されて地上勤務となった。結局、ワシリーが戦闘機を操縦した回数は一回か、せいぜい二回にとどまった。スターリンはワシリーに対してしばしば

スターリンの次男ワシリー。
空軍大佐の制服を着用している（1943年）。

厳格で粗暴でさえあったが、ステパン・ミコヤンによれば、実際にはワシリーを愛していたのかも知れない。ワシリーは、その後まもなく、モスクワのピロゴーフ通りに広い事務所を構えることになる。[12]

ワシリーは知り合いのパイロットたちを自分の周囲に集め、廷臣に取り巻かれる皇太子を気取っていた。彼は取り巻き連中をもてなすために、贔屓のグルジア料理店「アラグヴィ」で好んで宴会を催した。モスクワ防衛戦の最中、まだドイツ軍の爆撃が続いていた時期でさえも、アラグヴィは贅沢な食事をふんだんに提供しており、ワシリーが権威を振りかざせば入店が可能だった。アラグヴィでは、オーケストラが最新のダンス曲を演奏し、エリートたちはウォッカをあおって放吟した。[13]

秋になると、ワシリーはズバロヴォ邸を会場にして、パイロット、俳優、映画監督、写真家、バレエダンサー、作家、有名スポーツマンなどを集め、夜毎にパーティーを開くようになる。ステパン・ミコヤンによれば、ワシリーがズバロヴォ邸で深夜の酒盛りを主宰するようになったのは、戦前、父親のスターリンが気に入りの政治局員をクンツェヴォ邸に呼び出して朝の四時、五時まで飲み明かした習慣を無意識に模倣したもののようだった。[14] ワシリーのパーティーに集まる人々の大多数は何らかの形で戦争に関わっていた。パイロットは爆撃機を操縦し、映画関係者は前線でニュース映画を撮影していた。彼らは塹壕の中から撮影し、あるいはカメラを戦車に搭載して撮影していた。作家たちは報道特派員として戦争を報道していた。それはヘミングウェイ風の派手なパーティーだった。映画を見たい者は誰でも別邸内の小さな映写室で見ることができた。室内のレコードプレーヤーからはアメリカのジャズが絶え間なく流れていた。出席者は酔っぱらい、フォックストロットを踊って夜を明かした。それが何夜も続いた。出席者の多くが感じていたように、平時では想像できないほどの速さで迫って来る残酷な死の刃を一瞬でも忘れるための息抜きのためのパーティーだった。

スヴェトラーナと友人のステパン・ミコヤン(1942年)。
ステパンの父親アナスタス・ミコヤンは長年ソ連政府の高官を務めた。

ワシリーは妹のスヴェトラーナにもパーティーに出ることを求めた。スヴェトラーナは出席しても、隅で眺めていることが多かった。マルファ・ペーシコワなど、出席していた友人たちは、スヴェトラーナが魅力あふれる女性に急激に変身したという印象を受けた。ただし、依然として秘密の苦悩を抱えて閉じ籠っているという彼女の雰囲気は変わらなかった。パーティーは時として手におえない乱痴気騒ぎになった。ある時、酔ったワシリーが身重の妻ガリーナに何か冗談を言うように執拗に迫った。ガリーナが拒否すると、ワシリーは彼女を殴った。運よく、ガリーナはソファに倒れ込むだけで済んだが、スヴェトラーナは激怒して兄を家の外へ叩き出し、ついでに、酔った出席者たちを全員追い出した。しかし、その事件の後もワシリーのパーティー癖は変わらなかった。[15]

兄のパーティーに出ても、誰も自分には

注目しないだろうとスヴェトラーナは思っていたが、実は彼女に眼をとめた人物がいた。アレクセイ・ヤコヴレヴィチ・カープレルである。三十九歳のユダヤ人カープレルは当時のソ連で最も有名なシナリオ・ライターのひとりだった。大作映画『十月のレーニン』や『一九一八年のレーニン』のシナリオを手がけ、一九四一年には最も権威のあるスターリン賞を受賞していた。カープレルはワシリーと協力して空軍パイロットの活躍を描く映画を製作する相談を進めようとしていたらしいが、話し合いは連夜の酒盛りに変わってしまい、結局、映画化は実現しなかった。しかし、独裁者スターリンの御曹司ワシリーの奔放で常軌を逸した友人仲間に入ることによって、カープレルは今や最高権力者の聖域の中枢に足を踏み入れようとしていた。それは目のくらむような陶酔だった。カープレルは危険な賭けを好む性格の人間だった。すでに結婚していたが、妻に出て行かれて、今は一人暮らしだった。

ある晩、モスクワ市内グネズドニコフスキー通りの映画省で試写会があり、ズバロヴヴォ邸のパーティーに集まる一行も招かれた。スヴェトラーナは成り行きでカープレルと映画の話をすることになる。それまで長年クレムリンの映写室で父親と一緒に映画を見てきた経験がものを言った。カープレルの好奇心が刺激された。後年、カープレルがあるジャーナリストの質問に答えて語ったところによれば、その時にスヴェトラーナから受けた印象は驚きだった。スヴェトラーナはワシリーの取り巻きの少女たちとはまったく違っていた。カープレル自身の予想とも違っていた。カープレルはスヴェトラーナの「優雅で知的な一面」に惹かれた。「周囲の人々と話す時の彼女の口の利き方、ソ連邦の生活の様々な局面に対する批判的態度、一口で言えば、彼女の内部にある自由の精神に心惹かれたのだった[16]」。彼女の「判断は大胆で、その態度には気取りがなかった」。他の娘たちのように派手な衣装でめかし込んで人目を惹こうとせず、質実で上等な作りの服装をしていた。

十一月七日、ズバロヴァ邸で革命記念日のパーティーが催された。招待客の顔ぶれにはスヴェトラーナが尊敬する作家コンスタンチン・シーモノフ、ドキュメンタリー映画作家ロマン・カルメーンのような有名人も含まれていた。このパーティーの席で、スヴェトラーナは思いがけなくもカープレルからダンスを申し込まれる。不意を突かれたスヴェトラーナは慌てふためき、ぎこちなく踊った。何と言ってもまだ年端のいかない少女だったのだ。カープレルはスヴェトラーナに、なぜ悲しそうな顔をしているのかと問い、彼女の胸の愛らしいブローチを褒めた。それは質素な服装に唯一花を添える装飾品だった。「誰かのプレゼントですか?」とカープレルが聞くと、スヴェトラーナは説明した。これは母親の形見のブローチで、今日は母親の十周忌なのだが、誰もそれを覚えていない。たとえ覚えていたとしても、誰も気に留めていないようだ[17]。カープレルの腕に抱かれて踊りながら、スヴェトラーナは子供時代の思い出、耐え忍んできた数々の喪失など、彼女のこれまでの人生をほとばしるような口調で語った。ただし、父親については多くを語らなかった。カープレルは「父と娘の間には、両者を隔てる何かがあるらしい」ことを感じ取った[18]。

青年時代のアレクセイ・カープレル(撮影時期不詳)。おそらくはKGB工作員のヴィクター・ルイスがスヴェトラーナのデスクから盗み出した200枚の写真のうちの1枚。

魅力にあふれ、大胆で、知識に富

み、経験豊かなカープレルは、十六歳の理想主義的な少女にとって抵抗できないほど魅力的な存在だった。そして、彼の方も同じようにスヴェトラーナに惹かれていた。二人が最初に一緒に見た映画は、グレタ・ガルボとジョン・ギルバートの主演で一九三三年に制作された『クリスチーナ女王』だった。十七世紀のスウェーデン女王の生涯を描いたこの歴史映画は、史実を馬鹿々々しいほどロマンチックに脚色していたが、この映画が戦時下のモスクワで暮らす感受性の鋭い少女に強烈な印象を与えたことは想像に難くない。[19]

「赫々たる戦果、勝利の栄光……そういう大袈裟な言葉の裏側にあるものは何か？　それは死と破壊に他ならない。平和に暮らす技術こそ開発してほしいものだ」。これはガルボ扮する女王クリスチーナの台詞だった。「偉大な愛、完璧な恋、黄金の夢」を謳い文句とするこの映画の中で、女王クリスチーナはスペイン王の公使アントニオと恋に落ちる。「私は偉大な人物の影の下で育ってきた」とガルボは叫ぶ。「だが、今、私は自分の運命から逃げ出したい。私にも自由がある。たとえ国家であっても私の自由を奪うことはできない」。カープレルの回想によれば、二人は映画の主人公に自分たちの身の上を重ねて見ないではいられなかった。スヴェトラーナは自由を求める反抗的な皇女であり、カープレルは身分不相応な恋人に憧れる哀れなドン・アントニオだった。

カープレルはスヴェトラーナに発禁の本を何冊か貸し与えた。ヘミングウェイの『誰がために鐘は鳴る』もその一冊だった。公式には禁書となっていたこの小説の貴重なロシア語訳を手に入れたカープレルは仲間内だけで回し読みをしていたのだった。[20]ヘミングウェイが描く冷酷な共産党政治委員がスペイン内戦を戦うトロツキストたちの粛清を命令する場面はあまりにも身につまされる話だった。

カープレルとスヴェトラーナの二人は口実を見つけてデートを重ねるようになる。二人が密会していることは、もちろん、彼女の父親に知られてはならなかった。カープレルは第二五模範学校の近くまで行き、人に見られないように、恥を忍んで路地に身を隠し、帰宅するスヴェトラーナを待った。会えば、ポケットの中で手を握り合い、森の中や灯火管制中のモスクワの通りを歩き回った。暖房の切れたトレチャコフ美術館の展示室で時間を過ごすこともあった。二人は映画芸術家協会会館やグネズドネフスキー通りの映画省で開催される非公開の試写会にも一緒に出かけた。そこでスヴェトラーナはジンジャー・ロジャーズとフレッド・アステアのミュージカル映画や、『若き日のリンカーン』や、ウォルト・ディズニーの『白雪姫と七人の小人』を観た。ボリショイ劇場の公演を一緒に観ることもあった。しかし、ボリショイ劇場で過ごす一番幸福な時間はロビーで話し合える幕間だった。[21]

この間も、二人の数歩後には常にスヴェトラーナのボディーガード、ミハイル・クリーモフの姿があった。カープレルはクリーモフの存在をむしろ面白がり、時には煙草を差し出して勧めたりもした。スヴェトラーナの感じでは、クリーモフは親切で、彼女の「馬鹿げた生活」をむしろ憐れんでいるようにさえ見えた。[22] 二人はクリーモフが告げ口しないだろうと思っていた。しかし、ボディーガードは二人の関係が深まることを恐れていた。スターリンが娘の電話を盗聴させ、手紙を検閲させており、ＮＫＧＢがスヴェトラーナの毎日の行動を細大漏らさずスターリンに報告していることをクリーモフは知っていたからである。

だが、実際のところ、二人はいったい何をしていたのだろうか？　ボディーガードが絶えず背後に控えている環境では肉体的な関係に進むことは不可能だった。そのことが二人の関係にロマンチックな絶望感をもたらしていた。スヴェトラーナはカープレルを「地上で最も賢く、最も優しく、最も知的な男性」と思っていた。[23] 一方、カープレルにとってスヴェトラーナは光り輝くロリータであり、あらゆる事柄を教えてもらいたがる生徒だった。彼女は「神々の世界ともいうべき雰囲気に取り囲まれ、その雰囲気に圧迫されつつも」、すさまじい孤独に苦しむ少女だった。カープレルによれば、「スヴェータは私を必要としていた[24]」。
恋人たちはちょっとした欺瞞を楽しんでいた。カープレルの友人たちは彼を「リューシャ」と呼びならわしていた。リューシャは普通ならば女性の愛称である。スヴェトラーナはクレムリンの祖母のアパートまで行き、そこから「リューシャ」に電話することにしていた。祖母のオリガは孫娘が女友達に電話しているとずっと思い込んでいた[25]。

まもなく、カープレルは対独戦を戦うパルチザンの実態を報道するという任務でベラルーシに派遣される。そこは危険なゲリラ戦争の前線だった。次いで、『プラウダ』の特派員としてスターリングラードに派遣され、スターリングラード戦の報道記事を書くことになった。『プラウダ』の十二月十四日号には、特派員A・カープレルによる「スターリングラードからのL中尉の手紙、第一報」と題する記事が掲載された。L中尉なる士官が彼の愛する恋人にスターリングラードの様子を書き送る手紙という形式で書かれた記事だった。

> 恋人よ、この手紙がはたして君の手許に届くかどうか、それは誰にも分からない。手紙の行く手には途方もない困難が待ち受けているからだ。だが、僕は必ず届くと信じている。この手紙は、敵の砲火をくぐってヴォルガ川を渡り、大平原を越え、嵐と吹雪を衝いて、僕らの美しい町モスクワに住む君に僕の愛を届けるだろう。ああ、恋人よ。
>
> 今日は雪が降った。スターリングラードの頭上には冬の空が低く垂れこめ、まるで農民小屋（イズバー）の天井のように低く地上近くまで迫っている。灰色に澱む寒さが身に浸みる今日のような日には、人は誰でも愛する人に思いを馳せる。君は今ごろ何をしているのだろうか？　二人でモスクワ川右岸（ザモスクヴォレーチエ）に行った時のことを覚えているかい？　トレチャコフ美術館でデートしたこと

は？ 閉館時間が来ても、鈴を鳴らして回って来る守衛に追い出されるまでねばったものだった。一枚の絵の前に一日中座っていたが、その絵が何だったかは思い出せない。僕らは互いに相手の眼だけを見つめていたからだ。今も、その絵については何も知らない。知っているのは、その絵の前に君と座ることがどんなに素晴らしかったかということだけだ。幸福な時間をくれたことで、あの絵を描いた画家に感謝したい……[26]

次いで、カープレルはL士官の口を通じてスターリングラード戦の実態を恋人に説明する。それは戦争を純粋な英雄主義的行為として描く映画シナリオのような記事だった。そこに描かれた戦争は、平時の日常生活の百万倍もの強烈さで愛と苦悩と友情を感じさせるような戦争だった。ロマンチックな情熱に取りつかれた恋人たちは、まるで映画の登場人物のように扱われていた。カープレルは恋人へのあこがれの言葉で記事を締めくくっている。

夕闇が迫っている。モスクワもそろそろ夜になる頃だろう。君の部屋の窓からは、クレムリンの壁の不規則な輪郭線が見えているはずだ。その向こうにはモスクワの空も見えることだろう。もしかしたら、モスクワも雪かも知れない。君のLより。

この記事を読んで、手紙の宛先の恋人がスヴェトラーナであることを知った時のスターリンの怒りは想像を絶するものだった。カープレルはその記事を『プラウダ』に送るつもりはなかったと後に弁明している。「友人たちに謀られたのだ[27]」。しかし、独裁者の一人娘に恋文を書くという無謀な冒険に彼が挑んだことは確かだった。これ以上に無分別な行動はなかった。マルファ・ペーシコワはスヴェトラーナが記事の載った『プラウダ』を学校に持ってきた時の興奮した様子を覚えている。スヴェトラーナはカープレルの言葉の危険性を理解しながらも、明らかに心を揺り動かされている様子だった。[28]

新年になってカープレルがモスクワに帰還した時、スヴェトラーナは彼に「しばらくは会わない方がいい。電話もかけないでほしい」と言い渡した。二人は一月末まで我慢したが、その後、電話連絡を再開した。ただし、それは暗号電話だった。どちらかが電話をかけ、相手が出ると言葉を発せずに、送話口に二度息を吹きかけて電話を切る。二度の息は「私はここにいる。あなたのことを忘れていない」という意味だった。[29]

二月初旬のある日、カープレルの電話が鳴った。受話器を取ると、相手はルミャンツェフ大佐であると名乗り、嗄れ声で警告した。V・ルミャンツェフ大佐はスターリンを護衛する特殊警護部隊の副司令官だった。「お前が何をしているか、こちらにはすべて分かっている。すぐにモスクワから出て行くよう忠告する」。それに対して、カープレルは応答した。「地獄に落ちろ！」。[30]

二月中に恋人たちはデートを再開し、一緒に森の中を散歩したり、劇場に出かけたりした。もちろん、スヴェトラーナのボディーガードをつき従えてのデートだった。二月末、二人は最後のデートを計画する。ワシリーの取り巻きのパイロットたちが女性との密会に利用していたクルスク駅近くのアパートの部屋が空いていた。しかし、職務に忠実なミハイル・クリーモフは二人から離れようとしなかった。スヴェトラーナは隣の部屋で待つようにクリーモフを説得したが、クリーモフは二つの部屋の境のドアを開けたままにしておくようにと主張して譲らなかった。そこで、二人は沈黙したまま最後のキスを交わした。触れ合うことは無上の喜びだったが、別離の悲しみは耐え難かった。スヴェトラーナにとっては胸を引き裂かれる辛い別れだった。その日は二月二十八日、彼女の十七回目の誕生

モスクワのルビャンカ広場に建つ旧KGB本部兼監獄のビル。
一般に「ルビャンカ」の名で呼ばれて恐れられていた。ベリヤの執務室もこのビルにあった。
今もなおスターリン全盛時代の威圧的雰囲気を残している。

日だった。

カープレルは、自分がシナリオを担当した映画『祖国防衛』の撮影現場であるタシケントに向けて出発する準備に取りかかった。彼の記憶によれば、それは映画産業委員会の会合に出席するために車を運転して出かけた三月二日のことだった。会合場所に到着して車から降りようとした時、一人の男が近づいてきて公安関係者のバッジを示した。そして、運転席に戻れと指示して、自分は後部座席に乗り込んできた。カープレルが行く先を尋ねると、男は答えた。「ルビャンカへ行け！」。

カープレルは聞き返した。「いったいどんな理由があるのだ？　私は起訴されているのか？　逮捕状はあるのか？」[31]。

男は無言だった。その時、カープレルはすぐ後ろに一台の黒いパッカードがいることに気づいた。パッカードの後部座席に座っている人物がスターリン警護部隊の司令官ヴラーシク将軍であることに気づいた時、カープレルは命運が尽きたことを悟った。車はルビャンカ広場に到着した。広場には、レーニン時代に秘密警察チェーカーを創設したフェリックス・ジェルジンスキーの銅像が人々の恐怖の的であるルビャンカ監獄と向き合って立っていた。ルビャンカ監獄の重い門がさっと左右に開いた。そのネオバロック様式の巨大な建物はNKVDと同様に人々を恐怖させる効果を発揮していた。皇帝時代に保険会社の本社として建設された当時の堂々たる大理石の玄関と寄せ木張りの木の床は今もそのままだった。迷路のように入り組んだ地下階には、一九三〇年代後半に猛威を振るった粛清の舞台装置である監房と拷問室が並んでいた。

取調室にNKVD副長官のボグダン・カブーロフが現れたことから、カープレルは自分が大物の容疑者として扱われていることを悟った。ただし、尋問では、スヴェトラーナの名前は一度も出なかった。スターリンへの言及もなかった。外国人と接触したことがカープレルの容疑だったが、これには反論の余地がなかった。カープレルはモスクワに滞在する外国人特派員の全員と知り合いだったからである。さらに、英国のためにスパイ行為を働いたという容疑が加わった。

カブーロフはまるで祈禱文を読むような単調な口調で申し渡した。「アレクセイ・ヤコヴレヴィチ・カープレル、お前は刑法五八条に基づいて逮捕された。罪状は反ソ的かつ反革命的な言辞を弄したことだ[32]」。裁判は必要なかった。したがって、控訴もあり得なかった。ただし、その罪状に対する通常の刑罰が一〇年の強制労働であるのに対して、カープレルに宣告された刑はその半分の五年だった。

カープレルの財産は整理分類され、本人が署名したうえで没収された。妻のタチアナ・ズラトゴローヴナと連絡を取ることは許されなかった。もちろん、スヴェトラーナへの伝言も認められなかった。しかし、カープレルほどの有名人をまったく秘密裏に世間から消してしまうことには無理があった。戦争中には、軍の関係者を経由して、特に、前線で戦う兵士たちの噂から、何らかの情報が漏れることがある。カープレルの逮捕は大きなスキャンダルになった。[33] しかし、大作映画の有名なシナリオ・ライターという輝かしい経歴も、勇気ある友人たちによる釈放の訴えも、少しも役に立たなかった。逮捕の本当の理由が首領(ヴォーシチ)の娘との無分別な恋愛事件であることは周知の秘密だった。

カープレルは、後に過去を振り返って、スヴェトラーナとの関係が必ず終焉を迎えることは分かっていたが、彼女の不思議な魅力には逆らうことができなかったと述懐している。また、ルミャンツェフ大佐の警告を無視した理由を問われて、次のように答えている。「理由なぞありはしない。強いて言えば自尊心の問題だった」[34]。カープレルはスヴェトラーナに惹かれた理由を「彼女の内部にある自由、彼女の大胆な判断力」だったとしているが、それは彼にとっては恋の誘惑というよりも、「無邪気さの魅力」に他ならなかった。カープレルはスヴェトラーナの絶望を嗅ぎ取って彼女に共感していたのだろう。

ワシリーの息子で後に演出家となるアレクサンドル・ブルドンスキーは、カープレルを知的で魅力的な人物として記憶している。

そう、彼はスヴェトラーナに恋してしまった。若い娘から憧れの眼差しで見つめられたら、誰でも避けられないいきさつだった。だが、カープレルはこの恋愛事件が行き着く結果までは考えていなかった。もともと、リスクを恐れない性格だったのだ。彼は二度とモスクワに戻らないように命じられたが、それでも戻って来た。そうして、首根っこをつかまれてどやしつけられた。でも、分かるだろう。あれは常識の枠から外れた世紀の恋愛事件だったのだ。エインゼンシュテインはこの事件を映画化する構想を思いつき、シナリオさえ書いた。もちろん、舞台の設定は外国だったが。エインゼンシュテインはカープレルの苦悩を理解し、自分をカープレルに重ねて考えていた。エインゼンシュテイン自身もスヴェトラーナに惹かれていたからだ。たとえ、スターリンの脅威が背景にあったとしても、この事件はある種の性向を持つ人間にとっては本当に刺激的だった[35]。

三月三日の朝、スターリンが珍しくクレムリンの住居に姿を現わした。ちょうど、スヴェトラーナが学校へ出かけようとしていた時間だった。乳母のアレクサンドラ・アンドレーエヴナもまだ部屋の中にいた。スターリンは頭から湯気が立つほどの怒りを露わにして、スヴェトラーナに「作家」から来た手紙をすべて渡すように言い渡した。軽蔑を込めて、まるで吐き捨てるように、「作家」という言葉を口にすると、スターリンは何もかも全部知っていると言った。そして、胸のポケットを指差し、そこにはスヴェトラーナとカープレルの電話のやり取りを録音したテープが入っていると告げ、さらに、煮えたぎる怒りを込めて怒鳴った。「お前のカープレルは英国のスパイだ。彼奴(きゃつ)は逮捕済みだ」。スヴェトラーナは、驚きのあまり呆然として、カープレルから貰った手紙、写真、ノートブックの類をすべて差し出した。作曲家ショスタコーヴィチを主人公とする映画シナリオの草稿さえ手渡した。「でも、私はカープレルを愛しているの」と抗議するのがやっとだった。すると、スターリンは乳母の方に向き直り、辛辣な口調で言った。「おい、聞いたか？　こいつは彼奴を愛しているんだとさ」。そして、平手でスヴェトラーナの頬を打った。スヴェトラーナが父親に殴られるのはこれが初めてだった。「見てみろ！　この娘がどんなに堕落してしまったかを……戦争の最中だと言うのに、こいつは男と寝ることだけにうつつを抜かしているのだ」。アレクサンドラ・アンドレーエヴナは口ごもりながらやっと答えた。「いいえ、いいえ、そんな。お嬢さんはそんな方ではありません」。スターリンはスヴェトラーナに向かって言った。「自分の姿を鏡に写してよく見るがいい。誰がお前なんかに本気で惚れるものか。馬鹿な娘だ！　彼奴には行く先々に女がいるのだぞ」[36]。スターリンは、自分自身が三十九歳だった時に十六歳のナージャに恋をしたという皮肉な事実に思い至ることはないようだった。

受けた衝撃のあまりの強さから、スヴェトラーナは父親がカープレルを英国のスパイと呼んだことを一瞬聞き逃していたが、今その言葉に思い至って改めて震え上がった。外国のスパイという非難が何を意味するのか、彼女はよく知っていたからだった。夕方、スヴェトラーナが学校から帰宅すると、スターリンはまだ食堂にいて、カープレルの手紙を読んでは、破り捨てているところだった。その時、スターリンがこう言ったのをスヴェトラーナは覚えている。「ふん、作家だと！　まともなロシア語も書けないくせに、何が作家だ！　俺の娘はせめてロシア人の男を見つけることさえできないのか？」。スヴェトラーナは「カープレルがユダヤ人であるという事実が父親の心を最も苦しめていた」ことを理解した[37]。彼女は逮捕後のカープレルと連絡を取ろうとはしなかった。事件を友人に打ち明けることもできなかった。友人に何か話せば、必ずスターリンに報告が行く。そうすれば、カープレルの運命がさらに悪いものになることは明らかだった。スヴェトラーナは自分の父親が「朕は国家なり」ともいうべき存在であることを今ようやく明確に理解したのだった[38]。

カープレルはルビャンカ監獄の独房に一年間拘禁され、その後、シベリアのヴォルクタに追放された。後に、イタリア人ジャーナリストのエンツォ・ビアージのインタビューに答えて語ったところによれば、彼が「黒いカラス」と呼ばれる四人護送車で移送される時には「テロリスト、トロツキスト、旧社会民主党員など、あらゆる種類の犯罪分子」が同乗していたという。ヴォルクタはコミ自治共和国内の炭鉱地帯に設けられた強制労働収容所群の中心都市で、想像を絶する残忍な搾取労働が行なわれる場所として悪名高かった。

しかし、カープレルの命運はまだ尽きていなかった。前年、ヴォルクタをモデル都市に改造することを任務として収容所長に任命されたミハイル・マリツェフが、最も有名な囚人であるカープレルをヴォルクタ市とヴォルクタ収容所群の公式写真家に選任し、同時に、収監施設の囲いの外で生活することを許可したのである。この種の特権的な囚人は「ザゾーンニク」(域外居住囚人)と呼ばれていた。[39] カープレルは囚人たちのクラブ活動として組織されていた「ヴォルクタ音楽演劇劇場」に参加し、そこで女優のワレンチナ・トカラスカヤに出会った。そして、トカラスカヤはカープレルの愛人になる。ソ連の強制収容所では、えてして、超現実的な偶然が囚人の生死を左右したのだった。

五年の刑期が終了すると、カープレルは釈放されたが、ただし、どんなことがあってもモスクワには戻らないという条件つきの釈放だった。彼は両親の住むキエフに行こうと決めるが、その途中で密かにモスクワに立ち寄って妻に会おうとした。モスクワには二日間滞在しただけで、もちろんスヴェトラーナには近づこうとはしなかった。キエフ行きの列車に乗り込んだ時、数人の私服警官が彼を取り巻き、次の駅で彼を列車から引きずり降ろした。再逮捕されたカープレルは改めて重労働五年の刑を宣告される。今回の流刑地はペチョラ炭田にあるインター炭鉱の強制収容所だった。囚人に対する扱いは残忍で、生活条件は苛酷を極めた。もし、愛人のトカラスカヤが時々面会に訪れて食料を差し入れてくれなかったら、生き延びることも、正気を保つこともできなかっただろう。

スヴェトラーナの従弟のウラジーミル・アリルーエフは、カープレルが逮捕された直後にズバロヴォ邸を襲った混乱を覚えている。「僕らの全員がそこから叩き出された。誰もが脳天に痛烈な一撃を食らったような気分だった」。スターリンは「道徳的腐敗」を理由として、スヴェトラーナを別邸から「追放」した。ワシリーは「堕落行為」のかどで軍刑務所に一〇日間拘禁された。祖父のセルゲイと祖母のオリガは若者たちへの監督不行き届きの責任を問われて、内務省のサナトリウムに送られた。家政婦のアレクサンドラ・ナカシーゼ中尉は、それまでスヴェトラーナとカープレルの行動をスパイし、カープレルからの手紙を盗み読みして報告していたのだが、彼女も職を解かれた。そして、ズバロヴォ邸は閉鎖された[40]。

カープレルのシベリア送りが自分の父親の命令によるものであることをスヴェトラーナは知っていた。「それはあまりにもあからさまで、しかも愚かしい専制だった。その後長い間、私は衝撃から立ち直ることができなかった[41]」。しかし、母親の死が自殺だったことを知り、また、恋人カープレルの逮捕と投獄を経験して、彼女は明確な理解に到達していた。「幻想の泡が最終的に砕け散り、はっきりと物が見えるようになった。それ以後の私には、見て見ぬ振りをすることは不可能となった[42]」。

第7章 ユダヤ人との結婚

一九四三年一月三十一日、五ヵ月に及ぶ苛烈な市街戦を経て、スターリングラード戦が終結した。ソ連軍は一〇〇万人を超える戦死者を出しながらも勝利を収めた。ドイツ第六軍司令官のフリードリヒ・パウルス元帥は幕僚とともに降伏して捕虜となった[1]。事ここに至って、一九四一年以来ドイツ軍の捕虜収容所で呻吟していたスターリンの長男ヤーコフ・ジュガシヴィリは、ドイツ軍にとっての貴重な人質となった。ドイツ軍は国際赤十字社のフォルケ・ベルナドッテ伯爵夫人を通じてソ連邦閣僚会議副議長のヴャチェスラフ・モロトフに接近し、パウルス元帥とスターリンの息子との捕虜交換を提案してきた。モロトフはこの提案をスターリンに伝達したが、モロトフによれば、スターリンはその捕虜交換を断固として拒絶して、こう言った。「すべての兵士が私の息子なのだ」[2]。

スヴェトラーナは、カープレルが三月初めに逮捕されて以来、父親とはほとんど顔を合わせていなかったが、ある朝、電話で執務室に呼び出された。スターリンはぶっきらぼうな口調で言った。「ドイツ軍がヤーシャの捕虜交換を提案してきた。この私と取り引きしようというわけだ。だが、私は取引に応じるつもりはない。戦争とはこういうものだ」。そして、ヤーコフの件についてはそれ以上触れずに、ローズヴェルト大統領から受け取った英語の文書を投げつけるようにスヴェトラーナに渡し

モスクワ川を挟んでクレムリンの対岸ベルセネフカ地区に建つ「川岸ビル」。
党と政府のエリート層のために建設された高級マンションの「川岸ビル」は、
グリゴリー・モロゾフとスヴェトラーナの新婚の住まいとなった。

て怒鳴った。「訳してみろ。長いこと英語を勉強してきたんだろう！　翻訳できるかどうか見てやる」[3]。父娘の会話はそれで終りだった。娘を国家機密に触れさせるのはスターリンに似合わないやり方だった。もし、この場面についてのスヴェトラーナの説明が正確だとすれば、捕虜交換を拒否したスターリンのやり方はヤーコフにとって残酷だった。父親は捕虜になった息子ヤーコフと「きれいさっぱり手を切るつもりなのだ」とスヴェトラーナは感じた[4]。

その年の三月半ばにヤーコフが死亡する。スターリンは情報機関を通じて息子の死をいち早く知ったはずだが、家族にはその情報を明かさなかった。少なくとも、スヴェトラーナはそう確信していた[5]。

一九四五年に終戦を迎えた後になって、ヤーコフに関する情報がドイツ側から少しずつ漏れてきた。たとえば、ヤーコフが収容されていたリューベック近郊の捕虜収容所を管轄していたナチス親衛隊の大隊指揮官グスタフ・ヴェーグナーはヤーコフの死を目撃したと証言した。その証言によれば、ヤーコフは収容所の運動時間に一人で無人地帯を横切り、電流が流れている有刺鉄線に向かって歩き始めた。見張りが「止まれ！」と叫んで制止したが、ヤーコフは制止を無視して歩き続け、有刺鉄線に到達する寸前に撃たれた。そして、電流が流れている有刺鉄線の下の二本の上に倒れ込み、そこにぶら下がったままの状態で二四時間放置され、その後収容されて火葬場に運ばれた。[6]

ドイツを占領したソ連軍軍政部副長官のイワン・A・セローフからも情報が入ってきた。実は、セローフにはヤーコフの死の詳細を調べる特別任務が与えられていた。セローフは次のような新情報を報告してきた。見張りが「止まれ！」と叫んだ時、ヤーコフは両手でシャツの胸をはだけ、「さあ撃ってみろ、うじ虫どもめ！」と叫び返したという内容の報告だった。[7]

スターリンは長男の命を救うことができなかった。しかし、ドイツ軍から捕虜交換の提案があった時、拒否する以外にスターリンの取るべき道がなかったことは家族にも理解できた。数百万人のロシア人兵士が死につつある時に、自分の息子だけを守ろうとする姿を国民に見せるわけにはいかなかった。戦争が始まった一九四一年だけで、三〇〇万人のソ連軍兵士が主として六月のドイツ軍電撃作戦中に包囲されて捕虜となり、その三分の二にあたる二〇〇万人が年内に死亡した。さらに、戦争が終るまでにはソ連軍兵士五〇〇万人が捕虜となり、そのうちの少なくとも三〇〇万人が死んだ。[8]

スヴェトラーナは、彼女の愛する異母兄ヤーコフが「英雄として死んだ」ものと信じていた。「ヤーコフの英雄的行動は、彼の人生全体がそうだったように、無私無欲で、謙虚で、名誉あるものだった」[9]。そして、この件についても、父親を許すことができなかった。ロシア人の多くがそうだったが、スターリンは苛烈な命令二二七号を出すことによってすべての兵士を裏切ったと彼女は感じていた。一九四二年七月二十八日に発令され、民間では「退却禁止命令」として知られた命令二二七号には次のような一節が含まれていた。「臆病者と恐怖を振り撒く者はその場で処刑するものとする」。捕えられた脱走兵は懲罰部隊に組み込まれ、最も危険な戦闘に投入された[10]。一九四五年にドイツ軍の捕虜収容所から解放され、祖国に帰ることのできたソ連軍兵士の多くが、帰国後、敵に降伏した罪で最高二〇年の重労働刑を科され、シベリアの強制収容所に送られた。スヴェトラーナの友人ステパン・ミコヤンは鋭く指摘している。「戦争が終って故国に戻ることができても碌なことはないということをヤーコフは恐らく承知していたのだ[11]」。

その年の春、スヴェトラーナは第二五模範学校を卒業した。スターリンは彼女をクンツェヴォ邸に呼び出し、大学では何を勉強するつもりかと質問した。「文学部に決めたわ」とスヴェトラーナが答えると、父親は嘲りの口調で言った。「文学部などに行って、お前は例のボヘミアンどもの仲間になりたいのか?」。そして、モスクワ大学の史学部に入学願書を出し直すよう言い渡した[12]。その六二年後、彼女は友人のロバート・レイル宛ての手紙に次のように書いている。六二年前に父親に対して感じた怒りは、歳月を経ても少しも収まらなかった。

> 支配欲が異常に強く、あらゆる人間とあらゆる事柄、つまりすべての上に君臨していた独裁者の父は、十七歳の私が自分自身の人生と職業を選ぶことを許さなかった。父は私を大学出のマルクス主義者に仕立て上げ、自分の跡を継がせ、自分の手下として働く「有能なメンバー」にしようとしていたのだ。メンバーとはつまりCPSU〔ソ連邦共産党〕の党員ということだった。それは娘に対する独裁者なりの愛情だったのかも知れない……しかし、父が何かを希望すれば、全員がそれ

に服従する時代だった（しかも、一九四三年は戦争中だった！）。というわけで、私は現代史を専攻することになった。でも、私は心の中でその専攻を嫌悪していた。[13]（原注―スヴェトラーナは、手紙を書くにあたって、一部に下線を引き、大文字を使い、余白に注釈を記入し、時には挿絵を描くことさえあった。このような強調から彼女の肉声が手に取るように伝わってくることがある）。

スヴェトラーナの密かな願いは作家になることだった。専攻の変更を強制されて絶望的になっていたスヴェトラーナを見て同情した親友のオリガ・リーフキナは、自分も専攻科目を変更することにした。オリガ・リーフキナの母親は、当時、『プラウダ』の編集部で米国関連の情報記事を閲読する役割の古参編集者だったが、娘に米国現代史を専攻するよう助言した。すでに入学願書の提出期限は過ぎていたが、願書を提出し直した志願者がスターリンの娘とその友人であることを知ると、史学部長は規則を曲げて二人の願書を受理するよう命令した。

入学後のクラスでスヴェトラーナはまず米国の地理、歴史、経済を徹底的に叩き込まれた。今や同盟国となった米国について勉強することは党のイデオロギーに抵触しなかった。彼女はローズヴェルト大統領のニューディール政策、一九三〇年代の米ソの外交関係、米国の労働組合運動、南米および欧州に対する米国の外交政策などをテーマとしてレポートを書いている。やがて、スヴェトラーナは、欧州諸国の学生の多くよりも、あるいは、米国の学生の一部よりも、詳しく米国の事情に通じることとなる。

少なくとも、入学当初は、大学での学生生活に困難な問題が生じた。オリガ・リーフキナによれば、学生たちがスヴェトラーナとそのボディーガードを見ようとして教室に押しかけて来たからである。しかし、時間が経つと、「彼らも徐々にスヴェトラーナの存在に慣れて、むしろ同情心を持って接するようになった」[14]。スヴェトラーナ自身は、学生仲間との新たなつきあいが始まったおかげで、父親と距離を置くことが可能になったと回想している。大学には、一九三〇年代後半に吹き荒れた粛清で親または親戚を失った学生が多数在籍していた。しかし、スヴェトラーナは「私の家族の中からも同じように犠牲者が出ていた。だから、粛清を理由にして彼らが私に特別の悪意を持つことはなかった」と回想している。[15]しかし、言うまでもなく、これはスヴェトラーナの希望的観測にすぎなかった。学生たちはスターリンへの反感を公然と口にすることはなかったが、スターリンの娘であるスヴェトラーナに不信の目を向けたことは間違いない。一方、世間の誰もが羨望するような特権にありつくための近道としてスヴェトラーナに接近する学生もいた。彼女は利害を超越した純粋な関係としての友情を期待していたが、事はそう簡単にはいかなかった。

スヴェトラーナは、クレムリンに住むエリートの子弟仲間をひとまとめにして「クレムリン族」と呼んでいた。その「クレムリン族」の大多数はむしろクレムリンの外に出て生活したいと願っていた。彼らには、決まり文句の冗談があった。クレムリンを出て外部の目的地に向かうことを「主体は客体に向かって移動中である」と表現するのである。これは秘密警察が使う符牒を真似た言い方だった。[16]スヴェトラーナは警護陣による監視の網を抜け出す方法を見つけようとしていた。たとえば、アリルーエフ家の従兄弟たちを誘って車に乗り込み、深夜のモスクワ郊外を数時間も乗り回すというのもその試みのひとつだった。もちろん、父親は彼女に車の運転を許していなかった。十二月に入ると、スヴェトラーナはボディーガードを廃止するよう父親に頼み込む。いつも「尻尾（しっぽ）」につきまとわれるのは屈辱的だと訴えたのだった。彼女はすでに十七歳半だった。ひとりで自由に街の中を歩き回りたかった。スヴェトラーナによれば、スターリンの返事はこうだった。「じゃあ、勝手にしろ。そんなに殺されたいのなら、そうすればいいさ。俺の知ったことじゃない」[17]。

新しく知り合った学生たちをスヴェトラーナがクレムリンに招くことは稀だった。招待したとしても、彼らがゲートを通るためには通行証が必要だったからである。オリガ・リーフキナは、一度だけスヴェトラーナの住居に招かれたことを覚えていた。一九四四年のことだった。大学一年生の最後の試験にはライフル銃の分解組立ての実技が含まれていた。オリガ・リーフキナは厳重な警戒線をやっと通過してクレムリンのスターリンの住居に入った。リーフキナとスヴェトラーナは乳母のアレクサンドラ・アンドレーエヴナが用意した食事を摂り、ライフル銃の分解組立てを練習した[18]。

ところが、最終試験が終った頃から、スヴェトラーナは友人仲間との間に距離を置き始める。そして、グリゴリー・モロゾフ（グリーシャ）という特定の男子学生と一緒に時間を過ごすことが多くなった。彼はモロゾフを名乗っていたが、本来の姓はモローズだった（モローズ家はユダヤ人の出自を隠すためにロシア風のモロゾフに改姓していたのだった）[19]。スヴェトラーナより四歳年長で、ワシリーの親友の一人だったモロゾフは、第二五模範学校時代からのスヴェトラーナの知り合いだった。二人はデートを重ねるようになり、一緒に劇場や映画館に出かけた。

スヴェトラーナのボディーガードが廃止されたかどうかは定かではないが、警備陣による監視は続いていた。まもなく、スターリン警護部隊司令官のヴラーシク将軍からスヴェトラーナに電話がかかってきた。将軍は歯切れよく切り出した。「聞きなさい。あなたがつきあっているユダヤ人青年の件だが、二人はどういう関係なのか？」。スヴェトラーナは聞き返した。「ユダヤ人とは誰のこと？」。彼女は衝撃を受けていた。当時、人種差別を公然と口にする者はまだ少なかった。人種差別は、少なくとも、まだ表面化していなかった。反ユダヤ主義が国家の公式政策となるのは、数年先のことである。「グリゴリー・モロゾフは第二五模範学校時代からの知り合いで、私は彼とデートすることがある。ただ、それだけよ」とスヴェトラーナはヴラーシクに答えた。

ヴラーシク将軍は、「何もかも全部分かっている」と彼女に告げた。たとえば、最近新設された国際関係大学にモロゾフが入りたがっていることも分かっている。だが、そのためには、兵役免除を受ける必要があった。「何なら、貴女たちの力になってやってもよい。貴女はモロゾフが兵役免除になることを希望しますか?」。スヴェトラーナが「希望する」と言うと、将軍は即答した。「分かった。では、そうしよう。彼の兵役免除を認めよう」。ヴラーシク将軍も、また、電話一本で人の運命を決めることのできる人物だった。[20]

スヴェトラーナはモロゾフに恋をしていたわけではなかった。彼女はいまだにアレクセイ・カープレルを慕っていたのである。しかし、彼女はクレムリンの生活から抜け出す方法を探していた。今や、彼女は父親から軽蔑されていると感じていた。父親は彼女をまるで「穢れた存在」のように見なしていた。「私はもう父親の愛娘ではなかった。私は父親の期待とは違う人間に成長してしまっていた」。モロゾフはひっきりなしに電話してきた。ついに彼がプロポーズした時、スヴェトラーナは結婚を承諾する。「モロゾフは優しかった。私は孤独だった。彼は私を愛していた[21]」。父親に打ち明けて結婚の許しを求めることを彼女はモロゾフに約束した。

スヴェトラーナはクンツェヴォ邸のスターリンを訪ねて結婚の許可を求めた。すると、スターリンは、スヴェトラーナによれば、「その結婚は認めない」とにべもなく言い渡した。理由はモロゾフがユダヤ人だからだった。スターリンは怒りに震える声で言った。「分からないのか? シオニストどもが奴をお前に押しつけようとしているんだぞ」。そうではないことをスターリンに納得させることは不可能だった。[22]

スヴェトラーナは父親が本質的に反ユダヤ主義者であることに気づいていた。スターリンの反ユダヤ主義は、ユダヤ人による反ソ陰謀の存在を彼が信じるようになるにつれてますます強まっていた。

この日、別れ際に、スターリンは娘に言った。「好きなようにしろ。どうとでもなるがいいさ[23]」。

スターリンは、ロシア人の若者たちが前線で戦死している時にユダヤ人のモロゾフが大学で勉強していることに腹を立てていた。スヴェトラーナはモロゾフが兵役免除を獲得した経過には触れなかった。スターリンはヴラーシク将軍に問い合わせた。「うちの娘が結婚しようとしている」。ヴラーシクは請け合った。「その男のことは分かっています。優秀な共産党員です。問題ありません[24]」。結局、スターリンはスヴェトラーナの結婚を妨害しなかったが、モロゾフには金輪際会おうとしなかった。娘への経済的支援はその後も続けたが、モロゾフを拒否する態度は変えなかった。モロゾフは最後まで一度も義理の父に会うことがなかった。

新婚夫妻は「川岸ビル」に入居した。戦時中だったので、二人の結婚披露宴は行なわれなかった。

「川岸ビル」は、建築家ボリス・ヨファーンの設計で一九三一年に完成した巨大な集合住宅施設だった。モスクワ川を挟んでクレムリンの対岸に広大な敷地を確保し、党幹部その他のエリート層の住居として建設された「川岸ビル」は、当時としては、欧州最大の集合住宅だった。施設内には、劇場、専用商店、集合キッチンなどがあり、居住者は集合キッチンに注文して調理済みの食事を取り寄せることができた。一九三八年以来、アンナ伯母さんの一家、ジェーニャ伯母さんの一家など、スヴェトラーナの親戚の多くが「川岸ビル」に入居していた。しかし、この施設には不気味な一面もあった。帝政時代にクレムリンからモスクワ川の川底をくぐって対岸に通ずるトンネルが掘られていたが、そのトンネルが「川岸ビル」の第一二号ブロックの地下室に連結されていた。秘密警察はこの裏道を使っていつでも施設に入ることができた[25]。

マルファ・ペーシコワによれば、クレムリンを出て、「川岸ビル」に移ったスヴェトラーナは以前スヴェトラーナとモロゾフの夫婦は第九出入口の三七〇号室に住むことになった。

よりずっと大人びたように見えた。文学仲間を自宅に集めて詩の朗読会を開き、議論を戦わせることも稀ではなかったが、友人を自宅に招く時には、壁に掛かった父親の肖像画を裏返すことを忘れなかった[26]。まもなく、スヴェトラーナは十八歳を迎え、そして妊娠する。娘が妊娠したことを知ると、スターリンは「妊婦には新鮮な田舎の空気が必要だろう」と言って、ズバロヴォ邸を再開させた。例によって、スターリンが発するメッセージには二重の意味があった。一方で家族の絆を維持するための最低限の気配りを見せつつ、同時に娘の完全な自立を妨害しようとしていたのである。

一九四五年五月九日、ラジオが第二次大戦の終結を声高に伝えた。歓喜した群衆がモスクワの街頭に繰り出した。米国大使のジョージ・ケナンはアメリカ大使館のバルコニーに立って、街路いっぱいに行進する数千人の群衆を眺めていた。群衆は仲間の誰かを空中に胴上げし、そのまま頭上に支えて前へ送ったりした。彼らは大使館の前まで来ると、米国を称えて叫んだ。米国がソ連の対独戦を支援したからである。その支援には武器援助だけでなく、スパム〔豚肉ランチョンミートの缶詰〕などの食糧援助も含まれていた。ケナン大使は眼下の群衆に向かって手を振り、大声で叫んだ。「勝利の日、おめでとう！　同盟国ソ連に栄光あれ！」。しかし、ケナンは手放しで喜んでいたわけではなかった。彼はスターリンの意図を恐れていた。ファシスト国家のイタリアとドイツは敗北したが、「ソ連は三番目の全体主義国家として戦後世界の支配を目論んでいる」とケナンは感じていた。やがて、ケナンはスヴェトラーナの後半生に重要な影響を与えることになるが、当時の彼はスターリンに娘がいることさえ知らなかった[27]。

スヴェトラーナは父親に電話した。「パパ、勝利おめでとう！　戦争が終ったことを今聞いたわ」。スターリンは答えた。「そうだ。ありがとう。そうとも。我々は勝利した」。彼は娘にどうしていると尋ね、スヴェトラーナはもうすぐ子供が産まれると答えた。「そうか、分かった。身体に気をつけなさい」[28]。話はそれだけだった。スターリンは娘夫婦を戦勝祝いのパーティーに呼ばなかった。スヴェトラーナとモロゾフは自宅で自分たちの戦勝パーティーを開いた。

「大祖国戦争」は終った。しかし、そのためにソ連が払った犠牲はあまりにも甚大だった。三四五〇万人の男女兵士が動員されたが、なんと、その八四パーセントが戦死し、負傷し、あるいは捕虜となった。一時、戦死者は八六〇万人と推定されていたが、二三〇〇万人が戦死したとする推定も存在する。民間人も一七〇〇万人が死亡したと言われているが、この数字には数十万人規模の餓死者が含まれていない。「ソ連国民は連合諸国の中で飛びぬけて甚大な被害をこうむった」のである。ソ連国内には戦禍を被らなかった地域はなかった。まさに「世紀の災厄」だった[29]。

勝利の日の二週間後、スヴェトラーナとモロゾフの間に息子のヨシフが生まれた。「ヨシフという名前は父スターリンに媚びるための命名ではなかった」とスヴェトラーナは強調している。スターリンもヨシフだったが、モロゾフの父親もヨシフだった。スヴェトラーナが生まれたばかりのヨシフを祖父のヨシフに見せるためにクンツェヴォ邸を訪ねたのは、八月に入ってからのことだった。その日は偶然にも米国が広島に原爆を投下した日だった。「その日、父はもちろん私に気づいたが、子供が産まれたという私のニュースは米国による原爆投下のニュースに比べればほとんど無意味だった。私はヨシフを抱いて黙って帰宅した[30]」。

スヴェトラーナが父親との絆を確かめる機会は今では少なくなっていた。彼女が電話をかけても、スターリンは忙しいと言って電話を切ってしまった。再び電話をかける勇気を奮い起こすまでには、数週間の冷却期間が必要だった。スヴェトラーナとモロゾフは息子のヨシフをズバロヴォ邸の乳母に預けて、学業を続けた。ズバロヴォ邸では、スヴェトラーナのかつての乳母アレクサンドラ・アンドレーエヴァとヤーコフの娘グーリアの乳母の二人がヨシフを育てていた。ソ連では母親が子供を他人に預けるのは普通のことだった。エリート層の母親は子供を乳母に預け、一方、大多数の庶民は月曜の朝に子供を保育所に預け、金曜の夜に引き取りに行くというのが普通の生活スタイルだった。一部にはバーブシカ（祖母）に子供を預ける母親もいた。スヴェトラーナも社会の慣習に従ったわけだが、母親の不在を恨んだ自分自身の過去は忘れてしまったかのようだった。親族の中には、「彼女は優しい母親ではなかった」とスヴェトラーナを酷評する人々もいたが、彼らは「スヴェトラーナには母親のあり方を学ぶ機会がなかったのだ」とつけ加えることも忘れなかった。[31]

大方の見方によれば、モロゾフは魅力的な青年だった。二人の結婚生活は順調に始まった。スヴェトラーナは、数十年後に当時を振り返って、なんと単純で幸福な学生結婚だったろうと慨嘆している。[32] しかし、後に生まれる娘のオルガに打ち明けたところによれば、若い夫モロゾフは「シャツを引き裂く」タイプの癇癪持ちでもあった。何かに腹を立てると、モロゾフは文字どおり両手でシャツを引き裂きながら、大声で妻を罵ったというのである。[33]

一九四五年十二月一日、スヴェトラーナはソチの別荘で休暇を過ごしている父親に宛てて手紙を書いた。結婚生活は一年半を迎えていた。それより早く、十月の初めに彼女は息子の写真をスターリンに送っていたが、今回は、スターリンからマンダリン蜜柑を添えて届いた礼状への返事を書いたのだった。

親愛なパーポチカ

お手紙とマンダリン蜜柑をありがとう。こんなに嬉しいことはありません……モスクワでお帰りを待っています。もしかしたら、もう一度ぐらい、優しいお手紙が期待できればと思っています。パパにキスを送ります。[34]

スヴェトラーナは父親との関係を修復しようと必死に努力していた。モロゾフとの結婚生活に早くも暗雲が垂れ込み始めていた。彼女はまもなく二十歳を迎えようとしていた。結婚生活は彼女が期待していたものとは違っていた。方向を見失ったスヴェトラーナは精神的な支えを父親に求めようとしたのである。

グリゴリーとの関係が冷たくなった原因はおそらく一つや二つではなかったが、最大の障害は、友人のマルファ・ペーシコワによれば、次から次に押しかけてくるモロゾフの親類縁者にあった。彼らは今よりましな住居を獲得するために、あるいは、子供をエリート学校や有名大学に入れるために、スヴェトラーナの口利きを得ようとしていた。[35] スヴェトラーナの従弟のウラジーミル・アリルーエフに言わせれば、モロゾフは機会便乗主義者(オポチュニスト)にすぎなかった。「スヴェトラーナの夫は快楽と便宜を求めるタイプで、自分の住まいに大勢の友人を集めては馬鹿騒ぎをした。そんな時、スヴェトラーナはいつも隅っこに追いやられていた」[36]。スヴェトラーナは、人前に出ると依然としてはにかみ屋だった。自分の家にいながら、夫の客たちから隠れようとするスヴェトラーナが影の薄い存在だったことは想像に難くない。

スヴェトラーナとモロゾフとの離婚はスターリンの画策だったという噂がクレムリンの内部で囁かれたことがある。しかし、スヴェトラーナは一貫して父親の介入を否定している。問題は別のところにあった。ヨシフを産んだのは十九歳になったばかりの頃だったが、その後すぐに彼女は再び妊娠した。スヴェトラーナによれば、三年足らずの短い結婚生活の間に、妊娠中絶の苦しみを三度も経験したのだった。[37] 現代の人が聞けばショックかも知れないが、当時のソ連では、妊娠中絶は産児制限のためのごく一般的な方法だった。後年、妊娠中絶は同性愛とともに非合法化されるが、それは統計調査の結果、急激な人口減少傾向が明らかになったからである。ただし、非合法化されてからも、例外措置を口実としての妊娠中絶は絶えることがなかった[38]。何度目かの流産の後、スヴェトラーナはついに深刻な体調不良に陥り、結婚生活から逃げ出そうと決意する。彼女はグリゴリーに向かって自分はクレムリンに戻ると宣言し、ヨシフを連れて家を出てしまった。

後年、スヴェトラーナは友人のローザ・シャンドに宛てた手紙に次ように書いている。

あれから数十年間、様々な出会いを求め、多くの浮沈を経験した今、心の底から正直に言えば、私は最初の夫と別れるべきではなかったのです。彼には何の落ち度もなかった。でも、私たちはあまりに若く、あまりに愚かで、人生について何ひとつ知らなかった。不平不満を言い立てたのは私の方でした。私はいつも「何かもっと良いもの」を求めて現状から逃げ出そうとしていました[39]。

スヴェトラーナは、また、離婚手続きの渦中にある友人を慰める手紙の中で、次のようにも書いている。

私は家庭生活というものに慣れていませんでした。だから、やすやすと家庭生活を捨てることができたのでしょう。しかし、いったん離婚してしまうと孤独に苦しむことになりました。そして、空虚な孤独を埋めてくれる新しい伴侶を見つけようと焦り、そのために数々の過ちを繰り返したのです。何と若く、また、何と愚かだったことでしょう[40]。

モロゾフとスヴェトラーナの結婚生活は一九四七年に終りを迎えた。ソ連邦市民の離婚には特に複雑な手続きは必要なかった。手続きは二段階で、離婚する夫婦が地区の裁判所に離婚申請書を提出すれば、一ヵ月以内に離婚が成立するという仕組みだった。しかし、哀れなモロゾフにとって、離婚手続きはそれよりもさらに簡単だった。彼はある日、「川岸ビル」への立ち入りを禁止され、それですべてが終りだった。離婚手続きの実務を取り仕切ったのはスヴェトラーナの兄のワシリーだった。ソ連では婚姻が成立すると花嫁のパスポートに結婚した旨のスタンプが押され、夫の姓が書き込まれる(ソ連では、すべての市民に国内パスポートが発行され、携行が義務づけられていた)。離婚すれば、パスポートに離婚のスタンプが押される。ワシリーはモロゾフとスヴェトラーナからそれぞれのパスポートを取り上げ、結婚歴を示すスタンプを消去して元の状態に戻してしまった。結婚自体がなかったことにしたのである。

スターリンは娘の離婚を歓迎した。彼はアブハジア海岸の町ガグラの北にあるハロードナヤ・レーチカ〔コールド・ストリーム〕に新しい別荘を建てていたが、今回、娘が離婚したことを聞いて、同じ敷地内にスヴェトラーナ専用の小さな別荘を建てさせた。スヴェトラーナはその別荘に出かけた。父と娘が一緒に時間を過ごすのは、時間の長短を問わず、久しぶりのことだった。

別荘にいる時にも、スターリンは午後二時に起床し、午後十時に夕食を取るという生活習慣を維持していた。スヴェトラーナの記憶によれば、近隣の政府別荘に滞在していたジダーノフ、ベリヤ、マレンコフなどの政治局員が連日スターリンを訪ねて来た。夕食は、例によって、朝の四時まで続いた。父親の夕食に同席することは、スヴェトラーナにとっては常に苦難の試練だった。スヴェトラーナがまだ十代の少女だった頃、スターリンはしばしば娘を冗談の種にした。スヴェトラーナが、男たちの猥雑な話に耐えられなくなって、そっと食卓を離れようとすると、スターリンは大声で叫ぶのだった。「同志主婦殿！　主婦殿はどうして今後の進路も示さずに我々無知蒙昧なる連中を見捨てるのですか？　どこを目指せばいいのか、我々には皆目分かりません。我々を導いて下さい！　道を示してください！」。それは「同志スターリンは進むべき道を示して我らを導く」というスローガンのパロディーだった。その冗談は数年間飽きもせずに繰り返された。[41]しかし、今回、スヴェトラーナはスターリンの別荘で繰り広げられる政治局員たちの夕食のありさまに仰天した。例によって、スターリンは同志たちに際限のない乾杯を強制した。それは客たちを酔わせて警戒心を失わせ、うっかり本音を吐露するように仕向けたのだとも言われている。早暁になって夕食が終ると、泥酔した客たちはそれぞれのボディーガードに担がれて帰宅の途につくのだった。ただし、その前に、スヴェトラーナによれば、客の多くが「嘔吐するために、トイレでしばらく時間を過ごさなければならない」という状態だった。[42]

父親と二人だけで食事する時には、目の前に並ぶ料理や庭の植物以外に適切な話題を見つけることが困難だった。スヴェトラーナは人の名前を話題にしないように用心した。誰についてであれ、何か問題のあることを口にしたら、父親の猜疑心を刺激する恐れがあったからだ。何を話せばいいのか、あるいは、むしろ、何を話さない方がいいのか、スヴェトラーナには分からなかった。したがって、父親には本でも読み聞かせている方がずっと楽だった。

父親と一緒に休暇を過ごすという試練に三週間耐えた後、スヴェトラーナは疲労困憊してモスクワに帰還した。しかし、息子のヨシフを連れてクレムリンの住居に戻った頃から、彼女は再び石棺の中に閉じ込められたような気分になっていた。絶望的な心境だった。これまでの成長経過は彼女に一人暮らしの方法を教えていなかった。一人になると、あらゆる危険に直接にさらされている気がした。安全と思えるのは、誰か他の人間と密接な関係にある時だけだったが、その関係が実現すると、今度は窒息しそうになる。それは、以後数十年を経ても彼女が克服できなかった矛盾だった。

今回、スヴェトラーナが新しい伴侶の候補者として思い浮かべたのはラヴレンチー・ベリヤの息子セルゴ・ベリヤだった。

スヴェトラーナとセルゴは幼馴染で、クレムリンの映写室で一緒に漫画映画を見た仲だった。第二五模範学校でも一緒だった。ところが、その年、セルゴ・ベリヤはスヴェトラーナの友人であるマルファ・ペーシコワと婚約したばかりだった。スヴェトラーナはマルファと対決した。そして、自分はずっと昔からセルゴ・ベリヤに恋していたのだと宣言した。これはスヴェトラーナとマルファの友情の終焉を意味していた。いかにもクレムリンの皇女らしい、子供じみて、わがままで、高飛車なやり方だった。後にスヴェトラーナは後悔を込めて振り返っているが、この時、彼女はセルゴとマルファという二人の友人を同時に失ったのだった。[43] しかし、自分の都合だけを考えていたスヴェトラーナは、ラヴレンチー・ベリヤの息子と結婚することが持つ現実的な意味を合理的に理解する力も失っていたと思われる。セルゴ・ベリヤの母親ニーナ・ベリヤは、スヴェトラーナとの結婚には反対である旨をかねがね息子に言い聞かせていた。そんなことをすれば、ラヴレンチー・ベリヤが権力の中枢にもぐり込んで権力を奪取しようとしているという疑いをスターリンに抱かせることは必至だった。[44] 二十一歳のスヴェトラーナは、彼女もその一員である閉鎖的な権力者集団の中で展開されている騙し合いと裏切りについて、意図的に何も知らない振りをしていた。

マルファ・ペーシコワとセルゴ・ベリヤの結婚式が終ると、スターリンはセルゴを自分の別邸に呼んだ。セルゴはその時に交わされた会話を回顧録に記している。会話の記録はセルゴの記憶だけに依拠しており、そのセルゴは必ずしも信頼できる証言者とは言えないが、それでも、会話の内容はある程度まで想像できる。

スターリンはこう切り出した。「君は自分の妻の一族がどういう連中なのか知っているのか?」。そして、マルファ・ペーシコワの一族についての彼の考えを述べた。「ゴーリキー自身には、それなりに良い点もある。だが、彼の周囲には多数の反ソ分子が集まっている……君とマルファの結婚は一種の裏切り行為だ。私への裏切りではなく、ソヴィエト国家への裏切りだ……君は体制に反対するインテリゲンチャ集団との繋がりを求めて結婚したのではないのか?」。それは思いもよらない言葉だった。妻のマルファはウズラのようにぽっちゃりした可愛らしい女性で、インテリとは程遠く、むしろ、後に分かることだが、頭の弱いところさえあった。スターリンは続けて言った。「この結婚を君に勧めたのは、君の父親に違いない。インテリゲンチャ集団に潜り込むのが狙いだろう(45)」。

この会話から二つのことが見えてくる。ひとつは、スターリンが取り巻きの政治局員とその子弟の私生活に深く介入していたこと、もうひとつは、スヴェトラーナが運よく難を逃れたことである。もし、彼女が首尾よくセルゴ・ベリヤと結婚していたら、その結婚は耐え難い不幸をもたらしたであろう。妻を軽蔑するような夫であるセルゴ・ベリヤが不愉快なばかりでなく、セルゴの父親ラヴレンチー・ベリヤとスターリンとのライバル関係がスヴェトラーナの人生を生き地獄に変えたに違いない。しかし、窮地に追い込まれた時のスヴェトラーナは自己保存の本能さえ失いがちだった。

第8章　反コスモポリタン闘争

　ついに戦争が終った。戦争が終った以上、戦時中の規制と抑圧は緩和されるだろう。ソ連邦市民の誰もがそう期待していた。大祖国戦争は、英雄的な犠牲と膨大な代償を国民に強いたが、ともかくも勝利のうちに終焉した。代償と犠牲に見合うだけの戦後復興が必要だった。久しく前から約束されていた社会主義的豊饒の時代が今ようやく訪れるのではないかと人々は期待した。しかし、そううまくはいかなかった。始まったのは緩和ではなく、新たな抑圧の波だったのである。スターリンは、それまでに醸成してきた個人崇拝の風潮を武器として、独裁者としての権力を強化し、その座を揺るぎないものにしていた。ワシリーがスターリンの名前を不当に利用した時、スターリンは息子を激しく叱責したが、その時のやり取りを養子のアルチョム・セルゲーエフが覚えている。

「だって、僕だってスターリンじゃないか」とワシリーが反論した。

「いいや、違う」とスターリンは言った。「お前はスターリンじゃない。その意味では、この私でさえスターリンじゃない。スターリンとは、ソヴィエト権力そのものだ。新聞に報道されるスターリン、肖像画として掲げられるスターリン、それこそが本当のスターリンなのだ。お前はス

1934年の年末、スターリンの誕生日祝いに集まった親族と関係者の集合写真。

この写真に写る人々の多くが1940年代末までに粛清の犠牲者となって消えていった。

後列左端に立つアンナ・レーデンスは1948年に逮捕された
(夫のスタニスラフ・レーデンスは1940年に処刑されていた)。

中列左端のマリア・スワニーゼは1942年に処刑された。

中列左から三番目のサシコ・スワニーゼは生き残ったが、
その姉のマリコ・スワニーゼは1942年に処刑された。

中列右から二人目のポリーナ・モロトワは1948年に逮捕された。

前列左から二人目のジェーニャ・アリルーエワも1947年に逮捕された。

ターリンではないし、私だってスターリンではない」[1]。

人間性が失われた後に空白が生じ、その空白に権力が入り込んで自己増殖し、力を振るい始めていた。スターリンとは、今や、抽象的な観念だった。しかも、その観念は無謬だった。大祖国戦争が終っても戦争はまだ続いていた。ソ連邦を滅ぼそうとする敵は依然として健在であり、攻撃の機会を狙っているというプロパガンダが大々的に展開された。

戦後の人々の意識に「鉄のカーテン」という言葉を持ち込んだのはウィンストン・チャーチルだった。一九四六年三月五日、米国ミズーリ州フルトンにあるウェストミンスター大学の体育館で、チャーチルは次のように演説した。「バルト海沿岸のシチェチン〔シュテティン〕からアドリア海沿岸のトリエステまで、欧州大陸を横断するように鉄のカーテンが下ろされてしまった」[2]。その頃、アメリカ人の多くはスターリンを「アンクル・ジョー」と呼んで、依然として親しみを感じていた。彼らはチャーチルの発言をいささか余計な干渉と受けとめた。しかし、米国の世論はすぐに変わることになる。

第二次大戦が終って一年も経ないうちに「冷戦」が始まり、世界を資本主義陣営と社会主義陣営に引き裂いた。冷戦の背景には広島に投下された原子爆弾の恐るべき脅威があった。スターリンは米国がやがては原爆でソ連邦を攻撃すると確信していた。一九四六年、スターリンはラヴレンチー・ベリヤに原爆の開発を命ずる。ベリヤは非常に優秀な行政官で、何につけても綿密で几帳面だった。高度の機密を保ちつつ、国内の辺鄙な場所にフェンスで囲まれた閉鎖的な研究施設が建設され、多数の科学者が集められた。訓練を積んだソ連の大物スパイたちが原爆開発に関する秘密情報を入手して、スターリンにもたらした[3]。その結果、一九四九年、ソ連は最初の原爆実験に成功する。

核武装に関して互角の立場が実現するのは一九四九年以降だが、米ソ両国間の相互不信はすでに一九四六年以来、急速に増大しつつあった。一九四七年、トルーマン大統領は国家保安法を制定して中央情報局（CIA）を設立した[4]。翌一九四八年、CIAは早速イタリアの総選挙に介入し、共産主義政権の成立阻止に成功する。熾烈な国際情報戦争が始まっていた。

CIAは国内に向けて共産主義の恐怖を煽り、米国市民に対する監視網を強化した。早くも一九四五年には下院非米活動委員会（HUAC）がソ連のスパイと共産主義の同調者の摘発を開始する。共和党上院議員ジョーゼフ・マッカーシーは「赤の脅威」の宣伝を通じて無責任な妄想を創り出し、数千人の米国市民を公聴会に喚問してセンセーションを巻き起こした。しかし、スターリンは遥かにその先を行っていた。秘密警察組織MGB（国家保安省）を使って国民に残忍な攻撃を仕掛けたのである。人々に恐怖を吹き込み、恐怖を通じて国民を支配するという戦術はスターリンの若い頃からの常套手段だった。支配を維持するためには恐怖を持続させる必要があった。今回の眼目は「反コスモポリタン闘争」という名のイデオロギー浄化作戦だった。欧米世界または欧米文化との接触は例外なしに破壊活動と見なされるようになった。外国人との接触は、相手が誰であれ、一切禁止され、外国人との結婚は犯罪行為とされた。国外旅行が許されるのは党幹部に限られ、幹部以外の市民に例外的に国外旅行が許される場合には「見張り役」の同行が義務づけられた。国全体を沈黙の幕が覆った。戦争に勝利した偉大なるスターリンへの批判を口にする勇気は誰にもなかった。故パーヴェル・アリルーエフの息子セルゲイ・アリルーエフによれば、「スターリンを悪く言う者はいなかった。批判したとしても誰にも受け入れられず、批判すること自体がそもそも不可能だった[5]」。

一九四七年末、スターリンの一族に新たな抑圧の波が及んだ。十二月十日の午後五時、ジェーニャは「川岸ビル」の自宅にいた。彼女はパーヴェル・アリルーエフの寡婦だったが、今は再婚して、四十九歳になっていた。その日は新年の祝賀パーティーに着る衣装を仕立てるためにドレスメーカーを自宅に呼んで、忙しく打ち合わせをしているところだった。ジェーニャの娘のキーラもその場に居合わせた。二十七歳のキーラはすでに結婚して母親とは別に住んでいたが、今夕は演劇仲間を連れて母の住居を訪れ、食堂でチェーホフの戯曲『結婚申し込み』のリハーサルをしていた。ジェーニャの息子たち、十九歳のセルゲイと十六歳のアレクサンドルも自宅にいた。二人の息子はまだ母親の許で暮らしていた。子供たちの気がかりは母親のジェーニャがあまり健康でないことだった。ドアの呼び鈴が鳴った。キーラが応答に出ると、マースレンニコフ大佐とゴルジェーエフ少佐を名乗る二人の軍人が戸口に立ち塞がって質問した。「エヴゲーニャ・アレクサンドロヴナは在宅か?」。キーラは「はい、おります。お入りください」と答えて、劇のリハーサルに戻った。その直後、キーラの耳に母親の言葉が聞こえてきた。「ああ、やっぱり、監獄と悪運は避けられないものなのね」[6]。

軍人たちは着替える暇も与えずにジェーニャを連行した。彼女は三人の子供たちに慌ただしく別れのキスをしながら、「私は何の罪も犯していないのだから、心配しなくていい」と言い残して連行されていった。その直後、家宅捜索を行なうNKVDの捜査員チームがやって来た。家宅捜索は夜遅くまで続いた。植木鉢を叩いている捜査員にキーラが質問した。「何を探しているの? クレムリンへの地下通路の入口でも探しているの?」。しかし、NKVDには冗談が通じなかった。その晩、ジェーニャの住居に居合わせた人間は全員座って待機するように命令された。捜査員たちはスターリン、スヴェトラーナ[7]、ワシリーのうちの誰かが写り込んでいる家族写真とサイン入りの書籍をすべて押収して持ち帰った。

逮捕されたジェーニャはウラジーミル監獄に収監された。容疑は外国人と接触した罪、スパイ罪、殺人罪の三件だった。十年前に夫のパーヴェルが心臓発作で死んだのは、実は妻ジェーニャによる毒殺事件だったという疑いが浮上していた。彼女は独房に監禁され、子供たちとの連絡を禁止された。

ジェーニャはすべての罪状を認めた。彼女は後に娘のキーラに語っている。「あそこに入れられたら、人間はどんな書類にもサインすることになる。拷問を避けるためにはそうするしかないのよ」。独房に閉じ込められ、他の容疑者たちが拷問されて「死なせてくれ」と絶叫する声を聞かされているうちに、ジェーニャはガラスを砕いて呑み込んだ。自殺は未遂に終ったが、彼女はその時に呑み込んだガラス片のために、死ぬまで胃の障害に苦しむことなる[8]。

夜の逮捕劇はあまりにも超現実的だったので、その時点では理解不能だったが、時間の経過とともににじわじわと恐怖効果をもたらした。アレクサンドル・アリルーエフは、兄のセルゲイがベッドに入ってからもエレベーターが自分の階に止まる音をじっと息を詰めて待っていたことを覚えている。セルゲイは階段から足音や衣擦れの音が聞こえるたびに身震いするのだった。ジェーニャ逮捕の数週間後、夕方の六時頃、エレベーターが彼らの階に止まった。秘密警察はその日もキーラが実家を訪ねていることをもちろん事前に把握していた。彼女は居間に座って『戦争と平和』を読んでいるところだったが、ドアのノックに応えて出ると、またもやNKVDの捜査員たちが立っていた。姉を守ろうとして、弟たちがドアに駆けつけた。捜査員がキーラの逮捕状を読み上げた時、居合わせた祖母が背後から何か叫んだ。キーラはたしなめて言った。「お祖母さん、お願い、叫んだりしないで。そんなことをしたら、自分を辱めることになるわ[9]」。

キーラは建物の入口で待機していた車に乗せられた。車はモスクワ市街を横断して疾走した。誰も言葉を発しない車内で、彼女は過ぎて行く街並みを窓越しに眺めながら、果たしてこの街並みを再び見ることができるだろうかと不安に駆られた。ルビャンカ監獄の重い門が開き、構内に滑り込んだ車は中庭で止まった。身に着けていた物をすべて剝ぎ取られても、キーラは昂然として冷静を保っていたが、独房に監禁されて初めて涙を流した。

尋問に当たった検事は、スターリンの妻ナジェージダの死は自殺だったという噂を流した罪でキーラを責めた。キーラはナージャの死が自殺だったことなどそれまで露知らずにいたので、その告発を聞いて唖然とした。ナージャの死因は盲腸炎の予後の悪さにあったと彼女はずっと信じていたのだ。「もともと、私の家では必要以上のことは話さない習慣だった。噂話はご法度だった……でも、連中は私の罪状を必要としていた。そこで選んだのがナージャの死についての噂というわけだった。検事によれば、私はその噂を相手選ばず告げ回ったことになっていた[10]」。

キーラは六ヵ月間独房に監禁された。その間、彼女が正気を維持し得たのはもっぱら記憶力のおかげだった。狂気の支配するルビャンカ監獄の壁の外側に依然として本物の現実世界が存在していることを信じなければ生き延びることはできなかった。彼女は知っているかぎりの映画とミュージカルを思い浮かべた。読書は許されていた。独房の中を歩き回りながら、自分がいったい何をしたのかと自問した。これまで彼女は常に立派なピオネールであり、立派なコムソモールだった。結局、逮捕された理由は思い当たらなかった。残る可能性はラヴレンチー・ベリヤだけだった。ベリヤは事あるごとにアリルーエフ家の一族を目の敵にしていた。

ただ一つの心当たりは私がスターリンの親族のひとりだということだった。ベリヤがスターリンの耳に彼の信じそうな話を吹き込んだ可能性があった。私の母は非常に率直に発言するタイプで、しかも自由を愛していた。彼女はスターリンに対しても、ベリヤに対しても、遠慮なく物を言った。ベリヤは初めて会った時から私の母を嫌っていた。すべてがベリヤの陰謀だったと考えれば納得がいった。当時のスターリンは完全にベリヤの影響下にあったからだ[11]。

監獄からスターリンに手紙を書いた方がいいとキーラに忠告する囚人仲間もいたが、キーラは拒否した。彼女の存在をことさらスターリンに思い起こさせない方がむしろ安全だと思ったからである。しかし、この恐怖の時代を生きた人々の多くがそうだったように、彼女は倒錯した論理にはまり込み、スターリンの動機を合理化し、正当化さえするようになる。弟のアレクサンドルは次のように説明している。

私たちは、人々が逮捕されるのはスターリンとの純粋に私的な関係で間違いを犯したためか、あるいは、スターリンへの忠誠心に関して何かちょっとした過失があったためかも知れないと推測するようになった。スターリンが何も知らないうちに彼自身の親族が逮捕されるなどということはあり得ないからだ。身近な親族を逮捕させるという極端な決定を下すからには、スターリンにもそれなりの理由があるはずだ。私たちにとっては残酷な仕打ちだが、スターリンから見れば正当な措置なのかも知れない。[12]

ジェーニャの再婚相手だったユダヤ人技術者のN・V・モローチニコフもまもなく逮捕された。ジェーニャの二人の息子がNKVDの職員に向かって「母親と継父がともに不在であることを友人たちにどう説明すればいいのか?」と質問すると、「両親は長期旅行に出たと言え」という答えが返ってきた。「でも、いつまで?」と二人は重ねて質問した。「追って沙汰があるまでだ」[13]。キーラの友人たちからも多くも逮捕者が出た。

一九四八年一月二十八日、今度はスヴェトラーナの伯母アンナに逮捕の手が伸びた。ナージャの姉で、故スタニスラフ・レーデンスの寡婦のアンナは、二人の息子とともに暮らしていた。息子のウラ

アンナ・レーデンス。
スターリンを誹謗した罪で1948年に逮捕、投獄され、1954年になってようやく釈放された。

ジーミルは十九歳だった。三人とも睡眠中だった午前三時に、部下の一隊を引き連れたNKVDの大佐がドアをノックし、対応したアンナに逮捕状を示した。連行されながら、アンナは言った。「私たちアリルーエフ家にはどうしてこうも不幸なことが続くのかしら」。目を覚ました息子たちは呆然として乳母と一緒に家宅捜索の様子を眺めた。彼らの記憶によれば、家宅捜索は一昼夜続いた[14]。

アンナ・レーデンスはスターリンを誹謗中傷した罪で起訴された。尋問官たちはアンナを告発するための証言をアンナの親族、友人、知人などからすでに多数集めていた。ところが、次男のウラジーミルによれば、アンナ自身は自白調書への署名を拒否した。ウラジーミルは誇らしげに説明している。「連中は母を逮捕したが、母は一切の書類への署名を拒否した。暴力を使っても無駄だった。母は頑強に抵抗し、独房の孤独にも耐えた。連中は母を屈服させることができなかったのだ[15]」。

アンナの逮捕から四五年を経た一九九三年になって、旧ソ連時代の囚人のファイルが遺族に開示された。ウラジーミル・アリルーエフは母親アンナの名誉回復に関するファイルP-212号を閲覧することができたが、その際、当時の悲劇がいかに深刻だったかを改めて思い知らされた[16]。アンナを告発する証拠書類の中に、ジェーニャとキーラがそれぞれに署名した密告文が含まれていたのである。

「川岸ビル」は「予備拘禁ビル」の別称で呼ばれるようになった（頭文字の組み合わせによる略称が両方ともＤＯＰＲだった）。逮捕者が続出し、空き部屋が目立ち始めた。ジェーニャの子供たちとアンナの子供たちは同じ部屋で一緒に暮らすことになった。「川岸ビル」内の別の住居に住むナージャの兄のフョードル伯父さんがたびたび子供たちの様子を見に来た。アンナ・アリルーエワの長男レオニードは次のように回想している。「誰もがショックを受けていた。驚き慌て、衝撃を受け、意気消沈していた。しかし、私たちは、それまでと同じように、一族の結束を維持していた。結束はむしろ強まっていた[17]」。

スヴェトラーナは逮捕された伯母たちや従姉の件をとりなそうとして、彼らがどんな罪を犯したのかを父親に問い質した。スターリンは答えた。「あの女たちは喋りすぎる。多くを知りすぎていて、しかも、喋りすぎるのだ。喋りすぎは利敵行為だ」。逮捕者を出した家族とは一切の関係を絶つことがすべての市民に求められていた。逮捕の罪状に疑問を差し挟むことなどは論外だった。スヴェトラーナが伯母たちを擁護しようとすると、スターリンは娘を脅迫した。「お前自身が反ソ的発言をしていることが分からないのか？[18]」。

ジェーニャの次男アレクサンドルは、その年の冬にモスクワ川にかかるカーメンヌイ橋で従姉のスヴェトラーナに出会ったことを覚えている。アレクサンドルもスヴェトラーナも、おおっぴらに言葉を交わすことがいかに危険かを理解していた。アレクサンドルの母方の祖母オリガも、アレクサンドルに警告して、こう言った。「あのそばかす娘に手紙なんか書くんじゃないよ」。しかし、アレクサンドルとスヴェトラーナの二人は時々ヨーロッパ唐檜（とうひ）の林の中にあるスケートリンクに出かけて、密かに会っていた[19]。

祖母のオリガは依然としてクレムリンで一人暮らしをしていた。彼女は長い間じっと座って四人の子供たちの運命に思いを馳せた。長男のパーヴェルと末っ子のナージャはすでに故人となっていた。次男のフョードルは内戦期の一九一八年に心に受けたトラウマの影響で精神を病み、半ば廃人だった。長女のアンナは監獄に囚われていた。オリガは娘のアンナがなぜ逮捕されたのか、理解できなかった。スターリン宛てに娘の釈放を訴える手紙を書いてはスヴェトラーナに託すのだが、いったん託した手紙をその後ですぐに取り戻すという行動を繰り返していた。オリガには分かっていた。そんなことをして何の役に立つのか？

ジェーニャとアンナが逮捕されると、その子供たちはクレムリンへの立ち入りを禁止された。そこで、オリガは孫たちに会うために、週末毎に「川岸ビル」を訪ねるようになった。オリガは、孫たちの母親を投獄したのがスターリンであることを見抜いていた。ジェーニャの長男セルゲイは当時祖母が発した言葉を覚えている。「祖母は母たちが拘禁されているのはゲシュタポの監獄と同類の場所だと言った。もちろん、スターリンに面と向かって言ったわけではないが、彼女はゲシュタポが何を意味するかを知ったうえでその言葉を使っていた。祖母らしいブラック・ユーモアだった！　祖母は知っていた。彼女は幻想を持っていなかった。祖母が当時から気づいていた真実に私たち全員が到達するのは、ずっと後になってからだった」[20]。

祖父のセルゲイはすでに一九四五年に死亡していた。長女が逮捕されるという悲劇を知らずに死んだのはむしろ幸運と言うべきだろう。セルゲイの記憶の中のアンナは、革命の大義のために爆薬を身体に巻いて運ぶ少女であり、レーニンと握手した手を一日中洗おうとしなかった娘だった。しかし、セルゲイが抱いていた革命の理想の寿命は、彼自身の寿命よりも短かった。

祖母オリガの慧眼にもかかわらず、アリルーエフ家の人々は怒りの矛先をスターリンではなく、ラヴレンチー・ベリヤに向けていた。一家を標的として攻撃する者がいるとしたら、それはベリヤ以外にないと思ったのだ。スターリン自身の親族のメンバーがスターリンを裏切り、誹謗しているという話をスターリンに吹き込むような人物はベリヤ以外に考えられなかった。

ベリヤはグルジア西部出身のミングレル人だった。ベリヤがアンナの夫スタニスラフ・レーデンスに敵意を抱き、排除しようと画策し始めたのは一九三八年頃からだった。アリルーエフ家の人々の理解では、ベリヤが自分の過去の秘密をレーデンスに握られていると思い込んでいることが攻撃の理由だった。[21] それから一〇年を経た今も、ベリヤの敵意は衰えていないと彼らは感じていた。しかし、ベリヤがスターリンの被害妄想にどれだけ大きな影響を与えていたとしても、最終的にすべてを支配していたのはあくまでもスターリン自身だった。だがスターリンの責任を問うことは、完全な暗闇と徹底的な不信に直面することを意味していた。一家の人々は現実を直視する代わりに、幻想にしがみついたのである。そうする方が楽だったことを、ジェーニャの長男セルゲイ・アリルーエフは認めている。幻想を維持する方が、「すべてを説明しやすかった」。また、次男のアレクサンドルは、「それは自己保存の本能のようなものだった」と回想している。「完全な狂気から身を守るためには」恐るべき真実に蓋をしておくことが必要だった。[22]

長男のセルゲイも、当時を振り返って次のようにつけ加えている。「一九三〇年代から四〇年代にかけてこの国で起こった悲劇の本当の恐ろしさは、あっちこっちで逮捕が始まると、人々はその事態に慣れてしまい、それがまるで正常な成り行きででもあるかのように感じ始めたことだ。これこそ恐ろしい悲劇だった。誰もがあの恐るべき抑圧を当然そうあるべき事態と思ってしまったのだ[23]」。

その間、スターリンは家族問題よりもずっとスケールの大きな闘争に全力を傾注していた。「反コスモポリタン闘争」と称するそのキャンペーンは、ソ連邦の社会、政治、文化などすべての分野からユダヤ人の影響力を段階的、組織的に排除しようとする動きだった。

スターリンが特に目の敵にしたのは、ソロモン・ミホエルスを委員長として一九四二年に設立された「ユダヤ人反ファシズム委員会」（JAC）だった。「ユダヤ人反ファシズム委員会」は戦争中に米国のユダヤ人社会から数千万ドル規模の財政支援を引き出すためのプロパガンダの道具として設立された組織だったが、戦争が終った今、ユダヤ民族とユダヤ文化のアイデンティティーを増進しようとする「ブルジョア民族主義集団」に転化してしまった、とスターリンは確信していた(24)。

モスクワの国立ユダヤ劇場の支配人でもあったソロモン・ミホエルスは、一九四八年一月十二日に死亡したが、スヴェトラーナはミホエルスの死は暗殺だった主張し、その証拠となる会話を耳にしたと書いている。彼女は父親の電話を偶然聞いてしまったのだった。

ある日、私は久しぶりにクンツェヴォ邸の父を訪ねた。部屋に入ると、父は電話で誰かと話しているところだった。誰かが何かを報告し、父はそれを聞いている様子だった。やがて、父が会話を締めくくるように言った。「わかった。自動車事故だったのだ」。私は父の口調をよく覚えている。それは質問ではなく、確認だった。父は質問していたのではなく、「自動車事故だったことにせよ」と指示していたのだ。電話が終ると、父は私に会釈をし、しばらくしてから言った。「ミホエルスが自動車事故で死んだ」。

翌朝、スヴェトラーナが大学の講義に出席すると、国立ユダヤ劇場に勤める父親を持つ友人が目を泣き腫らしていた。新聞はソロモン・ミホエルスが「自動車事故で死んだ」と伝えていた。しかし、スヴェトラーナは知っていた。

ミホエルスは殺害されたのだ。自動車事故などではなかった。「自動車事故」というのは暗殺計画成功の報告を聞いた時に私の父親が指示した公式発表用の隠蔽表現だった。私の頭は激しく渦巻き始めた。私はよく知っていたが、父は「シオニスト」の陰謀が国内の至る所で進んでいるという妄想に取りつかれていた。ミホエルス暗殺計画の成功が電話で直接に父に報告された理由を推測することは難しくなかった。[25]

ミホエルスは、スターリン賞候補と目される戯曲を見て審査するために、ベラルーシのミンスクに出張していた。ホテルにチェックインしたところまでは分かっているが、その後の行動は不明だった。翌朝になって、道路工事の労働者たちが道端の雪だまりの中に倒れているミホエルスを発見した。遺体には激しい損傷の跡があった。しかし、捜査は行なわれなかった。ミホエルスが真夜中にホテルを出た理由の追及もなく、ミンスクの町の静かな裏通りで命に関わる自動車事故が発生した経過を解明する努力もなかった。[26] 入念に演出された公開葬儀が執り行われた。ミホエルスの遺体はモスクワ市内の国立ユダヤ劇場に丸一日安置され、弔問客が列を作って別れを告げた。しかし、ソ連邦で最も有名な演出家兼俳優の死を悼んだ人々の多くは、大袈裟で白々しい儀式に得心がいかなかった。

一九四八年五月にイスラエルが建国された時、国際戦略上の理由から世界各国に先がけて新生イスラエル国家を承認したのは皮肉にもソ連だった。その年の秋には、初代イスラエル大使のゴルダ・メイアがモスクワに着任し、大歓迎を受けた。スターリンは新設のユダヤ人国家が親ソ陣営に加わることを期待していた。しかし、その後、イスラエルが親米に傾くと、スターリンは激怒する。ゴルダ・

メイアがユダヤ教の新年である「ローシュ・ハッシャナー」を祝ってモスクワのシナゴーグを訪れた時には、五万人に近い群衆がシナゴーグに詰めかけた[27]。スターリンにとっては、イスラエルを熱狂的に支持するロシア国内のユダヤ人が危険なシオニストであることは明白な事実だった。彼らはアメリカに住む友人や親族と強い繋がりを持っている。もし、対米戦争が勃発すれば、ユダヤ人はソ連を裏切るに違いない。

一九四八年に入って、『プラウダ』、『文化と生活』(クリトウーラ・イ・ジーズニ)その他の新聞雑誌に、文学、音楽、演劇の各分野で活躍する評論家たちを「イデオロギー上の破壊活動」を理由として非難する記事が掲載され始める。非難された評論家の大半はユダヤ人だった。彼らには「根無し草のコスモポリタン」なる烙印が押された[28]。彼らは「アイデンティティーのない人間」であり、「パスポートを持たない放浪者」だった。ユダヤ人は本来裏切り者であり、諸民族の完全同化というソ連邦の国家計画に抵抗してユダヤ人の独自性を主張し続ける連中だった。やがて、一九五二年になると、「ユダヤ人反ファシズム委員会」の幹部十二人が処刑される。

ミホエルス事件では、スヴェトラーナもそれとは知らずに脇役を演じていた。自分が批判の標的になっていることを知ったミホエルスは、殺害される数ヵ月前、スヴェトラーナとグリゴリー・モロゾフに関する情報を探っていた。ユダヤ人のモロゾフを通じてその義父のスターリンに接近し、モスクワで始まりつつある悪意に満ちた反ユダヤ主義キャンペーンにブレーキをかけるよう頼み込もうとしたのだった。スターリンは、自分の家族に近づこうとするこの許し難い試みを知って、ミホエルスの排除を決心したのであろう。犯罪事実は明白だった。「ミホエルスは米国およびシオニストのスパイ・グループと共謀して、ソ連邦政府の最高指導者に関する情報を集めようとした[29]」。

一九四八年の年末、スヴェトラーナの先夫グリゴリーの父親であるヨシフ・モロゾフが逮捕された。それを知って、スターリンを訪ね、老人の釈放を訴えた。スターリンは激怒して、前と同じ話を蒸し返した。「お前の最初の夫は、シオニストがお前に押しつけたスパイなのだぞ」。スヴェトラーナは反論した。「パパ、ユダヤ人といっても、若い世代はシオニズムとは無関係だわ」。「そんなことはない。お前は知らないだけだ」とスターリンは刺々しい口調で言った。「年寄りのユダヤ人世代は全員がシオニズムに毒されている。そして、今や、若い世代にもシオニズムを吹き込んでいるのだ」(30)。

その一方で、スターリンは親族間の問題について個人的な動機を持ち込むこともあった。一九四五年十二月一日、スヴェトラーナはジェーニャ伯母さんを擁護する内容の奇妙な手紙を父親に送っている。

パーポチカ、

ジェーニャ伯母さんのことですが、伯母さんについては、色々な噂が飛び交っています。伯母さんがなぜあんなに早く再婚したのかについて、パパは疑問を感じているかも知れません。私も少々訝(いぶか)しい気持ちです。でも、伯母さんに理由を聞いたことはありません。この件については、今度パパに会った時に詳しく話しましょう。もし、これが伯母さん以外の誰かのことだったら、ひどくきまりの悪い、みっともない問題です。でも、ジェーニャ伯母さんと伯母さんの家族には何の問題もないのです。私自身についてもかなりの噂が流れたことを思い出します。噂をしたのは誰だったのか？　私の噂をするような連中は地獄へ落ちればいいのです。スヴェタンカより(31)。

その後に父と娘の間にどんな会話が交わされたのか、その内容は知る由もないが、この手紙を読むかぎりでは、一九三八年に夫パーヴェルが死んだ後、ジェーニャが慌てて再婚したことにスターリンが今でも腹を立てているとスヴェトラーナは思っていたように見える。ジェーニャが急いで再婚したのは、彼女がスターリンの求婚を避けようとしたからだという噂が流れたことがある。たしかに、ジェーニャとスターリンは一時親密な関係にあった。いずれにせよ、ジェーニャの早すぎる再婚はスターリンに不信感を抱かせたに違いない。スヴェトラーナは、父親への手紙で、すべては噂にすぎないと言って安心させ、会って説明すると約束しているのである。

しかし、事態はそれでは収まらなかった。スターリンは自分の評判を守ろうとして用心深くなっていた。それに対して、スヴェトラーナの伯母たちは「あまりに喋りすぎた」のである。振り返って、スヴェトラーナは結論している。「伯母たちが私の家族に起こったことのすべてに精通していることを父は嫌っていたに違いない。ママの自殺についても、自殺する前にママが書いた遺書についても、伯母たちは詳しく知っていた」。

一九四一年に戦争が勃発した時にスターリンがどんな様子だったかをジェーニャがまざまざと語ったことも、スヴェトラーナは覚えていた。「あれほど打ちひしがれ、混乱した様子のヨシフは見たことがない」とジェーニャは言った。「ほとんどパニック状態に陥っているヨシフを前にして、見ている私の方が恐ろしくなった」。スヴェトラーナはスターリン自身もジェーニャのこの話を忘れていないと確信していた。彼女は父親への恨みを込めて、次のように言っている。「父は自分の弱みを誰にも知られたくなかったのだ。それがジェーニャ・アリルーエワを一〇年間も独房に閉じ込めた理由だった」[32]。しかし、スターリンが弱みを見せた瞬間を見たというだけの理由でジェーニャが一〇年間も拘禁されるというようなことが本当にあり得たのだろうか？

一方、スターリンがナージャの姉アンナ・レーデンスを投獄したのは個人的な復讐だった可能性がある。スターリンはアンナを「無節操な愚か者」と呼んだことがあった。「ある種の善良な人間は邪悪な人間よりももっとたちが悪い[33]」。戦争中、アンナは自分の父親セルゲイ・アリルーエフの回顧録の執筆を手伝った。『私の歩んだ道』と題されたその回顧録はセルゲイの死の翌年の一九四六年に刊行された。その間に、アンナは自分も回顧録を書いてみようと決心する。一九一七年にボリシェヴィキ革命が勝利するまでの自分の体験を描いたアンナの『回顧録』の草稿は公式の検閲に回され、ニーナ・バームという名のジャーナリストによって大幅に手直しされた。それは表面的には無害な個人的な記録のように見えたが、事情を知った家族は恐慌を来たし、出版しないようにとアンナに懇願した。アンナは家族の不安を笑い飛ばし、続編も書くつもりだと言った。

アンナの『回顧録』は一九四六年に刊行され、好評を得た[34]。しかし、出版の中止を懇願した家族の不安は的中した。一九四七年五月、『プラウダ』に容赦ない批判記事が掲載される。筆者はP・フェドセーエフ、表題は「無責任な考え方」だった。攻撃は衝撃的だった。フェドセーエフは「一介の市民がたまたま何らかの形で関わりを持った偉大な指導者たちに言及するような回顧録を書くこと」自体を否定した。そして、ゴーリキーがトルストイの経験について嘆いた文章を引用した。「トルストイという偉大な作家の周辺には、蠅どもが雲のように群がり集まっていた。蠅どもは非常に数が多く、また、しつこかった。彼らの一部は執拗につきまとい、トルストイの生命を食い物にした」。アンナは、卑近な関係を利用してスターリンを食い物にする寄生虫と見なされたのである。スターリンについては、熱烈な賛辞を含む公式の聖人伝以外の書き方はあり得なかった。馴れ馴れしくスターリンを描くことは論外だった。スターリン自身、偶像に傷をつけるような個人的挿話を嫌っていた。

しかし、書評家フェドセーエフはさらに広い視点から次のように指摘している。

特に許し難いのは、その種の書き手たちが彼らの回顧録なるものの中でボリシェヴィキ党の歴史や、党の代表的な創立者たちの生活と闘争について無責任に言及することである。ボリシェヴィキ党は現代の知性と名誉と良心の党であるとV・I・レーニンは言った。ボリシェヴィキ党の歴史や党指導者たちの伝記を書こうとすれば、それは資本主義の奴隷制度に対するプロレタリアートの勝利を求める闘争を描き、そして、地上で最も公平で自由な生活様式の創造を目指す闘争の歴史的経験を集約するものでなければならない。ボリシェヴィキ党とその指導者たちが実現した偉大な成果は、共産主義社会の完全勝利のために戦う数百万人の人民の勇気の根源である。党とその指導者たちの歴史を知ることにより、数百万人の労働者が、社会の利益のために、また、自由で喜びに満ちた真実の人間的生活の実現のために生き、そして戦う方法を学ぶのである。

ソヴィエト社会の代名詞である「自由で喜びに満ちた真実の人間的生活」を守るために、アンナ・レーデンスは一〇年の禁固刑を宣告されたのだった。信じ難いことだが、ソ連邦市民の大多数は、世界から切り離され、絶えずプロパガンダにさらされた結果、彼らの現在の生活が普通の生活であると思っていた。

しかし、フェドセーエフによれば、アンナの回顧録が犯した本当の過ちは、スターリンを歴史の中心として描かなかったことにあった。その意味で、彼女が描いた革命史には重大な間違いがあった。

臨時革命政府が反革命裁判所の法廷への出頭をレーニンに求めた時、スターリンは決定的な演説を行ってレーニンの出頭に反対した。レーニンはそれを聞いて納得し、地下に潜行して、臨時政府の追求から身を隠したのである。『J・V・スターリン小伝』は、この時にスターリンが取った立場の重要性を明確に指摘している。「スターリンは、カーメネフ、ルイコフ、トロツキーなどの裏切り者の提案に抵抗して、レーニンの裁判所への出頭に断固反対する立場を取ることにより、党と人民と全人類にとって貴重このうえないレーニンの生命を救ったのだった」（『ヨシフ・ヴィッサリオノヴィチ・スターリン小伝』六三ページ）。これこそが歴史の真実である。A・アリルーエワの「回顧録」なる代物はこの歴史を捻じ曲げ、歪めている。(35)

書評家フェドセーエフは、結論として、アンナを「ナルシスト」、「冒険主義者」、印税収入を求める「自己宣伝屋」と規定し、真実を知ろうとする『プラウダ』の読者には『スターリン小伝』を参照することを薦めている。それは「科学的に構成された」伝記だからだった（もちろん、スターリン自身が『スターリン小伝』の監修者だった）。スヴェトラーナはフェドセーエフの書評の行間に父親自身の辛辣な声を聞くような気がした。(36)

振り返って、スヴェトラーナは説明している。「父は自分の邪魔になる人々を歴史から最終的に放逐する必要を感じていたのだ。それは、つまり、実際にボリシェヴィキ党を創設し、革命を実現した人々のことだった」。(37)アンナが犯した過ちは、スターリンを一人の人間として扱ったことだった。スターリンはすでに自分を歴史的な英雄と思い込んでいた。

この種の書評がスターリン自身の事前検閲なしに『プラウダ』に掲載されることはあり得なかった。アンナが逮捕されたのは、『プラウダ』の書評からほぼ一年後のことだったが、それはいかにもスターリンらしいやり方だった。自分が直接に関与したという印象を薄めるために、スターリンは忍耐強く時間をかけて復讐を実行したのである。アンナは監獄に消え、『回顧録』は発禁処分となった。

苦難に満ちたこの時期、スヴェトラーナはほとんど父親と顔を合わせることがなかった。しかし、一九四八年十一月の初め、休暇でソチに滞在中だったスターリンがスヴェトラーナを別荘に呼びつけた。彼女が到着した時、スターリンは娘に腹を立てている様子だった。スヴェトラーナによれば、スターリンは娘を食事のテーブルに呼び、会食者たちの面前で「私を怒鳴りつけ、『寄生虫』と罵った。さらに、いまだに何の成果も上げていないと言って私を責めた。居合わせた人々は居心地の悪い表情をして黙り込んだ」[38]。スヴェトラーナも黙ったままその場をやりすごした。この頃、スターリンは非常に移り気だった。その翌朝のことだった。「父は、突然、母と母の死について私に語りかけてきた。そんなことは初めてだった」。その日は十一月八日、ナージャの命日だった。スヴェトラーナは回想している。「私は戸惑った。何を言えばいいのか分からなかった。私はその話題が出ることを恐れていた」。

スターリンは依然として犯人捜しをしていた。「何ともちっぽけで貧弱なピストルだった」と彼は言った。「玩具のような代物だった。パヴルーシャからの贈り物だ。まったく立派なプレゼントだったよ！」。次に、スターリンはナージャとポリーナ・モロトワが親友の関係だったことを思い出した。ポリーナが「悪い影響」を与えたに違いない。さらに、ナージャが死ぬ前に読んでいた小説『緑の帽子』を責め始めた。スターリンはこれまでもこの小説を人々の考え方を歪める「悪書」として何度も非難したことがあった[39]。

一九二四年に刊行された通俗ロマンス小説『緑の帽子』がボリシェヴィキの間で読まれたのは、おそらく、英国上流階級を皮肉る内容だったからだろう。当時、スターリンの蔵書は妻のナージャが管理しており、購入する書籍の発注もナージャが担当していた。スターリンが『緑の帽子』を読んだかどうかは不明だが、その小説が夫妻の間で話題となったことは間違いない。貴族出身の高潔な女性主人公が恋人に裏切られて自殺するという内容だったが、主人公の自殺はエリート階級の因習に対する抗議でもあった。小説がナージャを殺したわけではないが、スターリンはこの小説がナージャに悪影響を与え、自殺を誘発したと信じていた。『緑の帽子』の女主人公とナージャとの間に共通点があるとすれば、それは強固な自尊心と奇妙な理想主義を兼ね備えた若い女性という点だった。[40] 一九二〇年代には、詩人のマヤコフスキーやエセーニンなど、文学界から多数の自殺者が出て、自殺が一種ロマンチックな流行となっていた。それは、もちろん、知識人のサークルの中での話だった。一般社会では、自殺は集団に対する背信と見なされていた。

スヴェトラーナにとって、父親との会話は苦痛だった。父親は母の自殺について的外れな事しか言わなかった。何が二人の夫婦生活を耐え難いものにしたのか、その真の理由をスターリンは見ようとしなかった。そして、突然、スヴェトラーナは恐怖に襲われた。父親は初めて大人同士としてこの話を切り出したが、それは娘の信頼を得るためなのかも知れない。「しかし、私は父の求める信頼を与えるくらいなら、地の底に落ちる方がマシだと思った」。

十一月になって、スヴェトラーナはスターリンと一緒に汽車でモスクワに帰還した。途中駅に停車するたびに、二人は列車を降りて、周囲を歩いた。この列車には二人の他に乗客はなく、駅のプラットホームも人払いがしてあった。スターリンは機関車のところまで歩いて行って、機関士その他の鉄道労働者と雑談を交わし、また歩いて車室に戻って来た。彼らはみな公安警察による事前の身辺調査に合格した人々だった。スヴェトラーナの見るところ、スターリンはこういうことすべてが「いかに不気味で、もの悲しく、気の滅入る光景」であるかということに気づいていないようだった。彼女の父親は彼自身が創り上げた孤独の囚人だった。列車はモスクワ駅に入る直前に待避線に入って臨時停車し、二人の乗客を降ろした。待ち受けていたヴラーシク将軍とボディーガードたちが二人を出迎えた。彼らは早速スターリンの叱責を受けて慌てふためいた[41]。

父と娘は互いに不満を抱いたまま別れた。父親と時間をともに過ごすことは苦痛以外の何ものでもなかった。権力を掌握し、掌握した権力を維持するために、スターリンは自分の中のすべての人間的要素を犠牲にしていた。父親に会った後では、数日間をかけて心の平衡を回復しなければならなかった、とスヴェトラーナは回想している。「父への愛情はすでに失われていた。顔を合わせるたびに、何とかしていち早くその場から逃げ出したいと思うのだった[42]」。しかし、その言葉は全面的に正しいわけではなかった。スヴェトラーナは結局全面的には父親を否定することができなかった。スターリンは暗い影となって常にスヴェトラーナの頭上にのしかかっており、振り払うことは不可能だった。父親は独裁者だったが、同時に、同情すべき存在でもあった。父親はその心のどこかで娘の自分を愛していたのだとスヴェトラーナは密かに信じていた。

第9章 嵐の前の静けさ

スヴェトラーナと幼い子供たち、カーチャとヨシフ（1953年）。

一九四九年、スヴェトラーナは、それまでしばらくの間無人となっていたクレムリンの住居に戻った。スターリン自身はもう年何も前からクンツェヴォの別邸で暮らしていた。クレムリン内のスターリンの住居は国家保安部隊の司令官イワン・ボロダーチェフの厳密な管理下にあった。ボロダーチェフは、スヴェトラーナが父親の書棚から取り出して食堂のテーブルに持っていった本の一覧表を作り、彼女が読み終った後で書棚に返すと、リストの書名を横線で消した。戦後、スターリンは自分が口にするすべての料理を事前に検査するシステムを導入していた。クンツェヴォ邸の台所に搬入されるすべての食材はそのサンプルが採取されて、専門の医師団による化学分析にまわされた。その結果、「有毒物質不検出」のラベルが貼られ、公式に封印された食材だけが料理されるのである。「クレムリンの住居にも、時々、ジャーコフ医師が試験管を持って訪れ、室内の空気のサンプルを採集していった」とスヴェトラーナは皮肉を込めて書いている。「部屋の掃除係が無事に生き残っているのだから、検査するまでもなく、異常はなかったはずなのだが[1]」。

スヴェトラーナは、今や、四歳の息子をかかえる離婚女性だった。ただし、息子のヨシフはズバロヴォ邸に残り、スヴェトラーナ自身の乳母でもあったアレクサンドラ・アンドレーエヴナの手で育てられていた。その年の春のことだった。スターリンが初めて孫の顔を見にズバロヴォ邸を訪れた。父親がズバロヴォ邸に来ることを知って、スヴェトラーナは恐怖におののいた。別れた夫のグリゴリー・モロゾフに一度も会おうとしなかったスターリンのことだから、その息子のヨシフにも拒絶の態度を取るのではないかと恐れたのである。「あの時の恐怖は忘れられない」とスヴェトラーナは回想している。「ヨシフはとても可愛らしい子供だった。容貌はギリシア的か、あるいは、グルジア的だったが、長い睫の下に輝く大きな眼は明らかにユダヤ人の眼だった。父がこの子を受け入れるとは思えなかった。父にはとうてい無理な話だと思った[2]」。

しかし、予想に反して、スターリンは優しく孫に接した。樹の下で半時間も一緒に遊んだほどだった。そのうえ、ヨシフの容貌を褒めさえした。「ハンサムな子だ。きれいな眼をしている」。滅多に褒めることのない辛辣な人物の口からこんなに優しい言葉が出るとは思いもよらなかった。スターリンはその時を含めて全部で三回しか孫のヨシフに会わなかったが、皮肉にも、ヨシフの方はずっと祖父のスターリンを懐かしい存在として覚えていた。成長後のヨシフは自分のデスクの上にいつもスターリンの写真を飾るようになる。

一九四九年六月、スヴェトラーナはモスクワ大学を卒業する。大学での専攻は現代史だったが、卒業後すぐに進学した大学院修士課程の専攻科目はロシア文学だった。スターリンは「例のボヘミアンども！」への彼女の情熱について、今回は無関心だった。

スヴェトラーナは自分が「消極的で、傷つきやすい」性格だったと言っているが、周囲の人々の意見は必ずしも同じではなかった。たとえば、従弟のウラジーミル・レーデンスはスヴェトラーナを評してこう言っている。「勇敢で、自立心に富み、原則を曲げないところはアリルーエフ家の血筋を受け継いだとも言えるが、一方、やや荒っぽく、バランスに欠ける一面もあった」[3]。また、友人のステパン・ミコヤンは、スヴェトラーナが内気だったのはカモフラージュの一種だと感じていた。「彼女は、周囲が静かな時には自分も穏やかで内気だった。だが、いったん誰かと対立すると、非常に頑強だった」[4]。

少女時代のスヴェトラーナに会ったことのあるカンディード・チャルクヴィアーニは、今やグルジア共産党の第一書記になっていた。彼は休暇中のスターリンをリッツァ湖畔に尋ねた際に、成人したスヴェトラーナに再会した。スヴェトラーナも別荘の父を訪ねて来ていたのだった。別荘に集まった一同は何日間も雨に降り込められたが、ようやく晴れた日の午後、揃って散歩に出かけた。先に立って案内したのは、スターリンから厚い信頼を得ていた個人秘書のアレクサンドル・ポスクリョーブイシェフ少将だった。

途中、スヴェトラーナは舗石の散歩道から突然わき道にそれ、増水して急流となっている小川に向かった。小川には橋の代わりに大きな丸太が渡してあり、彼女はその丸太の上を歩いて向こう岸に渡ろうとした。「心配しないで。私なら大丈夫だから」。男たちは当惑した。奔流の上に渡された丸太をハイヒールの娘が渡ろうとしており、彼らにも同じことをするように挑戦していた。ポスクリョーブイシェフは誘いに乗らず、その場にとどまったが、チャルクヴィアーニはスヴェトラーナの後を追った。しかし、向こう岸にたどり着くと、呆れたことに、彼女が小川を渡った目的は咲いたまま凍っている花を何本か摘むことだった。スヴェトラーナは鋼の釘を打ったハイヒールで軽々とスキップするように丸太を渡って元の岸に帰ったが、チャルクヴィアーニは眼下の奔流に恐れをなして丸太の上を這うようにしてようやく戻ってきた。明らかに、スヴェトラーナは父親の仲間たちをからかって楽しんでいた(5)。

チャルクヴィアーニは、また、スヴェトラーナが父親に頑強に反抗する場面も目にした。散歩の数日後、モロトフとミコヤンを含む客たちを招待した夕食の席で、スヴェトラーナはモスクワに帰りたいと父親に告げた。しかし、スターリンはスヴェトラーナを帰したくない様子だった。チャルクヴィアーニはその時の会話を覚えている。

スターリンは言った。

「なぜそんなに急ぐのだ? もう十日ほど泊まっていきなさい。他人の家にいるわけじゃない。ここがそんなに退屈なのか?」。

「お父さん、私には急用があるの。帰らせて」。

「その話はこれで終りだ。もうしばらくここに泊まっていきなさい」。

スターリンの言葉が最終決定だと私たちは思った。しかし、スヴェトラーナにとってはそうではなかった。その晩ずっと、他の会話が途絶えるたびに、スヴェトラーナは繰り返しスターリンに出発の許可を求め続けた。

とうとう、スターリンが折れた。

「分かった。どうしても帰りたいのなら、帰るがいいさ。力ずくで止めるわけにはいかないからな」。すると、強情な娘は嬉しそうに自分の部屋に戻って行った。多分、荷造りを始めるためだった。

食事が終って食堂を出る時、ミコヤンが言った。

「思い込んだら必ずやり遂げるところなど、娘は父親によく似ている」[6]。

たとえ、そうだったとしても、娘の反抗は些細な問題に限られていた。スヴェトラーナによれば、一九四九年の秋、スターリンは娘のスヴェトラーナとユーリ・ジダーノフとの結婚話をみずから取り決めた。ユーリは前年の夏に死亡した前副首相アンドレイ・ジダーノフの息子だった。スヴェトラーナは回想している。「以前から父はスターリン家とジダーノフ家が姻戚関係で結ばれることを希望していた」。まるで王朝と王朝との縁組のような話だった[7]。スヴェトラーナとユーリの結婚がスターリンのアイデアだったことは、ステパン・ミコヤンも認めている。別の女性と結婚するまで、彼自身もスターリンの婿選びの候補者のひとりだったことをステパンは知っていた[8]。

モロトフによれば、「閣僚たちの中でスターリンに最も愛されていたのはアンドレイ・ジダーノフだった。スターリンはジダーノフを誰よりも高く評価していた」[9]。ジダーノフはユーモアに富む快活な人物だったが、スターリンにとっては自分の地位を脅かすような存在ではなかった。スターリンはジダーノフをイデオロギー部門の責任者に任命し、芸術家と知識人を抑圧する「反コスモポリタン闘争」の指揮を取らせた。ジダーノフはこの抑圧政策を情け容赦なく推進したので、その弾圧キャンペーン全体が彼の名を取って「ジダーノフシチナ」(ジダーノフ体制)と呼ばれるようになる。

スターリンは父親のアンドレイ・ジダーノフだけでなく息子のユーリ・ジダーノフにも目をかけていた。十代の少年だった頃から、ユーリはしばしばスターリンのソチの別荘に呼ばれて滞在したことがあった。現在、ユーリは二十八歳、化学の博士課程を卒業したばかりの青年だったが、スターリンは彼を共産党中央委員会の科学部長に任命した。後にスヴェトラーナに漏らしたところによれば、ユーリは科学部長の職をみずから望んだわけではなかった。「それがどんな仕事か、君も知っているだろう。入る時は入場無料だが、出る時には高い代価を払わされる。そういう類の仕事さ[10]」。しかし、スターリンの言葉に逆らうことはできなかった。

　とはいえ、ユーリ・ジダーノフが大して抵抗もせずにスヴェトラーナとの結婚に同意したことは驚くべき話だった。なぜなら、彼はすでにスターリンの怒りに触れて大火傷をしていたからである。前年、ユーリは後に「ルイセンコ論争」と呼ばれることになる騒動に巻き込まれていた。

　トロフィーム・デニーソヴィチ・ルイセンコはソ連の植物学界を牛耳る似非(えせ)農学者だった。彼は近代の科学的な遺伝学を否定し、独自の交配によって新種の野菜開発に成功したと称していた。彼が開発した最も有名な新種野菜はトマトとジャガイモを交配して生まれたトマトポテトだった。ルイセンコは、また、病原菌への抵抗力を持つ新種の小麦を開発中であるとも吹聴していた。その新種小麦は戦後のソ連邦をずっと悩ませてきた小麦不足の問題を解消するはずだった。科学的には馬鹿げた話だった。しかし、そのルイセンコにはスターリンの後ろ盾があった。ルイセンコにあえて挑戦する者はいなかった[11]。

　一九四八年四月十日、中央委員会科学部長のユーリ・ジダーノフは、ルイセンコの名前こそ出さなかったが、その学説を「それとなく批判する」内容の演説を行なった。翌日、ユーリ本人と父親のアンドレイ・ジダーノフ、それにユーリの演説に賛意を表した二人の学者がクレムリンに呼び出され、スターリンの執務室で政治局による査問を受けた。スターリンは激怒していた。「このような事態は聞いたこともない。中央委員会はジダーノフの息子の演説内容について何ひとつ事前に知らされていなかった」。そして、次のように続けたと伝えられている。「このような罪は厳しく罰して、見せしめとしなければならない。ただし、問題は子供よりも、むしろ、その父親の方にある[12]」。その二ヵ月後、もともと大酒飲みだったアンドレイ・ジダーノフは心臓発作に襲われ、療養のためにヴァルダイ地方のサナトリウムに送られたが、八月、冠状動脈血栓で死亡してしまう。

査問を受けた直後、ユーリ・ジダーノフは同志スターリン宛てに公開の謝罪文を書いた。『プラウダ』の一九四八年七月十日号に掲載されたその謝罪文の中で、ユーリは自分が「数々の過ち」を犯したことを認め、その原因は「経験不足と未熟さ」にあったと反省している[13]。もちろん、謝罪は本心ではなかった。しかし、恐怖に怯える青年は科学的真実よりも自分の命を優先したのだった。ユーリはスヴェトラーナに本心を明かしている。「ああ、これで遺伝学は死んでしまった![14]」。

スターリンはユーリ・ジダーノフを許したように見えた。ゴシップ好きのセルゴ・ベリヤによれば、スターリンは仲人の役を楽しんで演じていた。「私はユーリが気に入っている」とスターリンはスヴェトラーナに言った。「ユーリ・ジダーノフには未来があり、しかも、彼はお前を愛している。ユーリと結婚しなさい[15]」。スヴェトラーナによれば、この時、彼女はすでに老いを迎えた父親に反抗することに飽きてしまっていた。彼女はスターリンの助言に素直に従った。スターリンはクンツェヴォ邸を増築し、二階建てにした。若い夫婦を同居させるつもりだったに違いない。だが、スヴェトラーナとユーリの二人が同居に抵抗したので、建て増しした二階部分は映写室に転用された。趣向を凝らした結婚式が執り行われたが、スターリンは出席しなかった。政府のとりはからいで、夫婦は黒海沿岸へ新婚旅行に出かけた。しかし、その旅行は惨めな失敗だった。新婦は海が好きだったが、新郎は船酔いするたちだった。新郎は山が好きだったが、新婦は高所恐怖症だった。

ユーリはスヴェトラーナの親戚や友人たちから好意的に迎えられた。ステパン・ミコヤンはユーリを「物静かなインテリで、愉快な人物だった」と評している。ユーリはピアニストとしても玄人はだしの腕前だった。[16] 結婚するとすぐに、ユーリはスヴェトラーナの息子ヨシフを自分の子供として認知した。スヴェトラーナはヨシフを連れてクレムリン内にあるジダーノフ家の広々とした住居に移り住んだ。

当時のスヴェトラーナを身近に知る人々のひとりに、女優のキーラ・ニコラーエヴナ・ゴロフコがいた。[17] キーラ・ゴロフコは以前にもスヴェトラーナを見たことがあった。一九四三年、モスクワ芸術座（ＭＸＡＴ）の専用桟敷にスターリンと並んで座る十代のスヴェトラーナを見たのが最初だった。その頃、キーラは疎開先のサラトフからモスクワに戻ったばかりで、アレクサンドル・オストロフスキーの劇『熱い心』に出演していた。その日、俳優たちは観客席に「彼」がいることを事前に知らされていた。舞台に立って、スターリンの黒い口髭がちらっと眼の端に入った時、キーラは膝が震えて倒れそうになった。ホッとしたことに、スターリンはその演目が気に入って、「『トゥールビン家の日々』を見た時と同様に、一〇回か一五回、またはそれ以上も繰り返し見に来たのだった」。[18]

一九四九年の夏、キーラは夫のアルセニー・ゴロフコとともに滞在していた温泉保養所でスヴェトラーナとユーリ・ジダーノフに出会った。夫のアルセニーはソ連海軍参謀総長の職にある軍人だった。その後、まもなく、キーラとアルセニーのゴロフコ夫妻は「川岸ビル」への入居を許可される。すでに別の場所に三寝室のアパートを得て快適に暮らしていた二人は、「予備拘禁用住宅」とも囁かれている「川岸ビル」に今さら引っ越したいとは思わなかったが、スターリンの勧めとあれば、転居を拒むことはできなかった。キーラによれば、「偶然の通りすがりに、スターリン自身が私に川岸ビルに入居したくないかと問いかけてきた。スターリンが直接にそんな質問をするのは珍しいことだった」。[19] スターリンの助言を無視すれば致命的な結果を招くことは常識だった。ゴロフコ夫妻は「川岸ビル」の五室からなる広いアパートに入居した。それまでの住人だった海軍提督が英米側に軍事機密を漏らした容疑で逮捕されたために空き室となっていたのである。

キーラは目立つことを恐れていた。演劇界の友人の多くが政治的抑圧にさらされていたからである。夫ゴロフコの愛人だったボリショイ劇場のバレリーナも外国情報機関と接触した容疑で逮捕されていた。元愛人に密告されると思って、アルセニーは戦々恐々としていた。嫉妬と裏切りが横行する演劇界には、「囁き屋」と呼ばれる密告者がはびこっていた。キーラはモスクワ芸術座の関係者のうちの誰を夫に紹介すべきかについて非常に慎重だったが、同じようにアルセニーも軍関係者の誰を妻に紹介するかについて慎重だった。

「川岸ビル」への入居後、ゴロフコ夫妻は家族や親しい友人たちを自宅に招いて小さなパーティーを開くようになった。最初の晩にユーリとスヴェトラーナがやって来た。ユーリはすぐにピアノに向かって弾き始め、キーラを誘って二重唱を披露した。ゴロフコ家のパーティーはその後も繰り返された。歌あり、ダンスあり、レコード鑑賞あり、お喋りありの楽しい集まりだった。しかし、キーラはスヴェトラーナが片隅に座って、「何となく他の全員から自分を隔てている」のに気づいた。スヴェトラーナはほとんど口を利かず、ダンスにも加わらなかった。仕立ての良い高価な生地のドレスを着ていたが、そのスタイルはやや堅苦しかった。装身具としては、ダイヤまたはガーネットの小さなブローチを着けているだけだった。キーラによれば、スヴェトラーナはよく鍛えられてほっそりとした美しい身体をしていた。踵の低い靴を履き、少し身を屈めていたのは、多分、自分よりも背の低い夫を気遣ってのことだろう。キーラとスヴェトラーナは親しくなり、スターリンがモスクワ芸術座の桟敷席に現れた頃の思い出を話して、静かに笑い合った。

ある日、スヴェトラーナはキーラに発声練習の勉強をしたいと申し出た。素晴らしい先生がいるとキーラは答えた。ソフィア・ラチンスカヤという名の旧貴族出身の声楽家だった。スヴェトラーナはすぐに興味を示した。今、学生たちに講義をする立場の大学院生となって、生まれつきの声の小ささが障害となっていると彼女は説明した。そのうえ、夫のユーリは素晴らしい声をしている。「社交的なユーリは歌を歌うのが大好きだが、それに比べて、ご存じのとおり、私ときたら……。ユーリがピアノを弾く時も、私はひとり座っているだけなの」。キーラはスヴェトラーナの発声練習をソフィア・ラチンスカヤに頼んでみると約束した。

翌日、キーラがその話をすると、ソフィア・ラチンスカヤは心臓発作を起こしそうになった。彼女は倒れかかりながら、手を震わせて言った。「キーラ！ 貴女はこの私に何ということをするの?」。キーラは声楽家を椅子に座らせ、スヴェトラーナがどんなに感じの良い女性かを説明した。宥めすかされた後で、ラチンスカヤはやっと了承した。「分かったわ、キーラ。でも、これは貴女のためにすることなのよ」。

数日後、ラチンスカヤは自宅に座って新しい生徒の到着を待っていた。彼女はヴォロフスコヴォ通りの共同住宅に住んでいた。彼女の部屋は大きなワン・ルームだったが、ピアノの他に、多くの骨董家具、本の詰まった数台の書架、思い出の品々を入れた複数の箱などが場所を塞いでいた。スヴェトラーナのレッスンが始まる予定時刻の二時間前にドアにノックがあった。やって来たのは三人の私服の男たちだった。彼らはあらゆる物をひっくり返して、部屋中を捜索した。一言も発せずに捜索を終ると、男たちはすべてを正確にもとどおりの場所に戻して立ち去った。

スヴェトラーナは約束の時刻に二十分遅れて現れた。もちろん、直前に何が起こったかは夢にも知らない様子だった。彼女は花束とキャンディーの箱と食料の入った袋を二つ携えて来た。ラチンスカヤは授業料は受け取らないことをキーラを通じて事前に伝えていたが、授業料の代わりとしても大袈裟なこの贈り物に少々当惑した。その後、まもなく、ラチンスカヤはスヴェトラーナに教えている件を自分の友人たちに漏らしてはならないことを思い知る。ある知り合いに新しい生徒のことを話した途端、その知人は消えてしまった。ラチンスカヤがその知人に再会するのは何年も後になってからのことだった。

スヴェトラーナの声はたしかに貧弱だった。しかし、誰であれ、潜在的能力を引き出せば歌手になれるとラチンスカヤは信じていた。レッスンは続いた。そして、毎回のレッスンの二時間前には必ず三人組の私服警官が現れて「ガサ入れ」をした。刑事の顔ぶれは毎回変わったが、捜索の手順はまったく同じだった。ラチンスカヤは、繰り返される無言の脅迫に耐えきれなくなって、三人組の刑事の件を電話でキーラに訴えた。責任を感じたキーラは、レッスンの打ち切りをスヴェトラーナに申し入れようと提案した。すると、ラチンスカヤは答えた。「だめ、だめ！ スヴェトラーナが必要としているのなら、レッスンは続けましょう」。キーラに言わせれば、「ソフィア・ラチンスカヤは、その年齢に似合わず、冒険好きの女性だった」。

当時のソ連の知識人、特にモスクワに住む知識人の多くの生活はこのようなものだった。スパイ、密告屋、秘密警察などが至る所に潜んでいた。舞台裏で何が起こっているのかは誰にも分からなかった。ただ、重苦しい抑圧感が日常化していた。岩盤の上で暮らしている振りをしながら、実は流砂の上で寝ているようなものだった。

スヴェトラーナは芸術と文学を何よりも高く評価していたが、そのスヴェトラーナが父親の指示に従ってジダーノフ家の一員になったのは、両目をみずから塞いで盲目になったのと同じ行為だった。ユーリの父親アンドレイ・ジダーノフは「ジダーノフ体制」の執行官として、芸術家と知識人から最も憎まれる政治家だった。彼はプロコフィエフ、ハチャトリアン、ショスタコーヴィチなどの音楽家を「ソ連人民とも、人民の芸術的趣味とも無縁の連中」として抑圧し、詩人のアンナ・アフマートワをはじめとする多数の作家の作品を発禁処分にしていた。アフマートワについてのジダーノフの発言は有名だった。「アフマートワは半ば修道女、半ば売春婦である。いや、むしろ、自分の罪の告白と祈りを織り交ぜて春を売る尼僧売春婦ともいうべき存在だ[20]」。

一九四九年の冬、かつてスヴェトラーナが恋人のアレクセイ・カープレルとの逢瀬を楽しんだトレチャコフ美術館で、スターリンの七〇回目の誕生日を祝う美術展が開かれた（実際には七一回目の誕生日だった）。それは、優しい祖父のスターリン、戦争の英雄としてのスターリン、伝説の騎士の格好をしたスターリンなど、出品されたすべての絵画がスターリンの肖像画であるというグロテスクな展覧会だった。スヴェトラーナはこの美術展を見て唖然とした。彼女の父親の歓心を買おうとして、芸術が春を売っていたのだ。しかし、その彼女自身が「ジダーノフ体制」の震源地であるジダーノフ家の一員だった。いったい、彼女は何を期待していたのだろうか？[21]

結婚は何もかも大失敗だったことがしだいに明らかになった。スヴェトラーナはまたもやヘマをしたのだった。ジダーノフ家の人々はアンドレイ・ジダーノフの死後も依然として「党派性」（党を専一に優先する姿勢）のレトリックに固執していたが、一方で、ジダーノフ家のアパートには、花瓶、絨毯、美術品など、征服したドイツから貨車で大量に運んできた戦利品が山のように積まれていた。「私が暮らしていた家は最も正統的な党派性を建前としていたが、実のところ、それはまったくの偽善だった。党派性は見世物として世間に見せるためだけの戯画にすぎなかった[22]」。それだけではなかった。スヴェトラーナは義母を嫌悪していた。義母は息子のユーリをエプロンの紐に縛りつけて支配していた。ユーリ自身も母親を「賢明な老フクロウ」と呼んで尊敬していた。

まもなくスヴェトラーナは妊娠した。結婚した年の最初の冬の間、彼女はずっと体調不良に苦しんだが、一九五〇年の春には一ヵ月半にわたって入院生活を送ることとなる。スヴェトラーナとユーリの血液型が不適合だったために、彼女は中毒症に罹り、腎臓病を発症した。瀕死の重病だった。五月に長女が生まれたが、予定より二ヵ月早い早産だった。出産後、スヴェトラーナは一ヵ月間も退院できなかった(23)。

誰からも見放された孤立感から、スヴェトラーナは生まれたばかりの娘カーチャ(エカチェリーナ)についての悩みを父親宛ての手紙で訴えた。スターリンから返信が来た。

親愛なスヴェートチカ

手紙を読んだ。病気が軽く済んで良かった。腎臓障害は重大な問題だ。出産も大変だっただろう。だが、私がお前を見捨てたなどと、どうして思いついたのだ? それは妄想というものだ。妄想に囚われないようにしなさい。身体を大切に。もちろん、娘のことも大切にしなさい。国家は国民を必要としている。たとえ、未熟児で生まれた赤ん坊でも国家には必要なのだ。もう少し我慢しなさい。まもなく、会う機会があるだろう。私のスヴェートチカにキスを送る。パパより(24)。

スターリンが病院に見舞いに来ることはなかったが、手紙を貰っただけでスヴェトラーナは慰められた。ただし、その手紙には、例によって棘が含まれていた。スターリンの国家は未熟児で生まれた赤ん坊さえも必要としているというわけだった。今、その赤ん坊は生きるか死ぬかの瀬戸際で必死に戦っていた。

結婚生活はその後も一年間続いた。しかし、夫と妻の両方が破局を予見していた。スヴェトラーナとユーリの母親との関係は互いに我慢の限界に達していた。ユーリはまだ中央委員会の科学部長の職にあったが、首の周りのロープが徐々に絞られてくるのを感じていた。しかし、夫婦は寄り添って助け合うのではなく、それぞれ別々に自分の悩みに追われていた。スヴェトラーナは不満を書き記している。

ユーリは滅多に家にいなかった。帰宅も遅かった。当時は夜中の十一時まで働くのが普通だった。彼には彼の悩みがあり、また、生まれつき他人の気持ちを思い遣る能力に欠けていたので、私の悩みに気を遣うこともなかった。しかも、家にいる時は完全に母親の支配下にあり、生き方も、趣味も、意見も、何もかも母親の言いなりだった。自由な雰囲気で育った私にとって、ジダーノフ家は息苦しい場所だった。(25)

スヴェトラーナが自由な雰囲気で育ったとは、にわかには信じられない発言だが、彼女が言いたかったのは、おそらく、様々な感情が発露される賑やかな家庭ということだろう。彼女が育ったのは、祖母のオリガをはじめ、伯母のアンナやジェーニャなどが自分の気持ちを憚ることなく口にする家庭だった。幼かったスヴェトラーナ自身も、外向きには従順な娘の仮面を被っていたものの、内心では「あらゆる事柄に激しく反応していた(26)」。

しかし、今回のスヴェトラーナの問題は表面的な軋轢にとどまらず、深刻で複雑だった。恐怖と怒りが渦巻く内奥の暗闇に立ち入ることは、妻にも夫にも不可能だった。ソ連の家庭ではどこでもそうだったが、家族に対しても真実を口にすることができず、心を開いて話し合うこともできなかった。それぞれの父親であるスターリンとジダーノフについて、あるいは、家庭の壁の外側の世界で起こっている事態について、スヴェトラーナとユーリは話し合うことができただろうか？　おそらく無理だっただろう。スヴェトラーナによれば、ユーリは「生まれつき他人の気持ちを思い遣る能力に欠けていた」ということだが、それは、たとえ他人の気持ちが分かったとしても真実を口にすることができないという意味だったのではないだろうか？　また、正統派ボリシェヴィキの世界では、感情を露わにすることは人間的な弱さ、または、放縦と見なされていたことも事実だった。[27]

ある日、女優のキーラ・ゴロフコはクレムリンの近くを歩いていた。彼女は満員のトロリーバスを嫌って、しばしばモスクワ芸術座まで歩くことがあった。その途中、クレムリンの角のカーメンヌイ橋でモスクワ川を渡ることになる。ちょうど、ボロヴィツキー門の前を通りかかった時、後ろから名前を呼ばれた。ギョッとして振り向くと、スヴェトラーナが近づいてくるのが見えた。それぞれに悩みを抱えて忙しい日々を過ごしていた二人が顔を合わせるのは久しぶりだった。

スヴェトラーナは少し一緒に歩いてくれるようにキーラに懇願した。話したいことが山ほどあった。キーラの見るところ、スヴェトラーナは動揺していた。キーラがこの時の会話を覚えているのは、二人が珍しく「胸襟を開いて」話し合ったからだった。スヴェトラーナはいつも控え目で口数が少なかったので、彼女に向かって遠慮なく話しかける者は少なかった。

ユーリと離婚したいと思う、とスヴェトラーナは言った。キーラは衝撃を受けた。夫婦はさだめし愛し合っていると思っていたからである。発声練習も、踵の低い靴も、「すべてはユーリを愛するがためだと思っていた」。しかも、二人の間には生まれたばかりの娘のカーチャがいた。

キーラはスヴェトラーナとの会話を次のように回想している。

スヴェトラーナは続けて言った。

「ユーリの母親が問題なの。彼女は最初からユーリと私の結婚に反対だった。もう、何もかも駄目になりそう。父に救いを求めるところまで来てしまったわ」。

「それで、お父さんは何と言っているの?」と私は聞いた。

「結婚は互いに妥協してこそ長続きすると父は言ったわ。それから、子供が生まれたからには、何とか家庭を維持しなければならないともね」。

「そのことをユーリに言ったの?」

「ええ、でも無駄だった。ユーリの母親は、私がユーリを科学者としても、ピアニストとしても駄目にしたと思い込んでいるの」。


スヴェトラーナがこう言った時、モスクワ芸術座はもう目の前だったので、話はそこで終り、二人は別れた。キーラによれば、「スヴェトラーナと私は比較的親しい関係だったが、その時を境に何となく疎遠になってしまった[28]」。

スヴェトラーナとユーリは別居状態となった。正式に離婚するにはスターリンの許可が必要なことが分かっていたので、スヴェトラーナは父親に用心深い手紙を書き、「心細い思いの娘より」という言葉で締めくくった。

二月十日
親愛なパーポチカ、
お父さんに会いたいと思っています。会って、最近の私の暮らし向きを聞いてもらいたい。直接会って、膝を突き合わせて話したいのです。そうしようと何度も考えたのですが、お父さんの健康の問題もあり、とてもお忙しいと聞いていたので、邪魔をしたくなかったのです。

ユーリ・アンドレーエヴィチ・ジダーノフと私のことについてですが、私たちは今年中に別れることに決めました。私たちは、もう二年間も、妻でもないし、夫でもない奇妙な関係にあります。

私が彼にとって大切な存在ではなく、必要でもないことを、言葉ではなく行動によって彼が明確にしてから、後戻りは不可能になりました。彼は私に娘を手放すようにと二度も繰り返して迫りましたが、私は絶対に承服できません。

心に潤いのない学者、薄情な教授のような人物を夫として暮らすのはもうたくさんです。彼は万巻の書物に埋もれていればそれで満足で、妻や子供はどうでもいいのです。彼にとっては、自分自身の親戚の方が大切なのです。しかも親戚はたくさんいます。

というわけで、お父さんに会いたいのです。事後承諾を求めるようなことになりましたが、どうぞ怒らないでください。多分、お父さんも気づいていたはずです。

心からのキスを送ります。心細い思いの娘より。[29]

一九五二年の夏になって、スターリンは離婚を許可する。スヴェトラーナが最終的な意志を伝えるためにスターリンの許を訪れた時、その現場に居合わせたのは、またもやカンディード・チャルクヴィアーニだった。チャルクヴィアーニはその時のやり取りを次のように伝えている。

三度目にスヴェトラーナに会った時のことは、それが奇妙ないきさつだったのでよく覚えている。私は約束の午後一時の少し前にスターリンのクンツェヴォ邸に着いた。ところが、スターリンは私と二言三言挨拶を交わした後で、「ちょっと待っていてくれたまえ」と言って座をはずした。しばらくして戻って来た時、彼は髭をきれいに剃り、アイロンの利いた軍服の上下を着用していた。私たちがその日の用件について話し合いを始めた時に、ドアにノックがあった。客はスヴェトラーナだった。スターリンは娘を歓迎してキスし、自分の上着を指差して、「ほら、どうだ。お前のために着替えたのだ。髭も剃って待っていた」と言った。スヴェトラーナと私は握手し、三人は食卓に着いた。

決まり文句の挨拶が済むと、三人とも沈黙してしまった。スターリンはスヴェトラーナが話を切り出すのを待っていたが、スヴェトラーナは黙ったままだった。

ついに、スターリンが口を切った。「お前が言いたいことは分かっている。どうしても離婚したいと言うんだろう」。

「お父さん、今はやめて！」とスヴェトラーナが懇願した。

話題が家庭内の問題に及ぶことが分かったので、私は座をはずして庭を散歩する許可をスターリンに求めた。

「駄目だ」とスターリンは頭ごなしに言った。「君もここにいなさい。君が必要なのだ」。

それから、スターリンはスヴェトラーナに向かって、もし何かが決まれば、それを最初に世の中に伝えるのは自分の役目だと言った。

私は心ならずも証人としてスターリンの家庭内の不愉快な話に立ち会わざるを得ない羽目に陥っていた。少し椅子を動かして二人から遠ざかったが、スターリンが大声を張り上げて会話を続けたので、一部始終を聞かないわけにいかなかった。

「何を悩んでいるのだ？　離婚したいという理由は何なのだ？」。

「あの義母には我慢がならないの。どうしても慣れることができない」とスヴェトラーナが呟くように答えた。
「で、お前の夫はどうなんだ？　彼は何て言ってるんだ？」。
「ユーリはいつだって母親の言いなりよ」。
「分かった。お前の決心がそれほど固いのなら、離婚しなさい。力づくでは止められない問題だからな。だが、家庭についてのお前の考え方には賛成できない。それだけは忘れるな」。

というわけで、スターリンはこの厄介な問題について最終判断を下した。スヴェトラーナはきまり悪そうに顔を赤らめ、不満を残しながらも、私たちに別れを告げて立ち去った。(30)

後に振り返って、スヴェトラーナはユーリ・ジダーノフについて、「彼は非常に知的で、教養があり、専門分野の才能に恵まれていただけでなく、娘に対しても良い父親だった」と書いている。ただし、夫婦は別々の世界に住んでいた。ユーリも、また、離婚を望んでいた。しかし、離婚した後もスヴェトラーナとの間に友人としての関係を維持し、愛する娘のカーチャに対してはいつも変わらず優しい父親だった。彼はカーチャとヨシフの二人をしばしばハイキングに誘い、考古学調査にも連れて行った。(31)

スターリンは二度の離婚を経験した娘にクレムリンの外で暮らすことを許可し、「川岸ビル」内に新しいアパートを与えた。昔の乳母のアレクサンドラ・アンドレーエヴナが同居することになった。ただし、乳母に期待されていたのは、手助けよりもむしろスヴェトラーナを監視する役割だった。スヴェトラーナのアパートは七番出入口の三階一七九号室で、(32)四部屋に台所という大きすぎない広さだったが、当時モスクワ市民の大多数がひしめき合って暮らしていた共同住宅に比べれば圧倒的に贅沢だった。平均的な共同住宅では、ひとつの部屋をシーツやベニヤ板で細かく仕切り、数家族が同居して暮らすのが普通だった。台所とトイレは共用だったので、絶えず争いが起こり、住宅委員会には子供が起こす騒音についての苦情が引きも切らずに持ち込まれた。子供たちは劣悪な環境の中でならず者のように育っていた。

スヴェトラーナは二十六歳になり、大学院修士課程の最終年次に在籍していた。スターリンは娘に今後どうやって生きていくのかと尋ねている。ジダーノフと離婚したスヴェトラーナには、政府による別荘の割り当てもなく、運転手つきの自動車を利用する権利もなかった。一九四七年に施行された新法によって、公務員の親族の食費と衣料費を公費で負担する制度が廃止されていた。スヴェトラーナによれば、スターリンはまるで唾棄するように言った。「お前はいったい何者なのだ？ 人の情けにすがって生きる寄生虫ではないのか？ アパートも、別荘も、車も、お前の物ではない。お前の物など、何ひとつないのだ」(33)。

スヴェトラーナは別荘も運転手つきの車もいらないと抗弁した。大学院生に支給される奨学金があれば、二人の子供の食事とアパートの費用は十分に賄うことができる。それを聞いて、スターリンは平静を取り戻した。そして、娘に数千ルーブルの現金を手渡した。数千ルーブルを巨額の金額と思って気前よく与えたのだった。しかし、スターリンは知らなかったが、通貨価値が大幅に下がっていたために、数千ルーブルはわずか数日間の生活費にすぎなかった。しかし、スヴェトラーナは何も言わずに受け取った(34)。

スターリンは娘に自動車を買ってやろうと申し出た。彼女が運転免許を取ることが条件だった。自動車の件はスヴェトラーナにとって温かな思い出のひとつとなった。彼女は一度だけ自分の運転する車に父親を乗せてドライブに出かけたことがある。後部座席にはスターリンのボディーガードが膝に小銃を抱えて座った。スターリンは娘が運転できることを知って満足した様子だった[35]。
しかし、実際には、その頃、父親と娘の距離はますます遠ざかりつつあった。十月二十八日付の父親宛ての手紙でスヴェトラーナは次のように書いている。

一九五二年十月二十八日
親愛なパパ。
お父さんに会いたいと思っています。特に相談したい「用事」や「問題」があるわけではありません。ただ、会いたいのです。もし、お邪魔にならず、許してもらえるなら、「近い方の別邸」〔クンツェヴォ邸〕に二日ほど泊まりに行っていいでしょうか？　十一月八日と九日の二日間です。できれば、息子と娘を連れて行きたいと思います。実現すれば、またとない祝祭日になるでしょう[36]。

十一月八日、スヴェトラーナは二人の子供を連れてスターリンの別邸を訪ねた。二歳半になるカーチャが祖父に会うのは今回が初めてだった。スターリン、スヴェトラーナ、二人の孫の四人が一緒に時間を過ごすのはこれが最初で、そして最後だった。その日は、また、スヴェトラーナの母親ナージャの二〇回目の命日だったが、それに言及する者は誰もいなかった。自殺した妻の命日をスターリンが覚えているどうか、スヴェトラーナには確信がなかった。
スヴェトラーナは父親の別邸を見て回って嫌悪感を覚えた。どの部屋も荒涼としていた。壁には雑誌『アガニョーク』から切り抜いた何枚かの大きな写真が安っぽい額縁に入れて架けられていた。仔牛の傍に立つ少女、橋の上に座る子供たちなどの写真もあったが、写っているのはすべて知らない子供たちで、スターリン自身の孫の写真は一枚もなかった。どの部屋を覗いても、一様に長椅子とテーブルと何脚かの椅子が置かれていた。長椅子とテーブルと椅子の組合せはスヴェトラーナに恐怖感を与えた。家族の小パーティーは順調に進んだが、スヴェトラーナはスターリンが孫娘に対して無関心であるような感じを受けた。カーチャを見ても、スターリンは大声で笑うだけだった。父親が娘や孫との家庭生活の再建を望んでいるのかどうか、スヴェトラーナは確信が持てなかった。彼女は自分と子供たちがスターリンと同じ屋根の下に暮すことを夢想しなかったわけではないが、スターリンが孤独な生活の自由に慣れすぎていることも明らかだった。それは長かったシベリア流刑時代に身に沁みついた習慣であることをスターリン自身が認めていた。「私たちは、たとえ双方がそう願ったとしても、家庭生活を作り上げることも、家族の真似ごとをすることも、共同生活をすることもできなかった。実際に、父はそういうことを望んでいなかったのだと思う[37]」。

十二月二十一日に行なわれたスターリン七十三歳（実は七十四歳）の誕生日祝いのパーティーにスヴェトラーナは子供たちを連れず、贈り物も持たずに、一人で出席した。ベリヤ、マレンコフ、ブルガーニン、ミコヤンなどの面々が同席した。フルシチョフはちょこちょこと出たり入ったりしていた。モロトフは呼ばれなかった。去る十月に開催された第一九回党大会で、スターリンはモロトフを名指しで手ひどく辱めていた。モロトフの妻ポリーナが原因だった。彼女は公式のレセプションに出席してイディッシュ語で演説し、無謀にも「私はユダヤ民族の娘だ」などと発言したためにカザフスタンへ流刑処分となっていたのである[38]。

スターリンはご満悦だった。料理人たちはグルジア風の晩餐を用意していた。食材はすべて「毒物検査」を済ませた後に台所で料理されていたが、それでもなお、スターリンは自分が口にする前にすべての料理を全員に毒見させようとした。フルシチョフはその日のやり取りを回想している。「スターリンは私に向かって、『おい、ニキータ、見ろ。ここにモツの煮込みがあるぞ。もう味見したか？』

などと言うのだった」。フルシチョフは、「あ、忘れていました」などと答えた。「スターリンはモツの煮込みが食べたいのだが、毒が心配で食べられない様子だった。そこで私が食べて見せると、やっと安心して食べ始めるのだった」[39]。

食後、スターリンはロシア民謡やグルジア民謡のレコードをかけた。全員が曲に合わせて踊るはめになった。フルシチョフは書き残している。「スターリンは両腕を伸ばした姿勢をとり、すり足で回旋した。その様子からして彼にダンスの心得がないことは明らかだった」。その時、スヴェトラーナが現れた。フルシチョフは回想している。

スヴェトラーナがスターリンに呼ばれて来たのか、それとも自発的にやって来たのかは分からなかった。自分よりずっと年長の男たちの間に彼女はただ一人加わることになった。しらふの若い娘が到着した途端に、スターリンは無理やり踊らせようとした。彼女は疲れている様子で、ほとんど身体を動かさずに踊り始めたが、すぐにやめようとした。しかし、父親は執拗に踊りを要求した。スヴェトラーナは蓄音機の傍へ移動し、壁に肩をもたせかけた。スターリンが娘に近づいた。私も蓄音機のすぐ近くにいた。三人が並んで立つことになった。スターリンがよろけながら言った。「さあ、続けるんだ。スヴェトランカ（フルシチョフの引用のまま）、踊れ！　お前がこの家の女主人なのだ。さあ、踊れ！」。

スヴェトラーナが「もう十分踊ったわ、パパ。私疲れているの」と言うと、スターリンは娘の前髪を摑んで引っ張った。彼女の顔が赤くなるのが見えた。両目から涙が溢れ出た。スターリンはスヴェトラーナの髪の毛をさらに強く摑んで、彼女をダンス・フロアに引き戻した。[40]

スヴェトラーナ自身は父親に髪の毛を摑まれてダンス・フロアに引き戻されたことを否定している。しかし、この誕生日のパーティーは、父と娘が顔を合わせる最後の機会となった。スターリンは明らかに酔っていた。ほくそ笑んでいた可能性もある。彼は最後の、そして最も恐るべきイデオロギー闘争である「医師団陰謀事件」を計画している最中だった。

一九五三年一月十三日、タス通信は「医師団陰謀事件」に関する政府の公式発表を伝えている。

最新ニュース
破壊活動を行なう医師団を逮捕
最近、国家保安当局は医師たちのテロリスト集団を摘発した。彼らはソ連邦の最高レベルの指導者たちに有害な治療を施してその生命を奪うことを目的として活動していた。[41]

その日の『プラウダ』の社説は「医学部教授の仮面をかぶった邪悪なスパイ殺人者たち」という題名だった。「殺人医師」あるいは「白衣の殺人者」と呼ばれる九人の医師の氏名が公表された。そのうち六人はユダヤ人だった。

有名な病理学者のヤーコフ・ラパポールト博士は二月三日に逮捕された。彼は、自分が逮捕される直前の世の中の雰囲気について回顧録に次のように記している。

私は政治的、社会的な空気が目立って濃くなっていることに気づいていた。被抑圧感が強まり、息が詰まるほどだった。重大な災厄が避けられないという予感と警戒心が悪夢のように強烈にのしかかかり、しかも、その予感を裏づけるような事件が次々に発生していた。[42]

危機を煽る新聞報道によって狂乱状態に追い込まれた世論は血に飢えた殺人医師たちを呪い、復讐を求めて沸き立った。人々はユダヤ人医師による診療を拒否し始めた。

ラパポールト博士は殺人犯として、また、反ソ・テロリスト集団の一員として逮捕された。博士は、他の医師たちと同様に、「極秘輸送」の適用対象となった。「極秘輸送」とは「突然の拉致」を意味するMGB（原注―NKGB〔国家保安人民委員会〕は一九四六年にMGB（国家保安省）に改編された）の専門用語だった。MGBは真夜中にやって来て容疑者を逮捕し、同時に、容疑者の住居を徹底的に捜索して、預金通帳、債券類、現金などを押収した。後に残された家族から生活を維持するための経済力を奪い去り、その家族を支援しようとして現れる共犯者をあぶり出すための戦術だった。知人たちは街角で逮捕者の妻子に出会っても目を逸らすようになった。逮捕された医師たちはルビャンカ監獄かレフォルトヴォ監獄に収監された。残された家族は、何が起こっているのかについて何の手がかりもないまま、不安のうちに秘密警察の再訪を待つしかなかった。

ラパポールト博士によれば、「当初、『医師団陰謀事件』には人種差別の色彩はなく、ユダヤ人医師とロシア人医師の両方が同じように抑圧の対象となった。しかし、まもなく、反ユダヤ主義的な人種差別キャンペーンの性格が表面化する」[43]。ユダヤ人はソ連社会のあらゆる分野で活躍していた。そこで、昔からロシア人の間に存在していた反ユダヤ主義的感情を梃として利用し、ユダヤ人への中傷を国民に信じさせるという手法が採用された。スターリンに必要だったのは、医師たちの自白だけだった。「犯人が自白したのなら、それは本当のことに違いない」という実証済みの単純な理屈が用いられた。

「医師団陰謀事件」に続いて「作家同盟陰謀事件」が発生したことはほとんど当然の成り行きだっ

た。『文学新聞』はユダヤ人に支配されており、ユダヤ人に媚を売っているという告発の手紙が作家同盟内の情報筋から共産党中央委員会のプロパガンダ部門に多数寄せられた。同紙の編集長コンスタンチン・シーモノフは著名な作家で、戦争の英雄でもあったが、彼は本当はシマノーヴィチという名のユダヤ人であり、オボレンスカヤ公爵夫人の家僕の息子であるという噂が流された。実際には、シーモノフはユダヤ人でなかった。オボレンスカヤ公爵夫人とも関係なく、オボレンスカヤという名の下級貴族出身の母親と皇帝軍の大佐だった父親ミハイル・シーモノフの間に生まれた息子だった。この中傷を耳にして、シーモノフは最初のうちは笑い飛ばしていたが、やがて、事態の深刻さに気づかざるを得なくなる。モスクワの文学界の一部にコスモポリタニズムの陰謀に加担する一派があるとされており、シーモノフ自身がその頭目と見なされていることを知ったからだった。文学者仲間のひとりが彼に警告した。「あらゆる手段を使って君の墓穴を掘ろうとしている連中がいる。馬鹿げた中傷と思うかも知れないが、信じられないほど真面目な口調で君の噂が囁かれていることを忘れるな」[44]。このようにして人々は標的に仕立てられていった。

スヴェトラーナも、このスターリン最後の年の雰囲気を回想している。「一九五二年から五三年にかけての冬は耐えられないほど暗い冬だった」[45]。それは「私にとっても、誰にとっても、辛い時期だった」[46]。ほとんどすべての市民の家族、友人、知り合いの誰かが監獄か強制収容所に入っていた。全国民が窒息状態に陥り、空気を求めて喘いでいた。あらゆる人にとって耐えがたい状況だった。スヴェトラーナの場合も、伯母たちと従姉が「お喋りが過ぎた」ために逮捕されていた。ポリーナ・モロトワはシオニズムの陰謀に加担した罪で流刑処分となった。ユダヤ人反ファシズム委員会のメンバーだったレーナ・シュテルンも逮捕された。スヴェトラーナは親友の子供の結核性髄膜炎の治療法についてレーナ・シュテルンに相談したことがあった[47]。

スターリンに忠実に仕えた家政婦のワレンチーナ・イストーミナからスヴェトラーナが聞いた話によれば、スターリンは「事態の推移を非常に憂慮していた」ということだった。ワーレチカはスターリンから直接に聞いたという話の内容を次のように伝えている。「スターリンは医師たちが『悪辣である』とは信じていなかったが、彼らの犯罪を証明する『報告』がある以上、事態を無視することはできないと言っていた[48]」。今となっては、スヴェトラーナでさえも、父親が芝居をしていたことに気づいていた。究極の主役であるスターリンは何食わぬ顔をしてゆったりと椅子に座り、敵に関する情報がもたらされるのを待つ振りをしていた。情報があれば、敵を処罰せざるを得ないというわけだった。しかし、実際には、スターリン自身が演出家として舞台裏ですべての糸を操っていたのだ。

第三次世界大戦が切迫しているという噂がスヴェトラーナの耳にも入って来ていた。兄ワシリーの友人だったある砲兵隊大佐はこう息巻いた。「今こそ、戦争によって西側を征服すべき時だ。君の父上が存命である間に開戦すべきだ。今なら勝てる[49]」。ソ連の第三次大戦計画は本当に始まっていたのだろうか？　ワシリーの友人である若者たちが頭に血が昇って騒いでいただけかも知れない。たしかに、米国大使のジョージ・ケナンは赴任後わずか四ヵ月で国外追放となった。しかし、スターリンに即時開戦の意図があったとは考えられない。一部の歴史家は、当時、大規模なユダヤ人強制移送計画があったとしているが、その根拠は存在せず、伝聞による推測にすぎない。しかし、何が起こっていたとしても、医師たちの運命は風前の灯だった。耐え難い圧迫感が社会を覆っていた。誰もが口を開くことを恐れ、黙り込んだ。まるで「嵐の前の静けさだった[50]」。

そして、スターリンが死んだ。

第10章 首領の死

一九五三年三月二日、スヴェトラーナは社会科学アカデミーでフランス語の授業を受けている最中に外へ呼び出された。迎えの車に乗ってクンツェヴォ邸に向かうようにという連絡だった。それを聞いて、彼女は一瞬眩暈(めまい)に襲われた。クンツェヴォから電話があったとすれば、父親からの電話以外には考えられなかった。父親とはもう何日も連絡が取れない状態だった。こちらから電話をしても、警護隊の係が電話口に出て、「今はスターリン書記長の都合が悪いので来訪しないように、また、電話もかけて来ないように」と答えるだけだった。[1]

前日の三月一日の夜、スヴェトラーナは不安でいたたまれず、自分で車を運転して友人のルチア・シュヴェールニクの別荘に出かけた。その晩、彼女はルチアと二人でサイレント映画の『駅長』を見た。プーシキンの短編小説を原作とする映画『駅長』は、年老いた父親が行方不明の娘を長年探し回るが、その旅の途中で倒れ、路傍で死亡するという内容だった。娘がやっと村に帰った時には、父親はすでに墓の中だった。「私は映画を見て泣いた」とスヴェトラーナは回想している。「胸を突かれる思いだった。父が私を呼んでいるような気がした。呼び声が聞こえないだけなのかも知れない。父が呼びかけたいと思う相手がこの世にいるとすれば、それは私以外にいなかった」。[2] スヴェトラーナの

スターリンの葬儀に出席したスヴェトラーナ(1953年3月)。

この発言は痛切だが、真実からは程遠い。三月一日の夜、たしかにスターリンは瀕死の状態で横たわっていたが、たとえスヴェトラーナがどれほど望んだとしても、娘に助けを求めて沈黙の叫びを上げるようなことはなかった。父親に呼ばれていると想像するスヴェトラーナの心を思うと、痛ましさを感じないではいられない。

スターリンに関する出来事には、常に何らかの秘密や謎がつきまとっている。彼の緩慢な死も例外ではなかった。死の直前の数日間、実際にスターリンの身に何が起こったのだろうか？　概要は次のようだった。

二月二十七日の夜、スターリンはボリショイ劇場でチャイコフスキーのバレエ『白鳥の湖』を鑑賞した。しかし、翌二十八日に二七回目の誕生日を迎える娘のスヴェトラーナをボリショイ劇場に誘おうとはしなかった。スターリンが公衆の前に姿を見せたのは、この夜が最後だった。

翌二十八日の夜、スターリンは政治局のメンバーであるベリヤ、マレンコフ、ブルガーニン、フルシチョフの四人をクレムリンの住居に招き、例によって映画を見た。この時も娘の誕生日のことは念頭になかった。フルシチョフによれば、その夜のスターリンは「陽気で、機嫌がよかった」。映画が終ると、一同はクンツェヴォ邸に移り、いつものようにグルジア料理の夕食会となった。その席で、スターリンは医師たちに対する尋問の進捗状況を話題にしている。

「医師たちはもう自白したのか?」と、スターリンは質問したと言われている。「もし、連中から全面的な自白を引き出すことができなければ、お前自身の首を刎ねてやるとMGBのイグナーチェフ〔国家保安相〕に言ってやれ」。ベリヤが答えた。「連中は自白しますよ……捜査はまもなく完了します。その段階で公開裁判の準備にかかる許可をいただくつもりです[3]」。

交わされた会話が実際にこのようなものだったかどうかについては疑問の余地がある。というのも、その夜の会食者たちが自分自身の保身のために都合の良い証言を行なった可能性が高いからである。しかし、医師団を被告とする見世物裁判が準備されていたという話は真実から遠くないであろう。

フルシチョフによれば、その夜の経過は次のようだった。

> 例によって、夕食は次の日の朝の五時か六時まで続いた。食後、スターリンはかなり酔ってはいたが、意気軒昂としていた。身体のどこかに支障があるようには少しも見えなかった。我々が最終的に帰宅する時には、スターリンは玄関ホールまで足を運んで見送った。彼は大声で冗談を言い、ふざけて私の腹を拳で突きながらウクライナ語のアクセントで「ニキータ!」と叫んだ。機嫌の良い時にだけ見せる仕草だった。というわけで、我々は幸福な気分で帰宅の途についた。会食後に何も悪いことが起きなかったからだ。スターリンに招かれて始まった食事がこんな風に

平穏に終わるのはむしろ珍しいことだった。(4)

警護隊の記録によれば、その後、スターリンは「小食堂」の長椅子で横になり、ボディーガードに向かって「君たちも寝るがいい。しばらくは頼む用事もないから」と言った。

明けて三月一日の朝、クンツェヴォ邸の職員たちはスターリンに呼ばれるのを待っていた。通常の起床時間は午前十一時頃だった。しかし、その日は夕方になるまで寝室から物音が聞こえなかった。ボディーガードたちは不安を募らせた。午後六時、ようやく寝室に明かりが点くのが見えた。スターリンが目を覚ましたに違いない。しかし、依然としてお呼びはなかった。スターリンのお呼びがかかる前にあえて寝室に入ろうとする者はいなかった。

午後十時頃、クレムリンから中央委員会の文書使がやって来て郵便物の束を届けた。郵便物担当のボディーガードだったピョートル・ロズガーチェフ大佐は靴音を大きく響かせて廊下を進み、スターリンの寝室に向かった。スターリンに近づく時には、忍び寄るような歩き方は禁物だった。寝室に入って目にした光景をロズガーチェフは次のように記している。

ボスは右腕を突き出すような格好で床の上に仰向けに倒れていた。私の身体は恐怖で凍りついた。両手も両足も、言うことをきかなかった……声も出なかった……やっとの思いでボスに近づいて声をかけた。「同志スターリン、どうなさったのですか?」。彼は倒れたまま失禁していた……「医者を呼びましょうか?」と尋ねると、スターリンの唇から「ズズズ……」というような意味不明の音が漏れた。彼は「ズズズ……」という以外に何も言えない様子だった。懐中時計と『プラウダ』が傍らの床の上に落ちていた……懐中時計の針は六時半を指していた。多分、事が

起こった時刻は六時半だったに違いない……私は内線電話を取り上げた……[5]

他のボディーガードたちが寝室に駆けつけた時には、スターリンは意識を失っていた。彼らはボスを大寝室に運んで長椅子の上に寝かせ、ベリヤ、イグナーチェフ、マレンコフの三人に電話した。当時、イグナーチェフはスターリンの身辺警護の責任者だった。マレンコフはフルシチョフとブルガーニンに電話で連絡し、自分は自宅で待機した。ロズガーチェフはこの一晩のうちに白髪になってしまったと述懐している。[6]

人々の証言には食い違いがある。五人の要人は別々にクンツェヴォ邸にやって来たが、穏やかに寝ていると思われるスターリンの姿を見ると、それぞれに帰宅してしまった。彼らは警護隊に呼ばれたこと自体を迷惑に感じていた。ベリヤは「パニックを撒き散らすのはやめろ!」と言って、ボディーガードたちを叱りつけたと言われている。スターリンが目を覚まして自分自身の「みっともない姿」に気づいた時、その場に居合わせるのはむしろまずいだろうとフルシチョフは考えた。スターリンは失禁したままで一晩を過ごした。[7]

医師たちが呼ばれたのは、三月二日の朝七時(一説によれば九時)になってからだった。最初の発作からすでに十二時間半が経過し、また、意識を失ってから九時間が経過していた。医師を呼ぶのが遅れたのは、必要な治療を受ける機会をスターリンに与えないための意図的な工作だったという説もあるが、政治局員を含む全員が恐怖の余りいかなる決断も下せなかったという方が事実に近いだろう。スターリンが意識を回復して、誰かが医師を呼んだことが分かれば、権力奪取を目論む反逆者の陰謀と見なされる恐れがあった。「医師団陰謀事件」の最中にスターリンが医師の手当てを必要とする病状に陥ったのは、いかにも間の悪い事態だった。

スターリンのかかりつけの医師だったウラジーミル・ヴィノグラードフ博士は、前年の診察の際に動脈硬化症の診断を下したうえで、厳密な医学的治療を推奨した。それだけでなく、博士はスターリンに『そろそろ引退した方がいい』と示唆したのだった。ヴィノグラードフは一流の医師だったが、少々慎重さに欠けるところがあった。引退を促されて激怒したスターリンは診療記録の破棄を命じた。そのヴィノグラードフは「医師団陰謀事件」に関連したとしてすでに十一月四日に逮捕されていた。[8]というわけで、スターリンの治療にとっては不都合な事態が生じていた。医学界の最高峰と目される専門医の大多数がルビャンカまたはレフォルトヴォの監獄に監禁されてしまっていたのだ。

クンツェヴォ邸にP・E・ルコームスキー教授の率いる医師チームがようやく到着した。ボディーガードのロズガーチェフによれば、「我々と同様に、医師たちも全員が震えていた」。歯科医がスターリンの口から入れ歯を取り外そうとしたが、手が震えて入れ歯を床に取り落とした。神経病理学の専門家、理学療法の医師、看護婦の三人は身動きもせずに立ち尽くしていた。何本かの酸素ボンベが手押し車で持ち込まれた。[9]

スヴェトラーナの乗った車が到着すると、フルシチョフとブルガーニンが出迎えた。二人が目に涙を浮かべていたので、スヴェトラーナは間に合わなかったのだと思ったが、そうではなかった。二人はスヴェトラーナを邸内に案内し、ベリヤとマレンコフから状況の説明があると告げた。

いつもは静かな別邸は大混乱に陥っていた。医師たちの一団がスターリンを取り巻き、「首と後頭部に放血器をあてがい、心電図を読み、肺のレントゲン写真を撮ろうとしていた。看護婦が立て続けに注射を打ち、別の医師がすべての作業をノートに書き留めていた」。[10]倒れた後に父親が受けた処置について、スヴェトラーナは、当初は満足だったと記している。「すべての措置が然るべく実行されていた」。ただひとつ訝しい点があった。スターリンが床に倒れていることが発見された時間は午前三時だったと告げられたことだった。実際には、少なくともその五時間前にすでに発見されていたはずだった。政治局の指導者たちがスターリンの病状の重さを考慮して、処置の遅れを隠そうとしたのではないだろうか?

ソ連邦医学アカデミーがスターリンの病状を検討するための緊急会議を開いたと聞いて、スヴェトラーナは馬鹿げたことをすると思った。「もう助かる見込みのない老人の命を救おうとして、誰もが右往左往していた」。しかし、スターリンの寝室は恐怖に包まれていた。命を救うことのできそうな専門家を探す作業が始まった。

三月二日の夜、ヤーコフ・ラパポールト博士はレフォルトヴォ監獄の独房にいて、尋問への呼び出しを待っていた。前回の尋問では、「自発的に罪を認める期限はもう過ぎた」と告げられた。スターリン自身がラパポールトの尋問記録に目を通して「不満を表明した」という話だった。看守ではなく、尋問官がみずから独房に入って来た時、ラパポールトはギョッとして後ずさりし、これで一巻の終わりかと観念した。しかし、意外にも、尋問官は専門家としての医学的意見を聞きたいと持ちかけた。「チェーン＝ストークス症候群」とは何か、教えてもらえないだろうか? それはスターリンの枕頭に呼ばれた医師チームが勇気を奮い起こして下した診断名だった。

「チェーン＝ストークス症候群」とは簡単に言えば「間歇的、断続的な呼吸」のことであり、乳幼児または「脳腫瘍、脳出血、尿毒症、重症の動脈硬化などが原因で、脳の呼吸中枢に損傷を受けた」成人に発症する症状であるとラパポールトは答えた。尋問官は重ねて質問した。その症状を発症した患者が回復する可能性はあるだろうか? 「大多数のケースでは死亡が避けられない」というのがラパポールトの答えだった。[11] それでは、モスクワに住む医師の中でその症状の患者を治療できる専門家を知っていたら、推薦してもらえないだろうか? ラパポールトは八人の医師の名前を上げたが、その八人の全員が、残念ながら、今は獄中に捕らわれているとつけ加えた。ラパポールトはMGBがさらに多くの医師たちを逮捕するために事件を作り上げる作業としてこのやり取りを始めたのだろうと思った。尋問官が話題としていた患者がスターリンその人だったとは、後に釈放されるまで知る由もなかった。

スターリンの臨終の光景は、少なくともスヴェトラーナにとっては、ブラック・ユーモアに満ちた喜劇だった。人工呼吸装置が運び込まれるのを見て、スヴェトラーナはうんざりする思いだった。居合わせた医師たちのうち、人口呼吸装置が扱える者は一人もいなかった。彼らは長椅子に横たわる患者の周りに立ってヒソヒソ声で言葉を交わし、爪先立ちで歩き回っていた。意識のない瀕死のスターリンを診察するルコームスキー教授の脳裏には、各地の監獄の独房で呻吟する同僚の医師たちの運命が去来したに違いない。ルコームスキーの手が激しく震えるのを見て、ベリヤが大声で言った。「お前は医者だろう？　震えていないでしっかり患者の手を取って脈を見ろ！[12]」。

ワシリーが完全に泥酔した状態で到着した。彼は「医者たちが親爺を殺した！」と叫び散らした。「連中が親爺に毒を盛ったのだ！」。そう言うと、ワシリーは屋外に走り出し、また戻って来ては、同じ文句を繰り返し叫んだ。スヴェトラーナは兄が「たった今王位を継承した皇太子の役を演じているかのようだ」と感じた[13]。

スターリンの長い臨終の場に居合わせた身近な親族はスヴェトラーナただ一人だった。当然駆けつけるべき従兄妹たちはとうの昔にクンツェヴォ邸への出入りを禁止されていた。伯母たちは監獄の中だった。気分を紛らわすために、スヴェトラーナは何度も台所に顔を出して、使用人たちと話をした。

彼女は複雑に揺れる自分自身の感情の動きに驚いていた。父親への愛情と父親の死に安堵する気持ちが交錯していた。

奇妙な話だが、父が魂の抜けた肉体となって最期を迎えようとしていた時間、さらに言えば、円柱の間に横たわって告別を受けていた時間ほど、私が父に優しい愛情を感じたことはかつてなかった……それは父が死の床に横たわってようやく平安を見出し、安らかで美しい顔を回復した日々だった。私は悲しみと愛情の間で引き裂かれ、心が張り裂けそうだった。相反する感情があれほど強く湧き上がったことは、その前にもその後にもなかった[14]。

おそらく、その時スヴェトラーナが目にした父親の顔は、ソヴィエト権力の象徴であるスターリンという抽象観念のために自分の中のすべての人間性を犠牲にする前のヨシフ・ジュガシヴィリという人間の顔に戻っていたのであろう。その顔を見て彼女が感じたのは、不思議なことに、罪悪感だった。自分は良い娘ではなかったと彼女は思った。「私は父にとって娘ではなく、むしろ他人だった。オリンポス山の上にひとり取り残されて病気に苦しむ孤独な老人を助けるために何ひとつしなかった親不孝者だった[15]」。

悲嘆の感情が真実を歪めることがある。たとえ何かをする意志があったとしても、実際には、スヴェトラーナは父親に対して何らの影響力も持ち得なかった。自分が父親を救うことができたかも知れないという夢想は、スターリンを堕落させた敵の存在を前提としていた。スターリンのベッドの周りをちょこちょこと走り回り、スターリンが目を開いて意識を回復する気配を見せた時には媚びへつらうように屈みこんで忠誠の姿勢を見せ、スターリンの死が確実に見える時には次期支配者のように振る舞って周囲に命令を下すベリヤの姿を見るうちに、スヴェトラーナはラヴレンチー・ベリヤこそ

「巧妙な手練手管」を用いて彼女の父親を数々の犯罪行為に誘い込んだイアーゴーだった。[16] しかし、彼女の確信は馬鹿げた自己欺瞞だったとも言える。まるで親族の多くと申し合わせたかのように、スヴェトラーナは肉親の情という幻想に依存して、意図的に自分の目を塞ぎ、スターリン自身が犯した悪と対峙することを避け、スターリンの耳に被害妄想と復讐心を注ぎ込んだ悪の根源はベリヤだと信じようとしていた。

その思い込みは完全な間違いとは言えないかも知れない。政治局員の全員と国家組織の全体がスターリンの犯罪行為を幇助したと言えるからである。全員が犯罪者だった。しかし、スターリンが支配者であることは全員が知っており、全員がスターリンを恐れていた。なかでも、スターリンを最も恐れていたのはベリヤだった。ベリヤはスターリンの命令で失墜させられる予感に怯えていた。ベリヤはグルジア西部出身のミングレリア人だったが、一九五一年にはパリを本拠地とするミングレリア人の民族主義者グループがグルジア国内で組織的なスパイ活動を行なったとして告発された。ミングレリア事件として知られる陰謀事件だった。その陰謀グループの指導者はベリヤの妻の伯父だった。[17] ベリヤにとって、事態は切羽詰まっていた。彼はスターリンのやり方を熟知していた。ベリヤは密かにスターリンの死を願ったに違いない。

スターリンの断末魔は文字どおり苦悶に満ちていた。意識が戻らないまま数日間横たわっている間に、脳出血の範囲がしだいに拡大していった。自分の涎で息を詰まらせ、顔色は薄黒くなり、唇までも黒く変色していた。ゆっくりと首を絞められていくような状態だった。そして、最後の瞬間が訪れた。スターリンは死の苦痛に耐えかねたように、両目を開き、左腕を持ち上げた。それは、おそらく、酸素を吸い込もうとする最後の喘ぎだったと思われる。しかし、スヴェトラーナはその身振りに意味を見出さずにはいられなかった。

最後の瞬間が来たと思われた。父は、突然、両目をかっと開き、部屋の中にいた全員を見渡した。狂気と怒りが入り混じった恐るべき一瞥だった。父は死を恐れ、また、上から覗き込んでいる見知らぬ医師たちの顔を恐れたのだろう。その一瞥は一瞬のうちに全員の顔を捉えていた。そして、今日に至るまで理解できず、また、忘れられない恐ろしい出来事が起きた。父が突然左手を持ち上げ、上の方の何かを指差し、部屋の中にいた全員に呪いをかけるような身振りをしたのだ。説明のつかない、威嚇に満ちた身振りだった。父が何を指差そうとしたのか、その身振りを誰に向けたのかは不明だった。次の瞬間、最後にもう一度息を吸い込もうとして喘いだ後で、父の肉体から魂が身を振りほどくように抜け出して行った。[18]

スターリンの臨終の身振りには、フルシチョフも気づいていた。しかし、それは死を迎えようとする有機体が最後に見せた反射運動だろうとしかフルシチョフは思わなかった。

スターリンのクンツェヴォ邸とその殺風景な部屋々々は、スヴェトラーナのその後の生涯を通じて繰り返し悪夢に登場することになる。それは常に寒々として、暗く、息の詰まるような悪夢だった。際限もなく陰鬱なクンツェヴォ邸の迷路のような廊下を走っている夢から覚めると、彼女は冷や水を浴びたような恐怖に襲われた。父親はクンツェヴォ邸に特別の愛着を持っていたので、その魂は愛するクンツェヴォ邸に今も残っているような気がした。スターリンの遺体が運び出された後のクンツェヴォ邸に、スヴェトラーナは一度しか足を運ばなかった。

スターリンは一九五三年三月五日の午後九時五〇分に死亡した。全員が凍りついたように沈黙したままスターリンのベッドの周りに立ちつくしていたことをスヴェトラーナは覚えている。その時、人々の多くが流した涙は真実の涙だったと彼女は信じていた。一方、フルシチョフは次のように回想している。「我々の誰もがスターリンの死をそれぞれのやり方で受けとめていた。私の場合、スターリンの死は激しい衝撃だった。もちろん、私はスターリンに傾倒していたが、正直に言えば、衝撃を受けたのは、スターリンに深く傾倒していたからというわけではなかった。スターリンの死そのものよりも、スターリン亡き後の最高会議幹部会のあり方が私を不安に追い込んでいた。とりわけ不安だったのは幹部会を牛耳ろうとしているベリヤの動向だった[19]」。スターリンの遺体がまだ温かいうちに、ベリヤは大声で自分の運転手を呼びつけ、車を回すように命令した。画策はすでに始まっていた。

他の指導者たちも、ベリヤに続いて我さきにドアに向かった。気がつくと、スヴェトラーナはただ一人取り残されていた。彼女は悲しみと安堵という矛盾する感情の間で依然として揺れ動いていた。父親の死という苦痛と恐怖を経験する一方で、「一種の解放」を感じていたのである。すべての人々の上に重くのしかかっていた心理的圧力が取り除かれようとしていた。スヴェトラーナにとっても、それは「解放」だった。

スヴェトラーナは使用人たちが列を作って遺体に別れを告げる様子を見守った。スターリンの家政婦ワレンチーナ・イストーミナは遺体の上に突っ伏し、あらん限りの声を振り絞って号泣した。ロシアの農村に残る訣別のしきたりだった。それを見て、スヴェトラーナは驚き慌てたが、同時に一種の嫉妬も感じた。彼女自身の感情は凍りついたままだった。涙も出なかった。

翌朝早く遺体は担架に載せられ、検死のために運び去られた。スヴェトラーナは使用人たちとともに食堂に残って、午前六時のラジオ・ニュースを待った。アナウンサーは抑揚たっぷりに読み上げた。「レーニンの戦友にして、その闘争の正統な後継者、賢明なる指導者、人民の党の党首である同志スターリンの心臓が鼓動を止めた」[20]。ニュースでは、スターリンが息を引き取った場所はクレムリンということになっていた。もちろん、虚偽の報道だった。しかし、その時になって、突然、スヴェトラーナは父親の死を実感した。スターリンの使用人たちに囲まれて、彼女はついに涙を流した。自分は一人ではないと彼女は感じた。「食堂にいた全員が私を知っていた。彼らは私が悪い娘だったことも、私の父が悪い父親だったことも知っていた。しかし、それでもなお、彼らも知っていたように、父は私を愛しており、私は父を愛していたのだ[21]」。

そう考えることで、スヴェトラーナは自分を支えていた。そう信じていなければ、自分自身が消滅してしまうかのようだった。彼女はある時こう言ったことがある。「真っ黒な円があり、その中心に私の父親がいる。その円にあえて足を踏み入れる者は、誰であれ、消えてしまうか、あるいは何らかのやり方で破壊されてしまうのだ[22]」。自分が生き延びるためにも、スヴェトラーナは父親に愛されていたと信じる必要があった。

スターリンの遺体が運び出されるとすぐにMGBの部隊がトラックでやって来て、クンツェヴォ邸の各部屋から電話機を含むすべての家具を運び去った[23]。モロトフによれば、スターリンの生活はきわめて質素だったので、遺体に着せる適当な服さえ見当たらず、古い軍服を探し出してクリーニングし、補修しなければならなかった[24]。遺体は、三月六日から九日までの四日間、国営百貨店(グム)会館の円柱の間に安置された。スヴェトラーナとワシリーは、それぞれの子供たちとともに遺族として告別式に列席した。しかし、伯父のフョードル、アンナとジェーニャの子供たちなど、その他の親族は公式の弔問者から除外され、レーニン廟の向かいにある市民代表者用の制限区域からスターリンの棺を遠望することを許されたのみだった[25]。

国家全体が活動を停止した。劇場や映画館は営業を停止し、学校は休校となった。膨大な数の群衆が赤の広場に押しかけ、円柱の間の前を通過してスターリンの棺に別れを告げた。民警部隊も制御できないほどの大規模な群衆の動きだった。付近の街路では、集まった人々が折り重なって倒れ、子供を含む一〇〇人以上が圧死した。ラパポールト博士のようにすでにスターリンの抑圧に苦しんでいた人々はそれを聞いて、「スターリンは遺体になった後もなお血に飢えて犠牲者を求めている」と感じた。[26]

作家のコンスタンチン・シーモノフは自分の名前が逮捕予定者のリストに含まれているのではないかと恐れつつ暮していたが、そのシーモノフの許に葬儀委員会から作家代表の一人として三月七日に円柱の間の告別行事に参加するようにとの通知があった。その日、シーモノフは会場に向かったが、押し黙ったままで揉みあう群衆の間を通り抜けるのに二時間かかった。彼はネグリンナヤ通りを封鎖しているトラックの間を縫い、時にはトラックの下をくぐり抜けて進んだ。ポケットから中央委員会発行の身分証明書を出して提示しようとしたが、あまりにも混み合っていたために、ポケットに手を入れることも難しかった。ようやく、マールイ劇場の裏通りをすり抜けるルートを見つけて円柱の間にたどり着き、作家代表団の弔問席に座ると、遺族席からスターリンの娘が立ち上がるのが見えた。スヴェトラーナはスターリンの棺が安置されている台への数段の階段を静かに登り、棺の横に立って、長い間遺体の顔を見つめていたが、やがて向きを変えて階段を降りてきた。涙は流していなかった。訣別のキスもしなかった。[27]

三月九日、スターリンの棺は砲車に載せられてレーニン廟へ運ばれた。防腐処置を施されたレーニンの遺体が収まる石棺の隣に安置されるためだった。党幹部たちが列を作って階段を昇り、遺体と最後の対面をした。棺の蓋の上半分は凹面ガラスで作られており、そこからスターリンの上半身を見ることができた。自分の番が来た時、シーモノフはスターリンが「恐ろしいほど生き生きとした姿である」ことに衝撃を受けた。レーニンの遺体の蠟のように物悲しい顔を見慣れていたためだった。まるで、生きたままの人間がガラスの箱に入っているように見えた。シーモノフは自分の将来について最近感じていた「恐怖感と危機感」が甦るのを感じた。今後、事態がどうなるか分からないという恐怖がまだ彼を捉えて離さなかった。[28]

数百万人のロシア人が列を作って遺体の傍らを通り過ぎ、哀悼の意を表明した。それは必ずしも偽善的行為ではなかった。後にKGBの少将となり、最終的に米国に亡命することになるオレーグ・カルーギンは青春時代に経験したスターリン個人崇拝について次のように書いている。

一国の国民がスターリンのような怪物をどうして崇拝するようになったのか、それを理解することは多くの人にとって難しいだろう。しかし、抑圧の鞭を身に受けた者を除けば、私たちの大多数は実際にスターリンを崇拝していた。スターリンは戦争を勝利に導いた国家指導者であり、後進国を世界の超大国に成長させた立役者であり、経済成長を実現して、すべての国民に雇用と住宅と食料をもたらした功労者だった。彼のプロパガンダ装置はこのうえなく強大だった。若い頃の私はスターリンを心から崇敬していた。[29]

四半世紀にわたって国家を支配してきた「鋼鉄の男」スターリンは死んだ。スターリンを憎んでいた人々は安堵したが、本心は隠さなければならなかった。偉大な指導者に対する永遠の忠誠以外の心情を吐露することは危険だった。彼の死後にどのような体制が来るのか、まだ誰にも分からなかったからである。

第2部 ソ連の現実

第11章　亡霊の復活

スターリンが死ぬと、強制労働収容所から囚人たちが釈放され始めた。当初、釈放のペースはゆっくりだったが、釈放された元囚人たちが社会に姿を現わすと、その数の多さに誰もが改めて衝撃を受けた。スヴェトラーナも例外ではなかった。「数千、数万の人々が戻って来た。牢獄の中で辛うじて生き延びていた人々だった……死者の国からこの世に甦ってきた人々がどれほどの数にのぼるのか、見当もつかなかった(1)」。

スターリンがまだ死の床に横たわっていた間に共産党中央委員会が開かれ、新しい集団指導部が選出された。集団指導部は、一九五三年三月二十七日、囚人のうちの非政治犯を対象として恩赦令を発令する。歴史家のスティーヴン・コーエンによれば、「強制収容所で短期刑に服していた刑事犯約一〇〇万人」が直ちに釈放された(2)。囚人の釈放を主導したのはラヴレンチー・ベリヤだった。皮肉なことに、強制収容所は社会的不安定を増大させる要因となっており、さらには、国家予算を圧迫する重大な経済的負担となっていたのである。被収容者の数は一九三〇年代には特に問題となるような規模ではなかったが、今ではドイツ人捕虜や帰還したソ連軍兵士などを含めて膨大な規模に達していた。

最初に恩赦の対象となったのは、刑期五年以下の刑事犯および刑期五年以下の判決が予測される未

1932年に撮影されたこの写真には強制労働収容所で作業する囚人たちの姿が記録されている。
1930年から1960年まで、「労働収容所管理総局(グラーグ)」と呼ばれる政府機関が
この種の強制収容所をソ連邦の各地に設置して、運営していた。

決囚だった。しかし、いうまでもないことだが、刑事犯と政治犯の区分は必ずしも明確ではなかった。この恩赦に際しても、たまたま「政治犯」に分類された囚人の釈放はさらに三年後まで待たねばならなかった。強制収容所に取り残された囚人とその帰りを待つ家族はその後も苦痛に満ちた長い三年を過ごさなければならない[3]。

新指導部にとって、囚人の恩赦は高度の危険をはらむ決断だった。無実の罪で不当に収容されたと思う人々がいるとすれば、彼らは報復を求めるのではないだろうか？　ニキータ・フルシチョフは回想している。この雪どけが制御不能な洪水を招き、我々全員を押し流してしまうことを恐れていた。「我々は恐れていた。ミコヤンは急激な変化は避けるべきだと警告した。もし、すべての「人民の敵」が実は無実だったと言ってしまえば、「この国を支配していたのが合法的な政府ではなく、ある種のギャング集団にすぎなかった」ことが証明されてしまうだろう[4]。

スターリンの死から一ヵ月が過ぎようとしていた四月四日、午前六時のラジオ・ニュースが中断され、内務省の特別声明が発表された。「医師団陰謀事件」に関連して起訴されていた医師たちの無罪を宣言する声明だった。

ソ連邦内務省は、一部のソヴィエト指導者に危害を加える目的で破壊活動、スパイ活動、その他の陰謀に関与した容疑で起訴された医師団の捜査資料と関連データを全面的かつ慎重に再調査した。その結果、前の国家保安省が陰謀の容疑で行なった以下の医師たち〔ここで一五人の医師の氏名が読み上げられた〕の逮捕はまったく不法不当であったとの結論に達した。

上記の医師たちに対する告発事項はすべて虚偽であり、証拠書類は信憑性に欠ける。罪状を認めたとされる被告たちが行なった自白は、ソ連邦の法律が厳重に禁止する不法な尋問方法を使って前の国家保安省の尋問官が強要した偽の自白である。[5]
前例のない事態だった。医師たちの容疑が晴らされたばかりでなく、容疑そのものが捏造であり、自白が強要されたものだったことを政府が公式に認めたのだ。
この声明が発表される前日の四月三日、レフォルトヴォ監獄に収監されていたヤーコフ・ラパポールト博士は独房から出され、小部屋に案内されて自分自身の釈放書類に署名するよう求められ、押収されていた身の回り品を官僚主義的な緩慢なやり方で返還された。彼を逮捕した捜査官本人が車を運転してラパポールトを自宅まで送った。ノヴォペシチャンナヤ通りのアパートの前に着いたのは午前三時頃だった。このドライブについて、ラパポールトは次のように書いている。

その夜、捜査官の運転する車でモスクワの市街を横断しながら、私は感慨無量だった。思えば、過去数十年間、モスクワは血なまぐさい伝説に彩られてきた。しかし、私は秘密に満ちた恐るべき黄泉の国から現世に帰還しようとしていた。自分が容疑者として護送されているのではなく、自宅に戻る途中であること、希望すればいつでも車を停めて降りることができる立場であることを考えると、神に感謝したい気分だった。[6]

ラパポールト博士の自宅はアパートの三階にあった。博士がアパートの玄関に入った瞬間、愛犬のトプシーが主人の気配を感じて吠え始めた。博士は皮肉な調子で書いている。「『医師団陰謀事件』の終結を世間に最初に告げたのは私の犬だった」[7]。彼は自宅に入って、驚き喜ぶ妻を抱きしめた。すると、妻は博士に「スターリンが死んだことを知っている?」と尋ねた。初耳だった。妻の言葉を聞いて、ラパポールト博士は自分が釈放された理由をようやく理解したのだった。

強制収容所から囚人を解放する作業は遅滞しがちだった。司法当局は、すでに死亡した人々を含めて数百万人の元囚人の一人一人に「名誉回復証明書」を発行しなければならなかったが、その手続きには非能率的な官僚主義のせいで際限なく時間がかかった。それだけでなく、意図的な抵抗が試みられることも少なくなかった。囚人の名誉回復は当局者が虚偽の証拠に基づいて囚人を逮捕したことを認め、当局者自身が証拠の捏造に関与したことを認めることを意味していたからである。

スヴェトラーナによれば、二人の伯母が投獄されている監獄の所在を突きとめるために手を貸してくれたのはフルシチョフだった。伯母たちは二人とも一九四八年に刑期一〇年の禁固刑を宣告されていたが、二人が現在どの監獄の独房に収容されているかは誰にも分からなかった。一九五三年三月に恩赦令が出た後も、アンナ・レーデンスとジェーニャ・アリルーエワの二人はさらに一年以上の期間を監獄で過ごさなければならなかった。その間、世間の多くの家族と同じように、アリルーエフ家の人々も不安と苦悩のうちに待つしかなかった。囚人たちが生きているという保証さえなかった。逮捕された人々の多くは「通信権剝奪」の処分を受けていたが、「通信権剝奪」は単に文通を禁じる処置にとどまらず、すでに処刑されたことを意味する隠語でもあった。

アンナは一九五四年の春に帰還した。次男のウラジーミルによれば、彼女が帰宅する直前に「今からアンナ・レーデンスを釈放する」という電話があった。すでに釈放されていた姪のキーラが車で迎えに行った。ボロボロの囚人服をまとい、浮浪者同然の姿で帰宅したアンナは実際より十歳以上も年老いて見えた。彼女は老け込んだだけでなく、場所や人間についての見当識も失っていた。キーラに連れられて、自分の子供たちやスヴェトラーナが待つアパートに帰り着いた時、伯母のアンナはウラジーミルが自分の息子であることさえ認識できない状態だった。彼女を迎えて抱きしめた青年と十二歳で別れた次男とを結びつけて考えることができなかったのだ。アンナは自分の母親オリガの消息を知りたがった。母親のオリガは、アリルーエワ一家を襲った悲劇を最後まで冷静に受けとめつつ、一九五一年にすでに死亡していた。

スヴェトラーナは伯母のアンナが帰宅した時のことを生々しく覚えている。「帰って来たアンナ伯母さんは重い病気だった。自分の子供の顔も分からないくらいで、誰のことも思い出さなかった。伯母さんは虚ろな眼をして、ただ黙って座っていた。その眼には靄がかかっているようだった」[8]。キーラも回想している。「伯母さんには幻覚と幻聴の症状があった。彼女は絶えずぶつぶつと独り言を言っていた」[9]。

強制収容所から帰還した元囚人の多くがそうだったが、アンナは独房での経験をほとんど口にしなかった。アンナは兄の妻のジェーニャや姪のキーラを含む多くの人々が彼女を密告したことを知っていたが、今となっては誰をも責めようとはしなかった。「あなたたちが密告したので、スターリンは私を逮捕させた。でも、あなたたちが悪かったのではない。悪かったのは私なのだ」[10]。アンナのこの言葉が何を意味するのかは不明だった。ジェーニャの長男のセルゲイによれば、「伯母のアンナ・セルゲーエヴナはスターリンを許していた」。しかし、スターリンのすべてを許していたわけではなかった。彼女が過去を許したのは「スターリンの子供であるスヴェトラーナとワシリーを深く愛していたからだった」[11]。しかし、実際には、アンナだけが特別だったのではない。驚くべきことに、強制収容所に収監されていた元囚人を含めて、多くの人々が「スターリンは知らなかったのだ」と依然として信じ込んでいた。悪いのはスターリンではなく、スターリンに悪影響を与えた側近たちだというわけだった。

アンナは釈放の一〇年後に悲劇的な死を遂げる。一九六四年、彼女は入院先の精神病院で死亡した。スヴェトラーナは痛切な思いを込めて書いている。

監獄の独房で六年間を過ごしたアンナ伯母さんは、鍵をかけた部屋に閉じ込められることを極度に怖がるようになっていた。最後は病院に入院したが、その時もすっかり動揺し、絶えず独り言をつぶやいていた。夜間も独り言を言いながら廊下を歩き回った。伯母さんが鍵のかかった部屋に耐えられないことは誰もが知っていたのだが、ある晩、愚かな看護婦が伯母さんの徘徊をやめさせようとして、部屋に連れ戻してドアに鍵をかけてしまった。朝になって部屋に行ってみると、伯母さんは死んでいた。[12]

一方、ジェーニャ・アリルーエワは一九五四年の秋になって帰還した。ジェーニャはある日突然「川岸ビル」の自宅に姿を現わし、驚いて出迎えた次男のアレクサンドルに向かって、開口一番、こう言った。「私の思っていたとおりだった！ スターリンが私を監獄から救い出してくれることは前から分かっていた！」。アレクサンドルの記憶によれば、母親のその言葉に対して兄のセルゲイが素っ気ない口調で答えた。「スターリンが母さんを釈放したんじゃない。スターリンはもうとっくに死んでしまったんだよ」[13]。それを聞いて、ジェーニャはさめざめと泣き始めた。スヴェトラーナは飛んで行って伯母を抱きしめ、慰めた。

監獄から釈放されて帰宅したばかりの頃の母親ジェーニャについてアレクサンドルは次のように書いている。

帰宅した当座、母はまともに喋ることもできなかった。話し相手のいない独房に長期間収監されていたために、口の周りの筋肉が弱ってしまったのだ。しかし、母はゆっくりとではあったが話をする能力を回復していった[14]。

帰還してまもない頃、ジェーニャは「スターリンのクンツェヴォ邸がどうなっているのか見てみたい」と言って、スヴェトラーナに同行を懇願した。スヴェトラーナはこの時のクンツェヴォ訪問を次のように書いている。

部屋の中はガランとしていた。父が使っていた家具と身の回り品はすべて持ち去られ、代わりに新しい家具が置かれていた。デスクの上には、父の白いデスマスクがあった。当時、ジェーニャは五十代の半ばだったが、収容所暮らしの影響ですっかり気が弱くなっていた。彼女は私の手を握って立ちつくし、とめどなく涙を流しながら言った。「何を見ても辛いわ。あらゆることが辛い。私たちが幸福だった時代はもう遠い過去となってしまった。でも、思い出だけは残っている。思い出を大切にして、他のことはすべて許しましょう[15]」。

アンナ・レーデンスとジェーニャ・アリルーエワの二人はともに一〇年の禁固刑を宣告されたのだったが、ジェーニャの娘キーラが受けた判決は五年間の流刑処分だった。モスクワの北東三〇〇キロに位置する流刑先のシューヤで過ごした五年間は、キーラにとってむしろ懐かしい思い出だった。

流刑先では、最初の三年間、地元の劇場で働き、次いで、発達障害の子供たちの面倒を見る仕事をした。子供たちは本当に可愛かった！　劇場では、ミュージカル喜劇やヴォードヴィルに出演して、踊ったり歌ったりした。本格的な役ではなかったが、楽しい経験だった。創造的な気分を味わうこともできた。もちろん、家族からひとり離れて暮らすのは寂しかったが、周りにはいつも善良な人々がいて、私を支えてくれた。彼らは私を「流刑者」として拒絶したりしなかった。流刑者とは接触しないように警告されていたはずだが、にもかかわらず、彼らは私に優しくしてくれた[16]。

キーラの刑期はスターリンが死ぬ少し前の一九五三年一月に満了となった。前科者であることを意味する「色つきのパスポート」を携えて、彼女がモスクワの「川岸ビル」に戻って見ると、六部屋あるアリルーエフ家の住居のうちの四部屋にはMGBの女性職員が入居しており、二人の兄は残りの二部屋に押し込められていた。キーラは別の場所に住まいを見つけなければならなかった。母親のジェーニャが帰還した後、一家は自宅の四部屋を取り戻すために長い年月をかけて争うことになる[17]。

ジェーニャと三人の子供たちは、彼らを襲った不幸な運命については、それを分析して責任を問うよりも、恬然として受け入れる方が良いと考えていた。それは生き残るために多くの人々が採用した共通の戦略だった。次男のアレクサンドルは次のように説明している。「母と叔母が監獄から釈放された後になっても、二人の逮捕を命令したのがスターリン自身だったと考える者は家族の中に誰もいなかった。悪の根源はどこか別のところにあると私たちは一貫して信じていたので、不幸の責任がスターリンにあるとは思わなかった。少なくとも、スターリンひとりの責任を問う気持ちはなかった」。兄のセルゲイも次のようにつけ加えている。「私たちはベリヤがスターリンに悪い影響を与えたと信じていた。そう信じる方が楽だったからだ。ベリヤに責任をかぶせる方が、物事の説明が簡単だった」。アリルーエフ家の人々にとって、スターリンの心に毒を吹き込んだベリヤは「不倶戴天の敵」だった[18]。

スヴェトラーナ自身もこの倒錯した心理を共有していた。一家に悲劇をもたらした責任者として父スターリンを恨んではいたが、それ以上に、元凶としてベリヤを責める気持ちが強かった。しかし、彼女がいつも驚嘆していたように、「アリルーエフ家の人々は一度も私に対して怒りを露わにしなかった」[19]。多分、一族の人々はスヴェトラーナを守ろうとしていたのだろう。彼女にもそれは分かっていた。

スヴェトラーナの伯母たちが監獄から釈放された時には、ベリヤはすでに死亡していた。スターリンの死後わずか数ヵ月以内にフルシチョフが指導部内で実権を握り、一九五三年七月にベリヤを逮捕起訴したのである。「権力を簒奪してソ連の労農政府を転覆し、資本主義とブルジョア支配の復活を目論む陰謀集団を組織し、指揮した」というのが罪名だった[20]。ベリヤは同じ年の十二月に軍事法廷で裁かれ、銃殺刑となった。ただし、彼が処刑された正確な日付は今も確定していない[21]。ベリヤが排除されると、アリルーエフ家の人々はようやく安堵の息をついた。「私たちにとっては大いなる祝祭日だった！」とジェーニャの長男セルゲイは回想している[22]。ベリヤの死とともに、ひとつの時代が終ったのだった。

スヴェトラーナの兄ワシリーは父親スターリンの死の衝撃からついに回復できなかった。スターリンの葬儀が済むと、ワシリーは国防省に呼び出されて地方司令官のポストを提供された。彼はモスクワ以外の場所で勤務する気はないと答えたが、国防省はその希望を却下する。ワシリーは肩章をむしり捨てて、みずから退役した。その後の一ヵ月間、彼はレストランやバーに入り浸り、しばしば泥酔して、スターリンを殺害したと彼が思い込んでいる政府高官たちの名を上げ、あしざまに罵った。国防省は不快感を隠さなかった。一九五三年四月二十八日、ワシリーは外国人を交えた酒盛りで乱痴気騒ぎを引き起こした末に逮捕される。

起訴内容は職務怠慢と部下の虐待だったが、不法取引および政府上層部の陰謀事件への関与も疑われた。不法取引や陰謀事件では、すでに何人もの容疑者が投獄され、一部は処刑されていた。軍事法廷では、かつて阿諛追従をこととしていた取り巻きたちが一転してワシリーに不利な証言をした。判決は禁固五年、収監先はモスクワの北東一八〇キロメートルに位置するウラジーミル監獄だった。ワシリーは、スターリンの息子にどうしてこんなことが起こり得るのか理解できなかった。彼は救済を求める怒りの手紙を何通も監獄から発信するが、返信は一切なかった。妹のスヴェトラーナとは違って、ワシリーは、父親が死んでしまった以上、自分が何者でもなくなったことが理解できなかった。

一九五四年の冬になって、ワシリーの身を憐れんだフルシチョフが彼を監獄からバルヴィフカのサナトリウムに移す措置を取った。しかし、サナトリウムにはすぐに昔の取り巻きたちがウオッカを持って現れ、また泥酔と乱痴気騒ぎが始まった。ワシリーは再び監獄に収監される。三人目の妻カピトーリナと妹のスヴェトラーナが面会に行くと、ワシリーは二人にとりなしを懇願したが、妻も妹もどうすることもできなかった[23]。

瀕死の父親を看取っていた一九五三年三月の初め、スヴェトラーナは「一種の解放」を予感していた。しかし、解放は訪れなかった。彼女は相変わらず「川岸ビル」の一七九号室で子供二人とともに暮らしていた。部屋のバルコニーからは十六世紀に建てられた小さな教会の美しい玉葱型の丸屋根を見下ろすことができた。川の向こう側には子供時代を過ごしたクレムリンが見えた。自分が「一部の人々に注目され、他の人々に憎まれ、そしてすべての人々から好奇の目で見られている」という感覚はこれまでと変わらなかった。父親の亡霊は彼女に取りついているだけでなく、国全体を覆っていた。スヴェトラーナは嘆いている。「父はいなくなった。しかし、父の影は依然として私たちの上に重くのしかかり、私たちに命令を下していた。私たちは亡霊の命令に従わざるを得なかった」[24]。

子供たちは成長しつつあった。別れた夫たちがたまに訪ねて来ることはあったが、スヴェトラーナの生活は基本的に孤独だった。彼女は家事を学び始めた。料理をし、裁縫をし、ガス・ストーブの使い方に慣れた。以前はすべて使用人に任せていた仕事だった。今は、乳母のアレクサンドラ・アンドレーエヴナもモスクワ市内の自分の息子のアパートで暮らしていた。スヴェトラーナは政府から月額二〇〇〇ルーブル（一九五〇年代の通貨価値で約五〇〇ドル）の年金を受け取り、二人の子供もそれぞれ一〇〇〇ルーブルの手当てを受け取っていた[25]。

息子のヨシフによれば、当時の一家の生活はごく平穏だった。母のスヴェトラーナは外出を好まず、客を呼ぶことも滅多になかった。ごく親しい友人が訪ねて来ると、ソ連社会の主婦の習慣に従って、台所に招き入れ、腰を下ろして話し込むのだった。朝食と昼食は台所で済ませたが、夕食は「川岸ビル」の共同キッチンから調理済みの料理を取り寄せることが多かった。スヴェトラーナは子供たちをモスクワ音楽院のシンフォニー・コンサートやトレチャコフ美術館の展覧会に連れて行った。しかし、共産党員の家庭の常として、子供たちの生活の大半は家庭外の社会的組織に組み込まれていた。ヨシフとカーチャはオクチャブリストになり、ピオネールになり、最後はコムソモールに加入した。

スヴェトラーナは「パベーダ（勝利）」と呼ばれる小型車を自家用として運転していた。共産党中央委員会の管理部はスターリンの娘に似つかわしい大型車の「ヴォルガ」に乗り換えるよう再三勧告したが、ある友人によれば、スヴェトラーナはその勧告を「きっぱりと拒否した」[26]。豪華な別荘を提供された時も、養子の兄のアルチョムによれば、彼女はごく質素な小さい別荘を希望し、「閣僚用の大型別荘は好きではない」と言って譲らなかった[27]。国家がすべての財産を管理することについて、ソヴィエト市民であるスヴェトラーナは異議を唱えるようなことはなかったが、自分自身は普通の市民のひとりとして扱われることを望んでいた。もっとも、ソ連邦市民の一般的な生活水準に比較すれば、彼女が依然として特権的な立場にあったことは言うまでもない。

結局、スヴェトラーナにはモスクワ郊外ジューコフカ村の小さな別荘が割り当てられ、彼女と二人の子供は夏休みと週末をそこで過ごすことになる。生活資金が足りなくなると、スヴェトラーナは自分のオーバーコートや宝石類を売り払って補塡したが、顔が知られていることは分かっているので、自分では売りに行けず、従兄のレオニードの妻ガリーナに売却を依頼していた。[28] スターリンの娘が衣類を売るところを見られれば、スキャンダルになっていただろう。ジューコフカの別荘では、スヴェトラーナは自分の楽しかった子供時代を子供たちにも体験させようと努力した。ヨシフとカーチャは森の中で遊び、村の小道を縫って全速力で自転車を乗り回し、小川で泳ぎ、星空の下でキャンプをした。

親類の人々も訪ねて来た。ワシリーの息子で、スヴェトラーナの甥にあたるアレクサンドル・ブルドンスキーはジューコフカの別荘を懐かしく回想している。

ジューコフカは村とも呼べないほど疎らに建物が点在する別荘地だった。ルブリョフスキー街道沿いの広大な国有林に囲まれたスヴェトラーナの別荘は、低いフェンスに囲まれた、こじんまりした二階建ての建物で、家の前には小さな花壇があった。ただし、菜園はなかった。建物の一階には、玄関広間と食堂と台所の他に寝室が二つあり、ガラス張りのテラスがついていた。二階には寝室が三つあり、それぞれ、スヴェトラーナ、ヨシフ、カーチャの部屋となっていた。その小さな別荘には、いかにも別荘らしい籐家具が最初からついていたが、スヴェトラーナ自身が収集した花瓶その他の小物も並んでいて、実に居心地がよかった。私はスヴェトラーナの別荘が大好きだった。[29]

アンナ・レーデンスの長男レオニードとその妻ガリーナもジューコフカの常連客だった。ガリーナによれば、その頃のスヴェトラーナは無謀な悪戯を好む冒険家だった。ジューコフカに通ずる道路の要所々々には監視所が配置され、警察官が常駐して部外者の闖入を防いでいた。党幹部の豪勢な別荘や科学者のための特殊研究施設を守っていたのである。

ある日、ガリーナが窓の外を眺めていると、スヴェトラーナの運転する「パベーダ」が猛スピードで門から走り込んできた。その後から、二台のパトカーがサイレンを鳴らして追跡して来て、パベーダに停車を命じた。警察官たちがパトカーから飛び出して来たが、追跡してきた相手の素性を知ると、急いで引き下がった。後で分かったことだが、スヴェトラーナは一時停止すべき監視所の前で逆にアクセルを踏んだのだった。「彼女は実に楽しそうだった」とガリーナは回想している。スヴェトラーナは官僚や警察官をからかうのが大好きだった。[30]

一九五四年、スヴェトラーナは「ソ連邦の小説におけるロシア・リアリズムの伝統の発展」という題目の博士論文を完成し、口頭試問にも合格して、博士号を授与される。[31] 彼女の自宅の本棚には、チェーホフ、ドストエフスキー、ジャック・ロンドン、モーパッサンなどの古典的著作だけでなく、アフマートワ、イリヤ・エレンブルグ、コンスタンチン・シーモノフなど、現代ソ連の文学作品が数多く並んでいた。外国作家の著作にも、翻訳が出るとすぐに目を通していた。時には彼女自身が翻訳者になることもあった。居間の壁には銀の額縁に入った写真が飾られていた。一枚は元帥服姿の父親の写真、一枚は嬰児のスヴェトラーナを抱く母親の写真、そして、ヨシフとカーチャの写真もあった。

自分と子供たちの安全を確保するためにスヴェトラーナが採用したのは、政治との関係を絶つという生き方だった。彼女はこれを「私の奇妙で馬鹿げた二重生活」と呼んでいる。[32]彼女は、外面的にはエリート層の周辺に位置し、物質的な特権を享受していたが、内面的にはエリート層に対して大きな違和感を抱いていた。彼女は無名の一市民であることを切望していた。しかし、世間は依然として彼女を「クレムリンの皇女」と見なした。グム百貨店では今も「スヴェトラーナの息吹」という名の香水が販売されていた。政府はスヴェトラーナが父親について公的に発言することを禁止していた。スターリンに関する事柄はすべて国家に帰属するからである。それは、つまり、彼女自身も国有財産であることを意味しているとスヴェトラーナは感じていた。いずれにせよ、スターリンの娘の発言が何かの役に立つとは思えなかった。スヴェトラーナが何を言っても、その発言はスターリンに対して人々が抱いている偏見のフィルターにかけられ、歪められることは必至だった。中立的な立場でスターリンを冷静に評価できる人間はほぼ皆無だった。人々はスターリンを依然として崇拝するか、さもなければ、罵詈雑言を浴びせて非難するのみだった。

しかし、スヴェトラーナが公的に発言したことが一度だけあった。彼女は一九五一年に共産党に入党していたが、それはスターリンの娘が党員でないのは「格好がつかない」と主張する父親に説得されてのことだった。出席が義務づけられている退屈な党員会議では、彼女は黙って座っていることが多かった。それでも出席したのは、もしスターリンの娘が会議に欠席すれば注目されることが分かっていたからである。一九五四年にジャーナリストのイリヤ・エレンブルグが小説『雪どけ』を刊行し、共産党がそれに激怒して処罰を求めた時、スヴェトラーナは敢然と立ち上がって、エレンブルグを擁護した。彼女はエレンブルグを深く尊敬していたのである。

スターリンが死んだ年の冬、エレンブルグは急いで一篇の小説を書き上げた。刊行されると、その小説はセンセーションを巻き起こし、そのタイトル「雪どけ」はスターリン以後の時代を意味する言葉としてロシア語の辞書に登録された。「雪どけ」は当初は楽観的な希望の言葉だったが、やがて皮肉な冷笑を含む言葉になる。小説『雪どけ』の主要な登場人物は自己中心的で冷酷な工場長で、割り当てられた生産目標を達成するために労働者に苛酷な労働条件を強制する。『雪どけ』は、また、副次的な登場人物であるユダヤ人の医師を通じて、「医師団陰謀事件」が産み出した恐怖を世の中に訴えた初めての小説でもあった。筋書きの中心をなす恋愛事件を通じて、著者は国家の監視機関には個人の私的生活に介入する権限がないと主張していた。

体制側は一斉に激しくエレンブルグを攻撃した。雑誌『ノーヴィ・ミール』の編集長だったコンスタンチン・シーモノフは、エレンブルグの小説を「あまりにも暗い」と批判した。ソ連の生活を「悲惨なことばかりで、幸福とはほど遠い」ものとして不正確に描き出したエレンブルグの小説は「西側による固定観念的な歪曲の模倣に過ぎない」というわけだった。[33]

スヴェトラーナはある党員会議で立ち上がり、エレンブルグを擁護して、「わが党自身の機関紙が過去の過ちを認め、不当に投獄された無実の人々が帰宅しつつある今、エレンブルグを非難する理由はまったく見当たらない」と発言した。その発言に対しては、「政治的に未熟な者の無責任な発言である」という激しい反論があった。[34] 後に、スヴェトラーナはエレンブルグに次のようなファンレターを書き送っている。「ソ連の知識人の多くにとって第二の天性となっている二枚舌を用いることなく、貴方が真実の言葉を発見し、それを大胆に口にするという稀有な能力を発揮されたことに心から感謝いたします[35]」。

スヴェトラーナが特に高く評価したのはエレンブルグが進めていた『ユダヤ人黒書』の刊行計画

だった。まだ戦争中だった一九四四年、エレンブルグはワシリー・グロースマンを含む二四人の作家を糾合して、ドイツの残虐行為を生き延びたソ連国内のユダヤ人の証言を集め、報告書として編纂刊行する計画を開始した。ドイツ軍がソ連領内に侵攻して以来、一五〇万人のユダヤ人がその処刑部隊によって殺害されていたのである。しかし、ソ連が一時期ユダヤ人を裏切ってドイツ側に協力した事実が明らかになり、その事実が検閲によって削除されると、エレンブルグは愛想を尽かして計画から身を引いてしまう。結局、『ユダヤ人黒書』は刊行されなかった。[36]

個人生活では、スヴェトラーナは依然として孤独を感じていた。当時の友人オリガ・クリコフスカヤによれば、「スヴェトラーナは私の知るかぎり最も孤独な女性のひとりだった[37]」。また、別の友人タチアナ・テスは「スヴェトラーナは何とかして幸福を見出そうと努力していた」と書いている[38]。懲りることを知らないロマンチストのスヴェトラーナは、彼女をスターリンの娘としてしか見ないような人間ではない誰かが現れることを待ち望んでいた。そして、一九五四年、ソ連作家同盟の大会がクレムリンで開催された際、彼女はその誰かと思われる相手に再会する。

クレムリン内の金色に輝く聖グレゴリー広間を通り抜けようとした時、スヴェトラーナは思いがけなくもアレクセイ・カープレルに出会った。一瞬、カープレルが自分を無視するのではないかという恐れが頭をよぎったが、カープレルは昔と変わらぬ闊達な態度で、映画関係者の輪から抜け出して近づき、スヴェトラーナに「やあ、こんにちは」と挨拶すると、彼女の手を握って笑った。二人の再会を目にした人々の誰もがカープレルの態度から彼がスヴェトラーナに依然として好意を寄せていると感じた。

カープレルは、一九五三年、スターリンの死の直後にインター労働収容所から釈放され、モスクワに戻って女優のワレンチナ・トカラスカヤと再婚した。再婚は釈放の三ヵ月後のことだった。カープレルはトカラスカヤに恩義を感じていた。彼が収容所の地獄を生き延びることができたのは、トカラスカヤが食料の包みを携えてしばしば面会に訪れたからだった。さらに、また、二人が結婚すればモスクワの広いアパートに入る権利が得られるという事情もあった。

スヴェトラーナとカープレルは作家大会の会場を一緒に出て、歩いてソコルニキ公園を抜け、小さなカフェに入った。一一年前にスターリンによって残酷に中断された二人の関係が復活しようとしていた。スヴェトラーナはカープレルが味わった恐怖の体験の責任を問われることを恐れ、彼女が逮捕後のカープレルに接触しようとしたり、助けようとしたりしなかった理由を理解してくれるように説明した。もし、スヴェトラーナが接触しようとすれば、カープレルの立場はもっと悪くなったに違いない。カープレルはその問題に触れようとしなかった。

その一方で、カープレルは収容所から釈放された経緯について詳しく語った。逮捕理由の再調査が行なわれ、「名誉回復」の措置が取られて、「帰宅してよろしい」と申し渡され、電話をかける機会が与えられた。しかし、電話すべき相手が思いつかなかった。結局、モスクワに住む妹に電話し、「もうすぐ帰る。家で待っていてくれ」と告げた。ルビャンカ監獄からの道をゆっくりと歩いて妹の家に向かった。夏の盛りの七月だった。途中で、突然、足が前に進まなくなり、ベンチに座り込んでしまった。公園では子供たちが遊んでおり、降り注ぐ陽光のなかで木の葉がそよいでいた。カープレルの眼から涙が溢れ出た。「僕はベンチに座って泣いた。涙が止まらなかった。かなりの時間座り込んで、涙が枯れるまで泣いてから、妹の家に向かった」。髪も服装も乱れた男が公園のベンチに座り込んで泣いていても、誰も特別のことと思わないような時代だった。

焼け棒杭(ぼっくい)に火がついて、スヴェトラーナとカープレルは密会を重ねる関係を再開した。スヴェトラーナにとって、カープレルは驚くほど「昔と同じ」だった。その五〇年後に当時を振り返って、スヴェトラーナは自分でも驚いている。「彼は何でも笑い飛ばした。どんなことでも笑ってやり過ごすことができる人だった。普通の人には真似できないことだった[39]」。

カープレルが仕事でクリミアに出張すると、スヴェトラーナは小型車パベーダに息子のヨシフを乗せてその後を追った。恋人たちはクリミアの海岸で夢のような愛の日々を過ごし、カープレルはスヴェトラーナの写真を撮りまくった。しかし、彼は二人の愛の逃避行を束の間の情事以上のものに発展させる気がないことを明言していた。妻を傷つけるわけにはいかなかったのだ。ワレンチナ・トカラスカヤとの結婚生活は必ずしも幸福ではなかったが、インター収容所の地獄の五年間をワレンチナの支えで生き延びたことへの恩義は忘れられなかった。カープレルはスヴェトラーナと結婚する可能性がないことを隠さなかった。

1954年に黒海の海岸で
アレクセイ・カープレルが撮影したスヴェトラーナの写真。
この年、二人は再会し、関係が復活した。

親しい友人たちは、カープレルにのめり込まないようにスヴェトラーナに忠告した。カープレルの浮気性は今に始まったことではなかったからだ。しかし、スヴェトラーナは忠告に耳を貸さなかった。彼女は、イリヤ・エレンブルグへの手紙で、カープレルとの再会を次のように説明している。「奇跡が起きたかのようでした。互いに眼を見つめ合うだけで、一一年前に交わした会話の一語一句までが甦ってきました。その昔に言いかけたまま途中で終わっていたフレーズの続きが自然に口をついて出て来るのです。私たちは何の苦もなくやすやすと理解し合うことができました[40]」。

カープレルは二人の情事が永遠には続かないことをスヴェトラーナに率直に告げていた。「マッチの火で川の水を燃え上がらせようとしても、そんなことは起こり得ない」。スヴェトラーナはうっとりとしてカープレルの言葉を聞いていたが、その意味を理解することができずに聞き返した。「なぜ起こり得ないの？[41]」。

ある晩、スヴェトラーナはカープレルの妻ワレンチナ・トカラスカヤが出演している劇場を訪ねた。そして、ワレンチナの楽屋に乗り込んで面会を求めた。愛人と妻の対決だった。スヴェトラーナは自分がアレクセイの愛人であることを告げた。すると、ワレンチナは笑って、何もかも知っていると答えた。「アレクセイの浮気はいつものこと。彼が本心から愛しているのは私でも貴女でもない。最初の奥さんだけなのよ。だから、貴女も思い過ごしをしない方がいい。彼の浮気はどうせ長続きしない」。それを聞いて、「緊張していたスヴェトラーナの表情がしだいに絶望に変わった[42]」。おそらく、その時、スヴェトラーナの耳には、かつて父親に言われた言葉が聞こえていたのだろう。「自分の姿を鏡に写してよく見るがいい。誰がお前なんかに本気で惚れるものか。馬鹿な娘だ！　彼奴(きゃつ)には行く先々に女がいるのだぞ」。ワレンチナとの直接対決の後、スヴェトラーナは屈辱感を味わいつつカープレルとの情事から身を引いた。

スヴェトラーナとの情事が終焉したことについて、カープレルはイタリア人ジャーナリストのエンツォ・ビアージに次のように語っている。

私の妻は控えめな性格で、礼儀正しく、優しい人間だった。彼女は何につけても騒ぎ立てたり、争ったりしない女性だった。妻はスヴェトラーナとの奇妙で思いがけない出会いのいきさつを私に打ち明けた。それを聞いて、私はスヴェトラーナの行動にショックを受けた。それは不適切で不必要な愚かしい行動だった。その件について、スヴェトラーナは私に何も言わなかった。彼女は誰に対しても何の配慮もせずに行動する女だった。彼女が配慮するのは自分自身のことだけだった。というわけで、スヴェータとの第二幕は終りを迎え、それと同時に、私の二度目の結婚も破綻することになった。[43]

もちろん、カープレルは自分の罪を簡単に見過ごしていた。スヴェトラーナの行動はロマンスに溺れた女性が取る行動としてあり得ないことではなかったが、たしかに常軌を逸していた。しかし、カープレルも妻に対して誠実だったわけではない。彼は妻に隠れて複数の愛人との関係を楽しんでいたのだ。スヴェトラーナとの関係が解消された一年後、カープレルはワレンチナと離婚し、若手の女性詩人ユーリア・ドゥルーニナと再々婚する。このユーリア・ドゥルーニナは、後にスヴェトラーナが非常に苦しい時期を迎えた時に夫とともに支援の手を差し伸べる。そのいきさつはスヴェトラーナとカープレルの関係の第三幕を構成することになるであろう。

スヴェトラーナは、砕け散った希望のかけらを拾い集めて、生活を前に進めた。一九五五年には、レニングラードを訪問する許可がでた。当時のロシア人は国内の都市間を旅行する際にも依然として許可を得なければならなかった。住所や仕事を変える時も許可が必要だった。母親が愛した街レニングラードをスヴェトラーナが訪ねるのはこれが初めてだった。彼女の生活はそれほど狭い範囲に限られていたのだ。母親のナージャはグルジアのバクー生まれだったが、六歳の時に、当時サンクトペテルブルクと呼ばれていたレニングラードに転居していた[44]。

レニングラードでスヴェトラーナがまず訪ねたのは、かつて祖父母と母が住んでいたロジジェストヴェンスカヤ通り一〇番地一七号のアパートだった。アパートは政府によって革命博物館に改装されていた。一九一七年、レーニンはこのアパートに潜伏したが、その時彼が寝起きしたのはナージャの部屋だった。それはごく小さな部屋で、鉄製の狭い寝台架と鏡台つきの箪笥、それにテーブルが置かれていた。スヴェトラーナが壁を見ると、そこにはアリルーエフ家の家族の写真が何枚か飾られていた。祖父セルゲイと祖母オリガの写真、母ナージャの子供時代の写真、伯父たちと伯母たちの子供時代の写真などがあった。母の兄パーヴェルの部屋には英国の詩人バイロンの肖像画が今も掛かっていた。このアパートからスヴェトラーナが感じ取ったのは、ロマンチックで理想主義的だった革命初期の雰囲気だった[45]。

何もかもが懐かしい思い出につながっていた。同時に、今は過去のすべてが失われてしまったという絶望も感じられた。そこは十六歳だった母親ナージャが父親スターリンと恋に落ちた場所だった。「私は家族の温かな息づかいと愛を感じた。まだ何か生き生きとした空気が残っているかのようだった。母の魂が感じられた。母の魂はこの心地よい場所に残っていた。クレムリンの生活には耐えられなかったのだ。クレムリンは母の居場所ではなかった[46]」。

今はもう誰も残っていなかった。ナージャは一九三二年に自殺し、パーヴェルは一九三八年に病死し、祖父のセルゲイは一九四五年に、また、祖母のオリガは一九五一年に没した。ヤーコフはドイツの捕虜収容所で死亡し、伯母のアンナと伯父のフョードルは誰も入り込めない自分一人の殻の中に閉じこもっていた。ワシリーは監獄に収監されていた。皆が亡霊となってしまった一族の中で、スヴェトラーナは唯一人の生き残りだった。

一九五六年、乳母のアレクサンドラ・アンドレーエヴナが七十歳の誕生日を迎えた直後に死亡した。スヴェトラーナの誕生から三〇年間、アレクサンドラはずっと乳母の役割を果たしてきた。スヴェトラーナはその死を悼んで述べている。「私は多くの人々を失ってきたが、乳母の死ほどの深刻な喪失を経験したのは初めてだった」。それは、いつも身近にいて彼女を守ってくれた人物、彼女が無条件で愛した人物、彼女の愛に無条件の愛をもって応えてくれた人物の死を悼む言葉だった。(47)

第12章　大元帥閣下の娘

一九五六年二月中旬のある日の夕方、スヴェトラーナの許に閣僚会議副議長のアナスタス・ミコヤンから電話があった。緊急に会って話をしたいので、差し回しの車で自宅まで御足労願いたいという内容だった。スヴェトラーナがレーニン丘のミコヤン邸に到着すると、ミコヤンはさっそく切り出した。翌週に開催される第二〇回共産党大会後の二月二十五日に秘密会議があり、そこでフルシチョフが彼女の父親スターリンについて重要な演説を行なう予定である。ついては、事前に演説の草稿を見せるので、心の準備のために読んでおいてほしい。ミコヤンはスヴェトラーナを二階の書庫に招き入れ、フルシチョフの演説原稿を手渡した。「まず、これを読みなさい。その後で、必要があれば、話し合おう。急ぐことはない。ゆっくり読んで、よく考えなさい(1)」。読み終ったら階下で食事を共にしよう、とミコヤンはつけ加えた。

スヴェトラーナはひとり書庫に残り、「フルシチョフ秘密報告」としてやがて世に知られることになる演説の原稿に目を通した。一読するだけで優に数時間を要する内容だった。同じ原稿をフルシチョフは共産党大会後の秘密会議で四時間かけて読み上げることになる。スターリンを徹底的に批判するこの「秘密報告」の中で、フルシチョフはかつての自分のボスを「病的に猜疑心が強く、決して

1956年2月25日、有名な「秘密報告」演説を行なってスターリン批判を展開するニキータ・フルシチョフ。

他人を信用しない人物」ときめつけ、『人民の敵』という概念を創り出し、個人崇拝のシステムを編み出して操作した」として批判した。フルシチョフによれば、一九三五年以来、「スターリンの命令によって数千人、数万人が逮捕され、強制移送の対象となり、裁判抜きで処刑された」。いわゆる「スパイ」や「破壊分子」として処刑された人々は「実は、みな誠実な共産党員だった」。「彼らは有罪を認めて自白したが、それは人道に反する残忍な拷問によって強要された自白だった」。「スターリンは自白を引き出すための尋問方法をみずから検事たちに指示した。その方法は単純だった。すなわち、殴れ、殴れ、そして、もう一度、殴れ、というやり方だった」。しかし、フルシチョフは、スターリンが行なった数千人、数万人の逮捕に自分自身が加担したことにも、また、ウクライナの粛清では自分が最高責任者として積極的な役割を果たしたことにも触れなかった。[2]

ミコヤンの書庫で演説の原稿を読みながら、スヴェトラーナは身を切られるような苦痛を感じた。なぜなら、彼女は「その内容のすべてが正しいことを知っていたからだ」。彼女は後に書いている。「せめて、部分的にでも異議を唱えることができればどんなに楽だったろう。原稿の内容を疑い、『嘘だ！ 父はそんなことはしなかった！』と言えさえすれば！……でも、そうは言えなかった……恐るべきことに、何もかもが真実だったからだ。私は大声で叫び出したくなった。叫びながら走って、すべての人から逃げ出したいと思った。自分自身からも逃げたかった」[3]。スヴェトラーナは書庫を出て階段を下り、ミコヤン家の人々に向かって、ひとこと言った。「全部そのとおりです」。ミコヤンが答えた。「きっと分かってもらえると思っていた」[4]。

スヴェトラーナは自分が父親の同類と見なされて人々に憎まれることを恐れた。彼女は人目を避けるようになり、自分の殻の中に閉じこもった。フルシチョフ報告の内容を新聞で読んでスターリン批判の始まりを知った親族から慰めの電話が来たが、それさえも受け入れようとしなかった。[5] スヴェトラーナが自分の二人の子供に事態をどのように説明したかは不明である。多分、詳しい説明はしなかったと思われる。十一歳になっていたヨシフは相変わらず祖父を崇拝していた。ヨシフのベッドの脇のテーブルに置かれたスターリンの肖像画が消えることはなかった。六歳だったカーチャは、おそらく、スターリン批判の内容を理解しなかったであろう。彼女はやがて遠隔の地カムチャツカでひとり生きる道を選ぶが、その地でも頑固なスターリニストとしての評判を得ることになる。スターリンの孫として生まれた二人の運命に複雑な影がつきまとったことは間違いない。

「秘密報告」は、実は、秘密でも何でもなかった。フルシチョフは演説の記録を国内のすべての共産党会議で読み上げるよう命令した。そのコピーはやがて『ニューヨーク・タイムズ』が入手するところとなり、同紙六月四日号の第一面に概要が報道された。

スターリンの犯罪の暴露は驚天動地の出来事だった。それまで「幸福の創造者、ロシア国民の救世主、不世出の天才」として崇拝されてきた人物が、実は、無慈悲で残忍な独裁者として数々の恐るべき犯罪を何の罰も受けることなく犯し続けてきたことが判明したのだ。

作家のコンスタンチン・シーモノフは自分たちの世代の過去を振り返って次のように書いている。

正直に言えば、許せないのはスターリンだけではなかった。自分自身を含めて、すべての人間が許せなかった。我々は、少なくとも表面的には直接に悪事に手を染めなかったかも知れない。しかし、信じられないような極悪非道の政治を容認してきたという意味で、我々もまた有罪なのだ。悪を看過するという我々の生き方はいつの間にか当たり前となり、社会の慣習にさえなってしまった。自分の身の回りで銃殺隊が絶え間なく発砲し、人々が処刑され、殺害され、闇に消えて行ったというのに、我々はまるで聴覚を持たない人間の集団のように平然と生活していたのだ。[6]

シーモノフは自分が見て見ぬふりの二重生活を長く送ってきた理由を次のように告白している。「それは部分的には臆病のせいであり、部分的には自分自身を納得させようとする頑迷さのせいであり、部分的には自分自身への強制であり、また、部分的にはある種の事柄については考えたくもないという現実逃避のせいだった[7]」。

スターリン個人崇拝の風潮は、一九五六年三月以降、社会の表面から徐々に姿を消し始めていた。革命博物館からスターリンの肖像画が取り外され、スターリンの名を冠した固有名称が改称された。

それらはスヴェトラーナが小学生の頃に教師に促されてノートに書き出した名称だった。たとえば、ZIS(「スターリン名称工場」)はZIL(「リハチョーフ名称工場」)に改められ、そこで製造される自動車もZISではなく、ZILと呼ばれるようになった。中央アジアの「スターリン山」は「オクチャーブリ(十月)山」になり、スターリングラード市さえもヴォルゴグラード市に改名された。

スヴェトラーナの友人の多くが彼女に背を向けた。しかし、中には同情する人々もいた。アレクセイ・カープレルの三番目の妻ユーリアは、友人たちに見捨てられたスヴェトラーナが打ちのめされているに違いないと案じ、夫を促してスヴェトラーナを自宅に招いた。スヴェトラーナはありがたく招待に応じた(8)。

一九五六年はスヴェトラーナにとって何とも困難な年だった。女優のキーラ・ゴロフコは友人のアパートでスヴェトラーナに出会った時のことを覚えている。スヴェトラーナは「十二年前にもまして孤立し、緊張した様子だった。顔色もひどく、服装も奇妙だった」。その頃、キーラ自身はモスクワ芸術座の公演に出演していた。誰かがみんな揃ってキーラの芝居を見に行こうと提案したが、スヴェトラーナは「明らかに怯えたような抑えた声で、『私は音楽院以外の場所には行きません』と言って断った」。それを聞いてキーラは急に気づいたのだが、上演中の劇にはスターリン個人崇拝を批判する台詞が何ヵ所かあった。誰もが黙り込み、部屋が静まりかえった。スヴェトラーナは「そろそろ時間だから」と暇乞いをして立ち去った(9)。

スヴェトラーナは一九五六年の年初から「ゴーリキー世界文学研究所」の研究員として働き始めていた。スターリンの娘が入所することは事前に研究所の全職員に知らされ、「大騒ぎをしてはならない。彼女を普通の職員としてさりげなく受け入れるように」との注意が与えられた。当時はまだ研究所内のあちこちにスターリンの肖像画が飾られていた。スヴェトラーナがそれとは知らず父親の肖像画の下に座ったことがあった。それを見た研究員のひとりが無遠慮に言った。「娘と父親はよく似ていると思わないか？ そうだ、そっくりだ！」[10]。

ゴーリキー世界文学研究所でスヴェトラーナと同輩になったアレクサンドル・ウシャコーフは、かつてスヴェトラーナが「社会科学アカデミー」に籍を置いていた頃から彼女を見知っていた。その当時は「雪どけ」初期の激動期だったので、社会科学アカデミーの職員たちも思想の自由の問題について活発に議論を交わしていた。ある日、アカデミーで全員集会があり、ウシャコーフがやや遅れて出席すると、ホールはすでにほぼ満員で、空席はほとんどなかった。ふと見ると、ひとりの女性の左右の席が空いていた。ウシャコーフは何も考えずに空席に座り、その女性と二言三言、言葉を交わした。休憩時間に友人がウシャコーフに近づいて尋ねた。「君はスターリンの娘とどういう知り合いなんだ？」。「スターリンの娘って何のことだ？」とウシャコーフが聞き返すと、友人は言った。「さっきスターリンの娘の隣に座っていたじゃないか！」。

ゴーリキー世界文学研究所で再会した時、ウシャコーフはスヴェトラーナに自分を覚えているかと質問した。「あの時、たしか、貴女は明るい緑色のドレスを着ていたと思いますが」。すると、スヴェトラーナは「緑色のドレスは覚えているけれど、貴方のことは覚えていない」と答え、二人は笑った。ウシャコーフの回想によれば、スヴェトラーナは「少しずつ研究所の生活に慣れていったが、非常に神経質な女性に見えた」。

我々のグループはよく集まって、飲み会をしたり、茶話会をしたりした。そんな時は、皆が自分について色々な話をした。当時は、何かを共有したいと誰もが思っていたのだ。しかし、スヴェトラーナは黙っていることが多く、時々微笑んだり、笑ったりするだけだった。ただし、煙草はよく吸っていた。いつも少し前かがみの姿勢で椅子に座り、人の話を黙って聞いていた。心の中に何か難しい問題を抱えている様子だったが、その問題を口にすることは決してなかった。
誰もがスヴェトラーナを少し変わった女性だと思っていた。私は同僚たちに説明した。「理解してやろう。彼女はスターリンの娘として特別に厳しい条件の下で生活しているのだ。彼女の傍にはその筋の人間がいつも張りついている。彼女を我々と同じ普通の市民だと思うのは間違いだ」。
彼女は自分の殻に閉じこもっていた。心を開いて他人に気持ちを打ち明ける姿勢は見せなかった。しかし、そういう彼女自身が、相当程度まで、社会全体の仕組みの犠牲者だったのだ。たしかに、ソヴィエト当局によって投獄されたり、虐待されたりした人々に比べれば幸福だった。しかし、スターリンの娘として、時代の直接的な影響にさらされていた。社会システムのプラスとマイナスのすべてが彼女の中に凝縮されていた。[11]
一九五六年三月末までに国内のすべての党組織に「フルシチョフ秘密報告」のコピーが配布された。ゴーリキー研究所でも全職員を集めた席で「秘密報告」が読み上げられた。報告で暴露されたスターリンの圧政の実態を知って多くの職員が激しい衝撃を受けた。聴衆のひとりとして出席していたスヴェトラーナは一言も発しなかったが、彼女が苦しい立場に追い込まれていることは誰の眼にも明らかだった。集会が終ると、研究員のひとりで、やがて有名人となるアンドレイ・シニャフスキーがスヴェトラーナに近づき、オーバーを着ようとする彼女に優しく手を貸した。その時になって、ついに耐え切れなくなったスヴェトラーナの目から涙が溢れた。[12]
その後まもなく、スヴェトラーナはシニャフスキーをリーダーとする研究班の一員となった。彼女の仕事は一九二〇年代と三〇年代のロシア文学関係の資料を収集編纂することだった。チームの研究員たちは、一般向けには禁書となっている書籍にも接することができた。スヴェトラーナは、エヴゲニー・ザミャーチンの反ユートピア小説『われら』をはじめとする二〇年代の生気あふれる文学作品に出会い、また、三〇年代に逮捕され、あるいは処刑された作家たちの作品を発見した。それらは「ジダーノフ体制」による統制下で彼女が学ばされてきた「公認の嘘」ではなく、批判的で誠実なロシア文学の伝統を受け継ぐ作品だった。スヴェトラーナは、また、ドストエフスキーの小説『悪霊』を読んで圧倒された。『悪霊』の中に彼女が見たのは、父親スターリンが支配する暗黒世界を予言するかのような洞察だった。それは被害妄想的な陰謀と内輪揉めに明け暮れる革命家たちが同志を殺害し、同志の死を踏み台にして権力の座に上り詰めるという世界だった。[13]

「秘密報告」以後、フルシチョフは一連の政治的、文化的改革に着手する。文学芸術の分野でも検閲が緩和され、一部の外国出版物を国内で刊行することも許可された。エレンブルグの小説の題名を取って「雪どけ」と呼ばれるユートピア的な一時期が出現したのだった。「スターリン主義の締めつけと恐怖が突然消え去り、あたかもハッピーエンドが訪れたかのような雰囲気だった。人々は興奮し、何十年ぶりかで口を開き、正直な意見を交わし始めた。改革派の若者たちにとっては忘れることのできない時期だった」[14]。ゴーリキー世界文学研究所でも、これまで不可能と思われていた思想の自由に向けての道をシニャフスキーとその仲間が切り開こうとしていた。

この夢のような雰囲気の中で、スヴェトラーナもちょっとした反体制派になろうとしていた。当時、スヴェトラーナの友人だったガリーナ・ベーラヤによれば、スヴェトラーナは「川岸ビル」の住居に友人たちを頻繁に招待した。ガリーナが特によく覚えているのは、関係者の全員が集まったある晩のことだった。スヴェトラーナの二人の子供も同席していた。フォークとスプーンが足りなくなって、モロトフ家へ借りに走らなければならなかった。アンドレイ・シニャフスキーとアントン・メンシューチンの二人が反体制的な「犯罪者の歌」を歌った。それはソ連の古臭い「民衆歌」を皮肉る歌だった。[15] シニャフスキーは自分の著作をアブラム・テルツの筆名を使って国外で出版しようとしていた。ガリーナとスヴェトラーナはその計画を知っていた。その頃、KGBは「サミズダート」(地下秘密出版物)を事実上黙認するようになっていたが、原稿を反ソ陣営の西欧に持ち出して出版することは依然として厳重な取り締まりの対象だった。

一九五七年九月、スヴェトラーナはスターリナの姓を母方の姓アリルーエワに変更しようと決心する。スターリナ〔スターリンの女性形〕という言葉の金属的な響き〔スターリは鋼鉄を意味する〕が心を傷つけ、苦しめるというのが彼女の言い分だった。かつては母親ナージャの友人であり、今は最高ソヴィエト幹部会議長を務めるヴォロシーロフは驚いた風も見せずに言った。「その改姓は正しい判断だ」。しかし、改姓後のスヴェトラーナの新しいパスポートを最初に目にした役人は、彼女が父親の輝かしい姓を捨てた理由が理解できない様子だった。「それじゃあ、連中は貴女に改姓を強制するところまできているのですか?」。スヴェトラーナがみずから改姓を希望したことが彼にはとうてい信じられなかったのだ。[16]

スヴェトラーナ自身はもうとっくに特権的地位を放棄していたつもりだったが、世間からは依然としてクレムリンの皇女と見なされ、その行動は人々の詮索の的となった。革命初期には、女が男と同じように奔放な性行動を取ることがあっても、特に注目を集めるようなことはなかった。しかし、今は、愛に飢えたスヴェトラーナの自己中心的で飽くことない恋愛癖が容易にゴシップの種になる時代だった。皮肉なことに、ブルジョア的な清教徒主義を導入し、他人の性行動に目くじらを立てる風潮を復活させたのは他でもない彼女の父親スターリンだった。人々はスヴェトラーナの二度にわたる結婚と離婚、そして、婚外の「多数の」情事をあげつらって噂した。

たとえば、スヴェトラーナはユーリ・トムスキーと短期間ながら愛人関係を結んだことがあった。ユーリ・トムスキーの父親ミハイル・トムスキーは有名な労働組合指導者だったが、粛清期の一九三六年にNKVDによる弾圧の手が伸びると、逮捕される直前に自殺してしまった。残された息子のユーリは強制収容所に入れられ、犯罪者の孤児として育てられた。スヴェトラーナとユーリの関係をめぐる噂は悪意に満ちたものだったが、スヴェトラーナはスターリンの娘らしく昂然とした態度を保ち、噂する人々を軽蔑していた。作家のボリス・ルーニンは回想録の中で二人の情事に触れている。

昨日の夕方、突然、スヴェトラーナ・アリルーエワが彼女の小型車パベーダにユーリ・トムスキーを乗せてコクテベリ〔クリミア半島南部の海浜リゾート地〕にやって来た。その昔、二人はピオネールの同じ班に属していたことがある。二人がともに党幹部の子弟としてクレムリンに住んでいた頃の話だ。その後、ユーリ・トムスキーは何年間も収容所で暮らしたが、今になって二人は再会して結婚し、スヴェトラーナがユーリを車に乗せて黒海沿岸のこの保養地までやって来たというわけだ。しかし、当地の「芸術家の家」は、正式の休暇クーポンを持たない二人の宿泊を認めなかった。そこで、彼らは海岸の砂浜に車を停めて夜を過ごした。オフ・シーズンだったので、海岸にはまだ人影がまばらだった。寝起きは車の中でするとしても、その他にもしなければならないことがある。スヴェトラーナは自分の手で食事らしきものを作り、身に着けていた衣服を洗濯した。「芸術家の家」の周辺から噂が流れたのであろう。クレムリンの皇女が炊事洗濯をする様子を見ようとして、物見高い人々が大挙して海岸に押し寄せた。(17)

ボリス・ルーニンの記述には間違いがあった。スヴェトラーナとトムスキーは結婚していなかった。その間違いは別にしても、クレムリンの皇女が公衆の面前で下着を洗うという屈辱的な場面を嬉しそうに描くルーニンの記述には底意地の悪さが感じられる。[18]

父親の死を境にしてスヴェトラーナは人が変わったというのが大方の見方だった。従弟のウラジーミルによれば、「自分の周囲に集まってくる人々の大多数が打算的な目的でそうしているのだということにスヴェトラーナもようやく気づいたようだった。周囲の大騒ぎは彼女の性格に暗い影を残した。自分には誠実な人間的関係は望めないとスヴェトラーナはしだいに思い込むようになり、人々を玩具のように扱って、もっぱら快楽を求めようとする傾向を強めた[19]」。従姉のキーラも同様の感想を述べている。「人々はスヴェトラーナを何らかの目的を達成するための手段と見なしており、スヴェトラーナ自身もそれを知っていた。彼女は真に人間的な感情のやり取りから締め出されたと感じていた[20]」。

しかし、ウラジーミルやキーラとは異なる見方をする人々もいた。たとえば、ステパン・ミコヤンはスヴェトラーナの結婚歴や情事について次のように書いている。

スヴェトラーナはその時々の相手を心から愛していた。少なくとも、愛しているつもりだった。私はそう確信している。彼女は、誰かに夢中になるたびに、「今度こそ本物だわ」と言うのだが、その二、三ヵ月後には失望を味わうことになる。そんな時はいつも、彼女は私の家にやって来て、私の妻エラの肩にもたれて泣きながら思いの丈を吐き出すのだった。[21]

一九五〇年代の終り頃、スヴェトラーナはユダヤ人の詩人ダヴィッド・サモイロフに出会い、今度こそ身も世もなく恋に嵌(はま)ってしまう。彼女より六歳年上のサモイロフは屈託のない率直な青年だった。口元にしばしば皮肉な微笑を浮かべるハンサムなサモイロフは伝説的なプレイボーイとしてだけでなく、戦後世代を代表する優れた詩人のひとりとして有名だった。戦争を題材とする詩が多かったものの、自然を題材とする神秘主義的な詩も書いており、それがスヴェトラーナの心をとらえたのだった。

二人が出会ったのはステパン・ミコヤンの家だった。ステパンの妻エラが勤務先である「児童文学出版所」の同僚ボリス・グリバノフを自分の誕生日のパーティーに招待したのがきっかけだった。ステパン・ミコヤンとエラは「川岸ビル」内の五部屋あるアパートに住んでいた。招待に応じたグリバノフは、妻の他に親友のダヴィッド・サモイロフを同伴した。この国のエリートの暮らし振りを見てみたいというサモイロフの日頃の希望を知っていたからだった。

夕食の食卓についた時、サモイロフは隣の席に座る女性がスヴェトラーナ・アリルーエワであることを知って驚いた。話し相手がスターリンの娘であるという衝撃的な事実は彼の頭から離れなかった。とはいえ、サモイロフの目にスヴェトラーナは非常に魅力的に見えた。

食卓にはステパンの父親アナスタス・ミコヤンも同席していた。しかし、グリバノフによれば、スヴェトラーナとサモイロフはすぐに打ち解け、人目も憚らずに、互いの気を引こうとして痴態を演じはじめた。

そして、一五分ほど後には、二人は大物政治家のミコヤンが同席していることにも一切お構いなく、熱烈なキスを交わし始めた。かつては父親の同志である指導者たちを自分の召使いと見なしていたスヴェトラーナにとって、それはごく自然な振舞いであり、また、詩人のサモイロフにとっては、社会的な上下関係など無意味だった。私は友人のサモイロフのその後の行動を彼自身の責任に任せて、妻とともにミコヤン家を辞した。[22]

人前で熱烈なキスを交わす姿は、多くの人々が描く謹厳なスヴェトラーナのイメージとはかけ離れている。ステパン・ミコヤンは食卓での二人の痴態には言及していない。[23] しかし、何があったにせよ、その晩、サモイロフとスヴェトラーナは連れ立って帰路についたのだった。翌朝、ボリス・グリバノフの仕事場にサモイロフから電話がかかってきた。サモイロフは「クックッと笑いながら」言った。

「おい、ボーリャ。俺たちはスターリンの娘をモノにしたぞ！」。

僕は仰天して答えた。「何を言い出すんだ。僕には関係ないぞ！」。

「ぐずぐず言うな。これは俺たち二人の手柄だろう！[24]」。

グリバノフの言い方によれば「悪ふざけ」でしかなかったサモイロフとスヴェトラーナの情事は、意外にも、その後まもなく真面目な恋愛に発展する。サモイロフはスヴェトラーナのうちに秘められていた予想外の知性と誠実さに心惹かれ、スヴェトラーナは詩人サモイロフの抒情性に夢中になった。二人はともに進歩派のアヴァンギャルドであり、政治の動向よりもむしろ文学や芸術に強い関心を持つ点でも共通していた。[25]

当時、スヴェトラーナは依然として人々に恐れられる存在でもあった。グリバノフはサモイロフとスヴェトラーナを同伴して友人のターク・メラーミドの家を訪ねた時の出来事を記録している。たまたま、その日はスターリンの命日にあたる三月五日だったので、当然ながら話題はスターリン批判に及んだ。その間、スヴェトラーナは黙って話を聞いているだけだった。帰り際、三人の客をエレベーターの前まで見送ったメラーミドの妻がグリバノフに小声で尋ねた。「お連れの美しい女性はどなたなの？」。スヴェトラーナ・アリルーエワの名前を耳にすると、メラーミドの妻は驚きの余り心臓発作を起こしそうになった。

翌朝、メラーミドの妻からグリバノフの許に電話がかかってきた。彼女はヒステリックな声で、スヴェトラーナ・アリルーエワを同伴することをなぜ事前に予告しなかったのかと責めた。彼女と夫はスヴェトラーナの前で自分たちが発言した内容を逐一思い出そうとして、眠れない一夜を過ごしたのだった。グリバノフはメラーミドの妻を宥めて説明した。スヴェトラーナは教養も分別もある女性だから、父親について何を言われても動揺するようなことはない。しかし、スターリン時代の恐怖の記憶が身に沁みついていたメラーミド夫妻の不安が解消されることはなかった。[26]

スヴェトラーナとサモイロフはモスクワ市内のスヴェトラーナのアパートで、また、郊外のジューコフカにある彼女の小さな別荘で密会を重ねた。時々、ボリス・グリバノフが同席することもあった。競馬のある日には、三人は揃ってモスクワ競馬場のレストランで食事をした。また、マーリナ・ローシチャ地区にあるレストラン「セーヴェルヌイ（北方）」にも行って昼食を共にした。毎年、五月九日の対独戦勝記念日には、サモイロフとグリバノフは昔の戦友たちと共にレストラン「ベルリン」に集まって祝宴を開くのが習慣だった。今年の祝宴が終る頃、サモイロフがグリバノフに言った。「ボーリャ、実に愉快に始まった今日という日の締め括りとして、大元帥閣下の娘のアパートを訪問するという案はどうだい？」。[27]

サモイロフとグリバノフはその後もしばしば連れ立ってスヴェトラーナのアパートを訪ねた。男たちが持参したコニャックの瓶を空けながら、三人は長い間座って静かな会話を楽しむのだった。グリバノフはスヴェトラーナの住居のどこにもスターリンの肖像画が架かっていないことに気づいた（スヴェトラーナは小さな銀色の額に入ったスターリンの写真も片づけてしまったようだった）。壁には母親ナージャの大きな写真がかかっているだけだった。好奇心はあったものの、二人の男はスターリンに関する情報をスヴェトラーナから聞き出すことを控えるように努めていた。三人の会話の話題がスターリンに及ぶことはほとんどなかった。

しかし、スヴェトラーナとサモイロフの関係には難しい問題がひとつあった。彼女がサモイロフとの結婚を希望したことだった。スヴェトラーナはサモイロフの友人ボリス・グリバノフが勤める出版社を訪ねることがよくあり、その度にグリバノフを呼び出して郊外へのドライブに誘った。車内ではいつも同じ会話が繰り返された。

「ボーリャ、私はダヴィッドと結婚したい」と彼女は言うのだった。

「スヴェーチク、それは無理だろう」。〔スヴェーチクはスヴェトラーナの愛称〕

「でも、なぜ?」と彼女は憤然として聞き返す。

「なぜなら、彼は詩人だからさ。それに、君がクレムリンの皇女だという事情もある」。私のこの説明は明解そのものだった。(28)

グリバノフは回想録の中で次のように書いている。「スヴェトラーナは多情なだけでなく、感情の動きの激しい女性だった。誰かを好きになるたびに全身全霊でのめり込み、愛する男のためにすべてを犠牲にすることを厭わないというところがあった。しかし、同時に、彼女はひとつの強迫観念に取りつかれていた。つまり、好きになった男とは必ず結婚しなければならないと思い込んでいた。それが彼女の恋愛関係に面倒な問題を持ち込むのだった[29]」。

たしかに、スヴェトラーナは恋愛事件を引き起こすたびに、好きになった相手と結婚しなければならないという強迫観念に襲われるのだった。過去の経験から多くの教訓を得ていたはずだったが、それでも、結婚だけが不可避的な破局から身を守るための防波堤だと信じているかのようだった。精神的な意味で孤児だったスヴェトラーナは、悲劇をもたらさずにはおかない脆弱性を内部に抱えており、その脆弱性ゆえに破局の深淵に沈む危機に常に脅かされていた。いったいどうすれば破局を避けることができたのだろうか？　誰であれ、他人が彼女の感情の大渦に巻き込まれると、そのたびに、悲劇的な破局が訪れるのである。

サモイロフは後年刊行した著書『日記』の一九六〇年十一月十七日の項でスヴェトラーナとの関係の終焉について次のように書いている。

午後、突然、スヴェトラーナがやって来て、私に最後通牒を突きつけた。午前中にも彼女から電話があったが、私は彼女との会話を避けた。今では、彼女と会話を交わすこと自体が苦痛になっていた。彼女との会話は、難病を治すのと同じくらい、あるいは、叙事詩を一篇書き上げるのと同じくらい難しい。やって来た彼女は相変わらず皇女の役を演じた。不意に現れて最後通牒を突きつけ、テーブルの上にコンスタンチン・スルチェフスキーの詩集と時代物の聖グレゴリー十字架を放り投げた。どちらも、私が愚かな情事にのぼせ上っていた頃に彼女に与えた悲しい思い出の品だ。

彼女の様々な行動の裏側には、後になって振り返って見て初めて理解できるような哀切な愚かしさがある。彼女の感情の激しさ、父親から受け継いだ苛烈な気性、そして孤独の寂しさが彼女の行動を規定していた。彼女の行動を理解しようとすると、憐憫と称賛と憤激の混ざり合った複雑な気持ちになる。彼女は自分自身の情熱の奴隷だが、その奴隷の内側にはいつも独裁者が潜んでいるのだ。

他人の悲劇にこれほど直接的に心を奪われ、感情を揺さぶられるのは、私の人生で初めてのことだ。そして、また、一人の他人から逃げ出したいとこれほど強く感ずるのも初めてだ。彼女の息詰まるような悲劇には解決の道がない。その悲劇の輪から何としても逃げ出したかった。[30]

一九六七年になってスヴェトラーナ亡命のニュースが伝わった時、サモイロフはやや神妙な調子で「彼女は私が思っていたよりもずっと大物だった」と日記に書き、悔恨を込めてつけ加えている。「私は多くの女性と親密になったが、彼女たちを十分に理解したことも、彼女たちの価値を正しく評価したこともなかった」[31]

サモイロフによれば、スヴェトラーナの悲劇は「出自の十字架を生涯にわたって運び続ける運命」にあった。彼女は父親の「精神的遺産」を敢然として否定したが、父親自身を全否定することはできなかった。その矛盾または二重性を抱えて生きることは不可能に近い事業だった。

しかし、スヴェトラーナが置かれていた状況はそれ以上に複雑だった可能性がある。独裁者の娘であることは、独裁者の息子であることとまったく違うからだ。息子は父親に似ることを期待され、しばしば父親のパロディーを演じて失敗に終る。ワシリーの悲劇はそのケースだった。しかし、スターリンとスヴェトラーナの間には特別の紐帯があった。スターリンは父親としてスヴェトラーナに愛情を注いだ。ただし、スターリンの愛情は表面的で、気まぐれで、荒っぽく、しばしば残酷でさえあった。それは卑屈な服従を娘に求める類いの愛情だった。そればかりか、娘への軽侮を前提とする愛情でもあった。「自分の姿を鏡に写してよく見るがいい。誰がお前なんかに本気で惚れるものか。馬鹿な娘だ！」。しかし、父親の言葉には、じれったくなるほどの真実が含まれていた。実のところ、スヴェトラーナは人を愛するとはどういうことかを知らず、人に愛される自信もなかった。それでもなお、彼女は愛情の代わりとして、ロマンチックで理想化された経験を求めないではいられなかった。そういう女性はスヴェトラーナ以外にも少なからず存在するが、彼女のケースは極端だった。自己を形成し、完成するためには愛する相手が必要だと彼女は感じていた。そして、孤独への恐怖が彼女に絶望をもたらすのだった。しかし、彼女が心惹かれる男たちの中にスターリンの娘との永続的な結びつきを希望し、彼女が抱える暗黒を喜んで受けとめようとする者がはたしていただろうか？

第13章 雪どけ以後

1962年、スヴェトラーナが洗礼を受けて
ロシア正教に入信したモスクワの聖衣降架教会。
入信は共産党の教義に反する反党行為だった。

一九五〇年代の終わりから六〇年代の初めにかけて、モスクワは活気に満ちた国際都市の様相を呈していた。音楽祭、映画祭、ダンス大会などの国際フェスティバル、文学者の世界大会、芸術家の国際交流会議が次々に開催され、また、多数の外国人学生がこの町に留学していた。夜の歓楽街も盛況だった。しかし、華やかに見える表面の裏側では、依然として共産党による統制がすべてを支配していた。秘密警察も健在だった。

フルシチョフの「雪どけ」は、当初から政治的な混乱を伴っていた。一九五六年三月の「フルシチョフ秘密報告」の直後、グルジアの首都トビリシではスターリン没後三年を記念する集会が開かれ、参加した学生たちのデモが暴動に発展した。ソ連軍が出動して鎮圧に当たったが、その結果、数十人が死亡し、数百人が負傷した。皮肉にも、学生たちはフルシチョフの非スターリン化政策に抗議してデモを始めたのだった。グルジアの息子スターリンをフルシチョフが誹謗中傷したとグルジアの人々は感じていた。一方、十月になると、自由を求めるハンガリーの学生たちがソ連による支配に抗議して蜂起した。ハンガリー蜂起はブダペストに侵攻したソ連軍の戦車によって鎮圧されるが、スターリン批判をきっかけとして共産圏ブロック全体の安定が脅かされ始めていた。今後の事態がどうなるのか、ソ連の市民たちは不安のうちに息を詰めて見守っていた。

ロシア語の「雪どけ」には、「寒気の緩み」という意味だけでなく、「雪どけの泥濘によってもたらされる混乱」というニュアンスも含まれている。フルシチョフの「雪どけ」も、前進と後退を繰り返し、揺れ動いた。「雪どけ」が始まったばかりの頃には、その方向は誰にも予測できなかった。しかし、すぐに共産党による抑圧体制は変わらないことが明らかになる。ただし、実際に抑圧政策を行使する頻度は以前よりもまばらになった。フルシチョフはジグザグに政策を進め、自分の権威を維持するために必要とあれば後退することも厭わなかった。

作家たちがたどった運命は、「雪どけ」の流れを知るための一種のバロメーターだった。たとえば、一九五八年十月にノーベル文学賞受賞の知らせを受けたボリス・パステルナークは、「心から感謝する。このうえない感動と驚きに圧倒されている」という電報をノーベル賞委員会宛てに打った。しかし、かねてからパステルナークの『ドクトル・ジバゴ』を反社会的小説として禁書に指定し、ソ連国内での刊行を認めなかった党政治局は、その四日後、受賞辞退の電報を打つことをパステルナークに強制する。[1] 一九六一年二月にはワシリー・グロースマンの『人生と運命』の草稿がＫＧＢによって押収され、破棄された。その一方で、一九六二年十一月、フルシチョフは党内の反対意見を押し切って、強制収容所の暗黒生活を描いたアレクサンドル・ソルジェニーツィンの『イワン・デニーソヴィチの一日』を雑誌『ノーヴィ・ミール』が掲載することを許可した。本物の雪どけが来るのか、それとも反動の厳寒が戻って来るのか、容易には予測できない状況だった。

一九六一年の春から夏にかけての時期はスヴェトラーナにとってとりわけ厳しい季節だった。彼女はすでに三十五歳だった。もはや若いとは言えない年齢だった。この年齢でまだ独身ならば、今後もずっと独身のままでいる可能性が高いと考えるのが普通だった。十六歳の息子と十一歳の娘は学校へ通っていたが、娘のカーチャはピオネールの集会への出席を強制されており、息子のヨシフはコムソモールに所属していた。スヴェトラーナは回想している。「その頃、私は塞ぎ込み、イライラし、絶望的な悲観主義に陥っていた。自殺を考えたことも一度や二度ではなかった。暗い部屋が恐ろしかった。死者も、嵐も、武骨な男たちも、町の与太者も、酔っぱらいも、何もかもが怖かった。自分自身の生活も無味乾燥で陰鬱だった。未来への希望が持てなかった」[2]。世間体だけは慎重に取りつくろっていたものの、彼女の心の中では悲哀と疑惑、怒りと欲求不満が渦巻いていた。心理的な傷を癒せないどころか、傷を直視することさえできなかった。

スヴェトラーナはゴーリキー世界文学研究所で知り合ったアンドレイ・シニャフスキーとしだいに親しくなり、彼に慰めを求めるようになった。明らかにシニャフスキーの方もスヴェトラーナにある種の魅力を感じていた。クロポトキン門の近くの小さなベンチに並んで腰かけていた時、スヴェトラーナは自殺の話題を口にした。シニャフスキーは答えて言った。「自殺する人間は自分を殺すことしか考えない。自殺者はたしかに自分の肉体を破壊する。だが、肉体が死んでも、魂は苦しみ続ける。

魂を救うか、見捨てるかを決めるのは神だけだからだ」[3]。この時、スヴェトラーナは祖母オリガの生前の言葉を思い出していた。「おまえたちの魂はどこへ行ってしまったのかね？　そのうち、魂が痛む時が来る。その時になれば、おまえたちも魂の存在に気づくだろうさ」。

自殺について話し合えるほど親密になっていた二人は、他にも多くの事柄を語り合ったはずである。しかし、スヴェトラーナに期待を抱かせたことはシニャフスキーの大きな間違いだった。事態はすぐに恋愛事件に発展した。スヴェトラーナの同僚の研究者アレクサンドル・ウシャコーフによれば、まもなく、ゴーリキー研究所内に噂が広まった。ある日のこと、アンドレイ・メンシューチンのアパートで開かれていたパーティーにスーツケースを抱えたスヴェトラーナが乗り込んできて、居合わせたシニャフスキーに一緒に駆け落ちしようと迫ったというのである[4]。後に、シニャフスキーの妻マリア・ローザノワがインタビューに答えて事件の経過を語っている。

ある日、私たち夫婦は夫の同僚のアンドレイ・メンシューチンの家に招かれて夕食を取っていた。メンシューチンと私たちは近所同士で、同じようなタイプの共同住宅に住んでいた。突然、ドアのベルが三度鳴って、スヴェトラーナ・アリルーエワが現れた。

メンシューチンのアパートはとても狭かったが、メンシューチンの妻のリディアと私は急いでスヴェトラーナが座るための椅子を探した。しかし、スヴェトラーナはこう言った。「ゆっくりするつもりはないわ。アンドレイ、貴方を迎えに来たのよ。さあ、私と一緒に行きましょう」。私は彼女に聞き返した。「スヴェトラーナ、妻の私はどうなるの？」。すると、スヴェトラーナは私に向き直って言った。「マーシャ、貴女はアンドレイを前の奥さんから奪ったでしょ。今度は私が貴女からアンドレイを奪う番よ」[5]。

スヴェトラーナは今もなおクレムリンの「小さな女主人」であり続けているかのようだった。自分を愛せよと命令すれば、その命令には誰でも従うと思い込んでいたのだ。ローザノワによれば、夫のシニャフスキーは驚きの余り「顎が外れるほど大きく口を開けた」。妻は夫に向かって思い切って言った。「アンドレイ、あなたはソ連の歴史を研究している間に少し深みにはまり込み過ぎたんじゃないの？」。ローザノワは、また、同じインタビューの中で次のように答えている。「もちろん、私はもっと単刀直入に夫に問い質したわ。すると、夫はスヴェトラーナと一度だけ寝たことを認めたの。でも、それが何だっていうの？」。

ローザノワにとって、悪いのは夫ではなく、もちろんスヴェトラーナだった。ローザノワに言わせれば、スヴェトラーナは「いかにもあの父親の娘らしいヒステリックな女だった」。夫のシニャフスキーも男であることに違いはない。ローザノワは夫が口にした有名な冗談を引き合いに出している。「もし列車のコンパートメントで女性と乗り合わせたら、必ずモーションをかけるべきなんだ。それが男の礼儀というものさ」。ローザノワは、また、貞節は人間関係にとって「最大の要素ではない」とも言っている。「肉体関係だけが人間を結びつけるわけではない。私がいなければシニャフスキーは仕事をすることができず、生きることさえできないだろう。その場合、生きるということは単にスープを作ることではない」。しかし、それでも、ローザノワは決してスヴェトラーナを許さなかった。

一九五〇年代と六〇年代は、社会のいたる所で性についての二重基準（ダブルスタンダード）が見られた時代だった。しかし、スヴェトラーナはその事情を理解していなかった。この恋愛事件では、女性であるスヴェトラーナは「色情狂」と見なされたが、一方、芸術家たるシニャフスキーには性的な戯れが許されていた。性的冒険は彼が詩を書くために必要な経験として容認されたのだ。そして、スヴェトラーナはシニャフスキーが書く詩の中に希望を見出していた。妻と愛人は競争相手として敵対したが、夫はそれを楽しげに傍観していた。創造的生活を実現するための唯一の道は愛する伴侶を見つけることだとスヴェトラーナが信じていたとしても、当時、それは少しも異常ではなかった。しかし、彼女は今度もまた敗退した。噂の的となりながらゴーリキー世界文学研究所に勤め続けることは辛い経験だったに違いない。しかし、後に二冊目の回顧録として刊行する『たった一年』の中では、スヴェトラーナはこの時の屈辱には少しも触れず、シニャフスキーとその妻の両方を好意的に回想し、二人との友情の復活に期待をかけている。

　恋愛関係は終ったが、スヴェトラーナがシニャフスキーから受けた影響は長く残った。スヴェトラーナがロシア正教への入信を決心した背景にも熱心なキリスト教徒だったシニャフスキーの影響があった。一九六二年の春、彼女はドンスコイ大聖堂に隣接する小さなビザンチン教会で洗礼を受けたが、その聖衣降架教会（リゾパラジェーニエ）は数ヵ月前にシニャフスキー自身が洗礼を受けた教会だった。

　スヴェトラーナに入信の決断を促したもうひとつの要素は、皮肉にも父親から受けた影響の記憶だった。十代のスヴェトラーナにキリスト教の存在を教えたのは他でもないスターリンだったのである。その頃、父親の蔵書を読み漁っている間にスヴェトラーナは『キリストの生涯』という本に出会い、その内容に衝撃を受けた。まっとうな無神論者として教育されていた彼女はその衝撃を父親に打ち明けた。「これは嘘でしょ。神話みたいなものよね」。すると、スターリンは答えた。「いいや、本当の話だ。キリストは実在の人物だった」。その日の午後、スターリンはトビリシの神学校時代の思い出を交えて、娘にキリストの生涯の物語を聞かせた。スヴェトラーナにキリスト教を紹介したのは誰あろう父親のスターリンだったのだ！　父親の膝の上でキリストの生涯の物語を聞いた記憶は彼女の楽しい思い出だった[6]。

キリスト教への入信は反党行為だった。しかし、一九六〇年代の初期には多くのロシア人が洗礼を受けてロシア正教に入信した。それは共産主義に対する抵抗のひとつだった。入信は、ある人々にとっては失われた古き良きロシアへの懐旧的な回帰であり、また、別の人々にとっては精神的な価値への渇仰を満たそうとする努力だった。しかし、スターリンの娘が党の規則を破って入信することになれば、相当な危険が予測された。洗礼を施した神父のニコライ・アレクサンドロヴィチ・ゴルーブゾフは、スヴェトラーナと自分自身の安全ために彼女の名を被洗礼者名簿に記帳しなかった。しかし、スヴェトラーナはニコライ神父の励ましの言葉を決して忘れないと書いている。「たとえ貴女がスターリンの娘であっても、神は貴女を愛するだろう」[7]。彼女が抱えていた痛切な孤独の深淵を物語るようなエピソードである。

イデオロギーに支配される画一的な文化に慣れ親しんでいたスヴェトラーナは、モスクワ郊外に隠れるように建つ聖衣降架（リゾパラジェーニエ）教会の静謐な雰囲気や美しい玉葱型の塔に深く感動したに違いない。小さな石造りの礼拝堂の円天井を飾る宗教画、香炉から立ち昇る薫香、薄暗がりの中で揺らめく無数の灯明、催眠術の呪文のように響く聖歌隊の聖歌、これらはすべて、モスクワの画一的な灰色の風景に慣れた者の心を酔わせずにはおかなかったはずである。ズバロヴォ邸の庭の包（パオ）の中に置かれた仏像の微笑に心惹かれて以来、スヴェトラーナは形而上的なものへの憧れを抱いていたが、ロシア正教の洗礼を受けてからは宗教についての勉強に没入した。ヒンズー教、仏教、キリスト教などに関する書物を貪るように読み漁ったスヴェトラーナは、やがて、内心の平安を求めて宗教の教えを実践することになる。

彼女の入信には多くの動機があったが、そのひとつは兄ワシリーの死だったと彼女は説明している。前年の一九六一年、ワシリーはフルシチョフの取り計らいでウラジーミル監獄から釈放されていたが、平穏な暮しは三ヵ月も続かなかった。彼はモスクワ中をうろつき回り、グルジア人の取り巻きを集めては、贔屓のレストラン「アラグヴィ」で痛飲したあげく、どこへともなく姿を消してしまったのである。家族は必死で探し回ったが、探し当てた先はレフォルトヴォ監獄だった。ワシリーはすでに重篤の病気にかかっており、新たな刑期を務めることは不可能だった。退役将軍としての年金を支給されてカザンに転居したものの、尾羽打ち枯らし、一文無しの状態のまま酒に溺れ、ひとしきり痛飲した後、一九六二年三月十九日に死亡した。享年四十一歳、四人の元妻と何人かの子供を遺しての若死にだった。スヴェトラーナは、母親に見捨てられる以前の前途有望な少年ワシリーの姿を思い出していた。今となっては、兄への憎悪はすでに消えていた。(8)

同じ一九六二年、スヴェトラーナは過去から帰って来た人物と再会した。その再会は感動的であり、同時に破滅的だった。相手は従弟のジョンリード(イワン)・スワニーゼだった。スヴェトラーナとイワンはイワンの両親が一九三七年に逮捕されて以来会っていなかった。イワンの父アレクサンドル・スワニーゼは一九四一年に、また、母親のマリアは一九四二年にスターリンの命令で処刑されていた。子供の頃、スヴェトラーナはこの伯父夫婦を敬愛していた。あの頃、旅行先から包(パオ)を持ち帰ってズバロヴォ邸の庭に立てたのも、子供たちに古代ペルシアとヒッタイトの物語を聞かせたのも、グルジアの詩を読み聞かせたのも、他でもないイワンの父のアリョーシャ伯父さんだった。二十五年ぶりに二人が出会った場所は、多分、イワン・スワニーゼが研究者として勤務していたアフリカ研究所だったと考えられる。スワニーゼはジョンリードの名を捨てて、もっぱらイワンを名乗っていた。二人の話題はすぐに懐かしい子供時代にさかのぼった。しかし、懐かしい過去には暗黒の部分も含まれていた。

処刑される前にイワン・スワニーゼの両親が牢獄から息子宛てに書いた手紙を見せられた時、スヴェトラーナは愕然とした。両親は、自分たちが死んだ後は親戚の人々に頼るようにと息子に書いていた。きっと彼らが面倒を見てくれるだろう。しかし、事はそのようには運ばなかった。「人民の敵」の子供と関わりを持つことの危険性を知っていた親戚連中は、誰もイワンを引き取ろうとしなかった。スヴェトラーナの長兄ヤーコフがイワンを助けようとしたが、ヤーコフの妻は自分の家族に危険が及ぶことを恐れて、手を出さないように夫に懇願した。[9]

スターリンの鉄の規律の下では、「人民の敵」を親に持つ子供はその子供自身も「人民の敵」だった。当時十一歳だったイワンは、両親が逮捕された後、しばらくの間は乳母に面倒を見てもらっていたが、その乳母も逮捕されてしまうと、犯罪者の子弟を収容する特別孤児院に入れられ、鉄条網の中で数年を過ごすことになった。戦時中、孤児は浮浪者と同じ扱いだった。社会から最初に見捨てられ、食料の配給では最後に回される厄介者だったのである。父親が対外貿易銀行の理事長だった時代にベルリンやロンドンやジュネーヴで裕福な子供時代を過ごした少年にとって、それは想像を絶する辛苦だったに違いない。

十七歳に達した時、イワンは流刑処分となってカザフスタンへ送られ、炭鉱で働かされた。そして、一九五六年になってようやくモスクワへの帰還を許される。生き残った孤児たちの多くがそうだったが、イワンも心を打ち砕かれ、苦悩に苛(さいな)まれる青年としてモスクワに戻って来た。彼はもう親戚とは連絡を取ろうとしなかった。猛烈な努力の末にモスクワ大学に入学し、アフリカ研究の分野で博士号を取るまで勉強を重ねたが、結局、完全に健康を回復するには至らなかった。

スヴェトラーナは後にこう振り返っている、「二人の再会は偶然だったが、私はどうしても彼を放っておくことができなかった」。[10]一九六二年の年末、スヴェトラーナとイワン・スワニーゼはロシア正教会で密かに結婚する。まるで、二人の神経症患者が寄り添って共同生活を始めるような結婚だった。もちろん、イワンの経験の悲惨さはスヴェトラーナの経験をはるかに上回っていたが、スターリンの犠牲者である点は二人に共通していた。この結婚には最初から不幸な影がつきまとっていた。そして、案の定、丸一年も続かずに破綻を迎える。ヤーコフの娘のグーリアはスヴェトラーナとイワンの夫婦が彼女を訪ねて来た時のことを次のように回想している。「酷い目にあってきたイワンは神経質で、傷つきやすい人だった。とても難しい性格の人物だった」[11]。

スヴェトラーナとイワンは別れることになった。イワンについてスヴェトラーナはいつも優しく庇うような発言をしていたが、二人が結婚した事実をあえて公表しようとはしなかった。多分、彼女は恥じていたのだろう。自分自身の孤独を癒そうとして結婚したが、その結果はイワンの苦しみをいっそう悪化させたに過ぎなかったからだ。ところが、二人の離婚告知が夕刊紙『ヴェーチェルナヤ・モスクワ』に掲載されるという事態が起こる[12]。スヴェトラーナの離婚はこれが三度目だった。三度の離婚はソ連市民の平均からすれば特に珍しいことではなかった。数十年も続く独裁政治の精神的な重圧に苦しむソ連市民にとって、離婚はごく当たり前の現象だったのである。

スヴェトラーナは親しい友人たちとのつきあいに慰めを求めた。友人たちの多くは知識階級に属する人々だった。たとえば、レニングラードには、ドミートリー・トルストイと妻のタチアナが住んでいた。スヴェトラーナは暇を見つけてはモスクワを抜け出してレニングラードを訪れ、この夫婦の許で数日を過ごした。ドミートリーは文豪レフ・トルストイの従弟に当たる作家アレクセイ・トルストイ伯爵の息子だった。数々の歴史小説を書いてソ連国内で尊敬されていた父親のアレクセイ・トルストイは離婚してモスクワの邸宅に住んでいた。夫と離婚したドミートリーの母親ユーリア・ロジャンスカヤは、彼女自身も有名な詩人だったが、過去の思い出の品々を抱えて、貧窮のうちに共同住宅の一隅で独り暮らしをしていた。スヴェトラーナはレニングラードのドミートリー夫妻のアパートの雰囲気が好きだった。その部屋には十八世紀のオランダ製の箪笥、貴重な大型の鏡、アンティークの椅子など、古い歴史を感じさせる家具が並んでいた。

ドミートリー・トルストイは作曲家だった。しかし、共産党への入党を拒否したために、作品のオペラが上演されることはなかった。やむなく、音楽を教えて生活を支えていたが、経済的に困窮しても、パーティーを開くことをやめなかった。トルストイ家のパーティーでは、革命前の詩が吟唱され、非合法の草稿が地下出版物の形で回し読みされた。その中には、レニングラードの新しい星として頭角を現しつつあったヨシフ・ブロツキーの発禁の詩も含まれていた（一九六四年、ブロツキーは社会に寄生する反革命分子という罪名で裁判にかけられ、刑期五年の国内流刑に処せられた[13]）。

そのようなトルストイ家のパーティーで、スヴェトラーナはリリー・ゴールデンに出会った。ゴールデンはスヴェトラーナの第一印象を次のように回想している。「赤毛で、目の色は緑、やや小柄で、服装は地味だったが、彼女の眼差しには他の人間が知り得ないことを知る者の深い苦しみの色が宿っていた[14]」。リリー・ゴールデンはアフリカ研究所の研究員で、アフリカの音楽と文化に関する多数の著作と論文を発表していた。彼女は、また、カフカス地方に点在する黒人共同体の問題に初めて注目した研究者でもあった。黒人共同体はアブハジアの山岳地帯へ逃げこんだ昔の逃亡奴隷の子孫によって構成される貧しい共同体で、ソ連政府が秘密にしておきたい問題のひとつだった。リリー・ゴールデン自身も特異な経歴の人物だった。彼女の父親のオリヴァー・ゴールデンはアメリカの黒人だったが、第一次大戦後にミシシッピ州から逃亡して大都市シカゴにたどり着き、そこで熱心なマルクス主義者になった。「私を対等な人間として扱い、握手してくれた最初の白人はアメリカ共産党員だった」というのが彼の口癖だった[15]。マルクス主義者となったオリヴァーはユダヤ系ポーランド人移民の女性ベルタ・ビアレクと結婚する。しかし、当時の米国では、白人と黒人のカップルが安全に生活することは不可能だった。一九三一年、二人は米国を脱出し、公正で平等な社会の建設に参加する夢を抱いてソ連に向かった。一九三〇年代、ゴールデン夫妻は友人たちが粛清されて姿を消すのを絶望しながら見守ったが、彼ら自身は粛清を免れた。リリーはこの夫婦の一人娘としてタシケントで生まれ育った。モスクワに出て来てからも、リリーは数少ない黒人のロシア人として生活してきた。

リリーとスヴェトラーナがトルストイ家で出会ったその晩のことだった。パーティーが終った後で、集まった一同は近所に住むヴィクトル・マヌイロフ教授の許を訪ねることになった。文芸評論家でロシア詩史の研究者でもあるマヌイロフ教授のアパートを訪ねると、そこには溢れるほど多数の書物があり、蔵書の一部は共用のバスルームにまではみ出していた。教授は一同を親切に迎え、サモワールを沸かし、古き良き時代のサンクトペテルブルクについて語ったが、突然、リリーとスヴェトラーナの二人に向かって言った。「掌(てのひら)を見せてごらん。私の手相見は時として的中するんだよ」。

マヌイロフ教授はスヴェトラーナの手相を見て興奮して言った。「こんな手相を見るのは初めてだ。この手相を持つ人は特別の人間だよ!」。リリーはスヴェトラーナの手相についてのマヌイロフ教授の所見を回想している。「貴女の人生は三つの時期に分かれているね。第一期はもう過去のことだが、雲ひとつない青空のような至福の時代だった。第二期の現在は難しい時期だ。貴女は外国の王子と結ばれるために戦っている。しかし、その王子は病を得て没するだろう。そして、第三期が始まる。貴女は遠く大海原の彼方へ旅立つだろう」[16]。不思議なことに、マヌイロフはスヴェトラーナの生涯の軌跡をきわめて正確に言い当てていた。やがて彼女は実際にブラジェシュ・シンという名のインド人の王子に出会い、その後、最終的に海を渡ることになる。

リリー・ゴールデンは好奇心をそそられて、トルストイの妻のタチアナに「このスヴェトラーナっていう人はいったい何者なの?」と尋ねた。スターリンの娘のスヴェトラーナ・アリルーエワであると聞かされると、リリーは衝撃を受けた。「質素な服装をした慎ましやかなこの若い女性をあの恐怖政治と結びつけて考えることは難しかった[17]」。

互いに深く知り合うにつれて、リリーはスヴェトラーナに親しみを感じるようになる。「彼女はとても心の優しい女性だったが、父親から受け継いだ恐るべき運命を逃れることができないでいた。彼女は他人を信用することができなかった。もし、あなたがスターリンの娘で、世間からまるで怪物か何かのように扱われたら、どうして他人が信じられるだろうか?[18]」。スヴェトラーナの方もリリーが好きになった。リリーがスヴェトラーナの家庭に陽気で新鮮な空気を持ち込んだからだった。リリーが集めたアフリカの民謡と霊歌の膨大なコレクションを聞くことがスヴェトラーナの楽しみになった。リリーはスヴェトラーナの息子ヨシフにツイストの踊り方を教えた。

スターリンの娘であることとの意味をリリーはすぐに理解した。もともと、リリー自身も、黒人であるがゆえに、モスクワでも好奇の目で見られることが多かったからである。それがスヴェトラーナだと知ると、街頭の人々は嫌悪と軽侮の眼差しを向けるのだった。ゴーリキー世界文学研究所もスヴェトラーナにとって居心地の悪い場所となっていた。彼女は職場を移るつもりで、「世界経済・国際問題研究所」のドアを叩いたが、勤務は三日も続かなかった。「数分ごとに彼女の部屋のドアが開いて、誰かが覗き込み、嫌悪感を剝き出しにして彼女を見つめたからだ。父親への嫌悪が娘に向けられていた[19]」。

リリーはアフリカ研究所の同僚だったイワン・スワニーゼの研究者としての才能を認めていたが、そのイワンとスヴェトラーナが結婚した理由はスヴェトラーナの側にスターリンが犯した罪への贖罪意識があったからだろうと感じていた。リリーは娘のエレーナ・ハンガに向かって次のように言っている。「一九五〇年代末に強制収容所から帰還した人々をスヴェトラーナはできる限り支援しようとしていた」[20]。リリーは、また、イワンとスヴェトラーナの関係が突然破綻した理由も理解していた。リリーによれば、イワン・スワニーゼは長い収容所生活の後遺症で情緒不安定になっていた。その彼と一緒に生活することは誰にとっても難事業だった。自分がユダヤ人であることについて被害妄想を抱いていたイワンは、ユダヤ人である自分の母親の写真をすべて壁から外してしまった。イワンは、また、スヴェトラーナの息子のヨシフを毛嫌いしたが、それはヨシフの父親がユダヤ人だからだった[21]。

リリーにはスヴェトラーナに感謝する特別の理由があった。スヴェトラーナが自分の特権的な地位や人脈を利用して何か利益を得ようとすること滅多になかったが、例外的にリリーを助けたことがあった。タンザニア人の革命家だった夫が暗殺された時、リリーは赤貧状態となり、しかも、シングル・マザーとして娘を育てなければなかった。その時、スヴェトラーナは影響力を行使して毎月の寡婦手当がリリーに支給されるよう取り計らったのである。恩義を感じたリリーは終生スヴェトラーナの味方となった。

スヴェトラーナに大きな影響を与えたもう一人の友人はフョードル・ヴォルケンシュテインだった。ヴォルケンシュテインはドミートリー・トルストイの異母弟で、モスクワ大学で化学を研究する教授だったが、ある時、スヴェトラーナとの長い会話の後で、回想録を執筆してはどうかと強く勧めた。「でも、回想録なんて、どうすれば書けるの？」とスヴェトラーナが尻込みすると、ヴォルケンシュテインは答えた。「書けばいい。ともかく、書き始めればいいのです。僕に手紙を書くつもりで書き始めなさい。そうすれば、残りは自然と湧き出てくるでしょう[22]」。

一九六二年、フランス人の作家で編集者でもあるエマニュエル・ダスティエがスヴェトラーナを訪ねて来た。予告なしの突然の訪問だった。ダスティエの友人だったイリヤ・エレンブルグは、「スヴェトラーナに関わるのは危険なのでやめた方がいい」と忠告していたが、ダスティエは独自にスヴェトラーナの住所を探り当てた。突然ドアをノックして現れたダスティエは、スターリンについての記事を書いていると前置きして、事実関係のチェックをスヴェトラーナ依頼した。法律上の基準から言えば、スヴェトラーナは外国人ジャーナリストを自宅に招き入れるべきではなかった。しかし、彼女はソ連の法律に縛られることに飽き飽きしていたので、ダスティエを部屋に入れて、何時間も話し込んだ。モスクワの知識人の間では、ダスティエはフランス共産党に近い立場のリベラルな平和主義者と見なされていた。

ダスティエの最初の訪問の直後、スヴェトラーナは幹部会副議長のアナスタス・ミコヤンの別荘に呼び出された。ミコヤンは、外国人に会うことは公式には禁止されていないと前置きしたうえで、しかし、「なるべくならば、会わない方がいい」と忠告した。さらに、彼女に回想録を書く意図があるかどうかを質問し、もし書いた場合には、その草稿を外国人に渡すのは賢明ではないと警告した。「そんなことをしたら、二度と平穏な暮しは期待できなくなると思いなさい」。危険を察知したスヴェトラーナは、本を書くつもりはないと断言してミコヤンを安心させた。その後、ダスティエはモスクワに来るたびにスヴェトラーナを訪ねるようになった。そして、ダスティエが訪ねて来るたびに、スヴェトラーナは中央委員会の事務所に呼び出され、丁重な言葉遣いで質問された。「例のフランス人は貴女に何を要求しましたか？」[23]。

実際には、スヴェトラーナはフョードル・ヴォルケンシュテインの助言に従って回想録を書き始めていた。ヴォルケンシュテイン宛ての私信という形式で書かれた回想録の題名は『友人に宛てた二十通の手紙』だった。親友のオリガ・リーフキナは一九六三年の夏にジューコフカの別荘で執筆に没頭するスヴェトラーナの姿を覚えている。ただし、スヴェトラーナは何を書いているかについては誰にも知られないように用心していた。「彼女は当局の介入を恐れていた。もし、当局に知られれば、原稿を没収されて破棄されてしまうだろうと彼女は言っていた[24]」。スヴェトラーナは「匿名の友人」への手紙という形式による回想録を三五日間で書き上げた。その友人がヴォルケンシュテインであることは、彼の身の安全のために、決して読み取られないように伏せなければならなかった。ソ連ではよくあることだったが、スヴェトラーナは出版する当てのない草稿を「引き出しにしまい込んでおくために書いた」のだった。

とはいえ、スヴェトラーナは書き上げた草稿をかつてレニングラードで彼女とリリー・ゴールデンの手相を占ったマヌイロフ教授の許に届けることに成功した。草稿を読んで興奮したマヌイロフは深夜に電話してきた。「何とまあ素晴らしい出来だ。読み始めたらやめられない傑作だ」。電話が盗聴されていることを知っていたスヴェトラーナはとぼけて聞き返した。「何の話をなさっているのですか?」。教授も我に返って答えた。「あ、そう、そう。今読んでいるある本のことなんだがね」。マヌイロフ教授は興奮のあまり、ソ連市民に必須の用心深さを忘れていたのだった。

翌朝、スヴェトラーナは汽車に飛び乗ってレニングラードに向かった。マヌイロフ教授はスヴェトラーナの顔を見ると質問した。「君、これは完璧な原稿だよ。どうしてこんな素晴らしい作品を書き上げることができたのかね? 国外に持ち出して出版することも不可能ではないよ[25]」。教授が国外の出版社と関係を持っていることをスヴェトラーナは薄々知っていた。ヨシフ・ブロツキーの詩の草稿を国外に持ち出して出版する手配をしたのも、多分、マヌイロフ教授だった。しかし、彼女は答えた。「いいえ、今のところ、国外で出版する気はありません」。草稿を国外に持ち出せば大騒ぎになることは間違いなかった。彼女には守るべき子供たちがいた。「よく分かった」と教授は言ったが、それでも、タイピストに命じて、草稿のコピーを三部作らせた。信頼できる友人たちの間で回読するためだった。

『友人に宛てた二十通の手紙』は告白の書というよりも、悪魔祓いの書だった。一人の友人に向けて手紙を書くという形式を採用したおかげで、スヴェトラーナは心の奥に澱んでいたものを吐き出すことができた。肩越しに覗き込んで批判しようとする父親の亡霊も、予想される検閲官の目も、無視することができた。彼女はひとつの政治的時代についてではなく、自分が愛し、そして失った身近な人々の具体的な姿を書いた。手紙という形式よりも、スヴェトラーナが語る話の重さが重要だった(「親愛なる友へ」などという陳腐な挨拶は省略されていた)。


スヴェトラーナは『友人に宛てた二十通の手紙』の最初の章でスターリンの死とその前後の混乱を描いている。自由に話すためには、まず父親の亡霊から身を振りほどく必要があったのだろう。しかし、彼女は「首領の死」という大事件の実態を伝えるよりも、むしろ娘の立場から父親の死を記録するという姿勢を貫いた。「いったい誰がこの孤独な人物を愛していただろうか?」と彼女は書いている。重臣である閣僚たちは恐怖と野心の間で右往左往するばかりだった。なかでも、ベリヤは権力の座を奪おうとして慌ただしく動き回っていた。しかし、彼らは皆スターリンの召使いに過ぎなかった。昏睡状態のスターリンが最後の瞬間に左腕を持ち上げた時、娘のスヴェトラーナはその動作を「生」に対する父親の怒りの表現と受けとめた。スターリンは「生」を支配しようとしたが、最後には「生」によって打ち負かされたのだ。石棺のように空虚で陰鬱なクンツェヴォ邸はスターリンが建てた記念碑だった。一方、ズバロヴォ邸はスヴェトラーナが子供時代を過ごした明るく幸福な思い出の場所だった。

第二章でスヴェトラーナはズバロヴォ邸での幸福な暮らしを回想している。母親がまだ生きていた頃の思い出だった。もちろん、その大部分は美化された過去の幻想だった。アリルーエフ家の人々は草創期の理想主義的な革命家であり、誰もが善意に満ちていた。決して「首切りの斧を研ぐような」人々ではなかった。彼らは「誠実で、正直者で、心優しい革命家」であり、スターリンに対しても対等の立場を維持していた。ミコヤン、モロトフ、ヴォロシーロフなどは、ズバロヴォ邸をしばしば訪れる「おじさんたち」だった。しかし、もし望遠鏡で外界を見れば、田園詩のような牧歌的暮らしの裏側には残酷で殺伐とした世界があることに当時からスヴェトラーナは気づいていた。そこにはドストエフスキー風の悪夢の世界があり、その世界で野心と野心をぶつけ合う知人友人の大半が命を落としていった。それでも、スヴェトラーナは子供時代に経験したズバロヴォ邸の生活を手紙の相手に知ってほしいと思ったのである。

次の数章で、スヴェトラーナは親族がたどった運命を語っている。スワニーゼ家、アリルーエフ家、レーデンス家の家族が様々な経過をたどって破壊され、人民の敵に仕立て上げられ、黒い穴の中に吸い込まれていった。黒い穴とはつまり彼女の父スターリンを意味していた。ここでスヴェトラーナは非常に卓越した洞察力を発揮している。つまり、人々が二重生活を送っていたという事実だった。表面上は正常な生活が続いていた。しかし、その裏側には、死によって家族が引き裂かれるという残酷な世界が存在した。スヴェトラーナはこの恐るべき劇場で上演される幻想劇をその舞台裏から見守っていた。残忍な結末に至る脚本はすでに出来上がっており、彼女は見守る以外にどうすることもできなかった。彼女のいる場所からは客席の様子も見えた。観客たちは信じられないという表情で大きく口を開け、黙って座っているだけだった。

本の半ばまで来て、スヴェトラーナはそれまで先延ばしにして来た悲痛な話題をようやく取り上げている。母親の自殺の問題を打ち明けたのだった。まず、母親ナージャの青春期がナージャ自身の友人宛ての手紙を引用して紹介される。一九一六年から一八年にかけての革命の激動期に青春期を迎えたナージャは「理想主義的な革命思想の熱気」にしだいに引き込まれていく。ナージャの手紙は彼女が一九一八年までにスターリンに心惹かれるようになったことを示唆している。スヴェトラーナの説明によれば、ナージャは「革命が勃発した時にようやく子供から大人になろうとしていたが、スターリンの方はすでに四十歳に近い大人であり、猜疑心や計算高さなど、冷徹な政治家に必要な資質をすべて身につけていた」[26]。母親ナージャが自殺した晩の出来事については、スヴェトラーナは乳母のアレクサンドラ・アンドレーエヴナから聞いた話を引用している。

その後の数章でスヴェトラーナは一九三二年以降に親族を襲った運命を語っている。親しい身内の人々が次々に姿を消し、最後にはほとんど誰も残らなかった。スヴェトラーナはアレクセイ・カープレルについても一章を設けている。カープレルの運命はスターリンがどこまで残酷になり得るかを証明していた。スヴェトラーナは、また、重荷を振りほどこうとするかのように、何度かの結婚と子供たちについても語っている。振り返れば、彼女の人生は「残酷な別離と失望と喪失の人生」だった。

最終章は乳母のアレクサンドラ・アンドレーエヴナに捧げられている。いつも陽気で優しいアレクサンドラは永久に変わることのないロシアの善を体現する人物だった。もし、この乳母がいなければ、スヴェトラーナは「正気を保つことはできなかっただろう」。アレクサンドラ・アンドレーエヴナはトルストイ風の叙事詩的人物として描かれている。彼女はいずれすべてが過ぎ去ることを知ったうえで、革命後の出来事を冷静に見守っていた。スヴェトラーナは自分に道徳観と良心を与えてくれたのは乳母のアレクサンドラ・アンドレーエヴナだったと示唆している。

そして、スヴェトラーナは次のような言葉で著書を締めくくっている。

起こったことすべてについて、私たち全員に責任がある。しかし、最終的な審判は後世の人々に任せよう。この時代のことも、私たちのことも一切知らない人々、つまり、私たちがイワン雷帝の時代を奇怪な時代と思うように、私たちのこの時代を理解不能な遠い昔と思うような人々に委ねることにしよう。彼らは私たちの時代を「進歩的な」時代だったとは思わないだろう。「ロシアの善」を目指した時代とも思わないだろう。この本もこの国の歴史の一部だが、彼らがこれを読んで感じるのは苦痛と悔恨と困惑だろう。苦痛と悔恨と困惑の感情に導かれて、彼らは新しい歴史を築いていくことだろう。[27]

『友人に宛てた二十通の手紙』は個人的な視点で書かれており、一種哀切な抒情に満ちている。取り上げた事件や人々に関する断定的な評価は避けられている。スヴェトラーナは懐旧的であり、一部の人々、特に母親についてはロマンチックな理想化を行ない、時には証言にも偏りがある。しかし、彼女の記憶の正確さは驚くべきである。政治的な主張は含まれていない。ただし、スターリン体制についいては、いわゆる「集団的善」という目標のためにイデオロギー的な画一主義を押しつけ、個人を無意味なものとするシステムとして、それを非難し、拒否している。この本は、また、ある意味で永続的なロシア、古い伝統と多様な自然を持つロシアへのラブレターでもある。スヴェトラーナは手紙の宛先である友人に「ロシアを愛する者は決してロシアを離れることがない」と断言している。しかし、彼女がロシアを離れるのはそのわずか四年後のことだった。[28]

第14章 優しいインド人紳士

一九六三年十月、スヴェトラーナは扁桃腺の摘出手術を受けるためにクンツェヴォ病院に入院した。病院と医療のシステムはフルシチョフの雪どけ期に部分的に変更されたが、党幹部とその親族のための専用病院やサナトリウムは従前どおり維持されており、有名な俳優や一流運動選手などのエリート層のための専用医療機関も存続していた。ただし、雪どけ後は、その種の特権的施設が以前よりも多くの外国人を受け入れるようになっていた。毎年、モスクワから諸外国の共産党宛てに患者受け入れの招待状が送られた。モスクワ市内とその郊外の病院で治療を受ける外国人患者の存在は元々珍しくなかったが、今では、ソ連市民と同じ病棟にも外国人が入院するようになり、時には外国人患者とロシア人患者が通訳も監視もなしに交流するという事態が生じていた。もちろん、ソ連市民である患者には、外国人と親しくなり過ぎないようにとの注意が出されていた。

入院中のスヴェトラーナはクンツェヴォ病院のホールをぶらつく灰色の髪をした小柄で猫背の紳士の存在に気づき、彼がインド人であると聞いて興味をそそられた。その頃、彼女はガンジーの伝記を読んでいたので、マハトマ・ガンジーをどう思うかをこのインド人に聞いてみたかった。人見知りをするたちのスヴェトラーナは外国人に話しかけるのをためらっていたが、ある時、病棟の廊下で出会

スヴェトラーナとブラジェシュ・シン(撮影時期不詳)。
インドの地方王族の王子で、かつてはインド共産党の幹部だったブラジェシュ・シンと
スヴェトラーナはクンツェヴォ病院で知り合った。

い頭に鉢合わせしたのをきっかけに、二人は長椅子に座って一時間近くも話し込んだ。英語での会話には熱が入った。彼はスヴェトラーナに所属機関はどこかと質問し、どこにも属していないと聞くと、安心した様子だった。ブラジェシュ・シンは青年時代には理想に燃える共産主義者だったが、今はすでに共産主義への妄信を失っていた。

インドのウッタルプラデシュ州カラカンダルの地元王族の家系に生まれたブラジェシュ・シンは、州都ラクナウの大学で英語を学び、その後は生活の大半を外国で送っていたが、一九三二年にロンドンでインド共産党に入党する。共産主義がインド独立への最善の道と信じたからだった。友人たちによれば、当時のシンはどことなく「妖精パック」のようなおどけ者で、「政治のゲーム」にユーモアのセンスを持ち

込む人気者だった。[1]

スヴェトラーナはシンが彼女の素性を知らないことにホッとしていた。スターリン批判以後のソ連の生活についてシンがスヴェトラーナに質問すると、彼女は「改革は表面的で、ソ連社会の基本的な構造は何ら変わっていない」と答えた。

しばらく後に、スヴェトラーナはついに決心して、自分がスターリンの娘であることを告白した。しかし、シンは一言「あ、そう！」と英国風の抑揚で答えただけだった。スヴェトラーナによれば、その後も、シンが彼女の父親について質問することはなかった。[2]

入院中の二人はバスローブ姿のまま並んでホールを歩き、あるいは、病院の食堂で食事を共にした。それを見て、ロシア人患者の一部は眉を顰めた。フルシチョフの「リベラルな改革」が自分たちの特権を脅かしていることに不満を感じ、外国人であるブラジェシュ・シンの存在を快く思わないロシア人は少なくなかった。当局は英語の分かる患者に二人の会話を盗み聞きして報告することを求めた。そこで、誰かが近づくと、スヴェトラーナとシンは黙り込むようになった。[3] ソ連市民の標準からすれば、ブラジェシュ・シンはあまりにも開放的で、快活だった。笑いながら病院の廊下を歩く二人が陰気な顔つきの職員とすれ違う時、スヴェトラーナはシンの陽気さが災いを招くのではないかと心配になった。

シンは自分に慢性的な疾患があることをスヴェトラーナに打ち明けた。彼は気管支炎と肺気腫を患っており、特に、肺は両方ともボロボロの状態だった。まもなく、二人は体力回復のために黒海沿岸の保養地ソチのサナトリウムに送られる。サナトリウムの遊歩道を散歩するスヴェトラーナとシンは他の入院患者たちから非難の視線を浴びた。なかには、スヴェトラーナを脇へ呼んで意見をする人もいた。「貴女のお父さんは偉大な人だった。もう少し待ちなさい。スターリンが再評価される時が必ず来るから」(4)。また、誰かとつきあうのなら相手にはロシア人を選ぶようにと忠告する人もいた。さらに、スヴェトラーナが父親の姓を捨てたことへの驚きを表明する人もいた。だが、スヴェトラーナに近づく人々は皆、彼女と一緒に写真に納まりたいと申し出るのだった。スヴェトラーナはサナトリウムの患者と職員の一部が自分の行動をモスクワに報告しているに違いないと疑っていた。

五十三歳のブラジェシュ・シンは孤独な境遇だった(スヴェトラーナは三十七歳だった)。シンは戦時中にウィーンでユダヤ人の娘に出会い、彼女がナチスの手から逃れる手助けをした。二人は結婚してインドに逃れ、一六年間ともに暮らしたが、妻は息子を連れて英国に移住してしまう。シンも妻子の後を追って英国に渡ったが、仕事を見つけることができず、結局二人は離婚し、シンはインドに戻って、その後は一人暮らしだった。

スヴェトラーナとブラジェシュ・シンは互いに強く惹かれ合った。十六歳も年上だったが、あるいは、むしろ年上だったがゆえに、シンはスヴェトラーナにとって愛人であり、先達であり、また、親友でもあった。シンの精神世界は彼女の精神世界よりもはるかに豊かだった。彼には内心の平安と平衡があった。一方、シンは自分の頭で独自に物を考えるスヴェトラーナの能力に感心していた。彼はスヴェトラーナを「スヴェータ」と呼ぶようになる。「光」を意味する「スヴェータ」はシンが昔から知っていた数少ないロシア語の単語のひとつだった。ビザの期限が切れれば、シンは退院してインドに帰国する予定だったが、二人は別の計画を思いついた。スヴェトラーナの選択は例によって衝動的だった。彼女はシンにモスクワの自分の住居で一緒に暮らすことを提案した。

シンはモスクワ駐在のインド大使トリロキ・ナート・カウルとは若い頃から友人関係にあった。したがって、ソ連に滞在するための労働ビザを入手することは難しくないはずだった。そのシンはスヴェトラーナがこれまで一度もソ連を出たことがないと聞いて驚いていた。これからは、インドに帰国する際に同行することも可能であり、また、ヨーロッパ諸国を一緒に旅行することもできる。それは楽しい夢想ではあったが、雪どけの時代にふさわしい新しい希望でもあった。

十二月にシンはインドに一時帰国した。インドの駐ソ大使T・N・カウルとインド共産党書記長シュリパド・アムリト・ダンゲの推薦状があったので簡単に労働ビザが取れると思っていたが、シンの労働ビザの発給はなかなか実現しなかった。スヴェトラーナはインドにいるシンと頻繁に手紙のやり取りをしたが、まもなく、手紙を出しても相手の手許に届かなくなった。

スヴェトラーナは、ソチのサナトリウムで彼女が外国人と親しくしていたという報告を誰かがモスクワに送ったことが原因だろうと疑ったが、事実は少し違っていた。T・N・カウル駐ソ大使を通じてシンが知り得たところによれば、モスクワに住むインド共産党グループの中心人物だったチャンドラ・シェハルという名の若いインド人が「シンは信用できない」という情報をソ連側に流していたのだった。ラジオ局に勤務していたシェハルは、在露インド人の動静をソ連共産党中央委員会とその外交部門に知らせる情報提供者でもあった。シェハルは、シンがインドに帰国する前に、スヴェトラーナとシンを訪ねて来たことがあった。その際、笑いながら、シンのことを共産党員というより、むしろインドの王子であると評した。[5] イデオロギー上の純血主義が出世を左右する時代だった。しかも、他人を裏切ることが出世の早道になるという社会体制だった。

スヴェトラーナは幹部会副議長のアナスタス・ミコヤンに会いに行った。ミコヤンが彼女に語ったところによれば、彼はシンの件についてすでにフルシチョフと話し合っており、フルシチョフは同情的だということだった。したがって、すべてはうまく運ぶだろう。そのうちシンがインドからモスクワに戻ったら、シンを連れて会いに来るがいい。喜んでシンに会おうとミコヤンは約束した。

スヴェトラーナは事態の遅れに苛立っていたが、シンがインドに帰国してから一六ヵ月を経た一九六五年三月、ついにソ連への再入国ビザが発給された。四月七日、スヴェトラーナは息子のヨシフを連れてシェレメチェヴォ空港へシンを出迎えに行った。飛行機のタラップを降りるシンは見るからに病人で、しかも急に年老いたように見えた。しかし、スヴェトラーナは躊躇(ためら)わなかった。シンには政府のアパートが用意されていたが、スヴェトラーナは自分の住まいで一緒に暮らすことを主張して譲らなかった。ヨシフとカーチャも彼を歓迎した。ヨシフは後に回想している。


シンは立派な人だった。教養があり、心優しかった。彼と一緒に過ごす時間は楽しい時間だった。物静かで、忍耐強く、ユーモア精神を失わない人物だった。彼は私たちと一緒に暮らすことになったが、カーチャと私は彼を母の夫として受け入れ、敬意を払った。母は幸福そうに見えた。[6]

たしかに、スヴェトラーナはようやく幸福を手に入れたように見えた。シンの友人で、インド社会党の党首であり国会議員でもあったラム・マノハール・ロヒア博士は訪ソした際にモスクワでシンに会った時の様子を記録している。当時、シンは脚のむくみに苦しみ、喘息の病状も悪化していたが、それでもロヒア博士が滞在するホテルまで訪ねて来た。二人は三七年来の友人だった。ロヒア博士はスヴェトラーナとの関係についてもシンに質問した。

ブラジェシュが彼女について話す口調から、彼がその女性に対して深い愛情と尊敬の念を抱いていること、そしてまた、彼女の方も彼の身を心から案じているらしいことが分かった。ブラジェシュには物静かな魅力があった。彼は平静を失うことなく、誰の話にも喜んで耳を傾けた。それは彼が生まれつき持っていた共感能力に由来する魅力だった。彼には、また、ユーモアのセンスがあり、加えて、彼の眼差しの中には、私にもはっきりとは定義できない何かがあった。おそらく、その何かが女性たちを引きつけたのだろう。

気がつくと、すでに深夜だった。私は赤の広場に行ってみたいと思ったが、ブラジェシュはスヴェトラーナが心配していると言うので、私たちはタクシーで彼らの住まいに向かった。彼らの住む通りに入ると、路上に立つスヴェトラーナの姿が見えた。ブラジェシュの帰宅を待ちかねて、おもてに出ていたのだ。シンの身を案じている様子だった。私はタクシーから飛び降りて、まだ紹介もされていなかったが、冗談めかして話しかけた。

「ブラジェシュの身を案じていたのですか？ 彼を本当に愛しているのですね！」。

すると、スヴェトラーナは真顔で答えた。

「ご存知でしょうが、いろんなことが起こるんです。自動車事故とか、そんなことが」。

彼女が言外に何を言いたかったのか、分かるような気がした。

翌日、二人と一緒に数時間を過ごしたロヒアは、スヴェトラーナの誠実さに深い感銘を受けた。彼は後にあるジャーナリストのインタビューに答えて次のように語っている。

もし花に譬えるとすれば、彼女を薔薇と呼ぶには無理があった。彼女は薔薇よりもずっと柔和だった。むしろ、そこはかとなく香るジャスミン、または蘭とでも言うべきだろう。

彼女は、また、女性として多くの悲しみを抱えているように見えた。人生の悲しみが彼女に静かな魅力を与えていた。私たちは長い時間をともに過ごしたが、その間、彼女は一度として声を高めたり、荒らげたりしなかった。彼女が一度だけ鋭い口調で物を言うのを聞いたのは、後にインドで彼女に会った時だった。彼女は言った。「政治は嫌い！　大嫌い！」[7]。

スヴェトラーナの従弟のウラジーミルもロヒアの証言を裏づける発言をしている。

スヴェトラーナは若々しく、活気に満ち、燃えるような情熱を内に秘めたインテリ女性だったが、その彼女が回復の見込みのない病人のシンを一九六六年に没するまで献身的に愛した誠実さは感動的だった。二人の関係はこの世のものとは思えないほど麗しい愛の姿だった[8]。

スヴェトラーナは新しい計画を思いついた。シンと正式に結婚しようと決心したのである。もちろん、無謀な結婚による失敗をすでに三度も繰り返してきたスヴェトラーナの結婚願望には問題があった。しかし、今回は、永続的な関係を望む気持ちに加えて、実際的な必要性があった。シンが国外退去の対象となる恐れを取り除くためにはソ連の市民権を獲得する必要があり、市民権を得るにはスヴェトラーナとの結婚が一番の早道だった。スヴェトラーナはシンと一緒にヨーロッパ旅行をするという夢の実現のために結婚したいと思ったこともあったが、今や、結婚は緊急の必要事となった。シンの病状は重大だった。インドに帰国して、慣れ親しんだ気候に身を置けば、彼は命を取りとめることができるかも知れない。しかし、シンはスヴェトラーナをソ連に残したまま帰国することを拒否していた。スヴェトラーナがシンと一緒に国外に出るためには、シンの妻になる必要があった。

ところが、スヴェトラーナの人生をしばしば翻弄してきた政治の風向きがまたもや逆風に変わった。一九六四年十月、フルシチョフが失脚したのである。フルシチョフが犯した失敗はあまりにも多すぎた。目に余る飲酒癖、キューバのミサイル危機への対応の失敗、場当たり的な「雪どけ」政策など、そのやり方はソ連邦だけでなく、東欧諸国全体に深刻な政治的不安定をもたらしていた。徐々に準備された宮廷革命が成功して、フルシチョフは排除され、レオニード・ブレジネフが最高会議幹部会の第一書記に選出されて事実上の国家指導者となった（ブレジネフ時代と呼ばれる時代の始まりだった）。ブレジネフと権力を分け合ったのは、閣僚会議議長になったアレクセイ・コスイギンと最高ソヴィエト議長に就任したニコライ・ポドゴルヌイだった。保守派三人の政権はそれまで部分的に進められていた各種の改革にすぐにストップをかけた。

スターリンの死後、スヴェトラーナは自分がある意味で透明人間になったような気がしていた。誰にも注目されない無名の一市民として世間から忘れ去られることは、彼女にとってむしろ好ましい事態だった。しかし、今や、彼女をスターリンの娘として返り咲かせようとする状況が生じつつあった。保守派の共産党幹部にとって、彼女はスターリンの名声を受け継ぐべき存在だった。アナスタス・ミコヤンでさえ、第二〇回党大会でのスターリン批判を忘れたかのようだった。ある日、ミコヤンはスヴェトラーナと子供二人を別荘に招いて食事をともにし、帰り際にカーチャに土産を手渡した。「さあ、プレゼントだよ。織物だ。壁にでもかけるといい」。家に持ち帰って広げてみると、それはスターリンの肖像を織り込んだタペストリーだった。スヴェトラーナはすぐに巻き戻して、しまい込んだ。[9]

五月三日、スヴェトラーナとシンは連れ立ってモスクワ市役所に出向いた。ソ連邦市民スヴェトラーナと外国人シンとの結婚を登記するためだった。その翌日、スヴェトラーナはクレムリンに呼び出された。彼女はスパスキー門を通ってクレムリンに入り、マトヴェイ・カザコフが設計した旧元老院に久しぶりに足を踏み入れた。かつて旧元老院の二階にはスターリンの住居があり、そこでスヴェトラーナは人生の最初の二〇年間を過ごしたのだった。相変わらず陰鬱な外観の旧元老院の内部に入ると、赤い絨毯も、冷たい木の壁板も、アーチ形の円天井もすべて昔のままだった。三階にあるコスイギンの執務室は、元はスターリンの執務室だった。部屋に入ると、父親のデスクの向こう側に知らない男が座っていた。スヴェトラーナがコスイギンに会うのはこれが初めてだった。

コスイギンは開口一番、スヴェトラーナが党員集会に出席していない理由を問い、「再び集団に帰属して、自分の立場に相応しい役割を果たすべきだ」と勧告した。スヴェトラーナは、子供たちの養育に手がかかるうえに、今は病気の夫を抱えているためだと説明した。

すると、スヴェトラーナが発した「夫」という言葉に反応して、コスイギンの怒りが爆発した。ただし、この日の会話についてはスヴェトラーナ側の記録しか残っていない。スヴェトラーナにとって、コスイギンは「鏡の国のアリス」が鏡を通り抜けた後で出会った怒れる独裁者に似ていた。つまり、「赤の王様」というわけだった。

いったい何を考えているのだ？　若くて健康なスポーツウーマンである貴女にはもっと相応しい相手がいるはずだ。もっと若くて、健康な男性がいくらでもいるではないか。病弱な年寄りのヒンズー教徒と結婚してどうしようというんだ？　駄目だ。私たちは全員この結婚に反対だ。はっきりと言っておくが、絶対に反対だ。[10]

会話のやり取りがどのような雰囲気で行なわれたにせよ、それは政府の公式見解と見なすべきものだった。コスイギンは、政府を代表して、スヴェトラーナとシンの国際結婚の権利を否定したのだった。二人の結婚は今後も決して認められないだろう。クレムリンを後にする時、スヴェトラーナは石棺の蓋が再び閉じる音を聞いたような気がした。

スヴェトラーナはシンとの結婚についてアナスタス・ミコヤンにもう一度支援を求めようとした。ミコヤンはシンが翻訳者としてソ連の出版社「プログレス社」と契約できるよう、これまでも手助けしてくれていた。ところが、アナスタス・ミコヤンに接触しようとするこの試みがスヴェトラーナと親友エラ・ミコヤンとの友情に決定的な亀裂をもたらすこととなる。

エラの夫ステパン・ミコヤンの説明によれば、スヴェトラーナはエラに義父のアナスタス・ミコヤンとの会見を取り計らうよう依頼した。アナスタス・ミコヤンは彼の別荘でスヴェトラーナと会うことに同意した。しかし、その後、約束の日にモスクワ音楽院で国際的に有名なピアニストの演奏会があることが分かる。エラが演奏会に出かけることを知って、アナスタス・ミコヤンも同行することになった。アナスタス・ミコヤンは会見を一日延期する旨を電話でスヴェトラーナに知らせるようエラに指示した。会見延期の電話を受けて、スヴェトラーナは激怒し、その怒りの矛先をエラに向けた。ステパン・ミコヤンはその顚末を次のように語っている。

スヴェトラーナは信じられないほど激しい口調でエラを非難し、侮辱の言葉を浴びせかけた。エラが意図的に事を仕組んで義父のアナスタスを演奏会に誘い、スヴェトラーナとの会見を妨害したのだろうと非難したのである。スヴェトラーナは一方的にまくしたてて、ガチャンと電話を切った。

その晩、エラがコンサートから帰宅すると、スヴェトラーナから手紙が届いていた。エラは手紙を読んで涙を流し、その手紙を夫のステパンに見せて言った。「信じられないようなことが書いてあるわ。こんなにひどい濡れ衣を着せられ、侮辱を受けるのは生まれて初めてよ」。後に、エラはこの手紙を義父のアナスタス・ミコヤンにも見せた。義父は言った。「まったくもって、父親にそっくりだ。父も娘も、敵を作らずにはいられない性格なのだ」[11]。

だが、ミコヤンの評言は果たして公平だっただろうか？　たしかに、スヴェトラーナには傲慢な一面があった。母親の死後、あらゆることが秘密のベールによって隠され、物を言うのも危険な世界に生きてきたスヴェトラーナは、まだ子供だった頃から自分の力を見せつける方法を学んでいた。欲しいものを手に入れるために人を動かすやり方を心得ていたのである。しかし、欲求不満に陥ると、感情が爆発して歯止めが利かなくなった。内心から湧き上がる怒りを、結果も顧みずに思いっきり吐き出すのである。怒りをぶつけられた相手は、時にはその理由さえも理解できないことがあった。

しかし、今回の出来事について言えば、スヴェトラーナはこう考えていたに違いない。「コンサートですって！　こっちはシンの命がかかっているというのに！」。それにしても、スヴェトラーナの態度は節度を越えていた。喜んで手助けしようとしていた善意のエラをスヴェトラーナは激しく非難したが、シンの容体の深刻さをエラに説明していなかった。「人にものを頼んだりすることはない。命令すればいいのだ」というのが父親スターリンの教えだった。

エラとスヴェトラーナの激しい対立にもかかわらず、スヴェトラーナとアナスタス・ミコヤンの会見は一日遅れで実現した。しかし、ミコヤンは役に立たなかった。「なぜ結婚する必要があるのか？」とミコヤンは質問した。ミコヤンと彼の妻は四〇年間一緒に暮らしてきたが、正式の結婚手続きはしていなかった。「形式的な結婚の手続きと愛情とは関係ない」。ミコヤンはスヴェトラーナが外国の外交官と親しくしていることについて警告した。「あのインド大使のカウルは実に強引な男だ。他のインド人とはまったく違っている。カウルには近づかない方がいい」[12]。

スヴェトラーナは依然としてゴーリキー世界文学研究所に勤務していたが、一九六五年の秋、研究所を揺るがす大事件が勃発する。その年の九月、スヴェトラーナの友人の研究員アンドレイ・シニャフスキーと作家仲間のユーリ・ダニエルが反ソ宣伝の容疑で逮捕されたのである。起訴理由はソ連社会を不条理な恐怖の社会として描いた小説を地下出版物として印刷し、秘密裏に友人たちに読ませただけでなく、それぞれアブラム・テルツ、ニコライ・アルジャークの筆名を使って国外で出版したことにあった。二人の逮捕と起訴はフルシチョフの「雪どけ」時代の終わりと抑圧的なブレジネフ時代の始まりを告げる事件だった。今や、秘密出版物（サミズダート）を所持する者は誰であれ、それだけで逮捕され、厳罰を科される可能性があった。人々は震え上がった。

十二月五日はソ連邦の憲法記念日だった。この日、勇敢な個人のグループが二人の作家に対する裁判の公開を要求して公然と示威行動を敢行した。一九二九年以来初めてモスクワ市内で発生した自主的な政治行動だった。行動を呼びかけるポスターがモスクワ大学にわずか二枚か三枚張り出されただけだったが、デモの噂はあっという間にモスクワ中に伝わった。その日、反体制派の青年活動家アレクサンドル・エセーニン゠ヴォーリピンが、「我々はシニャフスキーとダニエルの公開裁判を要求する」と記したプラカードを掲げて街頭に立った。すると、待ち構えていたKGBの職員が近づいて来て、プラカードから「公開」と書かれた部分だけを引裂いて持ち去った。「KGBはこの単語がとりわけ嫌いのようだった」。アレクサンドル・エセーニン゠ヴォーリピンをはじめ約五〇人の人々が市内中心部のプーシキン像の周囲に集まって示威行動を行なったが、通りを挟んだ向かい側には数千人の見物人が詰めかけた。彼らはデモ隊が「その場で射殺されるのか、それとも後で銃殺刑になるのか？」を見極めようとして集まったのだった。[13]

シニャフスキーとダニエルの裁判は一九六六年二月十日に始まった。国際ペンクラブなどの国際機関が介入して抗議したが、二人の作家には強制収容所における重労働刑が宣告された。刑期はダニエルが五年、シニャフスキーが七年だった。[14]

スヴェトラーナはこの判決に衝撃を受けた。彼女にとって、これはグロテスクで、醜悪で、恥知らずな判決だった。ゴーリキー研究所ではこの問題をめぐって連日のように集会が開かれた。毎晩、帰宅後に、スヴェトラーナはシンに集会の様子を話して聞かせた。すると、シンはこう言うのだった。「だが、どうしてだ？　本を書いただけで七年も牢獄に繋がれるのか？　作家が本を書いたというだけで？」[15]。

ゴーリキー世界文学研究所では、スヴェトラーナの友人のアレクサンドル・ウシャコーフが今や共産党組織の責任者になっていた。雰囲気は緊迫していた。二人の作家の裁判劇が始まる前から、作家同盟その他の組織はシニャフスキーとダニエルを公然と糾弾することを求められていた。スターリンが確立した集団的な糾弾と追放のシステムが復活したかのようだった。裁判が終ると、様々な研究所の共産党組織が判決を支持する決議を採択し、それを公開書簡として『文学新聞』に発表した。決議への署名を拒否した者を非難するキャンペーンも始まった。

ゴーリキー研究所では共産党幹部の会議が頻繁に開かれた。議長を務めたウシャコーフはある会議の様子を回想している。まず、ウシャコーフが発言した。「突然だが、シニャフスキーが逮捕された。詳しいことはまだ分からないが、ともかく、我々が取るべき態度を決める必要がある」。彼は続けて党組織の委員たちに呼びかけた。「我々に落ち度があったとは考えられない。我が国は、現在、大きな変化の渦巻きの中にあり、我々もアンドレイもその渦巻の中で生きているのだ」。自分の著作を国外で出版すればどんな事態になるか、シニャフスキー自身が結果を承知のうえで事を引き起こしたと言わんばかりの発言だった。その時、突然、スヴェトラーナが会議の席に姿を現した、ウシャコーフはその時の様子を次のように書いている。

党委員会のメンバーでもないのに、スヴェトラーナが会議中の部屋に入って来た。私はシニャフスキーの問題についての研究所としての意見表明をしばらく控えようという趣旨の発言をしていたのだが、その直後に部屋に入って来たスヴェトラーナは、しばらくすると突然立ち上がり、シニャフスキーを支持する演説を始めた。私は言った。「貴女は誰に招かれてここにいるのか？ドアはあそこだ。ここは貴女の来るところではない」。後になって、彼女は私の知り合いに向かって感想を言ったそうだ。私は無礼ではなかった。「サーシャ（ウシャコーフ）は無礼にも私を党の会議から叩き出そうとした」。私は無礼ではなかった。彼女の方こそ場所を弁えるべきだったのだ。彼女は赤の広場に行ってデモをすることもできたし、党の中央委員会に手紙を書くこともできた[16]。にもかかわらず、彼女はすべての責任が私たちの党組織にあるかのように振る舞ったのだ！

スヴェトラーナはいわゆる反体制派ではなかった。彼女は、むしろ「政治的」と思われる行動とは距離を置いて生きていたのだった。しかし、今回が二回目だったが、彼女は会議の席で公然と抗議の声を上げ、シニャフスキーを擁護した。ゴーリキー研究所はシニャフスキーを支持すべきであると述べ、シニャフスキー糾弾の公開書簡への署名を職員に強制すべきではないと主張した。署名を拒否する者を魔女狩りの対象とすることは恥ずべき所業だとも言った[17]。そして、その年の夏、同僚を冷たく見捨てる職場の偽善的な雰囲気にうんざりして、スヴェトラーナはゴーリキー世界文学研究所を去った。

ブラジェシュ・シンは事態を憂慮していた。党政治局が共産党の権威の復活を目指して突き進んでいることは明らかだった。モスクワでは保守派と改革派の対立が緊張を増していた。そのために家族や友人の関係に亀裂が入り、イデオロギー闘争が過熱していた。常日頃からスヴェトラーナの執筆活動を激励していたシンは、『友人に宛てた二十通の手紙』の草稿を今のうちに国外に持ち出すべきだと助言した。誰の家にでも家宅捜索が入る可能性があり、どんな草稿でも押収される恐れがあった。一九五四年からKGBと呼ばれるようになった秘密警察機関がワシリー・グロースマンのアパートを急襲し、『人生と運命』の草稿を押収した事件は今や世間に知れ渡っていた。KGBは『人生と運命』の草稿だけでなく、そのカーボン・コピーも、取材ノートも、さらには、タイプライターのインクリボンさえも持ち去ったという噂だった。シンはスヴェトラーナの『友人に宛てた二十通の手紙』の草稿の写しをインド大使のカウルに手渡し、カウルはその写しを外交用行嚢に忍ばせて無事にインドに持ち出すことに成功する。一九六六年一月のことだった。

シニャフスキーとダニエルの裁判が終った後で、少なくとも一〇人の有名作家が逮捕され、一人が行方不明となった。行方不明となった作家V・V・クズネツォフの妻によれば、クズネツォフは一九六六年十一月一日の午前六時に自宅で逮捕され、警察車両でモスクワ市内の精神病院に護送されたが、その後、消息不明となった[18]。シンの不安がますます募るような状況だった。

そして、そのシンを孤立させる動きが始まった。シンに対して不快感を抱いていたソ連政府が圧力を強めた結果、インド人の旧友たちがシンを訪ねて来なくなった。ブラジェシュの甥のディネシュ・

シンは出世して親ソ的なインディラ・ガンジー政権の外務次官に就任していたが、そのディネシュも伯父に手紙を寄こさなくなった。ただし、ブラジェシュ・シンの弟でカラカンカル村に住むスレシュ・シンとの文通は続いていた。相変わらず時々訪ねて来る旧友は駐ソ大使のカウルとアラブ連合共和国駐在のインド大使だったムラッド・ガレブぐらいだった[19]。

シンはソ連の出版社「プログレス」に就職し、翻訳者として働いていたが、まもなく、その仕事ぶりを批判する声があがった。「プログレス」社の英語部門の編集長V・N・パヴロフはヤルタ会談でスターリンの通訳を務め、その後もスターリンとチャーチルの文通の仲介をした人物だったが、そのパヴロフがシンの英語能力を疑問視する発言を行なったのである。すると、ヒンディー語部門の編集長もシンのヒンディー語訳を修正するようになった。シンの語学力に関する信用を掘り崩そうとする組織的な工作が始まった。それはソ連に滞在する権利をシンから奪おうとする動きに他ならなかった。スヴェトラーナの予測は当たっていた。シンの国外追放を防ぐためには、是非ともシンと彼女が結婚する必要があった[20]。

しかし、まもなくこれらの政治的工作も無意味となる。シンの病状が重篤化し、終末期を迎えたことが明らかになったからである。彼はインツーリストの総合病院への入院を認められたが、そこで結核と誤診された。スヴェトラーナはやっとのことでシンをクンツェヴォ病院に転院させたが、シンの病状は診察を受けるたびに悪化していった。クンツェヴォ病院の規則が変更され、外国人患者は外国人専用の特別病棟に隔離される仕組みになっていた。見舞いに訪れるだけでも公式の通行証が必要だった。それでも、親友の大使たちは見舞いに来た。

スヴェトラーナはシンの病室で終日を過ごすようになった。シンの体調が良い時には連れ立って庭に散歩に出た。スヴェトラーナはシンの足許に座り、シンは目を閉じて、スヴェトラーナの頭に手を置いたまま、インドについて語り、時にはヴェーダの詩行を口ずさんだ。夜になって帰宅すると、スヴェトラーナは医学部の学生になっていたヨシフにシンの病状を告げて相談した。ヨシフは医学書を片手に相談に応じた。回復の見込みは薄かった。シンはインドへの帰国を希望した。スヴェトラーナは藁にもすがる思いでブレジネフに手紙を書き、シンを伴ってインドに出国する許可を求めた。インドに出国しても滞在期間は長くはならないはずだった。シンの命が長くはないからだ。

手紙への回答が来たが、回答に署名したのはブレジネフではなく、イデオロギー問題に関する党内最高権威のミハイル・スースロフだった。スースロフはスヴェトラーナを共産党の中央本部に呼び出した。彼女が改めてシンとの結婚許可を求めると、スースロフは外国人との結婚を禁止する法律があると答えた。しかも、それはスターリンによって制定された法律であり、これまでのところ有意義に機能している。外国人との結婚を理由としてスヴェトラーナが出国することは認められない。そもそも、なぜ外国に行く必要があるのか？　愛国心に反するのではないか？　だが、外国人であるシンが帰国を希望するなら、それは自由だ。誰も彼の邪魔はしない。

スヴェトラーナがインドを訪問することになれば、それは政治的な挑発にならざるを得ないとスースロフは説明した。空港には報道記者が押しかけるだろう。彼女はスターリンの娘なのだ。外国に出かけるよりも、自分が帰属する集団に戻って仕事をし、「輝かしい名前に相応しい貢献」をすべきだ。[21]スヴェトラーナは搦め手からスースロフを説き伏せようとした。もし、今、シンが死亡したら、ソ連邦の名誉に傷がつくのではないか？　スースロフは冷たく答えた。シンは十分な治療を受けている。死んだとしても、それは寿命としか言いようがない。

スヴェトラーナがスースロフとの会見の顛末を報告すると、シンは複雑な笑いを顔に浮かべた。スースロフは国際主義者であり、模範的な現代マルクス主義者として知られているが、そのスースロフの妻子が一度もソ連邦の外側の世界を見たことがないのは奇妙なことだ、というのがインド人としてのシンの感想だった。

シンは運命を予知したのであろう。自分を退院させて家に連れ帰るようにスヴェトラーナに要望した。帰宅後の十月三十日、その日は日曜日だったので、シンの友人やプログレス社の同僚たちが見舞いに来た。客たちが帰って二人きりになると、シンはスヴェトラーナに向かって言った。「スヴェータ、僕には分かっている。僕は今日死ぬことになるだろう」。諦観に満ちた静かな口調だったが、その言葉は聞く者を狼狽させ、同時に感動させた。白い牛が荷車を引いて行く夢を見たとシンは説明した。インドでは、荷車を引く白い牛の夢は死が間近いことを意味している。[22] スヴェトラーナはシンの言葉を信じなかった。

翌日の月曜日、午前七時、シンは自分の心臓のあたりを指差し、次いで頭を指差して、何かが脈打つような感じがすると言い、その直後に息を引き取った。

スヴェトラーナが身近な人の臨終に立ち会うのはこれが二度目だった。父親の死の場面の記憶がよみがえった。死の床での父親の激しい苦悶、死に直面した恐怖の表情、誰かを非難するような恐ろしい身振りなどが思い出された。それに比べて、シンの死は安らかで、それもアッという間だった。自分の心臓を指差したのが最後の身振りだった。人にはそれぞれに相応しい臨終があるとスヴェトラーナは思った。

スヴェトラーナはシンの死とともに自分の内部で何かが変化したことを感じた。「心の中に一種の境界線が引かれたような気がした」。何かが永久に失われたことは間違いなかった。しかし、それが何を意味するのか、当時のスヴェトラーナには理解できなかった。奇妙なことに、彼女はある意味で心の平安を味わっていた。彼女は泣かなかった。優しいシンの存在が影のように漂って彼女を包み、彼女を慰めてくれたからだった。

スヴェトラーナは急いでシンのインド人の友人たちに連絡し、集まってもらった。シンの遺体がソ連当局の手に渡ることを恐れたのである。駆けつけてきたインド人たちは、バガヴァッド・ギータの詩編の一部をサンスクリット語で吟唱し、白檀の香木を焚いた。その後、遺体を火葬場に運ぶことになった。

それは一九六六年十一月一日のことだった。ゴーリキー世界文学研究所でスヴェトラーナの同僚だった人々も、シンとは面識はなかったが、弔問に訪れた。息子のヨシフがシンの遺体の額に口づけして別れを告げた時、スヴェトラーナは心を揺すぶられた。生前のシンは、常々、自分が死んだら遺灰をガンジス川に撒いてほしいと口にしていた。ただし、その希望が実現するとは期待していない様子だった。火葬場から戻ってきたシンの骨壺を寝室に安置しながら、スヴェトラーナは決心を固めた。シンの遺灰は自分の手で聖なる川ガンジスに撒くことにしよう。

却下されることを覚悟のうえで、スヴェトラーナはコスイギンとブレジネフの両方に手紙を書いた。手紙が宛先に届いた日の翌朝、彼女はクレムリンに召喚された。そして、驚くべきことに、コスイギンが彼女の出国を承認したのである。シンの甥のディネシュ・シンが有能な外務次官として政治力を発揮し、インディラ・ガンジー首相を巻き込んで事態に介入させ、伯父の葬儀を伝統に従って行なうことをソ連政府に認めさせたのだった。スヴェトラーナと外国人記者との接触をインド政府が防止するという条件つきで、スヴェトラーナがシンの葬儀に出席することが認められた。その日の晩、インドへの出国に必要な一連の書類がスヴェトラーナに手渡された。書類には共産党中央委員会総務部長コンスタンチン・チェルネンコの署名があった。[23]

十一月七日、スヴェトラーナはシンの弟夫妻に手紙を書いて弔意を表明した。

親愛なスレシュ、親愛なプラカシュ（ワティ）

今私の心の中で渦巻く様々な感情、特に悲しみを表現するのは難しいことです。でも、あなた方のことは大切なブラジェシュから常々伺っていました。ブラジェシュはあなた方を心から愛し、あなた方と強いきずなで結ばれていました。

私はガンジス川の岸辺で静かな数日を過ごしたいと思っています。ガンジス川の穏やかな流れや巨大な波を目にしたいものです。私のインド滞在ビザの期間はわずか二週間ですが、そのうち一週間だけでもカラカンダルで過ごしたいと思っています。カラカンダル滞在こそが私に最大の満足と慰めを与えてくれるでしょう。

私には二十一歳の息子と十七歳の娘がいますが、二人ともブラジェシュを心から慕っていました。ブラジェシュを知る者は誰でも彼の穏やかな性格、ユーモアの精神、忍耐強さ、善意などに魅惑されました。でも、この半年、彼は重い病気に苦しみました。

しかし、病気や医者や病院などの苦労や苦痛にもかかわらず、ブラジェシュとともに暮らすことで私はとても幸せでした。彼は私に多くのことを教えてくれました。ブラジェシュに出会えたこと、この三年間、彼とともに生活し、彼の愛に満たされたことについて、私は運命に感謝しています。

スヴェトラーナ(24)

十一月十一日、スヴェトラーナに出国用のパスポートが発給された。その頃、シンの甥のディネシュ・シンから丁重な手紙が届いた。手紙はスヴェトラーナがインドに来たら彼の家に滞在するようにとの招待状だったが、同時に、インド来訪を十二月十二日以降に延期するようにとの要請も含まれていた。十二月十二日になればインド国会が休会に入るので、歓待するための時間が取れるという事情も書かれていた。ディネシュ・シンがスヴェトラーナの身柄を引き受ける責任者の立場にあることは明らかだった。

出国を待つ一ヵ月半の間、スヴェトラーナはほとんど外出しなかった。彼女はシンの遺灰を守ろうとしていた。ソ連政府の気が変わって、遺灰を奪いに来ることを恐れたのである。その間に、息子のヨシフが日頃つきあっていた女友達のエレーナと結婚することになった。十一月の末、結婚登記所で簡素な結婚式が行なわれた。スヴェトラーナとは二〇年前に離婚し、今は別の女性と再婚しているグリゴリー・モロゾフもヨシフの父親として列席した。スヴェトラーナとグリゴリーは久しぶりに手をつないで立ち、ヨシフの両親の役割を果たした。喜ばしい行事だった。スヴェトラーナはこの時もブラジェシュ・シンの存在を強く感じていた。「彼の陽気な魂が私たちを温めてくれているようだった[25]」。

一九六六年十二月十九日、スヴェトラーナは息子のヨシフ、娘のカーチャ、ヨシフの妻のエレーナとともに自宅にいて、インド行きの飛行機がシェレメチェヴォ空港を予定通り午前一時に出発するかどうかを確かめようとしていた。天候は最悪だった。大雪が降ってモスクワ市街は一面の銀世界となっていた。吹雪が勢いを増しつつあった。終日、電話でのやり取りが続いた。スヴェトラーナは空港事務所に飛行機の運航状況を確認する電話をかけ続けたが、その間を縫って友人たちからの電話が相次いだ。出国許可が下りたというのは本当なのかという問い合わせが多かった。スヴェトラーナのインド旅行はいかにも特別の出来事だった。

そうこうするうちに、旅行中スヴェトラーナの案内と監視の役を務めるカッシーロワという名の外務省女性職員が姿を現した。その後、家を出る前にさらに一騒動持ち上がった。ヨシフの妻のエレーナが小型のスーツケースを無造作に掴んでスヴェトラーナに手渡そうとした時だった。「それに触らないで！」とスヴェトラーナが大声で叫んだのである[26]。その小型スーツケースの中にブラジェシュ・シンの遺灰を収めた骨壺が入っていることをエレーナは知らなかった。ヨシフが母親の刺々しい物言いを咎めて怒りの声を上げたので、スヴェトラーナは取り乱した。エレーナも気を悪くした様子だった。スヴェトラーナは娘のカーチャに落ち着いて別れを告げることもできず、頬に軽くキスするのがやっとだった。家族との別れは気まずいものになった。

午後十時、スヴェトラーナは息子のヨシフ、親友のリリー・ゴールデン、付き添いのカッシーロワとともに家を出て空港へ向かった。途中の車の中では誰もが黙ったままだった。空港に着くと、スヴェトラーナはすぐに「出国者搭乗口」と記された特別の区画に案内された。塞ぎ込んでいる息子のヨシフを抱きしめる暇もなかった。彼女はガラスの隔壁越しに悲しげな息子の顔を見やった。一八年後に再会するまでの、それが別れの一瞥だった。ヨシフはこの時の気持ちを次のように回想している。「母の旅行があのような結末を迎えるとは、その時、僕は夢にも思わなかった[27]」。

そして、スヴェトラーナはカッシーロワとともに機上の人となった。ブラジェシュ・シンは常々スヴェトラーナに彼の小さなカラカンダル村を見せたいと言っていた。彼女はそのシンの骨壺を隣のシートに置いてインド行きの飛行機に乗っていた。何という皮肉な運命かと思わざるを得なかった。彼女はスターリンの娘である自分を苦々しい思いを込めて「国有財産」と呼んでいたが、その「国有財産」はシンの存命中はシンと一緒にインドに出国することを許されなかった。だが、ようやくシンの死後になって、その遺灰とともにインドに出国することを許されたのだった。

第15章 ガンジス川の岸辺

一九六六年十二月二十日の早朝、スヴェトラーナはお目付け役のカッシーロワとともにニューデリー空港に降り立った。飛行場にはソ連大使館から二等書記官のスローフが二人の職員を伴って出迎えに来ていた。インドの報道機関に彼女の訪印を嗅ぎつける暇も与えずに、彼らはスヴェトラーナをそそくさと空港施設の地下の部屋に案内し、そこでパスポート、ビザ、航空券を取り上げた。彼女はブラジェシュ・シンの甥のディネシュ・シンの自宅に泊まるつもりだったが、彼女を乗せた車が行きついた先はニューデリーの中心街に近いソ連大使館だった。そして、大使館構内のゲストハウスがインドでの彼女の滞在先であると告げられた。割り当てられたのはベッドとテーブルがあるだけの殺風景でガランとした部屋だった。消毒済みらしく、清潔だったが、電話は取り外されていた。電話をする時には隣接する大使館本館の電話を使わなければならなかった。大使館の電話はすべて職員によってモニターされる仕組みだった[1]。

大使館では、A・I・ベネディクトフ大使がたまたまニューデリーを離れていたので、代理大使のニコライ・スミルノフがスヴェトラーナを迎えた。大使館の食堂には朝食が用意されていた。テーブルにはコニャックの大瓶も乗っていた。親愛なる故ブラジェシュ・シンを偲ぶ献杯が済むと、スミル

ニューデリーの米国大使館。
1967年3月6日、スヴェトラーナはこの建物に駆け込んで亡命の意志を表明した。

ノフは滞在予定の一部変更をスヴェトラーナに持ちかけた。首都ニューデリーはもちろんのこと、インド国内全域が二月の総選挙を間近に控えて不安定な状況にある。親米的なスワタントラ党を中心とする野党勢力は、インディラ・ガンジー首相の社会主義的政権に対する批判を強めつつあった。したがって、スヴェトラーナがこの時期にカラカンダルまで出かけるのは賢明とは思えない。ブラジェシュ・シンの葬儀は、ここソ連大使館において厳粛に執り行なうこととし、彼の遺灰は甥のディネシュ・シンの手に委ねてカラカンダル村に持ち帰ってもらうことにしよう。

スミルノフは続けた。カッシーロワに買い物と観光の案内をさせよう。彼女はニューデリー市内の事情に精通している。アグラまで出かけて、タージ・マハールを見物することも可能だ。ただし、インド国内での宿泊先はソ連大使館のゲストハウスとしてほしい。もちろん、ディネシュ・シンも、帰国中のインド大使T・

N・カウルも、ソ連に友好的な人物だが、彼らの家よりもゲストハウスの方がはるかに静かで、また、安全だからだ。スミルノフはそう言ったが、実は、ソ連政府はインド大使のカウルを信用していなかった。外交官の自由行動の範囲はモスクワから四〇キロメートル以内に限定されていたが、モスクワ在任中のカウルはその規則をしばしば破ったばかりか、外国人の訪問客をペレデルキノにあるパステルナークの墓にまで案内したことがあった。そのため、カウルはソ連政府の不興を買っていたのである。[2] スミルノフは、さらに続けた。モスクワへは一月四日の飛行機で帰国することになる。それまでの二週間を有効かつ快適に過ごしてほしい。

機上で一夜を過ごしたばかりのスヴェトラーナは疲れ切っていたが、気を落ち着けてスミルノフとの交渉に当たった。ニューデリー滞在中の宿泊先を大使館のゲストハウスとすることは了解するが、シンの遺灰は自分の手でカラカンダル村に運びたい。彼女はディネシュ・シンとスレシュ・シンに招待された客としてインドに来ているのであり、シン一族はネール家ともガンジー家とも古くから友人関係にある名家である。翌日まで持ち越された話合いの結果、代理大使スミルノフはスヴェトラーナがカラカンダルに出向くことを認めた。ただし、その訪問は秘密扱いとすること、報道機関との一切の接触を避けること、カッシーロワを同伴することが条件だった。一方、スヴェトラーナは一月四日の便で帰国することに同意した。

到着の翌日から、スヴェトラーナは行動範囲を自由に拡大していった。ソ連大使館周辺の街路をひとりで歩き回り、自分でも驚くほどの気軽さで地元のインド市民と交歓した。ある時、散策の途中、すぐ近所に米国大使館があることに気づいた。米国大使館の建物の前には広い階段があり、クリスマスツリーが飾られていた。米ソ両国の大使館の距離はわずか数百メートルにすぎなかった。米国大使館の中はクリスマスを控えてお祭り気分が高まっていることだろうと想像しつつ、彼女は散策を続けた。

カッシーロワの監視を逃れたいという思いから、スヴェトラーナはカウル大使の娘のプリーティに案内を頼み、連れ立って三日続けてニューデリー市内を見物して歩いた。大通りを縦横無尽に走り回る人力車と自転車の波、街頭で花環や花綱を売りつける物売りたち、ショーウインドーに雑然と飾られた彩り鮮やかなサリー、通行人に際限なくつきまとう物乞いの群れなど、何もかもが初めて目にする光景だった。彼女は自分が旅行者としての観察眼を備えていることにも気づいた。ニューデリーの社会構造が見えてきたのだ。それは長い歴史と多様な文化、そして古くからの階級制度が織りなす重層的な社会だった。超一流のオベロイ・ホテルのすぐ横に物乞いの住む貧民街があった。映画『ドクトル・ジバゴ』の巨大な英語の看板がかかっており、その下を豪華な高級車が走っていた。スヴェトラーナにとっては驚きの世界だった。単一文化の中に四〇年間も閉じ込められていた人間にとって、異文化との自由な接触は心を酔わせる興奮だった。

カウル大使の自宅も訪問した。大使はスヴェトラーナの手稿を預かっていることに触れ、娘のプリーティとともに最初の数ページを読んだと言った。スヴェトラーナは感謝の意を表明したが、この時には、手稿を返してほしいとは言わなかった。出版の予定が立っていなかったこと、手稿を大使館のゲストハウスに持ち帰れば、部屋の点検の際に押収される恐れがあることが理由だった。

十二月二十五日、スヴェトラーナは国内便の飛行機でラクナウに飛び、そこからカラカンダルに向かうことになった。しかし、事は円滑には進まなかった。同行するはずのディネシュ・シンが迎えに現れないので、スヴェトラーナはニューデリー市内のディネシュの自宅まで車で送るよう二等書記官のスローフに頼んだ。ところが、車が高速道路にさしかかったところで、リムジンに乗って追いかけてきた代理大使スミルノフがスヴェトラーナを押しとどめ、ゲストハウスに戻るように告げた。しかし、スヴェトラーナは抵抗した。ソ連大使館は難しい立場に立たされていた。モスクワからの指令にはもちろん従わねばならないが、同時にインド側の顔も立てなければならなかった。ようやくディネシュ・シンの自宅に到着すると、今日はラクナウまで同伴することができなくなったという話だった。その代わり、娘のリーヴァを同行させるがどうか？　そう言うディネシュは非常に好意的に見えた。そこで、スヴェトラーナは思い切って切り出した。インドに来てまだ日が浅いが、滞在期間を少々延長したいので、ガンジー首相に頼んでもらえないだろうか？　それは衝動的な行動だった。ディネシュは応じた。そういうことなら、スヴェトラーナ自身がさっそく今日にでもガンジー首相に会ってみてはどうか？　スヴェトラーナは、今日はまだ首相に会う準備ができていないが、よろしく伝えてほしいと答えた。伝えようと言ったうえで、ディネシュは、再選を目指すガンジー首相が選挙運動の一環としてまもなくカラカンダルを訪問する予定であるとつけ加えた。

　スヴェトラーナがリーヴァとカッシーロワに伴われてラクナウ空港に降り立つと、シン家からの差し回しの車が迎えに来ており、三時間のドライブの後、三人はカラカンダル村に到着した。都会から遠く離れたカラカンダルは、ガンジス川の岸辺に位置する古い村だった。一行はラージ・バヴァンと呼ばれる建物に到着した。ラージ・バヴァンはこの地方の王族（ラージャ）の宮殿である。宮殿の門には槍を手にした門衛が立っていた。門から続く長い道の奥に立つ巨大な白い建物は、出航の準備をととのえて停泊している巨大な汽船のように見えた。宮殿の主は父親からラージャの称号を引き継いだディネシュ・シンであり、ディネシュの伯父にあたるブラジェシュとスレシュは王族のメンバーではあるが、現在は、事実上、平民となっていた。ディネシュは地域を代表する国会議員でもあり、シン一族の財団の長だが、伯父たちは比較的質素な暮らしをしていた。しかし、ブラジェシュとスレシュが地方王族の一員であることに変わりはなかった。

スヴェトラーナの一行がカラカンダル村に到着すると、すぐにブラジェシュ・シンの葬儀が始まった。スレシュがスヴェトラーナの手からブラジェシュの骨壺を受け取り、男たちだけの葬列の先頭に立ってガンジス川の岸辺の砂地に向かった。遺灰を運ぶ葬列には男だけが参加を許されるのだ。スヴェトラーナと女性たちは岸辺の高台に立って、男たちを乗せた船が川の深みへ漕ぎ出すのを見守った。船が川の中央部に達すると、ブラジェシュの遺灰が撒かれ、ゆっくりとガンジス川の波の下に沈んでいった。何ヵ月間も抑えてきた涙が堰を切ったようにスヴェトラーナの目から流れ落ちた。[3]

スヴェトラーナは宮殿に泊まるよう勧められたが、その招待を固辞し、ぜひともブラジェシュの弟スレシュ・シンの家に泊まりたいと申し出た。スレシュの家は宮殿の近くにあったが、宮殿よりはずっと質素で、建物は老朽化していた。しかし、スレシュの家族が暮らす一角だけは快適さを保っていた。スヴェトラーナはその一角の、かつてブラジェシュが使っていた部屋に泊まることになった。部屋の外には小さなテラスがあり、そのテラスの周囲には無憂樹（アショーカ）と高さ三メートルもある仙人掌（サボテン）の林があった。テラスからはガンジス川の岸辺の砂浜を見晴らすことができた。スヴェトラーナは何時間もテラスに座って時を過ごした。彼女はそこで「精神と肉体の両方が完全に安らぐのを感じた[4]」。

長く離れていた家族の許へやっと帰り着いたような気分だった。すべてがブラジェシュから聞かされていた通りだった。ガンジス川も、大小の庭も、家族が話し合う声さえもが美しかった。スヴェトラーナは一月四日の飛行機でモスクワに帰るという予定を覆し、もっと長くインドに滞在する決心を固めた。モスクワのインド領事が発給した滞在ビザの期限は一ヵ月だった。彼女はビザの期限が切れる一月二十日まではインドに滞在することにしようと思った。翌朝、ベネディクトフ大使とスミルノフ代理大使宛てに滞在期間延長の意志を明確に記した手紙を書き、カッシーロワにニューデリーまで届けるよう依頼した。お目付け役のカッシーロワを厄介払いするための賢明な策略でもあった。カッシーロワは自分のキャリアが危険にさらされると感じて、ヒステリーを起こしたが、最終的にはスヴェトラーナに従わねばならなかった。スヴェトラーナがいったんこうと決めたら、彼女を説得して気を変えさせることは不可能だった。

スヴェトラーナはその生涯を通じて何度かの転身を経験したが、今、その転身のひとつを迎えようとしていた。過去三年間に味わった消耗と悲哀、私生活に加えられた干渉と抑圧を経て、彼女は限界に達していた。転換点が来ていた。しかし、転換後の人生に何が待っているのかは、まだ明らかではなかった。このままカラカンダルに住み続けることが彼女の希望だった。だが、どうすればそれが可能になるのか？　『友人に宛てた二十通の手紙』の原稿を売ればどうだろうか？　売れないはずはない、と彼女は思った。それは政治的文書ではなく、家族の歴史を描いた個人的な回想記なのだ。しかし、刊行されれば世間の関心を集めることは間違いない。家族と言っても、それはスターリンの家族だからだ。スヴェトラーナはT・N・カウルに手紙を書いた。カラカンダル滞在を延長するつもりであり、ついては、例の手稿を郵送してほしいという内容だった。

スレシュ・シンと彼の妻は、スヴェトラーナがカラカンダル村の生活にやすやすと適応する様子を見て深く感動していた。あるジャーナリストの質問に答えて、スレシュはスヴェトラーナの印象を次のように語っている。

彼女は、何と言っても、かつてソ連を支配した指導者の娘であり、ここインドでの私たちの質素な暮らしには向かないだろうと思っていた。しかし、スヴェトラーナは実に誠実で素朴な女性だった。少しも偉そうなところがなく、何の気取りもなかった。私の妻でさえしないような家事も、彼女は進んで引き受けた。召使いに任せることなく、自分の着る物は自分で洗濯し、アイロンをかけるのだった。野菜を洗ったり、切ったりする手伝いもしてくれた。滞在中は私たちに何の迷惑もかけなかった。彼女にはまた戻って来てほしい。私たちは彼女を愛しており、多分、彼女も私たちを愛してくれていた。[5]

スヴェトラーナは、サリーを身にまとい、菜食主義の食事を摂るなど、インドの生活様式に全面的に溶け込んでいった。ブラジェシュ・シンの友人たちを訪ね歩いた。カラカンダルの村内を散策し、しかし、一方で、彼女はインド社会の複雑な構成とその歪みにも明敏に気づいており、根深く残るカースト制度に違和感を覚えていた。スレシュとその妻プラカシュの暮らし向きは質素だったが、それでも数人の使用人を抱えていた。使用人の仕事は出身カーストによって細かく区分されていた。たとえば、料理をするのはブラーマン階層出身のコックだけであり、食材の買い出しをする別の階層の使用人は、皿洗いをすることはできるが、料理に手を出すことは許されなかった。別に屋内で働く二人の使用人がおり、この二人が給仕とアイロンがけを担当した。さらに、床洗いとトイレ掃除を担当する不可触賤民の使用人も別に雇われていた。馬鹿げた決まりだったが、誰もがこの伝統的な区分を守っていた。スヴェトラーナが自分の衣服を洗おうとすると、使用人たちは彼女が「平民出身」であると判断して、まるで友人のように扱った。スヴェトラーナはこれを楽しんだが、村内を歩けば、人々の貧困に気づかずにはいられなかった。もし、インドへの定住が許され、原稿が売れたら、この村にブラジェシュの名を冠した小さな病院を建てようと彼女は心に決めた。カウル大使が手稿を送ってこないことが気がかりだった。

スヴェトラーナはパリのリューバ・クラーシナ宛てに手紙を書いた。リューバ・クラーシナの夫エマニュエル・ダスティエは出版事業に携わるフランス人ジャーナリストで、モスクワを頻繁に訪問していた。モスクワでスヴェトラーナは少なくとも四回ダスティエに会ったことがある。クラーシナへの手紙で、スヴェトラーナは自分がインドに滞在していること、ソ連に帰る気がないことを告げ、自分の著書を国外で出版することが可能かどうかを問い合わせた。その種の手紙を書くことは危険だったが、インド国内で誰かに頼るよりも安全だろうと思われた。数日後、パリから電報が届いた。電報には暗号のようなただ一言が記されていた。「可能」[6]。

同じ週に、ソ連大使館の第二書記官スローフがスヴェトラーナを連れ戻す目的でカラカンダルにやって来た。しかし、彼女は説得に応じなかった。スローフは渋々手ぶらでニューデリーに帰って行った。

そうこうするうちに、ガンジー首相の遊説日程が明らかになった。首相のカラカンダル訪問日程は一月十六日に決まった。スヴェトラーナはカラカンダルでガンジー首相に会おうと決心した。すると、突然、カウル大使から手紙が届いた。スヴェトラーナにニューデリーに戻ることを促す内容だった。一方、ディネシュ・シンは地元のカラカンダルに戻っている間もスヴェトラーナに会うことを避けている様子だった。スヴェトラーナは自分とガンジー首相との会見をソ連大使館が嫌っていることがこれらの事態の背景にあると感じ取って、カウル大使に返信を書いた。なぜ手稿を送ってこないのかと難詰する調子の手紙だった[7]。ひょっとして、カウル大使はスヴェトラーナの手稿をソ連大使館にすでに引き渡してしまったのでないか? いかにもスヴェトラーナらしい対応だった。モスクワの策動が感じられる時は、関係者と思われる人物に自分の怒りをぶつけるのがスヴェトラーナの癖だった。気を悪くしたカウルは不機嫌な調子の返事をよこした。もし自分を裏切り者と思うなら、私たちの友情はこれで終わりだ。カウル大使はスヴェトラーナを裏切っていなかった。もし、ロシア大使館が手稿の存在を知れば、その瞬間にスヴェトラーナは強制的に帰国させられていただろう。

スヴェトラーナは滞在予定を変更したい意向をディネシュ・シンに告げた。ビザの期限が切れる一月二十日までインドに滞在し、その後の最初の飛行機で帰国することにしたい。モスクワ便は週に一便しかないので、実際に帰国する日は一月二十六日になるだろう。遊説中のインディラ・ガンジー首相が予定どおり一月十六日にカラカンダルを訪問した。スヴェトラーナはスレシュ・シンの妻プラカシュに伴われて首相に面会した。スヴェトラーナがインド滞在の期間を延長したい旨を申し出ると、ガンジー首相は驚いた様子だったが、幸運を祈ると答えた。ディネシュがスヴェトラーナの件を首相に伝えていないことは明らかだった。一方、ソ連側がスヴェトラーナのインド滞在期間の延長を認めない場合、ソ連政府の機嫌を損なってまでスヴェトラーナを助ける気がインド政府にないことも明らかだった。すべては見世物芝居に過ぎなかった。スヴェトラーナは議論を一歩前に進める決心を固めた。ソ連邦の市民が国外の親族を訪ねる場合、滞在ビザを二ヵ月ないし三ヵ月間延長できるとした規則があるはずだった。彼女は直接コスイギンに手紙を書くことにした。

カラカンダルに滞在中、スヴェトラーナはガンジス川を見晴らすテラスに座って読書に耽ることがあった。スレシュの本棚から多数の本を選んで読んだが、その中にインド駐在の米国大使チェスター・ボウルズの著書『大使の報告』があった。彼女はその本にすっかり心を奪われてしまった。インドについてのボウルズ大使の造詣の深さとマハトマ・ガンジーに対する崇敬の念は彼女にとって感動的だった。[7] スヴェトラーナがあまりにもボウルズ米国大使の著書を褒めるので、スレシュとプラカシュは新しい計画を思いついた。夫婦の一人息子が現在米国のシアトルでエンジニアとして働いている。その息子を身元引受人としてスヴェトラーナが米国に渡り、米国の市民権を取って、その後にインドに帰ってくるという案はどうだろうか？

スヴェトラーナの警戒心が反応した。そのような計画がたとえ部分的にでもソ連大使館に漏れたら、彼女は重大なトラブルに陥るだろう。いずれにせよ、彼女自身が思いついた計画でさえないその話はなかったことにしようと彼女はシン夫妻に言った。自分では夢にも思いつかないような行動計画だった。だが、米国行きという考えは彼女の心の奥深くに沈潜した。できればチェスター・ボウルズ米国大使に会いたいものだと彼女は思った。一ヵ月前、ニューデリーを散策中に何気なく通りかかった米国大使館の建物が思い出された。スレシュ・シン夫妻の計画は「予想外のしつこさで、繰り返し私の心によみがえった[8]」。

第二書記官のスローフが再びカラカンダルを訪れ、スヴェトラーナを連れ帰ろうとしたが、またもやスヴェトラーナに追い返された。その際、スローフはスヴェトラーナがモスクワ宛てに書いた直訴状を持ち帰った。直訴状の効果が心もとないことは彼女も承知していたが、少なくとも帰国を延ばすことができると考えての行動だった。ニューデリーのカウル大使からようやく『友人に宛てた二十通の手紙』の手稿が届いた。ディネシュ・シンが大使から預かってスヴェトラーナに手渡したのだった。スヴェトラーナがパリに手紙を出したことを妻から聞いたディネシュは手稿について関心を示し、フランスの出版社に送るつもりかと質問した。スヴェトラーナは回答を避けながらもディネシュに警告した。もし、ソ連大使館がこの草稿の存在を知ったら、すぐに押収するだろう。ディネシュは反問した。「連中がまだ知らないということは確かなのですか?」。少なくともカウル大使は漏らしていないはずだとスヴェトラーナは答えた[9]。

すると、ディネシュは出し抜けにこう言った。アメリカ人ならばスヴェトラーナの本を出版し、映画化もするだろうが、彼らはスヴェトラーナ自身を助けようとはしないだろう。自分はボウルズ米大使を個人的に知っており、大使は魅力的な人物だが、アメリカを頼ることはスヴェトラーナが取るべき正しい選択ではない。ディネシュがシン一族の間で交わされる話を妻の口を通じて聞いていることは明らかだった。スヴェトラーナは、自分の希望はソ連への帰国を前提としてインド滞在の期間を延長したいだけだと説明した。その趣旨の公式の申請書をすでにモスクワに送っている。「それなら、うまくいくかもしれない」とディネシュは言った。スヴェトラーナの見るところでは、彼は安堵した様子だった。[10]

スローフがまたもややって来て、通告した。スヴェトラーナのインド滞在はソ連政府が認めた旅行期間をすでに超えている。インド旅行の目的はすでに果たしたはずである。インド外務省からはスヴェトラーナの滞在許可期限を三月十五日まで延長する旨の情報を得ているが、利用すべき飛行機便を考慮すれば、それは三月八日にインドを出国することを意味している。

この時点で、スヴェトラーナはまだ迷っていた。一方では新しい生活を熱望していたが、もう一方では将来の新生活を恐れていた。どうやって生きていけばいいのか？　ソ連を抜け出す手段として本の出版に頼りすぎてはいないだろうか？　二人の子供のことも重大だった。子供たちと別れることができるだろうか？　今ソ連邦を捨てれば、二度と戻ることは許されないだろう。ソ連国内の事情が劇的に変化しないかぎり、子供たちが母親に会うために出国することは不可能だろう。

彼女は息子のヨシフから届いたばかりの愛情のこもった手紙のことを思った。「ママ、元気ですか？　こちらはすべて順調です。ママが送ってくれた書類と引き換えに、調理済みの食事のクーポンを受け取りました。すべてが順調ですが、ただ、カーチャはママを恋しがっています。僕もママがいないのが寂しい。早く再会したいものです」。[11]

結局、スヴェトラーナはスローフとともにニューデリーに戻ることに合意する。ジープに乗り込んでカラカンダルを去ろうとする時、彼女は村の方向を振り返り、スレシュ・シンに向かって、またいつか戻って来たいと言った。スレシュは穏やかに微笑んだが、彼はスヴェトラーナがこの村に戻ることは彼女が自分の子供たちと自分の国を永久に捨てることを意味していることまでは思い及ばなかった。

三月五日、ニューデリーに到着すると、ディネシュ・シンが出迎えに来ていた。ディネシュは上機嫌で愛想が良かった。スヴェトラーナの出国予定が決まったことを歓迎している様子だった。来年は彼女と子供たちをニューデリーに招待したいと彼は言ったが、スヴェトラーナは再訪が実現するとは思わなかった。帰国時期を繰り返し延長したことを考えれば、再度のインド訪問は許されないだろう。ディネシュは三月八日の出国まで自分の家に滞在するよう招待したが、スヴェトラーナは大使館のゲストハウスに戻りたいと答えた。

その日の晩、スヴェトラーナはカウル大使に招かれて、大使の自宅で会食し、宿泊した。彼女にとっては不安の募る一夜だった。カウル大使も、また、スヴェトラーナの帰国を厄介払いとして喜んでいる様子だった。家族を交えた食事の席で、カウルはスヴェトラーナに例の手稿を手許に持っているかと質問した。奇妙な質問だった。とっさに、あの手稿はすでにパリに送ったとスヴェトラーナは答えた。身を守ろうとする本能的な対応だった。ソ連大使館に手稿の存在を知られれば、すぐに押収されてしまうだろう。スヴェトラーナはそれを恐れていた。あるいは、ひょっとすると、スヴェトラーナの心の中で少しずつ形を取りつつあった計画、つまり、米国大使館と接触するという計画にカウル大使は気づいているのではないだろうか？

翌三月六日の朝、車で迎えに来た第二書記官のスローフとともにスヴェトラーナは大使館のゲストハウスに戻った。戻ってみると、大使館は大混乱だった。館員たちは国際婦人デーの準備に追われていた。国際婦人デーには講演会が予定されており、芸術公演のプログラムもあった。誰もがウォッカで酔いつぶれる晩餐会のことを考えると、それだけでスヴェトラーナはうんざりした。中庭では、女性たちが集まって買い物の話に熱中していた。国際婦人デーの前後に街に出て大量に買い物をし、モスクワに持ち帰って闇市場で売れば大いに儲かるという類の、いつもと変わらぬ闇取引の話だった。

スヴェトラーナはスローフに伴われて大使館の構内にあるベネディクトフ大使の私邸に案内され、昼食を取った。手の込んだ高級料理が出されたが、インドの菜食主義に慣れてしまっていたスヴェトラーナはほとんど手をつけなかった。ベネディクトフはスヴェトラーナの菜食主義かぶれをからかい、インドの後進性を嘲笑った。彼も、また、スヴェトラーナを厄介払いできることを喜んでいた。大使はスヴェトラーナを国際婦人デーの前夜祭の晩餐会に招待した。しかし、彼女はカウル大使の家で食事をする約束があるとして招待を辞退した。すると、ベネディクトフは「英国の手先のあのカウルか！」と言った。それはほとんど反射的な物言いだった。ただし、インドの報道機関はカウル大使をソ連政府の言いなりに動く人物と見なしていた。

ベネディクトフ大使はスヴェトラーナがインド旅行の目的を果たしたことを祝福し、そのために大使館関係者が行なった「協力」に言及した。「貴女には何の不満も残っていないはずだ」。スヴェトラーナは反論しようとしたが、口の先まで出かかった言葉を呑み込んだ。この人物からパスポートを取り戻す必要があったからだ。「ええ、ゲストハウスに戻ってホッとしました。家族への土産物の荷造りも終わりました。それで、私のパスポートと関係書類を返してもらえませんか？」[12]。すると、驚くべきことに、ベネディクトフ大使はスヴェトラーナのパスポートと関係書類を持ってくるようにスローフに命じたのである。明らかに規則違反だった。帰国するソ連邦市民にパスポートを返すのは空港に着いてからと決まっていた。大使が規則違反を犯した理由は、スヴェトラーナがやっと帰国に同意したことで気が緩んだことにあったとしか考えられない。スヴェトラーナの演技もまんざらではなかったのだ。

スヴェトラーナがゲストハウスに戻ったのは午後三時だった。今晩はカウル大使の家で夕食をご馳走になり、明日の朝になったら米国大使館に行こうと彼女は考えた。子供たちへの土産物と例の手稿をスーツケースに詰めてから、屋外に出て、インド人の警備員にタクシーの呼び方を尋ねた。警備員は屋外の非常階段の下にある電話ボックスを指差した。明日の朝、朝食が済んだら、あの電話ボックスからタクシーを呼ぼう。計画には誰も感づいていないはずだった。

スヴェトラーナは部屋の中を歩き回り、プリーティ・カウルから贈られたスカーフにアイロンをかけ、子供たちのために買い集めた土産物をあらためて眺めた。そして、明日の自分の行動を想像した。左腕に上着を抱え、大きなスーツケースを引きずって、タクシーを呼ぶ姿が頭に浮かんだ。

突然、スヴェトラーナの気持ちに変化が生じた。なぜ明日まで待つのか？　今夜のうちに行動に移すべきではないのか？　今夜行動しなければ、また気が変わってしまうかも知れない。明日の朝は大勢の人間に囲まれているかも知れない。勇気が萎えてしまうかも知れない。今夜、闇に紛れて出て行く方が賢明だろう。ソ連大使館ではソ連軍参謀総長ザハロフ元帥を歓迎するレセプションが開かれていた。[13]クラブハウスでは国際婦人デーの前夜祭パーティが盛り上がっていた。大使館の全員が酔っぱらっていた。ベネディクトフ大使も、他の大使館員たちも、スヴェトラーナはカウル家で夕食をしていると思っていた。彼女の不在を不審に思う者は誰もいない。今夜決行しようと彼女は決心した。

小型のスーツケースだけを持って行くことにした。詰める物はゲストハウスに備え付けのタオル一枚、石鹸箱、靴一足、サマーコート一着、それにブラジェシュ・シンの遺灰を入れていた骨壺だった。今、骨壺の中には『友人に宛てた二十通の手紙』の手稿が入っていた。[14]大きなスーツケースは空にして、中身をあたり一面に散らかした。部屋を覗く者がいるとすれば、スヴェトラーナがまだ荷造りの最中だと思うだろう。ベッドの上に子供たちへの土産品を並べた。息子のヨシフのためのベナレス産の水煙管、ヨシフの妻のための金糸刺繍のスリッパ、カーチャのためにラクナウで買ったブレスレット。これらの品が子供たちの手に届くことはないだろう。そう思うと、一瞬、決心が揺らいだ。[15]
午後六時を少し過ぎた頃、スヴェトラーナは屋外の電話ボックスからタクシーを呼んだ。ダイヤルを回す指が震えた。配車係が場所を確認するために繰り返した。「ソ連大使館ですね」。彼女は念を押した。「いいえ、ソ連大使館のゲストハウスです」。
門まで出て待ったが、タクシーは来なかった。大使館の招待客を乗せた車が何台も門から入って来た。不安が募った。もし、プリーティが車で迎えに来たら問題が生ずる恐れがあった。屋外をうろつく不審な行動を見とがめられるかも知れない。そうなったら、何もかもお仕舞いだ。二〇分が過ぎた。彼女はもう一度電話をかけようとした。その時、一台のタクシーが現れた。彼女はゲストハウスに引き返し、小型スーツケースを手にして、タクシーに乗り込んだ。「アメリカ大使館へ行きたいのですが、分かりますか?」と聞くと、運転手は驚いたように答えた。「ええ、分かりますとも。すぐ近くですよ」。しかし、運転手は、まるで彼女の計画を知るかのように、いったん暗い裏道に入ってソ連大使館から遠ざかり、それから再び並木道に出て、米国大使館の門をくぐった。スヴェトラーナは前庭の美しい池に目をやったが、気がつくと、すでに建物の前の広い階段の下に立っていた。階段を昇る足が震えた。受付のデスクに向かって座っていた若い海兵隊員が立ち上がり、鍵を回してドアを開けた。この時間には大使館の業務はすでに終わっていると彼が説明しようとした時、スヴェトラーナがソ連邦のパスポートを取り出して彼に突きつけた。海兵隊員は何も言わずにスヴェトラーナを受付の横の小部屋に案内し、椅子を勧めると、どこかへ姿を消した。

第3部
アメリカへの亡命

第16章 イタリア風コミック・オペラ

在ニューデリー米国大使館付きのCIA職員ロバート・レイル。ソ連側に気づかれることなく、密かにスヴェトラーナをインドから出国させることがレイルの任務だった。

ワシントンとニューデリーの間の一〇時間の時差がスヴェトラーナに幸いした。ワシントンで国務省が大騒ぎを始めた頃には、スヴェトラーナはすでにローマへ向かう機上の人となっていた。ワシントンでは国務次官補フォイ・コーラーが憤激をあらわにしていた。インド駐在のボウルズ大使がスヴェトラーナの亡命を安易に受け入れたことがフォイ・コーラーを怒らせていた。国務長官ディーン・ラスクは外交上の損害を最小限に食い止めるための善後策に直ちに着手した。

三月六日、ディーン・ラスクはソ連駐在のルウェリン・トンプソン大使に秘密電報を打ち、スターリンの娘スヴェトラーナ・ヨシフォーヴナ・スターリナが米国への亡命を希望して保護を求めて来た旨の情報を伝達した。現在、彼女は在インド米国大使館の職員に伴われて、オープン・チケットを持つ旅客としてローマに向かっている。ローマ以遠の飛行機便の予約は確定していない。ラスクはさらに説明を続けた。

我々がスヴェトラーナなる女性の米国への受け入れを望ましくないと感じていることはイタリア駐在のラインハート大使にもすでに伝達済みである。彼女の受け入れは米国にとって政治的にマイナスであるばかりか、彼女自身の安全をも脅かしかねない。全力を傾けて、スイス、スペイン、イタリアなどに安全な亡命先を確保することが緊急に必要であり、ラインハート大使に対しては、スヴェトラーナなる女性に我々の助言に従うことが彼女自身にとっても最善の利益であることを納得させるよう要請した。(1)

同じ日の午後四時三〇分、ディーン・ラスク国務長官はリンドン・ジョンソン大統領に電話で状況を説明した。(2)

三月七日、ルウェリン・トンプソン駐ソ大使がモスクワからラスク国務長官に返電を送り、次のように進言した。「我々がこの亡命問題に関与する度合いが低ければ低いほど、米ソ両国間の外交関係への損害も少ないだろう。いずれにせよ、ソ連は当該人物のインド出国を助けたことについて米国を非難するだろう。米国がその人物を誘拐したとして告発する可能性も捨てきれない(3)」。

スヴェトラーナにとっては最悪のタイミングだった。共産主義を否定してソ連から脱出しようとする亡命者として彼女は最も有名な名前を持つ人物だったから、米ソ間の冷戦が膠着状態を迎えている現在、場合によっては、プロパガンダ戦の最高の武器として計り知れない価値を持つはずだった。しかし、亡命の時期が悪かった。ジョンソン政権はソ連邦との間に締結した「領事条約」の批准作業を進めている最中だったからである。(4)

「領事条約」は相互の領事活動を相手国内で確立するための条約だった。この条約によって、両国の領事と領事館員は相手国における刑事訴追を完全に免れ、相手国を訪れる両国民も保護されることになる。また、相手国の市民を逮捕した場合には、両国政府は二、三日以内に相手国に通告しなければならないことになった。これまで、ソ連を訪問中の米国市民が逮捕された場合、起訴されるまでの九ヵ月またはそれ以上の期間、外部と連絡を絶たれて拘束される可能性があった。毎年、約一万八〇〇〇人の米国市民がビジネス・ビザまたは観光ビザでソ連を訪問していた。しかし、一九六四年にようやく調印に漕ぎつけたこの「領事条約」の批准は難航していた。上院議員の一部が批准に強硬に反対していたからである。彼らは共産主義の脅威を喧伝し、「領事条約」は米国内でのソ連のスパイ活動に大幅な機会拡大を提供するものだと主張していた。上院が条約批准の審議に入った重要な時期に有名な亡命者が現れて問題を起こすことは、ラスク国務長官と国務省が最も避けたいと思う事態だった。

米ソ両国がこの条約の批准をいかに重視していたかは、両国政府が相互に示した最近の友好的姿勢からも明らかだった。たとえば、アーカンソー州出身の米国人青年ビューエル・R・ワーザムが数ヵ月前に重労働三年の刑を宣告されてソ連の労働収容所に収監されていた。罪名は闇市場でドルとルーブルを売買したこと、および、レニングラードのホテルから鋳鉄製の熊の置物を盗んだことだった。ところが、スヴェトラーナの亡命の五日後に当たる三月十一日、ソ連の控訴裁判所は原判決を覆し、罰金五〇〇〇ルーブルと引き換えにワーザムを釈放した。一方、アメリカ側も、一九六四年にスパイ罪で逮捕され、二〇年の刑期で服役していたソ連市民イーゴリ・イワーノフを仮釈放し、特別恩赦を申請する機会を与えた。米国駐在のソ連大使アナトーリー・ドブルイニンは、ソ連側がワーザム事件の判決を見直した以上、イワーノフの恩赦にも「かなりの期待が持てる」と言明していた[5]。

ソ連邦閣僚会議議長のアレクセイ・コスイギンが六月末に訪米する予定も決まっていた。コスイギンは米国政府との間で、中東問題、ベトナム戦争、軍縮など広範な問題について話し合うことになっていた。米ソ関係は緊張緩和(デタント)の方向に動きつつあった。この際、スヴェトラーナの亡命問題は単に不都合な事故であるばかりか、関係改善を阻害する脅威でさえあった。話題性の高い亡命者をあえて受け入れることは、流れを逆行させ、修復不可能にする恐れがあった。ジョンソン政権は外交材料としてスヴェトラーナを必要としていなかった。彼女の問題は封じ込めておく必要があった。

ロバート・レイルとスヴェトラーナがまだカンタス航空機の機上にいる間に、ＣＩＡのローマ支部長からイタリア情報機関のエウゲーニオ・ヘンケ長官の自宅に電話が入った。亡命希望者がローマに向かいつつあるという情報を告げ、支援を要請する電話だった。「それだけのことでこの真夜中に電話して私を叩き起こしたのか?」とヘンケ長官が聞き返すと、ＣＩＡ支部長は答えた。「はあ。ですが、その亡命者が誰か、説明させてください」。説明を聞いて、ヘンケ長官は怒りをあらわにした。「分かった。彼女が来たいと言うなら来るがいい。だが、明日には出て行ってもらうからな」[6]。ヘンケ長官は続けて言った。「外務大臣のファンファーニには朝になってから事態を報告しよう。だが、外相も決して喜ばないだろう」。当時、イタリア議会では共産党がかなりの議席数を占めていた。ソ連がイタリア共産党を焚きつければ、キリスト教連立政権は面倒な事態に直面する恐れがあった。

三月七日午前六時、カンタス航空７５１便はローマ空港に着陸し、ロバート・レイルとスヴェトラーナはタラップを降りた。ローマ空港へは乗り継ぎのために着陸したにすぎず、すぐに米国行きの便に乗り込むものと思っていたレイルにとって、二人を到着ゲートで出迎えたCIAローマ支部の副部長がもたらした悪いニュースはショックだった。

レイルに伝えられたニュースは、国務省がスヴェトラーナの受け入れを全面的に拒否しているという内容だった。フォイ・コーラー国務次官補は米ソ関係が改善の方向に向かっているという見解だった。両国間に「雪どけ」が実現する可能性さえあった。一方、レイルを含むCIA職員の多くは、米ソ間の「雪どけ」[7]なるものは「希望的観測であり、もっぱらフォイ・コーラーの空想にすぎない」と思っていた。しかし、今回はフォイ・コーラーの判断が優先した。それはスヴェトラーナがローマに足止めされることを意味していた。レイルとスヴェトラーナはローマ市内のアパートの一室に案内され、安全が確保されたその隠れ家で待機することになった。

亡命を希望するスターリンの娘がCIA職員に伴われてイタリアに入国したという情報をその日の朝にヘンケ長官から聞かされて、イタリアのファンファーニ外相は怒りを爆発させた。「連中をすぐ国外追放にしろ。彼らがイタリア国内に足を踏み入れた証拠を残さないようにするのだ」。ヘンケ長官は答えた。「分かりました。厳密に言えば、彼らはローマ空港の乗り継ぎ客であって、乗り継ぎ便を待つ間、一時的にローマ市内のアパートで休息しているということにしましょう[8]」。スヴェトラーナとレイルが法律的にはイタリアに入国しなかったと見せかけるための策略だった。

次の数日間、アメリカ国務省はオーストラリア、ニュージーランド両国の政府と交渉したが、両国ともスヴェトラーナの受け入れを拒否した。南アフリカが受け入れを承諾したが、同国の人種隔離政策（アパルトヘイト）の歴史を知るスヴェトラーナの方が南ア行きを拒否した。

イタリア公安当局に警護された隠れ家でスヴェトラーナとレイルが待機している間に、短期間ならばスヴェトラーナの受け入れが可能であるという情報がスイス筋から寄せられた。ただし、スイスは、同国の中立主義の伝統に従って、スヴェトラーナのスイス訪問を純粋に私的な性格の旅行とすること、彼女が一切の政治的発言を行わないことを条件として提示していた。この条件はアメリカ国務省が望むところと完全に一致した。三月十日、大統領特別顧問ウォルト・ロストウはジョンソン大統領に次のような内容の書簡を送っている。「例のご婦人の件については安心していただきたい。スイスが受け入れに同意しました(9)」。

ただし、スイス政府の最終的態度は数日後に開かれる予定の閣僚評議会（閣議）まで待たなければならなかった。イタリア政府は事態の遅れに激怒していた。しかし、レイルに言わせれば、「ヘンケ長官も私たちを逮捕して国外退去させるという強硬措置は望んでいなかった(10)」。アメリカ国務省は、もしスイス政府が金曜の朝までに受け入れを決定しない場合は、米国が直ちにスヴェトラーナを引き取ることをイタリア政府に約束した。

数日間、隠れ家で共に時間を過ごすうちに、スヴェトラーナとレイルは互いに親近感を抱くようになった。アパートには小さな居間と寝室があるだけで、寝室はスヴェトラーナの専用だった。電話がひっきりなしにかかってきた。電話に出るたびにレイルは前よりも青ざめ、塞ぎ込んだが、スヴェトラーナが意外に冷静なのを見て多少は救われる思いだった。スヴェトラーナはこう言った。「私は自分だけで勝手に判断しないように教えられて育った。忍耐強く待つこと、そして、何よりも、慌てふためかないことが大切です」。

スターリンの娘が毎朝の朝食を用意してくれることは、レイルにとって楽しい驚きだった。スヴェトラーナは、朝食だけではなく、三度の食事を用意し、皿洗いもした。食材は警護のイタリア公安警察が調達してきた。夕食にキアンティの赤ワインが出ると、スヴェトラーナは父親を思い出した。スターリンは赤ワインを愛好し、極上のブランドと生産年に精通していた。レイルはスヴェトラーナが非常に知的な女性であり、クレムリンの皇女とは思えないほど「甘やかされておらず、我が儘でもない」ことに気づいた。隠れ家暮らしは死ぬほど退屈だったが、二人は冗談を言い合って愉快に笑った。

スヴェトラーナは自分の亡命が怒りと欲求不満の結果としての衝動的な行動だったことを打ち明けた。しかし、もし帰国していれば、インドの滞在期間を故意に延長した反抗的態度を咎められ、パスポートを没収されていただろう。彼女の亡命はソ連政府の横面に平手打ちを加えたようなものだった。ソ連政府関係者の全員を虚仮にしたのだ。これからソ連政府の復讐が始まることを覚悟しなければならないだろう。

故国に残してきた息子のヨシフと娘のカーチャについて語る時、スヴェトラーナが深い悲しみに沈む様子にも、レイルは気づいた。スヴェトラーナは子供たちが無事であることを自分自身に信じさせようとしていた。

気持ちが重く沈んだ時、スヴェトラーナは机に向かって座り込み、六ページに及ぶ長い手紙を書いた。

一九六七年三月九日

私にとって一番大切な子供たち、カーチャ、エレーナ〔ヨシフの妻〕、ヨシフに

私についてのありとあらゆる嘘が語られていることでしょう。気が狂ったとか、誘拐されたとか、あるいは、死んでしまったとかいう説さえ流されていると思います。でも、そんな噂は何ひ

とつ信じないでください。どうして私が帰国しないと決心したか、自分の口から説明します。十二月にモスクワを発った時には、こういうことになろうとは夢にも思いませんでした。だから、あなた方の写真さえ持ってこなかったのです。

多くの人がそうしているように、私もその気になればロシアで生きていくことができないわけではありません。でも、それは本当の自分を隠して、偽善者として生きることを意味しています。ソ連の国民の大半がそうやって生きています。批判する機会もなく、自由な報道機関もなく、思想信条の自由もない生活です。誰も危険を冒そうとはしない。誰にでも家族があり、子供があり、仕事があります。それらを失う危険は冒せない。私も長い間そのようにして生きてきました。でも、もうこれ以上は耐えられない。もう黙って耐えることは不可能です。人は永遠に奴隷のままでいることはできない。運命が私に選択の機会をもたらしたのです。

夫の死によって、私は変わりました。愛する子供たちよ、どうぞ心を落ち着けてください。私は自分の良心が命ずるままに行動しているだけです。あなた方の母親より。[11]

スヴェトラーナはこの手紙を子供たち宛てに郵送してほしいとレイルに依頼したが、アメリカ側は手紙の内容があまりにも政治的過ぎると判断した。結局、手紙は子供たちの手には届かなかった。

その間に、漏れ聞こえる断片的な情報から事態を嗅ぎつけた新聞記者がいた。『ニューヨーク・タイムズ』のニューデリー特派員トニー・ルーカスである。ルーカスは、匿名の情報源から、スヴェトラーナが米国大使館の二等書記官ロバート・レイルに伴われて三月七日の早朝に空路インドを出国した事実を摑んだ。その日ニューデリー空港を離陸したすべての飛行機の搭乗者名簿を調べたうえで、ルーカスはスヴェトラーナとその同伴者がローマに向かったという結論を引き出した。その後まもなく、多数のジャーナリストがトニー・ルーカスと同様の推理によってスヴェトラーナの動きを察知することになる。

三月十日金曜日、レイルとスヴェトラーナは午前三時に起こされた。そして、各国の報道記者が二人を追ってローマに押しかけているというニュースを聞かされた。イタリア政府の希望は今すぐにでも二人を厄介払いすることだった。二人はすぐに出発の用意を整えたが、五時間待機させられた後にようやく空港に向けて隠れ家を出た。イタリア公安警察の護衛つきだった。午後三時、ロンドンを経由して米国に向かう飛行機に搭乗することに決まった。搭乗する直前、レイルは在イタリア米国大使館の友人に別れの電話をした。すると、その友人は言った。「その飛行機には乗るな。たった今、スイス政府から受け入れを承諾する旨の連絡があった」[12]。

二人はいったん隠れ家に戻り、午後八時に空港でスイス領事から入国ビザを受け取るという段取りになった。米国大使館の若い女性職員が隠れ家にやって来て、スヴェトラーナに暗緑色のレインコートと色の濃いサングラス、それに赤い小型のスーツケースを差し入れた。スヴェトラーナはレインコートとサングラスを身に着けることは拒否したが、赤いスーツケースは受け取って、その中に例の手稿とわずかな数の衣服を詰めた。法律上はイタリアに入国していないことになっていたために市内観光もできないでいたスヴェトラーナは、空港へ向かう車の窓からローマの風景に別れを告げた。車の中で、スヴェトラーナとレイルは声を揃えて「アリデヴェルチ、ローマ!」を歌い、笑い合った[13]。

スヴェトラーナは映画の登場人物にでもなったような気分だったに違いない。ビザを受け取る手続きはまるでカーチェイスの様相を呈した。彼女の乗った車とスイス領事の乗った車の二台がカーチェイスをするように空港前の花壇の周りを何度もまわり、やっとスヴェトラーナが領事の車に乗り移ると、インク壺とゴム・スタンプを抱えた領事がスヴェトラーナのパスポートにスイスの入国ビザのスタンプを押し、隠密作戦が成功したことを冗談めかして宣言した。スヴェトラーナは自分の車に戻り、空港の建物に入ったが、出発ロビーに到着した時点で、ジュネーヴ行きのスイス航空615便の離陸は四時間遅れることが分かった。スヴェトラーナとレイルはまたもや隠れ家に戻って待機することになった。

映画はドタバタ劇に転じた。スヴェトラーナとレイルが隠れ家から空港に戻ると、空港ターミナルには世界各国の報道記者とカメラマンが集まっており、テレビ局の中継車のライトが出発ゲートを煌々と照らしていた。イタリアの当局者は、レイルとスヴェトラーナが一緒に行動しているところを写真に撮られることを嫌って、二人が別々に搭乗することを要求した。

レイルは簡単に出入国管理を通過し、スイス航空機に乗り込むことができた。しかし、スヴェトラーナを乗せた車が出発ゲートに近づくと、パパラッチの大群が押し寄せて取り囲んだので、車は後退せざるを得なかった。作戦を立て直し、スヴェトラーナは貨物運搬用カートの牽引車の運転席に潜んで飛行機に近づくことになった。彼女は不安げな運転手の背後に潜り込んだ。

ところが、荷物運搬用カートの牽引車が飛行機に近づいた時、イタリア当局の職員が大慌てで走り寄った。行く手には報道記者とカメラマンが大挙して待ち構えているというのだ。「下がれ、下がれ！」という職員の大袈裟な身振りに驚いて、運転手が急ハンドルを切ったため、牽引車はエンストを起こして止まってしまった。エンジンをかけ直した牽引車はスヴェトラーナを乗せたまま空港の反対側の区画に向けて滑走路を走り抜けた。その間、レイルは飛行機の搭乗口に立ち塞がり、「妻」が乗り込むまでドアを閉めさせまいと頑張っていた。「妻がターミナルの化粧室からまだ戻っていない。妻が乗り込むまで待ってほしい」。可動式のタラップはすでに取り外されていた。しかし、レイルは開いたままのドアに立ち塞がり、動こうとせず、飛行機の出発を一五分も遅らせていた。その時、ようやく、地上にいたイタリア公安警察の職員が身振りでレイルに事情を知らせた。スヴェトラーナはこの飛行機には搭乗できない。タラップが搭乗口に戻され、レイルは階段を降りた。イタリア側がスヴェトラーナを逮捕したのではないかという不安が彼の胸をよぎった[14]。
レイルは空港ターミナルの地下室に案内された。そこには四〇人ほどのイタリア公安警察職員が集まっており、指揮官らしい大佐が電話口に向かって大声で怒鳴っていた。やっと、レイルにも事情が説明された。荷物運搬カートの牽引車の運転手がスヴェトラーナを乗せたまま滑走路の端にある格納庫まで走り、そこに彼女を置き去りにしたのだった[15]。

無人の暗い格納庫に取り残されたスヴェトラーナは、倉庫室と思われる小部屋のドアを見つけて入り込み、不気味な静寂に耐えつつ、階段の下にうずくまって一時間ほど待った。その日は朝の三時から起きていたので疲労困憊していたが、同時に、恐怖心も尋常ではなかった。探しに来たレイルがついにスヴェトラーナの所在を発見し、二人は互いに抱き合って喜んだ。スヴェトラーナは平常心を失う寸前だった。その後、二人は空港近くに住むイタリア公安警察官の自宅に連れて行かれ、そこで待機することになった。そして、最悪のニュースが伝えられた。草稿を入れた小型の赤いスーツケースがスイス航空615便に積み込まれてジュネーヴへ運ばれてしまったのだ[16]。

面倒の種である二人を少しでも早く厄介払いしたいと焦っていたイタリア当局はアメリカ側にチャーター便の利用を要求した。米大使館がチャーターしたヴィッカーズ・ヴァイカウント機が滑走路の薄暗い一隅で離陸の準備に入った。乗員以外にはレイルとスヴェトラーナの二人だけを乗せたチャーター機は、午前一時にジュネーヴに向けてローマ空港を離陸した。スヴェトラーナにとって、ジュネーヴ行きは西欧への初めての旅だった。ローマは勘定に入らなかった。公式にはローマに足を踏み入れていないことになっていたからである。

ジュネーヴに向かう機上で、レイルはスヴェトラーナに「アメリカに来たら、リンカーン記念堂を始め、ワシントンのあらゆる名所に案内したい」と繰り返し語りかけた。これは彼女の気持ちを落ち着かせようとするレイルの努力だった。実のところ、レイルはスヴェトラーナを無事にワシントンに送り届けるのは難しいだろう思っていた[17]。レイルは、また、守ってほしい注意事項をスヴェトラーナに申し渡した。たとえば、ローマ空港の乗り継ぎロビー以外のイタリアの場所に行ったことを認めてはならなかった。新聞記者につきまとわれて難しい質問をされた時には、「ノーコメント」とだけ答えるべきだった。接触してくる最初の出版社に出版を任せることは控えるべきであり、最も有利な条件を提示する出版社を待つべきだった。レイルは後に上司に提出した報告書に次のように書いている。「彼女は西側社会で作家として生きたいと考えており、その意味では、今のところ、彼女を貧窮院行きから救う唯一の保証は彼女の手稿の存在である[18]」。

米国では、三月十日金曜日の『ニューヨーク・タイムズ』が次のような書き出しの第一報を掲載した。記事はやや躊躇(ためら)いがちに消息筋の情報を伝えている。

> 伝えられるところによれば、スターリンの娘スヴェトラーナ・スターリンがソ連から亡命した模様である……現在、彼女の安全は必ずしも確保されていないという報道もある。彼女は米国への入国ビザを求めて在ニューデリーの米国外交筋に接近したと言われている。なぜソ連邦を去ったのか、その理由は今のところ不明である[19]。

当時、スヴェトラーナはまだ世間に知られていない謎の存在であり、『ニューヨーク・タイムズ』に続報として掲載された一連の記事にも多くの誤りが含まれていた。たとえば、スヴェトラーナは政治局員ラーザリ・カガノーヴィチの息子ミハイル・カガノーヴィチと一九五一年に結婚したことになっており、その結婚式には二八万ドルの費用が注ぎ込まれたとされた。また、スターリンの死後、スヴェトラーナはモスクワに住むことを禁止されたとも書かれていた。国務省とニューデリーの米国大使館はこれらの記事の真偽についての論評を拒否した。

しかし、まもなく、事件は別の展開を見せ始める。『ニューヨーク・タイムズ』のトニー・ルーカス特派員が、消息筋の情報として、スヴェトラーナに同行した大使館員のロバート・レイルが実はCIAの工作員であることを暴露したのである。ルーカス記者は事前にニューデリーの米国大使館に電話し、大使館側が反論しないのであれば暴露記事を公表すると警告していた。[20]大使館は論評を拒否し、かくして、二等書記官というロバート・レイルの肩書が隠れ蓑だったことが暴露された。スターリンの娘がCIA工作員の手引きで亡命したというニュースはすぐに大見出しとなって世界中の新聞に転載された。

レイルは、後に国務省に提出した公式報告書「亡命者たちの人柄と異文化環境への適応能力」の中で、スヴェトラーナを「これまでに担当したすべて亡命者の中で最も協力的な亡命者」と評している、レイルによれば、ローマの隠れ家に潜んでいる間もスヴェトラーナは常に快活で、楽天的な姿勢を失わなかった。米国政府が彼女の亡命申請を拒否したという事実を知った時でさえ、その衝撃を冷静に受け入れた。彼女は「自分が普通の平凡な人間とは見なされないこと、自分の行動が政治的な色眼鏡で見られることを理解している。しかし、友人として温かく彼女に接すれば、彼女の方も温かい友情で応じてくれる。知り合いになれば、実に好ましい人柄の人物である」。レイルはさらに「彼女は、また、非常に安定した性格である」とつけ加えている。[21]ただし、レイルは次のようにも指摘した。スヴェトラーナには「まるで一度も現実世界の生活を経験したことのないような」世間知らずの一面があり、したがって、西側社会で生きていくためには適切な支援が必要になるであろう。

スヴェトラーナ自身の言葉によれば、彼女は、三月十一日の早朝、「独裁的支配の世界と自由な世界とを隔てる目に見えない境界線を越えた[22]」。もちろん、事態はそれほど単純ではなかった。彼女の後半生の波乱の旅が始まろうとしていた。もし彼女がこの日を境に父親の名前の影から逃れることができると思っていたとしたら、それは悲劇的な誤解だった。

第17章 外交狂騒曲

一九六七年三月十日金曜日の早朝、ニューデリーのソ連大使館から一等書記官と二等書記官の二人がそろってカラカンカルまでやって来て、シン家のドアを叩いた。二人はスヴェトラーナが誘拐されてソ連大使館から連れ去られたと告げ、彼女の所在について何か知らないかと質問した。ブラジェシュ・シンの弟のスレシュ・シンが対応して、スヴェトラーナの所在は一切知らないと答えた。ちょうどその時、シン家の農園の管理人が駆け込んで来て、BBC放送のニュースがスヴェトラーナのローマ到着を伝えていると告げた。それを聞いて、一等書記官の顔が恐怖で青ざめた。

「何ということだ！　俺たちの運命もこれまでか！　ああ、神よ！」。

「おや、貴方たちも結局のところ神の存在を認めるんだね」と私はすかさずからかってやった。

「やめてくれ！　こんな時に貴方と神学問題など論じたくない[1]」。

スレシュ・シンがひとつ話として好んで口にするこのやり取りは、おそらく実際に交わされた会話だったのであろう。しかし、その会話が交わされた時には、モスクワはすでにスヴェトラーナがインドを出国したという情報を入手していた。書記官たちがカラカンカルに駆けつけたのは、ひょっとしたらその情報が間違いで、スヴェトラーナがカラカンカルに戻っているかも知れないという希望的観測にもとづいて、事実を確認するために派遣されたのであろう。スヴェトラーナが亡命したとしたら、それはソ連大使館の手落ちに他ならなかった。警戒を怠った責任が問われることは必至だった。スターリンが生きていた頃なら、書記官たちは銃殺されていたことだろう。

舞台裏では国際的な外交交渉が猛烈なスピードで展開されていた。ニューデリーでは、インド外相C・S・ジハの三月九日付の書簡が米国大使チェスター・ボウルズの許に届けられた。書簡の内容とそれに対するボウルズ大使の返答は正確に記録されている。

一九六七年三月九日

インド外務省はアメリカ合衆国大使館に敬意を表しつつ、謹んで以下の情報を伝達するものである。インド政府は、インドに短期間滞在した後にまもなくソ連邦に帰国する予定であったソ連邦市民スヴェトラーナ・アルーレワ（ママ）夫人が米国への入国ビザと航空機の搭乗券を与えられ、米国大使館の職員に同伴されて米国に向かったことを承知するに至った。しかも、米国大使館は彼女が重要人物であることを十分に知りつつそのような措置を取ったことも判明している。

インド外務省は、米国大使館による上記の行為がインド外務省へのいかなる通告もなしに慌ただしく実行されたことについて、インド政府が重大な憂慮を感じていることを指摘したい。インド政府はソ連邦政府から強い抗議を受けている。ソ連邦政府は同国の市民であるスヴェトラーナ・アルーレワ夫人がインド駐在の米国当局者によって拉致されたとの見解を明らかにしている。

インド政府は、この件に関するすべての状況を考慮したうえで、スヴェトラーナ・アルーレワ夫人を直ちにニューデリーに連れ戻すことを強く要請する。彼女がインドに戻った時点で、インド政府は国際法と慣行に則って適切に問題を処理する意向である。[2]

スヴェトラーナにとっては、チェスター・ボウルズ米国大使が彼女に同情的だったことが幸いした。翌三月十日、ボウルズ大使はC・S・ジハ外相に「率直な非公式の返信」を送った。ボウルズ大使は、C・S・ジハ外相からの書簡が「非公開の抗議文」であることを認めつつも、その内容が「事実とかけ離れている」と指摘している。[3] ボウルズによれば、「スヴェトラーナ・アルーレワ（ママ）夫人は自分の自由意思で米国大使館に足を踏み入れた」のであり、米国大使館側はそれまで彼女の存在さえ知らなかった。また、彼女が有効なパスポートを所持している以上、彼女のインド出国は完全に合法的である。出国が強要されたものでなかったことは、彼女を目撃した多数の空港職員が疑問の余地なく証言するであろう。彼女が意志に反して出国を強制されたかのように示唆するソ連政府のいかなる試みも「明らかに、悪意に満ちた虚偽宣伝にすぎない」。

ボウルズは米国大使館の行為がインドの国益にもかなっていることをジハ外相に強調した。もし、スヴェトラーナが彼女の警告どおりに新聞記者を集めて記者会見をしていれば、インドは国際的混乱の悪夢に巻き込まれていただろう。米国大使館がスヴェトラーナのインド出国を助けた行為は「合衆国建国の理想にまでさかのぼるアメリカの伝統」に即した行動に他ならなかった。

この書簡は外交上の打撃を最小限にとどめるためにボウルズ大使が開始したダメージ・コントロールの一環だった。しかし、ジハ外相に宛てたボウルズ大使の書簡を綴ったアメリカ国立公文書記録管理局（NARA）のファイルには、その数日後に書かれた奇妙なメモも含まれている。それはモスクワの米国大使がUPI通信の特派員ヘンリー・シャピロから得た情報に関するメモだった。

モスクワ発

一九六七年三月十三日

役に立つ可能性のある情報を入手したので、国務省に伝達されたい。三月十二日の晩に行なわれたポーカー・ゲームの席で、シャピロ記者はスヴェトラーナ・スターリナの子供たちに接触し、取材記事を書いたことを漏らした。

シャピロ記者によれば、モスクワではスヴェトラーナ・スターリナは色情狂であるという噂が流されている。一方、彼女の息子と娘は母親がいずれは帰国すると確信しており、今は夫を亡くして気が動転しているのだろうと考えている。シャピロの意見では、スヴェトラーナ・スターリナは一般市民の生活水準をはるかに上回る快適な暮らしを保証されていた。取材に応じた息子と娘は二人とも感じの良い人物で、母親を愛している様子だった。(4)

スヴェトラーナが色情狂であるというゴシップは、将来役に立つかも知れない情報としてファイルに収められたのであろう。つまり、将来、事態が泥仕合の様相を呈する場合に備えての情報だった。ソ連政府は、当初、スヴェトラーナのインド出国について発言することを控え、むしろ音無しの構えだったが、まもなく反応を示し始めた。スヴェトラーナ亡命のニュースが「自由ヨーロッパ放送」(5)やロコミを通じて一般市民の間に広がったことがソ連政府に危機感を与えたのである。スヴェトラーナは自分が書いた本を携えて出国したと言われていた。彼女はいったい何を知っていたのか？　父親のスターリンが娘に国家機密を漏らしていたとは考えられなかったが、スヴェトラーナが現在の国家指導者たちについて何らかのゴシップを西側に提供する可能性が考えられた。彼女はスターリンの部下だった現在の指導者たちについてあらゆる話を知っていたからである。

ソ連の国営テレビは淡々とした調子でニュースを伝えた。

政府は、記者たちの質問に答えて、ヨシフ・ヴィッサリオノヴィチ・スターリンの娘スヴェトラーナ・アリルーエワが国外にいる事実を認めた。一九六六年にソ連国内で死亡したインド人の夫の遺骨をその故郷に運ぶために、ビザの発給を受けてニューデリーに向けて出国したものである。スヴェトラーナ・アリルーエワの帰国がいつの時期になるかは、もっぱら本人の問題である。[6]

『プラウダ』にも同様の趣旨の短い記事が掲載された。テレビやラジオの放送を見聞きし、あるいは、新聞の記事を読んだソ連市民は、例外なく、政府発表の行間に隠された意味を理解した。ソ連市民が自分の自由意思で国外旅行をするなどということはあり得なかったからである。もし、スヴェトラーナ自身がこの記事を読んだら、「何さ！　連中は今頃になってブラジェシュを私の夫と呼ぶのか！」と吐き捨てるように言っただろう。

最初のうち、ソ連の公安当局はスヴェトラーナ亡命の事実が信じられず、彼女が密かにモスクワに舞い戻っているのではないかとして、立ち回り先を調べていた。スヴェトラーナの従弟のレオニード・アリルーエフによれば、KGBは「川岸ビル」にある彼のアパートを訪ねて来て、留守番をしていた妻の母親を尋問した。しかし、一族の大半の人々について言えば、スヴェトラーナ亡命の影響はすぐには及ばなかった。レオニード・アリルーエフは次のように証言している。「ソ連政府の幹部のうち、スヴェトラーナの亡命について発言したのはコスイギンだけだった。それも二言三言の短いコメントにすぎなかった。幹部たちは沈黙することによって権威を維持しようとしていた。発言すべきでないと思われる事柄については、彼らは発言しなかった[7]」。

もちろん、それは表向きの発言という意味だった。舞台裏では、すでに共産党の政治局とKGBがスヴェトラーナと米国に対する復讐計画を立て始めていた。スヴェトラーナの亡命はロシア革命五〇周年を間近に控えるソ連政府の顔に泥を塗ろうとする米国の陰謀に他ならないと確信した彼らは、あらゆる手段でスヴェトラーナを奪還する決意を固めていた。米国務長官ディーン・ラスクの許には、テヘラン、香港など、世界各地の大使館から秘密電報が舞い込み始めた。ソ連がスヴェトラーナの個人的名誉とスヴェトラーナの著書の評判を貶めようとする計画を立てているという噂を報告する電報だった[8]。

スヴェトラーナとロバート・レイルをただ二人の乗客とするヴィッカーズ・ヴァイカウント機は無事にジュネーヴ空港に着陸した。飛行機から降り立った二人は、声高に質問を浴びせる記者たちの集団を避けて、すぐに空港内の別室に案内された。その部屋でスヴェトラーナは例の手稿の入った赤い小型のスーツケースに再会したが、同時に、「いかなる政治的発言もしない」というスイス入国の条件を改めて申し渡された。しかし、彼女のスイス到着はすでに世界的なニュースになっており、あらゆる報道機関が取材しようとして彼女を狙っていた。CBS放送のマーヴィン・カルブ記者は他の誰よりも早くすでに三週間前からスイスで待ち構えていたが、入国時のスヴェトラーナに接触することはできなかった。「スイスでは国際的な騙し合いが横行していた」とカルブは回想している[9]。

スヴェトラーナは「フロイライン・カールレン」名義の身分証明書を与えられ、ユングフラウ山系の中に位置する町ベアテンベルグの山荘に車で送られた。カールレン嬢はアイルランド人の女性であり、つい最近訪れたインドから帰国する途中でスイスに立ち寄ったという設定だった。[10] それは馬鹿げた偽装だった。カールレン嬢はインドの事情にこそ多少通じていたが、生まれ故郷のアイルランドについては、あまりに長く離れていたので何も覚えていないという触れ込みだった。しかし、彼女が話すロシア語訛りの英語をアイルランド訛りと聞き違えるなどということはあり得なかった。スヴェトラーナは山荘の食堂にひとり座ってラジオに耳を傾けた。彼女は自分の傍らにロバート・レイルのいないことが不安だった。レイルはジュネーヴ空港でスヴェトラーナと別れ、待ち構えていた車に飛び乗ると、報道陣の追跡を受けながらフランス国境を抜け、今はインドへ向かう飛行機の機上にいるはずだった。彼がニューデリーに帰着するのを待って、チェスター・ボウルズ大使はレイル夫妻を夕食会に招いて慰労する予定だった。大使は、特にインド政府に対して、あくまでもロバート・レイルを支える姿勢を鮮明に示そうとしていた。[11]

米国国務省はスヴェトラーナの身柄保護の責任をスイス政府に引き渡したが、スイス側は米国に対して、必要があればすぐに連絡できる態勢を保ちつつも、表面に顔を出さないことを要求した。スイス外務省で東欧局長を務める五十歳のアントニーノ・ヤンネルがスヴェトラーナの問題を担当することになった。各国の報道記者がスヴェトラーナの所在を嗅ぎつけてベアテンベルグを目指していることが判明すると、急遽、彼女はカトリックの尼僧院が経営するサンタントーニの宿泊所に移され、そこからさらにフリブール市近郊の聖マリア女子修道院に移された。それらの施設では彼女の身分は明かされず、尼僧たちにも詮索することが禁止された。その間、スヴェトラーナはニューデリー滞在中に見た映画『サウンド・オブ・ミュージック』を思い出していた。まるで自分がその映画の予告編に出演しているような気がした。[12] フリブール州警察の私服刑事たちが彼女のボディーガードを務めた。

私服刑事たちはフリブール周辺の観光地に彼女を連れ出し、警察車両のフォルクスワーゲン・ビートルを彼女に運転させたりした。最初のうち、スヴェトラーナは有頂天だった。「その時、私はソ連から脱出した喜びを実感していました。あの時の嬉しさは死ぬまで忘れないでしょう」と彼女は後にある友人に語っている。[13]

世界中の見知らぬ人々からスヴェトラーナの許に手紙が舞い込み始め、その数は数百通に達した。宛先の住所としてただ「スイス」としか書かれていない手紙も届いた。大半が結婚の申し込みだった。ソ連からの亡命者で今はオーストラリア市民となっているサーカス芸人から英国の海軍士官に至るまで数多くの男たちがスヴェトラーナとの結婚を希望していた。フロリダに住むモーターボートの所有者は、米国政府がスヴェトラーナの入国を直ちに認めないことに憤激しつつ、彼女を自宅に招待していた。[14]

三月十日金曜日、元ソ連大使ジョージ・ケナンの自宅に友人でもあるCIAのロシア問題専門家ドナルド・ジェイムソン（ジェイミー）から電話がかかってきた。ジェイムソンは「途轍もない亡命事件が発生した」[15]と告げ、今から送る原稿を読んで感想を聞かせてくれとケナンに依頼した。原稿とは、いうまでもなく、スヴェトラーナの『友人に宛てた二十通の手紙』の手稿だった。CIAはローマで複数のコピーを取っていたのだ。ジェイムソンは、さらに、原稿を読んだうえで、ジュネーヴへ飛んでスヴェトラーナに会ってほしいとケナンに持ちかけた。米国政府当局者がスヴェトラーナに直接接触することはスイス側が許さなかったので、CIAは信頼できる民間人を探していたのだった。

スヴェトラーナの保護者としてケナンを推薦したのはチェスター・ボウルズ駐印大使だった。ボウルズ大使はディーン・ラスク国務長官に書簡を送り、「我が国の政策目標の実現を可能とする好機としてスヴェトラーナの亡命問題を活用すべきである」と進言した。ただし、「スヴェトラーナに自分が米ソ両国の関係改善に貢献できる特殊な立場にあることを自覚させる」ためには、彼女を指導し、勇気を与えることのできるジョージ・ケナンのような人物が必要だった。さらに、手稿出版の問題に関する助言者としてもケナンは適任者だった。チェスター・ボウルズによれば、「スヴェトラーナは喉から手が出るほど生活資金を必要としており、そのため、慌てていかがわしい出版業者と不適切な契約を結ぶ恐れがあった[16]」。

その点、ジョージ・ケナンはまことにうってつけの人物だった。ロシア通のケナンは若い頃からロ

ジョージ・ケナン(1966年撮影)。
米国の元外交官ジョージ・ケナンは、
スターリン時代の最終期にモスクワ駐在大使を務めた縁で、
米国で新生活を始めようとするスヴェトラーナの
保護者の役割を果たすことになった。

シアに対してロマンチックな憧れを抱いていた。一九五二年にスターリンによって国外追放されるまで短期間ながら米国の駐ソ大使を務めた経験もあった。ソ連封じ込めという米国の戦後政策に関する著書も著していた。ソ連が何をしようと、それが東欧ブロックなどソ連の影響圏の範囲内のことである限り、また、その行動が米国の支配的優位を脅かさない限り、好きなようにさせておけばよいというのがケナンの主張だった。共産主義はそれ自身が内包する妄想症と非能率のゆえにいずれは確実に自滅するであろう。ケナンは、一九四七年にCIAが設立された直後から、ソ連の卑劣な国際スパイ活動に対抗するためにソ連からの亡命者の協力を活用するよう助言していた[17]。その後、ジョージ・ケナンは外交官の仕事を退き、現在はプリンストン高等研究所の教授となっていた。つまり、今は一介の民間人だった。ただし、彼が米国政府の要人たちと密接な関係を維持していることは変わりなかった。

ケナンは、まず、亡命者が書いたと言われる手稿を査読することになった。書いたのはまったく予想外の亡命者だった。スヴェトラーナの手稿が米国に送られ、ケナンの許に届けられたのは三月十六日だった。ケナンはあいにく体調を崩してベッドに臥せっていたが、読み始めると夜を徹して読了し、深い感銘を受けた。数十万人の読者を惹きつける卓越した著作であるというのが彼の判断だった。翌日、ケナンはニコラス・カッツェンバック国務次官に面会するために首都ワシントンに出向いた。

ケナンがソ連に滞在した期間は通算九年に及んだが、その間、クレムリンの奥深くに隠されていたスヴェトラーナとは一度も出会う機会がなかった。スヴェトラーナに会うと思うと、興奮を禁じ得なかったが、ケナンも、また、心の底ではスヴェトラーナの亡命希望を厄介な問題と見なしていた。ケナンは、カッツェンバック国務次官に対して、もし米国政府がスヴェトラーナを一文無しの状態で受け入れれば、彼女を政府施設に収容して保護しなければならなくなるだろうと告げた。ただし、著書の出版権が事前に売れれば、彼女は一定の資産を持って米国に入国することになり、したがって、米国政府の後見は不必要になるだろう[18]。

一方、チェスター・ボウルズ駐印大使は大統領特別顧問のウォルト・ロストウに対して、スヴェトラーナを時限爆弾のように危険視するのではなく、米国の役に立つ強力なカードとして扱うべきだと進言していた。ただし、そのためには著作の一部を書き直させる必要があった。「スターリンの暗黒時代を扱った部分の次に、ソ連国内に新しい世代が生まれている事実を述べ、対米関係改善の見通しを強調する部分を書き足せば、彼女の著作は多大の好影響をもたらすだろう[19]」。ボウルズは、スヴェトラーナを説得して著作を修正させる最適任者としてジョージ・ケナンを推薦したのだった。しかし、スヴェトラーナはソ連のいわゆる「リベラルな新政府」がアンドレイ・シニャフスキーとユーリ・ダニエルを国外で著書を出版したというだけの理由で逮捕し、強制収容所に送り込んで重労働を科すという事態を目撃したばかりだった。もし、スヴェトラーナに著作の修正を提案したりすれば、彼女は「アメリカ人はいったいどこに眼をつけているの？」と反問しただろう。

スヴェトラーナの著作を売り込むためには有能な弁護士が必要だとケナンは考えていた。その弁護士はスヴェトラーナとその著作が置かれている微妙な状況を理解できる人物でなければならない。ケナンがすぐに思いついたのは、プリンストンに住む隣人で旧友のエドワード・グリーンバウムだった。第二次大戦に准将として従軍したことから、もっぱら「将軍」の愛称で呼ばれるグリーンバウムは、ニューヨークの有名な「グリーンバウム・ウォルフ・アンド・アーネスト法律事務所」の共同経営者だった。この法律事務所は、依頼人としてテネシー・ウィリアムズ、カール・サンドバーグなど多くの作家を抱えており、また、「ハーパー・アンド・ロウ社」のような出版社をも顧客としていとケナンは確信していた。[21]

ジョージ・ケナンがジュネーヴへ向けて出発する日の前日の午後六時、グリーンバウムの自宅にケナンの妻アンネリーゼからケナンが大至急会いたがっている旨の電話があった。七十七歳のグリーンバウムはプリンストンの公園の芝生を歩いて横切り、ケナンの自宅までやって来た。スヴェトラーナの手稿を読むまでもなく、グリーンバウムはこの出版の事業的価値を理解した。ケナンはグリーンバウムにいつでもジュネーヴに飛ぶ準備を整えておくよう依頼した。スヴェトラーナがグリーンバウムを代理人に選任することに合意した場合には、ケナンからグリーンバウム宛てに「一件成立」という短文の電報が打たれる手筈となった。[22]

ケナンは三月二十二日にスイスに向かった。彼がスヴェトラーナに会うことは秘密の扱いであり、報道陣の詮索を避けるために目的を偽っての旅行だった。スイス留学中の娘を訪ね、ジュネーヴ大学で講演するというのが表向きの名目だった。スイス外務省のヤンネル局長がスヴェトラーナに言った。「ロシア問題の専門家として世界屈指の権威と言われる人物に会えることは、大いなる名誉であり、幸運でもあります。参考までに、彼の著作を何冊かお貸ししましょう[23]」。

米国政府が彼女の受け入れを拒否したことをイタリア滞在中に聞かされた時、スヴェトラーナは愕然としたのだった。今回スイスまでやって来るジョージ・ケナンという人物に何が期待できるのか、彼女には分からなかった。自分が何を望んでいるのかさえ分からないほど、彼女は混乱していた。多分、このままスイスに滞在できるように求めるべきなのかも知れない。しかし、スイス政府は彼女に一切の政治的発言を禁止していた。では、著書の出版はどうなるのか？「この地で沈黙を守るために母国を離れたのだとしたら、いったい何の意味があるのか？」と彼女は自問した。[24] 実を言えば、彼女が暮らしたいと思う唯一の場所はインドだったが、それは叶わぬ望みだった。

自分の今後の運命を左右するかも知れない人物に会う準備として、スヴェトラーナはジョージ・ケナンの著書『レーニン、スターリン支配下のロシアと西欧世界』を読んだ。スターリンと共産主義に対するケナンの批判は容赦なかった。スヴェトラーナにとって、ケナンの指摘はほぼ正確だったが、はたして彼が父親と娘を区別して扱えるかどうか、彼女にはそれが不安だった。[25]二人の警察官が迎えに来て、彼女を車に乗せ、ベルン近郊のヤンネルの自宅に案内した。ヤンネルは彼女を歓迎してこう言った。「ジョージ・ケナン氏と話をしました。あなたの原稿を読んだそうです。出版する価値は大いにあると言っていました[26]」。

ヤンネル宅に現れた元外交官のジョージ・ケナンは上品な紳士だった。スヴェトラーナと向かい合ってソファーに座ると、ケナンはまず彼女の原稿の出来映えを褒めた。原稿を隅から隅まで熟読した様子だった。彼はスヴェトラーナの保護者の役割を務める決心を固めていた。その決意には、彼女が反ソ宣伝の材料として米国政府に利用されないように守ろうとする意味も含まれていた。それは今後ずっと続くことになる二人の関係の基調となる姿勢だった。ケナンはスヴェトラーナの才能に対する心からの称賛の念と自分自身の社会的責任との間でバランスを保つべく、常に努力を続けた。[27]彼は後に『ニューヨーク・タイムズ』の記者に向かって次のように語っている。スヴェトラーナが新しい環境に適応するのを助けることは、「政府機関の職員やその他の利害関係者ではなく、民間の私人にこそ相応しい仕事だと思われた[28]」。しかし、実際に陰で糸を操っていたのは国務省だった。

米国行きが実現すれば、出版社も確実に見つかるだろうとケナンはスヴェトラーナに保証した。彼女の著書には国際的な関心が集まるので、出版すれば巨額の収入が得られるはずである。そこで、彼女の代理人として出版社との交渉を進めるとともに、彼女の入国ビザの手続きを整える任に当たる弁護士が必要である。私の友人でもある弁護士のグリーンバウムに任せてはどうだろうか？　ケナンはスヴェトラーナとの話し合いにスイス側の代表としてヤンネルを同席させることを忘れなかった。そして、弁護士の件はひとつの提案にすぎないと強調した。決めるのはあくまでスヴェトラーナ自身である。なぜなら、「自分で決めることこそ、貴女がこれから暮らそうとする自由世界の本質だからだ」。スヴェトラーナは皮肉っぽく笑ってケナンの提案を受け入れたうえで、本音を漏らすかのようにつけ加えた。「でも、他にどんな選択肢があるのかしら？」[29]。

ケナンは、蠟燭の灯るテーブルでの夕食の席で、スヴェトラーナに会うことを待ち望んでいる自分の家族や友人たちの話をした。また、スヴェトラーナの英語能力の高さに感銘したとも言った。スヴェトラーナは非現実的とも思われる急速度で事態が動き出した気がした。まもなく、彼女はヤンネルその他の人々に「ケナンは私にとって神様のような存在だ」と漏らすようになる。それは、ケナンがやって来て助言を与えてくれたことで、「まったく新しい世界が開けるような気がした」ことを意味していた[30]。

ケナンは国務省に報告書を送り、スヴェトラーナの「高い知性と安定した性格、そして誠実さ」に深い感銘を受けたと書いた。ニューデリーの米国大使館に駆け込むという彼女の決断は決して「不合理な気まぐれ」ではなかったとケナンは確信した。彼女の原稿には文学的な価値があった。彼女はソ連の体制に断固として反対していた。「彼女には鉄のように確固たる魂がある」[31]。

スヴェトラーナに言わせれば、それは彼女が生涯繰り返した賭けのひとつだった。ニューデリーのソ連大使館を去る時、彼女が知っていたのは米国大使館の住所だけだった。

その後どうすればいいか、その翌日には何をするのか、私には分からなかった。考えようともしなかった。例によって、先の計画はなかった。私は、ただ、新しい生活を漠然と想像していただけだった。時々、モスクワの街や住んでいたアパートの部屋の夢を見た。目覚めると、ぐっしょりと冷たい寝汗をかいていた。それは私にとって悪夢だった。[32]

モスクワで経験した数々の出来事も悪夢だったが、そのモスクワに強制的に連れ戻されるという心配こそが最悪の悪夢だった。

第18章 弁護士の出番

一九六七年三月二十五日、ニューヨークのグリーンバウム・ウォルフ・アンド・アーネスト法律事務所の共同経営者であるエドワード・グリーンバウムは同事務所に所属する弁護士アラン・シュワルツを同行してスイスに向かった。シュワルツは「困った立場に置かれているある婦人」を助けるための出張としか聞かされていなかったが、飛行機が大西洋上に出たところで、今回の依頼人がスターリンの娘であることを知らされる。二人はイタリアのミラノ空港で飛行機を降り、出迎えたジョージ・ケナンの事情説明を受けつつ、車で陸路ベルンに向かった。スヴェトラーナの著作の出版を実現することが彼らの使命だった。著書が出版されれば、スヴェトラーナは国務省に過度に依存することなく、私人として米国に入国することが可能となるはずである。弁護士たちを迎えたスイス外務省の東欧局長アントニーノ・ヤンネルは、今や各国の報道記者に加えてソ連の情報機関もスヴェトラーナの所在を必死に探していると警告した。[1]

その晩、ヤンネルは三人の米国人をベルン郊外のホテルに案内した。シュワルツの回想によれば、「彼女はそのホテルにいた。非常に魅力的な女性だった。グリーンバウムと私はすぐに彼女の虜になった」。しかし、この段階では、米国政府が彼女をどう扱うかはまだ明らかになっていなかった。

スヴェトラーナは二人の子供をソ連国内に残して亡命した。
1967年10月、西独のテレビが放映した娘のカーチャと息子のヨシフの姿。二人は母親に帰国を訴えた。

二人の弁護士は代理人として働くことをスヴェトラーナに約束した。

三月二十九日、スヴェトラーナはグリーンバウム・ウォルフ・アンド・アーネスト法律事務所宛てに二通の委任状を書き、署名した。一通は米国への入国に関する手続きの代行を委任する書類、もう一通は現在および将来のすべての著作に関する権利の扱いを委ねる書類だった。

委任状に署名する際にスヴェトラーナの頭にあった唯一の思いは、協力的でありたいという意志だった。物事がうまくいく場合もあれば、いかない場合もあることを彼女はよく知っていた。昨日は互いに談笑を交わしていた最高レベルの政治家たちの誰かが今日は跡形もなく姿を消してしまうという事態を何度も見てきたからだ。著作が出版されれば巨額の収入が得られることをグリーンバウムが保証すると、スヴェトラーナは車と犬が買えるくらいの収入があれば嬉しいと答え、冗談のようにつけ加えた。

「犬を飼うとしたら、ジプシー種の犬にするわ。私の暮らしに相応しい犬種でしょう[2]」

ビザを取得する必要があった。グリーンバウムとシュワルツは三月三十日にニューヨークに戻った。まず、スヴェトラーナの入国ビザを取得する必要があった。グリーンバウムはひとまず関係者を集めて会合を開くことにした。国務次官ニコラス・カッツェンバック、国務省のソ連問題専門家チャールズ・ボーレン、それにドナルド・ジェイムソンを含む数人のCIA幹部が集まった。ジェイムソンは亡命ロシア人の問題を扱う部署の責任者であり、数々の秘密作戦を指揮してきた人物だったが、今は車椅子から立ち上がれないポリオ患者だった。一九五五年に東独からの亡命者を尋問した際、その亡命者からポリオのウィルスをうつされたものと考えられていた。友人知己の間ではジェイミーの愛称で親しまれていたジェイムソンはロシア文学に造詣が深く、個人的にもぜひともスヴェトラーナを支援したいと思っていた。この会合に同席したアラン・シュワルツは次のように書いている。

全員がテーブルを囲んで座り、まず、これまでの経過を確認した。話し合いの過程で明らかになったのは、米国政府が少なくとも表面上は依然として事態への関与を望んでいないという事実だった。しかし、スヴェトラーナが米国に来たいと言うなら、むげに拒否するわけにもいかない。彼女の入国と滞在を容認するためには、何らかの保証がどうしても必要だった。もし、ドナルド・ジェイムソンが好意的な立場で介入していなければ、スヴェトラーナがどうなったかは分からない。私たちはやっとのことでスヴェトラーナのために期限六ヵ月の観光ビザを確保した。それが精一杯のところだった。(3)

次に、グリーンバウムは出版社ハーパー・アンド・ロウ社の社長キャス・キャンフィールドに電話をかけた。つい最近、同社はジャクリーヌ・ケネディーの伝記を出版したが、それをめぐってジャックリーヌ・ケネディー本人が同社を提訴するという訴訟事件が発生し、その裁判でグリーンバウムはハーパー・アンド・ロウ社側の弁護士を務めたのだった。グリーンバウムは今回の電話で、緊急の用件があるのでニューヨーク東三八番街のキャンフィールドの自宅を今夜訪ねたいと申し出て、許可を求めた。その夜、ニューヨークでは社長のキャンフィールドと副社長のエヴァン・トーマスがグリーンバウムを待っていた。グリーンバウムは自分がスターリンの娘スヴェトラーナ・アリルーエワの代理人であることを告げ、彼女が一九六三年に書いた原稿の出版を希望している旨を伝えた。さらに、彼女の著作が存在することはまだ世間に知られていないと言ったうえで、ひとつの条件を持ち出した。スイス政府がスヴェトラーナの著作の存在を秘密にすることを求めており、さらに、「考慮すべきその他の事情から、この件は当面極秘扱いにしてほしい」という条件だった。[4]

グリーンバウムは「考慮すべきその他の事情」が何であるか説明しなかったが、それが騒動の拡大を希望しない国務省の意向を意味することは明らかだった。秘密保持の観点から、グリーンバウムとアラン・シュワルツは、スヴェトラーナの原稿を公開したうえで入札によって出版社を募るのではなく、「彼女の身の安全を確保するためにも」、ハーパー・アンド・ロウ社とだけ交渉することに決めたのだった。キャンフィールドはその話に多大の関心を示した。細部にわたる交渉を経て、四月十四日、ハーパー・アンド・ロウ社は『友人に宛てた二十通の手紙』の英語版の出版契約に調印し、著者のスヴェトラーナに二五万ドルの支払いを約束した。

グリーンバウムは、次に『ニューヨーク・タイムズ』の経営者アーサー・サルズバーガーに電話をかけ、スヴェトラーナの著作を同紙に連載する契約の交渉に入った（グリーンバウムはサルズバーガー家と親しい間柄だった）。『ニューヨーク・タイムズ』側は抜粋を六回に分けて紙上に掲載する権利と引き換えに二二万五〇〇〇ドルを支払うことで合意した。その二日後、グラフ誌の『ライフ』も、四〇万ドルで連載する権利についての契約に合意した。加えて、「ブック・オブ・ザ・マンス・クラブ」との間に三二万五〇〇〇ドルの契約が成立し、さらに、米国以外の諸国での出版権と連載権も発生した。グリーンバウムは四月中旬までにこれらすべての契約の締結を完了した。[5] 実際に原稿を読んだ者はいなかったが、スターリンの娘の著作ならば大いに売れるだろうと誰もが確信していた。

グリーンバウムの次の仕事は翻訳者の手配だった。ケナンが推薦した何人かの候補者の中から、三十九歳の女性ジャーナリストで翻訳家でもあるプリシラ・ジョンソン・マクミランの名が浮上した。[6] プリシラ・マクミランは一九五〇年代の半ばにモスクワで米国大使館の通訳として働いたことがあり、一九五六年には実際にスヴェトラーナに会ったことがあった。その頃、スヴェトラーナはモスクワ大学の講師として「ソ連の小説」というテーマの講座の開講を予定しており、プリシラはその講座の聴講生として登録していたのである。しかし、フルシチョフの「秘密報告」の直後に講座は中止となってしまった。現在、プリシラ・マクミランはケネディー大統領暗殺の容疑者リー・ハーベイ・オズワルドに関する著作を執筆中だった。北米新聞連盟（NANA）の特派員として働いていた一九五九年当時、彼女はモスクワ滞在中のオズワルドにインタビューしたことがあった。プリシラ・マクミランの身辺調査はすでにCIAが済ませていた。

マクミランはグリーンバウムに呼ばれてすぐに飛行機でニューヨークに飛んだ。スヴェトラーナの手稿はすでに東五三番街一〇番地のハーパー・アンド・ロウ社に届いており、鍵のかかった金庫に厳重に保管されていた。マクミランはスヴェトラーナが筆記体で書いた手稿を一週間かけて読んだが、手稿を社外に持ち出すことは許されなかった。したがって、外国に翻訳権を売る交渉のための資料として梗概を書くように依頼された時には、記憶だけを頼りに、滞在するホテルの部屋で一晩のうちに梗概を書き上げた。彼女はスヴェトラーナの著作に深く感動していた。「私は自分の眼が信じられなかった。これだけの物を書く能力がスターリンの娘にあったとは！　原稿を読んだ時に感じた畏敬の念はその後も決して私の心から消えなかった[7]」。

グリーンバウムは翻訳者をスヴェトラーナに会わせることが是非とも必要であると判断し、プリシラ・マクミランをスイスに派遣するようハーパー・アンド・ロウ社を説得した。出発前にマクミランはグリーンバウムからスイス行きについていくつかの指示を受けたが、それは何とも滑稽なやり取りとなった。

友人たちの間で「将軍」と呼ばれていたグリーンバウムが私に指示を与えた場所はニューヨーク市内のレストラン「ウィリアム・クラブ」とマンハッタンの「アルゴンキン・ホテル」だった。ウィリアム・クラブはいつも大入り満員のレストランで、その時も私の知人が何人か偶然居合わせていた。私は彼らと挨拶を交わした。アルゴンキン・ホテルは、それこそ、ニューヨーク中の人間が集まるような場所である。グリーンバウム将軍は耳が遠いので、精一杯の大声で私に指示を与え、私も彼に聞こえるように精一杯の大声で答えなければならなかった。二人の会話の内容が翌日の新聞で報じられなかったことは奇跡的だった。チューリッヒのホテルのロビーで知り合いの新聞記者に遭遇した場合には何と言えばいいかを将軍は大声で私に指示した。「もし、ロビーでマーヴィン・カルブに見つかったら、何と言えばいいか？　あら、マーヴィン、スキーはやっぱりスイスに限るわね、とでも言えばいいさ」。私は極秘裏にフランクフルトに飛び、そこから汽車でチューリッヒに向かった[8]。

マクミランとスヴェトラーナの出会いは順調に運んだ。二人の女性はまずヤンネルの自宅で会い、次に、ヌーシャテル市内の朝食付き簡易ホテルで会った。ただし、どちらもそのホテルに滞在していたわけではなかった。二人は二階のロビーで会い、マクミランは持参した一章分の試訳をスヴェトラーナに見せた。ロビーには籠に入ったオウムがいて、しきりに金切り声を上げていた。マクミランはオウムの声に興味を持った。まさか、このオウムと『ニューヨーク・タイムズ』との間に直通電話が通じているわけではないだろう、と彼女は思った。「スヴェトラーナは私の試訳を読んで、やや直訳に過ぎるところがあるが、それ以外の点では満足だとコメントした。一九五六年にモスクワで会った時以来知っていたことだが、彼女の英語は完璧だった」。プリシラ・マクミランは数日後に帰米した。

ニューヨークで弁護士と出版関係者が忙しく立ち働いている間、スイスではスヴェトラーナが憂鬱を感じ始めていた。ソ連を脱出した直後に感じた有頂天の解放感は薄れつつあった。子供たちと離れた寂しさが募った。四月四日、息子のヨシフからの手紙がようやく手許に届いた。ヨシフは母親から連絡がないことを嘆いていた。

愛するママ！

三月八日に空港へ迎えに行ったのに、ママが現れないのでがっかりしました。その後、タス通信の発表で、ママが好きなだけ長く外国に滞在する許可を得たことを知り、少し安心しました。僕たちの生活も日常に戻りました。ただし、カーチャだけは、まだ元に戻っていません。正直のところ、僕も何か何だかわけが分からない状態です。

僕はスイス大使館に電話して、ママと連絡を取りたいと頼みました。そして、やっとママの葉書を受け取りました。葉書には、僕たちとの連絡方法が分からなかったと書いてありましたが、どうしてスイス政府を経由しなければ手紙のやり取りができないのか説明してください。ママの友人たちから問い合わせが殺到しています。彼らにどう説明すればいいのか、手紙で教えてください。では、いずれ会う時まで。キスを送ります。ヨシフとカーチャ[9]。

スヴェトラーナは心が落ち込んでヤンネルに助けを求めた。ヨシフに電話する方法はないものだろうか？　ヤンネルは彼女を車に乗せてムルテン市郊外の小さなホテルに連れて行き、電話つきの部屋を借りた。スヴェトラーナはその部屋から偽名でモスクワのヨシフに電話をかけた。驚くべきことに、ヨシフが電話口に出た。カーチャは留守だった。母と息子は電話で三〇分ほども喋ったが、実質的な内容は何ひとつ話せなかった。ヨシフは肝心なことは何も質問せず、スヴェトラーナも口ごもりながら「帰国しない」と繰り返すだけだった。ヨシフが「はい、ちゃんと聞こえてるよ」と答えたところで、電話は切れてしまった。それ以降は、スヴェトラーナがモスクワの息子に電話をかけると、交換手が出て「現在、この電話は使われていません」と答えるようになった。

息子との歯がゆい電話の後で、スヴェトラーナは親友のリリー・ゴールデンにも電話をかけた。リリーが電話に出ると、スヴェトラーナはいきなり「今そこには誰か他の人がいる？」と質問した。リリーは「いいえ」と答えたが、突然の質問に唖然として二の句が継げなかった。「KGBとCIAはもちろんのこと、世界中の諜報機関がスヴェトラーナの電話を盗聴していることは間違いなかった」。リリーによれば、スヴェトラーナはほとんどヒステリー状態の早口でたたみかけた。「彼女はソ連政府と共産党の幹部の具体的な名前を次々にあげ、彼女が国外に出てから初めて知った彼らの犯罪的行為を列挙した。彼女の父親の犯罪についても言及した。私は立ったまま受話器を耳に宛てて聞いていたが、恐怖で身体が動かなかった」。リリーは何とか話題を変えようとして、スヴェトラーナの不在が彼女の子供たちに与えた打撃についての心配を語り、友人たちを見捨てた理由を問い質した。[11]その後まもなく、スヴェトラーナの友人たちの多くがＫＧＢに呼び出されて尋問を受ける。リリー・ゴールデンもＫＧＢの事務所に呼ばれて尋問されたが、スヴェトラーナを「精神異常者」として貶める供述調書への署名は拒否した。[12]

スヴェトラーナの亡命が事実として明白になると、ＫＧＢはヨシフとカーチャに近づいて母親を公然と非難することを要求した。レオニード・アリルーエフとガリーナ・アリルーエワによれば、最初のうちヨシフはＫＧＢの要求に抵抗した。すると、おそらく「何らかの圧力の結果」、ヨシフとその若妻は「川岸ビル」のアパートから退去させられて郊外に転居した。しかし、まもなく、夫妻はモスクワ中心部に住居を与えられて戻ってくる。さらに、ヨシフは、母校である「第一医科大学」の講師の職を提供された。[13]まもなく、ヨシフが母親のスヴェトラーナを「不安定な人間」と呼ぶ記事がソ連の新聞に掲載される。ヨシフはこう感じていたのだろう。「自分たちを見捨てた母親に忠節を尽くす必要があるだろうか？」。

その三十数年後、当時を振り返ってヨシフがインタビュー記者に語ったところによれば、彼は妹のカーチャには事情を詳しく知らせないようにしていた。母親の件でＫＧＢから圧力を受けたことはなかった。「焼けた鉄棒で拷問されるようなことは一切なかった」。ただし、ヨシフは、ある時ＫＧＢの捜査官が大学の職場まで訪ねて来て連絡先の電話番号を残していったことを認めている。[14]さらに、ヨシフは父方と母方の両方の祖父を敬愛していると述べ、母親については「母はみずから身を滅ぼしたのだ」と評した。[15]

スヴェトラーナが『友人に宛てた二十通の手紙』を執筆した時、手紙の宛先の「友人」に想定していた化学者のフョードル・ヴォルケンシュテインにはオリガ・レドローワという娘がいた。そのオリガは次のように回想している。「父の手許にはスヴェトラーナの手稿の写しがあった。スヴェトラーナが亡命した後のことだったが、ヨシフから父に電話があり、父の許にスヴェトラーナの持ち物が残されていないかと問い合わせてきた。父はこう答えた。『ああ、あるよ。新聞紙に包んだ小さな箱がある。玄関ホールに置いてあるが、開けたことがないので、中身が何かは知らないがね』。もちろん、それはスヴェトラーナの手稿だった。すぐにヨシフがやって来て、手稿を持ち帰った[16]」。その頃、ヨシフとカーチャはまだ「川岸ビル」のアパートに残って暮していた。KGBがアパートの家宅捜索にやって来て手稿を没収し、同時に、鍵のかかっていたスヴェトラーナのデスクをこじ開けて、そこにあった多数の家族写真を奪っていった。

スヴェトラーナは依然としてスイスのフリブール市の修道院に滞在し、庭で瞑想したり、読書したりして時間を過ごしていた。彼女が読んでいた本のなかに、ローマ滞在中にロバート・レイルが彼女のために購入したボリス・パステルナークの『ドクトル・ジバゴ』があった。それはミラノで出版されたばかりのロシア語版だった。『ドクトル・ジバゴ』の原書版はソ連国内にも地下出版の形で存在したが、スヴェトラーナは入手することができなかったので、読むのは今回が初めてだった。彼女は修道院の庭のヒバの樹の間を歩きながら泣いた。それは『ドクトル・ジバゴ』に感動して流した涙だったが、同時に、失った祖国とそこに残してきた子供たちを思う涙でもあった。スヴェトラーナは、一九六〇年にすでにこの世を去った『ドクトル・ジバゴ』の著者に宛てて、「ボリス・レオニードヴィチ・パステルナークへの手紙」と題する公開書簡を書いた。

この公開書簡の中で、スヴェトラーナは「愛するロシア、長く虐げられ、苦しんできたロシア」への嘆きを語り、そのロシアに残してきた子供たちと友人たちへの思いを綴った。彼らは「我慢できないようなソ連式の生活」を強いられているが、その生活たるや、国外に暮らすロシア人にとっては、たとえその人物がソ連に対して友好的であれ、敵対的であれ、決して想像できないような惨めな生活なのだ。

スヴェトラーナは、また、友人のアンドルーシャ（アンドレイ・シニャフスキー）の運命についても書いた。重労働七年の刑を宣告されて強制収容所に送られたアンドルーシャは、パステルナークの小説の主人公ユーリ・ジバゴと同じように、ボロボロの囚人服を着て、水を入れたバケツを運ばされているに違いない。『ドクトル・ジバゴ』の頃と何ひとつ変わってはいないのだ。「以前と同じように、作家が本を書けば、最初にそれを読んで批評するのは秘密警察の検閲官なのだ。隠喩を用いたという理由で裁判にかけられ、言葉の綾を弄（もてあそ）んだという理由で投獄される社会なのだ！」。その社会を今もなお支配しているのは「密告文書の整理に明け暮れる偽善的で破廉恥な党官僚たちだ！[17]」。だが、自分は子供たちに何をしてしまったのか？　子供たちは誹謗中傷の的となっているだろう。あるいは、誹謗中傷以上のひどい扱いを受けているかも知れない。スヴェトラーナは子供たちに懇願した。「連中には好きなだけ私を非難させるがいい。あなたたち自身も、もしそうする方が楽ならば、私を非難するがいい。あなたたちが私をどんなに非難しても私は傷つかない。それは言葉だけの非難にすぎないからだ[18]」。スヴェトラーナは心をずたずたに切り裂かれていた。ソ連にはもう戻らないと衝動的に決心した時、その決心が子供たちを失う結果になることを自分は明確に理解していただろうか？　「多分、私は理解していなかったと思う[19]」。『ドクトル・ジバゴ』は電気ショックのような強烈な衝撃をともなって彼女を現実に引き戻した。独裁的な体制によって情け容赦なく子供たちから引き離されたスヴェトラーナの悲劇は、ジバゴとラーラの物語の再現に他ならなかった。

四月中旬になって、弁護士のアラン・シュワルツが再びスイスにやって来た。スヴェトラーナとグリーンバウム・ウォルフ・アンド・アーネスト法律事務所との正式契約書にスヴェトラーナの署名を求めるためだった。シュワルツはフランクフルト空港で飛行機を降り、そこから鉄道でバーゼルに向かったが、その途中では「非常に緊張して警戒心を発揮し、周囲にいる人間に注意を払った」。ソ連の諜報員、インド政府の関係者、各国の報道記者だけでなく、今や各国の出版社がスヴェトラーナの所在を知ろうとして右往左往していた。バーゼルで列車を降りると、アントニーノ・ヤンネルが彼を出迎え、車でスヴェトラーナの許に送り届けた。その晩、夕食を共にしながら、スヴェトラーナはこの三十四歳の若い弁護士を歓迎し、「あなたを見ると、ドイツ軍の捕虜収容所で死んだ兄ヤーコフの若い頃を思い出す」と言った。[20]

その後、スヴェトラーナの原稿の出版に関する契約書の内容を検討する話し合いが二日にわたって行なわれた。この会合には、スイス人弁護士のヴィルヘルム・シュテーヘリンとペーター・ハフターの二人が加わった。グリーンバウムは税金の安いリヒテンシュタインにスヴェトラーナのための会社法人「パテンシア」を設立していた。四月二十日、スヴェトラーナはこれから刊行する原稿の権利をリヒテンシュタインの首都ファドゥーツに本社を置くコペックス社に委託するという内容の契約に正式に署名する。契約の要点は次のとおりだった。

アリルーエワ夫人は上記の手稿に関して全世界で発生するすべての権利と利害関係をコペックス社に委託し、その見返りとして一五〇万米ドルの支払いを受けるものとする。

一五〇万米ドルの支払い方法は次のとおり。

七万三八七五米ドルは直ちに現金で支払われる。

残りの一四二万六一二五米ドルはアリルーエワ夫人宛ての小切手で支払われる。[21]

一五〇万ドルは当時の金額としては驚嘆すべき巨額だった。ただし、ハーパー・アンド・ロウ社との出版契約、『ニューヨーク・タイムズ』および『ライフ』との連載契約、諸外国での翻訳出版契約などは、どれもそれぞれの企業に十分な利益をもたらすものと見込まれた。スヴェトラーナは何度かに分割して支払いを受けることになった。アラン・シュワルツによれば、「分割払いにしたのは税金対策だったと思う。分割払いで受け取れば、収入を長期間に引き延ばすことができる。つまり、一五〇万ドルを一挙に受け取って七五万ドルの税金を支払う代わりに、分割払いで受け取った金額に対してのみ税金を払うことになるからだ[22]」。スヴェトラーナの著作がもたらす巨額の金額には、グリーンバウム自身も驚いていた。これを上回る額の収入をもたらしたのはチャーチルの回顧録だけだった。グリーンバウムの許にはスターリンの娘の代理人となったことを祝福する手紙が友人たちから寄せられた。

スヴェトラーナは後に当時を振り返って、自分は何ひとつ理解していなかったと語っている。金銭についても、契約についても、米国の法律についても、彼女は何も知らなかった。彼女がコペックス社とは何かと質問すると、弁護士たちは「法人だ[23]」と答えたが、ソ連から来たばかりの彼女には「法人」が何を意味するのかまったく理解できなかった。銀行口座とは何かさえ理解していなかったのである。二日にわたる会合の間、彼女は黙って座り、話の進行についていこうと努めたが、専門的な法律用語は彼女の英語力の範囲を超えていた。彼女は、ただ、自分から問題を引き起こすまいと思っていた。ソ連に送り返されてはならなかった。スヴェトラーナは弁護士が手渡すすべての書類に署名した。

わずか数週間前にカラカンダルの貧しい街路を歩きながら、スヴェトラーナはその町にブラジェシュ・シンの名を冠した病院を建てることを夢見ていた。そして、今、彼女はその夢の実現のために自分の金を使いたいと申し出た。アラン・シュワルツは回想している。「物故した元愛人を記念してインド国内に病院を設立するという彼女の計画について我々は極めて懐疑的だったが、結局、彼女の希望に沿う形で同意せざるを得なかった」[24]。

話し合いの結果、「アリルーエワ慈善財団」および「アリルーエワ財団」という二つの信託財団が設立された。アリルーエワ慈善財団はブラジェシュ・シン病院の設立資金として二〇万ドルを投資し、さらに病院の維持運営資金として年間二五万ドルを負担することになった。そして、それ以外の資金はアリルーエワ財団が管理するとされた。スヴェトラーナ自身には、生活費として月額一五〇〇ドルがアリルーエワ財団から支給されるという取り決めだった。スヴェトラーナの感覚では、月額一五〇〇ドルは十分以上の金額だった[25]。

ロバート・レイルに言わせれば、『友人に宛てた二十通の手紙』の手稿は「彼女を貧窮院送りから救う唯一の保証」だったが、今やその手稿がスヴェトラーナを百万長者に変えようとしていた。

しかし、それこそが彼女に降りかかった最悪の運命だった。共産主義を拒否して亡命した信念の人だったはずのスヴェトラーナが単なる大金持ちの亡命女になってしまったのである。彼女が最終的に米国の地を踏んだ時、記者たちが最初に浴びせたのは「大金持ちになった今、何をするつもりか?」という質問だった。

スヴェトラーナに対する逆宣伝が俄然勢いを増した。スヴェトラーナ・アリルーエワの亡命の動機は最初から金銭欲だったとソ連政府は嬉しそうに指摘した。「アリルーエワはソ連の社会制度を誹謗することにかけては一流の中傷者であり、自分の父親さえ敵視する女である。しかし、強調しておきたいが、祖国のない女に幸福は訪れないだろう。彼女は家庭を捨て、祖国を捨て、子供を捨て、そのうえで反共宣伝に憂き身をやつしている」[26]。

折しも、長らく忘れられていた伝説的な記憶が突如として甦った。それは一九四一年にドイツ軍が飛行機からモスクワ上空にばらまいた宣伝ビラの記憶だった。そのビラには、敗北を予測したスターリンが国外への逃亡を企図しており、それに備えて巨額の金塊を密かにスイスの銀行に送ったと書かれていた。当時は誰もドイツ軍の宣伝を信じなかったが、今スターリンの娘がスイスに滞在しているということになれば、話は符合するかも知れない[27]。ごく普通のソ連市民の間にさえ疑いが生じた。

噂はすぐにワシントンにも届いた。六月十五日付けの『ワシントン・オブザーバー・ニューズレター』紙は「スヴェトラーナの三億ドル」という見出しの記事を掲載し、今回のスイス行きはスヴェトラーナ自身の強い希望だったと指摘した。「彼女がスイス行きに固執した真の目的は、ベルンの銀行に保管されている三億ドルの金塊を回収することにあったのだ!」。記事はさらに続いた。「モスクワがドイツ軍の包囲下にあった頃、あの『血まみれのジョー・スターリン』はスイスの銀行の秘密金庫に金塊を預けたが、その時『唯一の受取人』として指名したのが他ならぬ娘のスヴェトラーナだった」。同紙は「米国の情報機関筋」が確認した事実としてこのように報道した。「スヴェトラーナは自分の身分を証明する証拠書類をすでにスイス側に提出しており、スイスの銀行は彼女がスターリンの財宝の正統な受取人であることを認証した」[28]。ところが、「再発見された財宝」をめぐるスキャンダルが報道されていることをスヴェトラーナ自身はまだ知らなかった。

スイス政府は米国に対してスヴェトラーナを引き取るように圧力を強めていた。スイス外務省はおとなしい客人であるスヴェトラーナにむしろ好感を持っていたが、彼女の安全を確保する業務は過大な負担だった。米国の国務長官ディーン・ラスクはリンドン・ジョンソン大統領に対して、スヴェトラーナの入国を認めるべき時が来たと進言した。ただし、純粋に私的な旅行者として受け入れることが条件だった[29]。国務省はスヴェトラーナが「グリーンバウム・ウォルフ・アンド・アーネスト法律事務所の招待に応じて、六ヵ月の観光ビザで訪米する」ことをマスコミに発表した。訪米の目的は著書の出版に関する協議とされた。モスクワの外国特派員センターでは、ソ連のジャーナリストさえもがこの発表を「外交上の名人芸」と呼んで絶賛した[30]。国務省は自分の手を汚さずに困難な事態を切り抜けたのだった。

四月二十一日早朝、アラン・シュワルツはホテルを出て迎えの車に乗った。その車にはすでにスヴェトラーナが乗り込んでいた。二人はスイス航空のニューヨーク行き便に偽名で搭乗する予定だった。シュワルツは回想している。「銃で武装したスイス公安警察部隊が空港を取り囲んでいた。スヴェトラーナは何とか無事に出国しようと決意している様子だった。その気持ちは私も同じだった」。飛行機が離陸してから、シュワルツはスヴェトラーナに警告した。「米国に着いたら記者たちから感想を求められると思う。よければ、私が代わって応答してもよいが?」。すると、スヴェトラーナは答えた。「いえ、いえ。私の口から直接に言います[31]」。

しかし、米国ではグリーンバウムがスヴェトラーナに代わって渉外活動を行なうための広報会社をすでに選定し、契約していた。スヴェトラーナが到着時に発表する声明の原稿はジョージ・ケナンが用意した。

私がこの国に来た理由は、ロシア国外で新しい生活を始めるという問題に直面して、米国内に知己を求めるためであり、また、米国内で著作を刊行するつもりなので、出版社と密接に接触するためでもある。米国にいつまで滞在するかは、まだ分からない。……今は長旅で疲れているので、数日間静かに休息した後で、改めて報道関係者の質問に応じたい[32]。

ケナンの意図は、米ソ関係を傷つけるような発言をスヴェトラーナにさせないことにあった。しかし、彼はスヴェトラーナを見誤っていた。彼女には、ケナンが慎重に書き上げた無難な外交スピーチを復唱するつもりは毛頭なかった。ソ連から亡命した理由を疑問の余地なく明確に表明することこそが彼女の希望だった。単に著書を刊行するためだけではなく、自分に対するソ連の現政権の扱い、芸術家と知識人に対する抑圧に抗議するための亡命だった。

米国政府はソ連を刺激することを恐れて、共産主義に対するスヴェトラーナの痛烈な抗議の姿勢を隠蔽しようとしているのではないか？

少なくとも英国外務省はそう疑っていた。英国外務省はBBCの国際放送がスヴェトラーナの「ボリス・レオニードヴィチ・パステルナークへの手紙」の原語版を放送する予定であることを知って、急遽、「スヴェトラーナ問題への対応策」を策定した。多くの英国人が米国の「あまりにも控え目な姿勢」に疑問を感じていた。スヴェトラーナの米国到着から九日後の五月一日、英国外務省の事務次官ポール・ゴアブース卿は同省幹部二三人に宛てて次のような秘密メモを送っている。

スターリン嬢の亡命について

私の見るところ、スターリン嬢の亡命は一般的な亡命事件とは完全に性格を異にしている。普通の亡命事件なら、その亡命に伴うプラス面とマイナス面を計算し、プラス面を最大限利用するとともに、マイナス面を抑制するために職業的な努力を払えば良いのである。だが、彼女の亡命はそれだけでは済まない。

一九五〇年当時、その一七年後にスターリンの娘が西側に亡命するだろうと予言する者がいたとすれば、彼は精神異常と思われても当然だったであろう。だが、彼女はそのとおりの事をやってのけた。しかも、驚くほどスムーズに確信をもって亡命を敢行した。彼女は亡命の理由を明らかにしている。政治についても、生活についても、画一的な物の見方しかあり得ないような全体主義体制にはこれ以上耐えられないというのがその理由である。これは何も新しい思想ではない。しかし、ロシア革命五〇周年に当たる年にスターリンの娘の口からこのメッセージが発せられることは極めて重要である。あまりにも重要なので、その重要性に気づかない人々も少なくない。[33]

もし、この時、スヴェトラーナが意見を求められたとしたら、彼女は国務省がクレムリンを刺激するまいとしても、それはしょせん無駄な努力だと言っただろう。米国側がたとえ何を言っても、CIAが「計画し、実行し、資金を提供して」彼女を亡命させたとするクレムリンの確信を覆すことはできないだろう。[34] ソ連の指導者たちは、スヴェトラーナは誘拐されたのだと心の奥底から信じる必要があった。彼女の亡命が自由意思による行動であるという考えはとうてい受け入れられなかった。クレムリンの反射的な反応はスヴェトラーナを奪還するための誘拐作戦だった。八月、ハーパー・アンド・ロウ社の副社長の自宅で開かれた記者会見の席で、クレムリンの怒りの激しさを理解しない記者たちに向かってスヴェトラーナは次のように説明している。

人間が個人として独自に何かを決断できるということが彼らには信じられないのだ。私が自分自身の決断でロシアを去ったことも、私の亡命が国際的陰謀ではなく、何らかの組織による活動でもなく、誰の助けも借りずに私が単独で決断した行動であることが彼らには信じられないのだ。彼らは人間のどんな行動も何らかの組織によって支配されるもの、つまり集団的なものだと思っている。彼らは人々が同じように思考し、同じ意見を持ち、政治的に同じ方向を向くことを目指して五〇年間にわたって営々と努力してきたが[35]、その努力が失敗に終わって、独自にものを考える人間が現れたことに驚き、怒っているのだ。

第19章 アメリカの土を踏む

米国のFBIは、ソ連からつい最近潜入したKGBの工作員ワシリー・フョードロヴィチ・サーンコの動きを監視していた。国連総会第五次会合への出席を目的として米国への入国ビザを申請したワシリー・サーンコにG-2ビザを発給した旨の連絡メモが四月十三日付けで国務省情報調査局からFBIに送られてきたからだった。FBI長官のエドガー・フーヴァー自身が目を通したそのメモには、一九五四年にオーストラリアで発生したソ連市民の拉致未遂事件でワシリー・サーンコが暗躍したことが記されていた。この国務省情報調査局のメモはスヴェトラーナ・アリルーエワに関するFBIのファイルに綴られている。(1)

スヴェトラーナの亡命問題を取材していた報道記者の中にフリーランスのイタリア人ジャーナリスト、エンツォ・ビアージとドイツ系アメリカ人作家のマーティン・イーボンの二人がいた。ソ連国内に情報源を持つ二人は、ワシリー・F・サーンコという名のKGB工作員がスヴェトラーナよりも一日早く、四月二十日に外交旅券を携えてニューヨークに到着したという記事を書いている。(2) サーンコは国連総会に出席するソ連代表団の運転手という身分で入国していた。一九五四年にオーストラリアでエヴドキア・ペトローワなるロシア人女性を拉致した四人のKGB工作員の一人がこのサーンコ

1967年4月21日、スヴェトラーナはニューヨークのジョン・F・ケネディー空港に降り立ち、初めてアメリカの土を踏んだ。

だった。エヴドキア・ペトローワが拉致される事件の一七日前、彼女の夫である元KGB工作員ウラジーミル・ペトローフがオーストラリア政府に亡命を申請していた。サーンコらの工作員はペトローワ夫人を拉致してシドニー空港に連行し、モスクワ行きのオーストラリア航空便に強制的に搭乗させた。しかし、地上からの連絡を受けたパイロットが飛行機をダーウィン空港に緊急着陸させ、ペトローワ夫人は無事に解放された。その後、オーストラリア政府はペトローワ夫妻の政治的亡命を認めた。

ソ連がスヴェトラーナの奪還を計画している可能性が人々の警戒心を刺激していた。グリーンバウムは、四月十九日、フィデリティー警備会社の経営者であるアルバート・パロージクとジョージ・パロージクの兄弟を事務所に招いてスヴェトラーナの護衛を依頼した。この警備会社は有名人の警護に関して実績があり、かつてはエロール・フリンの護衛を引き受けたこともあった。

スイスでは、四月二十一日金曜日、スヴェトラーナとシュワルツが報道陣に気づかれることなく、偽名でニューヨーク行きのスイス航空DC−8機に乗り込んだ。スヴェトラーナのスイス出国がマスコミに発表されたのは、飛行機の離陸から一時間後のことだった。乗組員でさえ乗客の中にスヴェトラーナがいることを知らなかった。飛行機が着陸するニューヨークのケネディー空港では、フィデリティー警備会社の幹部六人がスヴェトラーナの到着を待ち構えていた。

スイス航空機は午後二時四十五分に着陸した。四〇人の乗客の最後にスヴェトラーナが飛行機を降り立った。到着ゲートの周辺は数十人の私服警官によって固められ、空港全体が厳重な警戒網で囲まれていた。すでに二時三十分から一般の立ち入りが禁止された国際便到着ビルの展望デッキには、ニューヨーク市警の特殊部隊が配置されて警戒に当たっていた。スヴェトラーナの亡命は世界の耳目を集める大事件だったから、彼女の姿を一目見ようとして、一九六四年のビートルズ訪米時を上回る数の群集が空港に詰めかけていた。報道記者たちはスヴェトラーナが「弾むような足取りでタラップを降り、こぼれるような笑みを顔に浮かべて」アメリカの土を踏んだ様子を伝えている。彼女は用意されていた小さな台に昇ってカメラの放列に応え、警察の規制テープで隔てられた数十人の記者たちに向かって挨拶した。「みなさん、こんにちは。アメリカの土を踏んで、とても幸せな気分です」。

グリーンバウムがスヴェトラーナのための広報担当として契約したPR企業のヒル・アンド・ノールトン社は、スヴェトラーナの空港での挨拶をごく短い声明の発表にとどめ、後日あらためて記者会見を開く予定だった。同社のスヴェトラーナ担当者だったジョン・メイプスは、後に語っている。「私は国務次官補のフォイ・コーラー事務次官と打ち合わせつつ、スヴェトラーナのための広報のあり方を検討した[3]」。

スヴェトラーナは自分の英語のつたなさをわびたうえで報道陣に語った。ソ連を去ったのは自分自身の決断であり、その背景には、夫ブラジェシュ・シンの死をめぐる問題とその後のソ連政府の対応への怒りがあった。米国にやって来たのは、祖国では認められない自己表現の場を求めてのことである。自分と自分の子供たちは、古いイデオロギーに騙されない新しい世代に属している。「私は世界の知識人の力を信じる人間です。どの国に住むかが問題なのではない。闘争に明け暮れて不必要な流血を招くよりも、人類の進歩のために人々は協力すべきです。どこに暮らそうと、自分が自由であると感じられる場所こそが自分の家なのです」。そう言った後で、スヴェトラーナは多分ジョージ・ケナンの助言に配慮したのであろう、次のようにつけ加えた。著作の出版を実現することも「米国にやって来た主要な目的のひとつです」[4]。

偶然だったが、スヴェトラーナよりもわずか二時間前、同じケネディー空港にソ連の詩人アンドレイ・ヴォズネセンスキーが到着していた。彼の訪米目的は詩人としての米国ツアーだった。到着したヴォズネセンスキーは、スヴェトラーナの亡命についてコメントを求められて、「私は文学の問題については話すが、政治についてはコメントしない」と答えた[5]。その対応について、スヴェトラーナが特に腹を立てるということはなかった。彼女はヴォズネセンスキーがKGBの厳しい監視下に置かれていることを知っていた。ヴォズネセンスキーは一九六〇年代を代表する新しい世代の詩人の一人としてソ連国内で敬愛されており、詩のリサイタルを開けばスタジアムが満席になるほどの人気者だった。ソ連政府はヴォズネセンスキーを「文化使節」として国際ツアーに派遣したが、国外旅行の許可条件は彼も承知のうえだった。つまり、自分を含む作家や芸術家が置かれている抑圧体制の実態は決して口にしないという条件だった。ヴォズネセンスキーの運命こそ、スヴェトラーナがソ連を捨てた理由を雄弁に物語るエピソードだった。ヴォズネセンスキーはその年の夏に米国を再訪する許可を得ていたが、国際ツアーからの帰国後にその許可を取り消される。スヴェトラーナを公然と非難しなかったことへの制裁だった。[6]

KGBの工作員ワシリー・サーンコは国連代表団の運転手の役割を粛々と果たしている様子だった。しかし、CIAとFBIはソ連による「スヴェトラーナ奪還作戦」があり得ることを前提として警戒を続けていた。はたして「奪還作戦」の脅威は実際に存在したのだろうか？　ロイター通信の記者ロン・ポペスキーは当時のKGB議長ウラジーミル・セミチャーストヌイが二〇〇一年に死亡した時、「七十七歳で死亡したKGBのトップ陰謀家」という見出しの死亡記事を書いて、次のように証言している。「一九六七年にKGB議長を務めていたセミチャーストヌイが後に記者たちに語ったところによれば、その年、スターリンの娘スヴェトラーナ・アリルーエワを米国内で拉致奪還する作戦が失敗した。そのために、セミチャーストヌイはブレジネフによって解任され、その後任としてユーリ・アンドロポフが任命された。後に共産党書記長に就任するあのユーリ・アンドロポフである」[7]。ポペスキーの記事が信頼できる情報なのか、あるいは単なる伝聞にすぎないのかは定かではない。しかし、スヴェトラーナの米国到着の三週間後にあたる一九六七年五月十八日にセミチャーストヌイが解任され、アンドロポフがKGBの新議長に任命されたことはまぎれもない事実である。

いずれにせよ、スヴェトラーナの安全を確保するための警備は継続していた。ただし、その警備費用が彼女自身の負担であることをスヴェトラーナが知っていたかどうかは疑わしい。[8]

ジョージ・ケナンはスヴェトラーナが到着した直後に『ニューヨーク・タイムズ』に寄稿し、アメリカ国民は「紋切り型の冷戦心理」を克服すべきだと訴えた。「アリルーエワ夫人は彼女の祖国を愛しており、国外での自分の文筆活動が祖国に利益をもたらすと信じている。ソ連にも新しい時代の夜明けが近づいている」[9]。スヴェトラーナがソ連の「新しい時代」を信じていないことをケナンは気にかけていないようだった。

一方、ハーパー・アンド・ロウ社の副社長エヴァン・トーマスは『ニューヨーク・タイムズ』の紙上でスヴェトラーナの著作の文学的価値の高さを保証した。ただし、彼自身はまだ全文を読んでいないことを認めたうえでの発言だった。「彼女の著作に多少の政治的意見が含まれているとしても、その意見は間接的に示唆されているにすぎない。本書は主として個人的問題を扱った文学的著作である」[10]。スヴェトラーナの著作の文学性を強調する姿勢は、彼女が政治的存在であるという世間の不安を打ち消そうとする努力の表れだった。しかし、現実には、スヴェトラーナは極めて政治的な存在だった。

空港で取材陣と短時間接触した後で、スヴェトラーナはアラン・シュワルツとともに迎えの車の後部座席に乗り込んだ。翻訳者のプリシラ・ジョンソン・マクミランがローカスト・バレーにある彼女の父親の別荘を当面の隠れ家として提供してくれていたので、スヴェトラーナの一行は三台の車に分乗し、車列を組んでローカスト・バレーに向かった。先頭の車はフィデリティー警備会社社長のアルバート・パロージクが運転し、二台目は弟のジョージ・パロージクが、三台目は幹部社員の一人が運転していた。車列がヴァン・ウィックを出てサンライズ・ハイウェイに入った時、アルバート・パロージクは追跡車の存在を確認し、ただちに追尾阻止作戦を発動した。

三台目の車が囮となって追跡車の追尾を阻止した。クラッシュ・カーと呼ばれるテクニックだった。残りの二台は、自動車無線で連絡を取り合いつつ、メドーブルック・パークウェイを北上したが、イースト・ゲート・ブールヴァールまで来たところで、先ほどとは別の車に追跡されていることに気づいた。今度の追跡車はリムジンで、制服を着た運転手が運転し、後部座席には黒い背広の男が二人座っていた。私はソ連大使館の車だろうと直感した。そこで、ローズヴェルト・フィールドで高速道路から一般道に降り、左折と右折を繰り返して、狭い一本道に入って停車した。後続の弟も車を止めた。リムジンがすぐ後ろに迫っていた。弟が車を降りて、リムジンに歩み寄ったところで、私の車は急発進した。(11)

結局、リムジンで追ってきたのは報道記者だったことが判明するのだが、その間、アルバート・パロージクは後部座席のスヴェトラーナに追跡劇の緊迫を悟らせないように配慮して運転を続けた。二台の車の運転手が自動車無線で連絡を取り合っているだけだと思わせたつもりだった。しかし、パロージクはおそらくスヴェトラーナの観察力と判断力を過小評価していた。プリシラ・マクミランの父親スチュアート・ジョンソンの別荘に到着すると、パロージク兄弟はショットガンを手にして配置についた。

別荘ではプリシラが父親とともにスヴェトラーナを待っていた。妻を亡くして一人暮らしをしていた父親のスチュアート・ジョンソンは、スヴェトラーナを匿うというスパイ劇まがいの冒険に興奮している様子だった。その晩、三人はウッド・パネルを張りめぐらした豪華な客間に座って、スヴェトラーナの米国到着を報ずるテレビ・ニュースを見た。プリシラはニュース番組がコマーシャルによって頻繁に中断されることに苛立ったが、スヴェトラーナは気にかける様子もなかった。

グリーンバウムはスヴェトラーナの到着から四日後の四月二十六日に彼女の記者会見を設定していた。場所はプラザ・ホテルのテラス・ルームだった。会見の様子はテルスター衛星を通じて全米に放送されることになっていた。その前日、グリーンバウムは予想される質問を想定してスヴェトラーナとともに質疑応答のリハーサルを行ない、ジョージ・ケナンに対して「記者会見はうまくいくだろう」と報告している。グリーンバウムはスヴェトラーナが質問に耐えられるかどうかを見極めるために「微妙な個人的問題に関する無遠慮な質問を次々に浴びせた」。そして、スヴェトラーナが「平静かつ当意即妙に」回答する様子に驚嘆した。まるでこれまでも頻繁に記者会見を経験してきたかのような対応だった。[12]

「微妙な個人的問題」が何を意味するのかをケナンは明らかにしていない。しかし、米国の情報機関が確認したところによれば、ソ連側はスヴェトラーナ問題の扱い方についてすでに方針を決めていた。すなわち、彼女を「多情多感な女性で、性格破綻者に近く、精神的に問題がある」と決めつけ、本を書く能力などはとうてい持ち合わせない、と宣伝する方針だった。彼女が本を書いたとすれば、実はそれはCIAによる代作である、というのがソ連側の言い分だった。[13]

リハーサルの翌日、スヴェトラーナは車でプラザ・ホテルまで送られた。記者会見は午後二時からの予定だった。質問があれば十二時半までにその趣旨を書面で提出することが記者たちに求められた。提出された三〇〇件を超える質問の中から約四〇件をPR担当のヒル・アンド・ノールトン社が選び出し、アラン・シュワルツが一時間かけてスヴェトラーナに読み聞かせた。ただし、記者会見の席では、スヴェトラーナは質問に初めて接したという体裁を取ることになっていた。記者会見の一部始終が書き起こされて、翌朝の『ニューヨーク・タイムズ』に掲載された。

最初に質問に立ったCBS放送のボブ・シャクニーはスヴェトラーナに自分の父親スターリンが作った体制に反対するのかと尋ねた。彼女は答えた。「もちろん、反対です。私は多くの物ごとに反対している。ただし、多くの問題について私の父親一人がその責任を問われているが、現在もなお共産党の中央委員会や政治局のメンバーであり続けている多くの人々にも責任があり、彼らの責任も問われるべきだ。国民を不当に殺害するなどの恐るべき事態を招いた責任は全体としての共産党にあり、ソ連の体制にあり、イデオロギーそのものにある」。NBC放送のゲーブ・プレスマンは、彼女が「ソ連の現状を見限って」亡命を決意した直接のきっかけは何だったのかと質問した。スヴェトラーナはブラジェシュ・シンとの結婚を許さなかった政府の卑劣な態度をあげたが、加えて、シニャフスキーとダニエルの裁判も重要なきっかけだと語った。「この二人の作家に対する処遇と判決を見て、ソ連の正義に対する私の信頼は完全に失われた。ソ連社会が自由化の方向に向かうかも知れないという希望も消滅してしまった」。スヴェトラーナが政治的発言を控えることを国務省が期待していたとしたら、その期待は裏切られた。

残してきた子供たちについての質問もあった。スヴェトラーナは答えた。「子供たちには何の罪もない。何の罪もない者を罰することはあり得ないはずだ」。また、今回手にすることになった収入については、「大金持ちになるつもりはない。私が米国で大金持ちになるなどということはあり得ない」と述べ、収入の大部分は寄付する予定であることを明かした。亡命をめぐるマスコミの大騒ぎについては、こう答えた。「誰か新しい人間を紹介する記事にその人がランチに何を食べたかというような情報まで書く理由は、私には理解できない」。そして、こうつけ加えた。「しかし、何も情報がないよりは、過剰な情報の方がまだマシかも知れない」。米国の市民権を取るつもりかと聞かれた時には、「結婚するには、その前提として愛情が必要だ」と答えて爆笑を誘った。「もし、私がこの国を愛するようになり、また、この国が私を愛してくれるなら、その時には両者の結婚話もうまくまとまるでしょう[14]」。

スヴェトラーナの対応が「終始冷静で、見事だったことに誰もが驚嘆した」。ヒル・アンド・ノールトン社から派遣されたPR担当のジョン・メイプスは記者たちに語った。「彼女には知的な意味で自分を露出することを好む傾向がある。彼女には聴衆が必要なのだ。女性版のナボコフと言ってもいい。ともかく、意志の強い女性だ[15]」。記者会見の終りには、記者たちの全員が立ち上がって拍手した。スヴェトラーナはすぐに隠れ家に戻った。

その翌日の事だった。スヴェトラーナは息子ヨシフからの手紙を受け取って、激しい衝撃を受けた。読み終った手紙をプリシラに渡す時、その手は震えていた。グリーンバウムは息子からの手紙がスヴェトラーナに与える打撃を予測して、記者会見が終わるのを待って渡したのだった。それはスイスの母とモスクワの息子の間で交わされた電話の会話の続きとして書かれた冷たい口調の怒りの手紙だった。

お母さん、あなたの言い分は電話で全部聞きましたが、その時にはあまりの驚きからまともに答えられなかった。あれから何日か経って、やっと考えがまとまりました。今回の事態はあなたが思っているほど簡単ではないのです。

あなたがしでかしたことを考えると、「勇気を出せ」とか、「一致協力せよ」とか、「落ち込むな」とか、「カーチャを守れ」とかいう、これまでのあなたの励ましの言葉は、控え目に言っても、奇妙に聞こえます。僕にはあなたが僕たちから離れることになるような行動を自分で選んだように見える。だから、これから先は僕たちが好きなように生きることを認めてほしい。

僕たちはあなたの行状に黙って耐えてきた。今後は、僕たちが自分たちのやり方で人生を送ることを認めてほしい。ヨシフ[16]

スヴェトラーナは泣き出して、涙が止まらなかった。逃げ出したかった。周囲の人々の善意と好奇心から身を隠したかった。彼らは何ひとつ理解しておらず、スヴェトラーナが今や「自由の身」となった以上、すべてがうまくいくと信じているような人々だった。

一般の人々からの手紙が山のようにスヴェトラーナの許に舞い込み始めた。「米国へようこそ」という歓迎の手紙、結婚申し込みの手紙、宗教団体からの勧誘の手紙などが大多数だったが、中には悪意の手紙も混ざっていた。「赤いメス犬よ、ソ連へ帰れ！　お前に比べれば、わが家の猫の方がずっとマシだ。少なくとも、わが家の猫は仔猫の面倒を見ているぞ」。この手紙はとりわけ深くスヴェトラーナの心を傷つけた。[17]

スターリンの娘の亡命は一大事件だったので、外国記者を含む大報道陣がジョンソン氏の別荘に押しかけてきた。記者たちは垣根のすぐ外に車を停め、植込みの隙間から中の様子を窺った。撮影用のヘリコプターが上空を旋回することもあった。地元警察は二四時間態勢でジョンソン氏の別荘を監視下に置かねばならなかった。スヴェトラーナは付近の森の中を長時間歩く散策を好んだが、警護のパロージク兄弟は彼女が単独で出かけることを許さなかった。しかし、兄弟はしだいにスヴェトラーナに好感を抱くようになる。彼女が自分の上着に挿していたバラの花を抜いてアルバート・パロージクに与えた時には、彼は次のような感想を漏らした。「彼女は実に好ましい人物だ。私はロシア人がほとんど好きになりかけている[18]」。

その間、プリシラ・マクミランはスヴェトラーナの助言を得ながら、『友人に宛てた二十通の手紙』の翻訳を続けた。しかし、原著者が座って編み物や読書をしている目の前でその著書を翻訳するのは大きなプレッシャーでもあった。そこで、プリシラの妹のユーニスは、ある時、スヴェトラーナをショッピングに誘い出した。すると、靴屋で腰をかがめて靴の試し履きをするスヴェトラーナの写真が翌日の『ニューヨーク・タイムズ』に掲載された。記事の本文には、彼女がストッキング三足、スラックス、セーター、靴を購入したと書かれていた。「スラックスとセーターの値段は四六ドル八二セントだった[19]」。ソ連邦市民だったスヴェトラーナにとって、パパラッチの存在も、私生活に侵入してくる「一般大衆」の好奇心も、びっくりするような新発見だった。ソ連邦には「一般大衆」は存在しなかったからである。

ジョンソン氏の別荘はスヴェトラーナにとって快適な避難場所だった。そこには家庭的な生活があった。プリシラの母親が生前に占めていた席にスヴェトラーナが座り、その向かい側にジョンソン氏が、横の席にプリシラが座った。プリシラはスヴェトラーナが「有能で包容力の大きい議長」のようだと感じた。アレクセイ・コスイギンの名が話題に上がった時、ジョンソン氏が「非常に良さそうな人物だ」と言うと、スヴェトラーナは「とんでもない。正反対だわ」と応じた。プリシラによれば、「名前の上がる人物の一人一人について、彼女が的確な寸描を加え、正確で短い評価を下す様子は実に印象的だった」[20]。スヴェトラーナはソ連の指導者たちが自分を非難攻撃していることを報ずる新聞を読み、彼らが本当は何を言いたいのかを説明した。

プリシラは自分がひとかどのソ連問題専門家（クレムリノロジスト）であると自負していたが、「ソ連指導部の真意についてのスヴェトラーナの感覚と洞察は信じられないほど正確で、私よりもはるかに優れており、おそらく他の誰よりも優れていると思った」[21]。

ところが、まもなくジョンソン氏の別荘はまるでグランド・セントラル駅のような混雑状態を呈するようになる。スヴェトラーナを一目見たいという人々が来訪し始めたのである。プリシラ自身が何年も会ったことのない遠い知り合いまでもが立ち寄るようになった。電話は鳴り続け、一日に九八回を数えた。夜中に階下に降りて行くと、床で寝ている私立探偵につまずく有様だった。我慢の限度を超える状態だった。この混乱を見て、プリシラの姉妹がスヴェトラーナを別の場所に移した方が良いと助言した。招きもしない人々が家の中に大勢入り込むことを嫌って、昔からの使用人が辞めてしまう恐れがあった。しかし、ジョンソン氏はスヴェトラーナを客としてもてなすことを楽しんでいた。

ユーモア精神のある彼はこう言うのだった。「スヴェトラーナは私に好感を持っている。多分、私を見ると自分の父親を思い出すからだろう」。

プリシラはグリーンバウムを訪ねて、そろそろスヴェトラーナを別の場所に移すべき時ではないかと申し出た。「ただし、私がスヴェトラーナに恨まれないように配慮してほしい」と彼女は注文した。「言い方はどうであれ、彼女を家から追い出すという結果になれば、スヴェトラーナは怒り狂うだろう。彼女は、離れるとか、別れるとかいうことにひどく敏感になっており、自分が歓迎されないと感ずれば激しく反応するだろう[22]」。歓迎されないとスヴェトラーナに思わせるようなことは避けたかった[23]。

プリシラは夫に会うためにジョージア州のアトランタに旅立った。二人は前年の十二月に結婚したばかりだったが、夫はプリシラの長期にわたる不在を理由に離婚を仄めかしていた。ある晩、アトランタに滞在するプリシラの許にスヴェトラーナから電話がかかってきた。「貴女は私の原稿から私自身が削除した部分を復元するように企んでいるそうね」。その言葉には怒りが込められていた。「貴女はそんなことをする立場にはない。分を弁(わきま)えなさい！」。スヴェトラーナの怒りは、話している間にますます高まっていった。「自分の仕事でもないのに、貴女は編集の分野に踏み込んでいるのよ」。プリシラはたじたじとなった。「まるで大型トラックか戦車に轢かれているような気分だった」。

原稿の一部削除をスヴェトラーナに提案したのはジョージ・ケナンだった。削除箇所のひとつはアレクセイ・カープレルに宛てたスヴェトラーナの手紙だった。カープレルは存命だったので、あまりにも細部にわたる暴露は危険だろうと考えての削除だった[24]。また、スターリンは血を見ることに耐えられない性質(たち)だったので、出血の恐れのあるスポーツには参加できなかったと述べた部分も削除された。ケナンの意見では、この皮肉はあまりにも刺激的だった。

一方、プリシラには削除された部分を復活させたいと思う密かな動機があった。最初に筆記体の手稿を見せられた時、彼女は同時に原稿の分量の見積もりも頼まれたのだが、単語数の計算を誤ったために分量を過大に評価してしまった。新聞雑誌への連続掲載が決まっていることもあり、プリシラは訳書の分量が少なすぎる事態を恐れて、削除に消極的だったのである。それでも、スヴェトラーナからあからさまな怒りの電話を受けて、プリシラは傷つき、戸惑った。父親の別荘での六週間にわたる歓待をスヴェトラーナはいとも簡単に忘れてしまったのだろうか？　スヴェトラーナの激しい怒りはどこからくるのだろうか？　作家としてのプライドが傷ついたというだけの話だろうか？　ロシアにいた頃、スヴェトラーナは友人のマヌイロフ教授から自分の著書の一字一句でも他人が変えることを許してはならないと助言されたことがあった。いずれにせよ、この諍い（いさか）の後、ビジネス上の電話のやり取りを除けば、スヴェトラーナとプリシラの間に親しい会話が交わされることはなくなった。関係は二度と修復されなかった。

（下巻へつづく）

出典
(利用した公文書館とその略称)

米国の公文書館

NARA: National Archives and Records Administration（アメリカ国立公文書記録管理局）、メリーランド州カレッジパーク

CIA DB: CIA Crest Database, NARA（アメリカ中央情報局クレスト・データベース）、メリーランド州カレッジパーク

LBJL, NSF: LBJ Presidential Library, National Security File, Intelligence File（リンドン・B・ジョンソン大統領図書館、国家安全保障問題関連ファイル、情報活動ファイル）、スヴェトラーナ・アリルーエワ関連書類

RRL: Ronald Reagan Presidential Library（ロナルド・レーガン大統領図書館）、FG002, ラーナ・ピータース関連書類

FBI: Federal Bureau of Investigation, Freedom of Information Act Request（アメリカ連邦捜査局、情報公開法に基づく開示請求）、スヴェトラーナ・アリルーエワ（旧姓スターリナ）（1967～1985）関連文書

ロシアの公文書館

GARF: State Archive of the Russian Federation（ロシア連邦国立公文書館）

RGASPI: Russian State Archive of Socio-Political History（ロシア国立社会政治史公文書館）

MEM: Archive of the Memorial Society International（国際メモリアル協会文書館）

英国の公文書館

NAUK: National Archives, United Kingdom（英国国立公文書館）、外務省関連文書のうちソ連からの亡命者関連文書、スヴェトラーナ・スターリナ関連文書

グルジアの公文書館

AMIG: Archive of the Ministry of Internal Affairs（グルジア内務省公文書館）、トビリシ

大学図書館

BRB: Beinecke Rare Book and Manuscript Library, Yale University（イェール大学バイネッケ稀覯本・手稿図書館）

ジャージ・コジンスキー文庫（カテリーナ・フォン・フラウンホーファー＝コジンスキー文庫）、マーク・ワインバウム文庫、エドマンド・ウィルソン文庫

IBLT: Isaiah Berlin Literary Trust（アイザイア・バーリン文学遺産信託委員会）
アイザイア・バーリン書簡集 ©1915 年（同委員会の許可を得て引用）

HIA: Hoover Institute archives（フーヴァー研究所文書館）
メリル・セクレスト文庫

PUL: Princeton University Library（プリンストン大学図書館）
公共政策文書管理部、稀覯本・特別資料コレクション、ジョージ・F・ケナン資料文庫（MC076）1871〜2005（主として 1950〜2000）、ルイス・フィッシャー資料文庫（MC024）1890〜1977（主として 1935〜1969）

WCSC: Wheaton College, Illinois（イリノイ州ホィートン・カレッジ特別資料コレクション）、マルコム・マガリッジ資料文庫

博物館

アリルーエフ家旧居博物館（サンクトペテルブルク）
「川岸ビル」博物館（モスクワ）
モスクワ第二十五模範学校博物館（モスクワ第一七五学校）
スモーリヌイ歴史記憶博物館（サンクトペテルブルク）
ヨシフ・スターリン博物館（グルジア、ゴリ市）

個人蔵の資料

PC: private collections（以下の個人または団体が保有するスヴェトラーナ・アリルーエワの書簡等）
メアリー・バーケット、フィリッパ・ヒル、ドナルド・ジェイムソン、リンダ・ケリー、ジョーン・ケナン、ニーナ・ロバーノフ＝ロストーフスキー、トーマス・ミラー、ロバート・レイルとラモーナ・レイル夫妻、ローザ・シャンド、ハーパー・アンド・ロウ社資料室、ハーパー・コリンズ社資料室

原注

（公文書館、図書館等の名称の略号については「出典」のページを参照されたい。）

まえがき

（1） Letter to Mary Burkett, Apr. 7, 2009, private collection（PC）, Mary Burkett.

（2） Angela Lambert, *Independent*, Mar. 10, 1990: 29.

（3） Robert Tucker, "Svetlana Inherited Her Tragic Flaw," *Washington Post*, Nov. 25, 1984, C1.

（4） Svetlana Alliluyeva, *Only One Year*, Paul Chavchavadze による英訳。（New York: Harper & Row, 1969）, 393.

プロローグ◆亡命劇

（1） ここまでの経過の記述の根拠となった資料およびインタビューは次のとおり。Alliluyeva, *Only One Year*, Robert Rayle, "Unpublished Autobiographical Essay," PC, 著者が Robert Rayle と Ramona Rayle の夫妻に対して行なったインタビュー、Ashburn, VA, July 18–19, 2013; Chester Bowles, "Memorandum for the Record; Subj: Defection of Svetland Allilloueva［*sic*］," Mar. 15, 1967, NLJ/RAC 03–114, 26-B, LBJL; and Peter Earnest, "Peter Earnest in Conversation with Oleg Kalugin and Robert Rayle on Defection of Svetlana Alliluyeva," Dec. 4, 2006. International Spy Museum, Washington, DC. www.spymuseum.org/exhibition-experiences/agent-storm/listen-to-the-audio/episode/the-litvinenko-murder-and-other-riddles-from-moscow.

（2） Alliluyeva, *Only One Year*, 199.

（3） Rayle, "Autobiographical Essay."

（4） Bowles, "Memorandum."

（5） Rayle, "Autobiographical Essay."See also Bowles, "Memorandum."

（6） Alliluyeva, *Only One Year*, 200. See also Rayle, "Autobiographical Essay."

（7） Rayle, "Autobiographical Essay."

（8） Bowles, "Memorandum."

（9） Robert Rayle のカレンダーに記入されていた時間メモ。March 1967 PC, Rayle.

（10） Bowles, "Memorandum."

（11） Alliluyeva, *Only One Year*, 189.

（12） Bowles, "Memorandum."

（13） Alliluyeva, *Only One Year*, 206.
（14） Author's interview with Robert and Ramona Rayle, Ashburn, VA, July 18–19, 2013.
（15） 同上
（16） Rayle, "Autobiographical Essay."
（17） 同上
（18） 同上

第1章◆陽の当たる場所

（1） Svetlana Alliluyeva, *Twenty Letters to a Friend*, trans. Priscilla Johnson McMillan（New York: Harper & Row, 1967）, 36.
（2） Rosamond Richardson, *The Long Shadow: Inside Stalin's Family*（London: Little, Brown, 1993）, 119.
（3） Simon Sebag Montefiore, *Stalin: The Court of the Red Tsar*（New York: Knopf, 2004）, 34.
（4） Simon Sebag Montefiore, *Young Stalin*（London: Weidenfeld & Nicolson, 2007）, 119. この町の名称は古くはトビリシだったが、1783年にグルジアがロシア帝国に併合された際にチフリスに改称され、その後1936年に公式にトビリシに戻された。ネスタン・チャルクヴィアーニから著者への手紙による。Jan. 5, 2015
（5） Montefiore, *Young Stalin*, 164–66.
（6） 同上 135.
（7） 同上 166.
（8） Robert Service, *Stalin: A Biography*（London: Macmillan, 2004）, 233.
（9） Letter from Nadya Alliluyeva to Keke Djugashvili, Mar. 12, 1922, RGASPI, fond［stock］558, opis［inventory］11, doc. 1549, 40.
（10） Boris Gribanov, "I pamiat'-sneg letit i past' ne mozhet: David Samoilov, kakim ia ego pomniu"［"And Memory as Snow Keeps Drifting: David Samoilov as I Remember Him"］. *Znamia: Yezhemesiachnyi literaturno-khudozhestvennyi i obshchestvenno-politicheskii zhurnal*［The Banner: A Monthly Literary, Artistic, and General Political Journal］9（2006）: 160.
（11） Montefiore, *Young Stalin*, 18. モンテフィオーリによれば、「スターリンは1925年に秘書のトフストゥーカに命じて自分の生年月日を正式に1879年に訂正した」。そもそもスターリンが生まれた年を実際より一年後にずらしたのは兵役逃れのためだったとモンテフィオーリは推測している。

(12)　Alliluyeva, *Twenty Letters*, 95.

(13)　同上　96.

(14)　同上

(15)　Author's interview with Chrese Evans, Portland, OR, July 18, 2012.

(16)　Letter from N. S. Alliluyeva to M. O. Svanidze, Jan. 11, 1926, trans. Svetlana Alliluyeva, Meryle Secrest Collection, box 4, HIA.

(17)　*Kreml'-9* [Russian TV series] writers group, *Svetland Stalina: Pobeg iz sem'i* [Svetland Stalina: Escape from the Family], film, dir. Maksim Ivannikov, prod. Aleksei Pimanov, Oleg Vol'nov, and Sergei Medvedev (Telekompaniya "Ostankino" and Federal'naia sluzhba okhrany Rossiiskoi Federatsii [Federal Service for the Protection of the Russian Federation], 2003); hereafter *Kreml'-9* writers, *Svetlana Stalina: Escape from the Family*.

(18)　Svetlana Alliluyeva, "Letter to Ehrenburg," Aug. 7, 1957, repr. Boris Frezinski, *Pisateli i Sovetskie vozhdi* [Writers and Soviet Leaders] (Moscow: Ellis Lak, 2008), 606.

(19)　Alliluyeva, *Twenty Letters*, 223.

(20)　同上　29.

(21)　Author's interview with Stepan Mikoyan, Moscow, May 24, 2013.

(22)　Alliluyeva, *Twenty Letters*, 30.

(23)　同上　110.

(24)　Meryle Secrest interview with Svetlana Alliluyeva, London, 1994, Secrest Collection, audio recording, group 2, tape 28, HIA.

(25)　イリーナ・ミハイロヴナ・チェルヴァコワが録音し、書き起こしたイリーナ・カリストラトヴナ・ゴーグアの談話、1987–89, MEM, fond [stock] 1, opis [inventory] 3, delo [subject] 18, June 25, 1988, 63–64.

(26)　Alliluyeva, *Only One Year*, 379.

(27)　Alliluyeva, *Twenty Letters*, 32.

(28)　Stepan Mikoyan, *Memoirs of Military Test-Flying and Life with the Kremlin's Elite: An Autobiography* (London: Airlife Publishing, 1999), 35.

(29)　Alliluyeva, *Twenty Letters*, 28.

(30)　同上　53.

(31)　Anna Alliluyeva and Sergei Alliluyev, *The Alliluyev Memoirs: Recollections of Svetlana Stalina's Maternal Aunt Anna Alliluyeva and Her Grandfather Sergei Alliluyev*, trans. David Tutaev (New York: Putnam's, 1967), 74. Hereafter: *Alliluyeva Memoirs*.

(32)　同上　139.

(33)　Richardson, *Long Shadow*, 114.

(34)　Rosamond Richardson interview with Svetlana Alliluyeva, Saffron Walden, 1991, tape 3, PC, Richardson.

(35)　Alliluyeva, *Twenty Letters*, 43–44.

(36)　同上　31.

(37)　同上　140.

(38)　同上　31.

(39)　同上　36.

(40)　同上　66.

第2章◆母のない児

(1)　Alliluyeva, *Twenty Letters*, 107.

(2)　Larissa Vasilieva, *Kremlin Wives: The Secret Lives of the Women Behind the Kremlin Walls—from Lenin to Gorbachev*（New York: Arcade Publishing, 1994）, 52.

(3)　Hiroaki Kuromiya, *Stalin: Profiles in Power*（London: Pearson Education, 2005）, 95. 1930年11～12月に行なわれた見世物裁判では、「産業界の破壊分子」と「ブルジョア階級出身の専門家」が「意図的に経済的混乱を引き起こし」、「外国勢力、特にフランスと共謀して政治的テロを企んだ」として非難された。この「政治的テロの脅威」が『スターリンの徒歩による外出を禁止する政治局決議』の採択を促進した。

(4)　Montefiore, *Court of the Red Tsar*, 16.

(5)　Alliluyeva, *Twenty Letters*, 108–10. See also accounts by Service, *Stalin*, 292–93; Montefiore, *Court of the Red Tsar*, 3–22; and Edvard Radzinsky, *Stalin*, trans. H. T. Willetts（New York: Anchor, 1997）, 287–89.

(6)　Alliluyeva, *Twenty Letters*, 110.

(7)　Montefiore, *Court ot the Red Tsar*, 106.「胸に直径五ミリの穴が開いており、その創穴は心臓に達していた。銃弾が心臓を直撃したための即死と考えられる」（医学博士クシュネルの秘密報告）。GARF 7523c.149a2-1-6.

(8)　この朝の出来事はスヴェトラーナの乳母アレクサンドラ・アンドレーエヴナ・ブイチコワの回想による。Alliluyeva, *Twenty Letters*, 109.

(9)　Montefiore, *Court of the Red Tsar*, 105; Alliluyeva, *Twenty Letters*, 112.

(10)　Maria Svanidze, “Diary of 1933–37,” trans. Svetlana Alliluyeva, 19, Meryle Secrest Collection, box 3, HIA. マリア・スワニーゼの日記はソ連共産党中央委員会政治局の公文書として保管されていたが1993年に開示され、*Istochnik* 第1号誌上に公開された。英訳はスヴェトラーナ・アリルーエワによる。

(11) Montefiore, *Court of the Red Tsar*, 12. See also Service, *Stalin*, 289.

(12) William Taubman, *Khrushchev: The Man and His Era* (New York: Norton, 2003), 85. しかし、フルシチョフをスターリンに推薦したのはナージャだった。フルシチョフは回想している。「ナージャのおかげで私は生き延びた。ナージャは私の『当たりくじ』だった」。

(13) Author's interview with Alexander Alliluyev, Moscow, May 25, 2013. See also: "Mify o docheri Stalina," *Priamoi efir s Mikhailom Zelenskim* ["Myths About Stalin's Daughter," *Live with Mikhail Zelensky*], Rossia-1, Moscow, Dec. 19, 2011; hereafter: "Myths," *Live with Mikhail Zelensky*.

(14) Kuromiya, *Stalin*, 40–42.

(15) Letter to N. S. Alliluyeva, June 21, 1930, "To Nadezhda Sergeevna Alliluyeva Personally from Stalin: Correspondence 1928–31,"7, trans. Svetlana Alliluyeva, Meryle Secrest Collection, box 3, HIA. 1928年から31年までにナジェージダ・アリルーエワとスターリンとの間で交わされた往復書簡はスターリンの個人文書として保管されていたが、1993年、*Istochnik* 誌上に Yu. Murin の解説付きで公開された。スヴェトラーナ・アリルーエワはこの書簡集を英訳し、1994年に著作権を請求した。

(16) Letter to J. V. Stalin, Aug. 28, 1929, p. 2, Secrest Collection, HIA.

(17) Alliluyeva, *Twenty Letters*, 104.

(18) Enzo Biagi, *Svetlana: The Inside Story*, trans. Timothy Wilson (London: Hodder and Stoughton, 1967), 22.

(19) Kuromiya, *Stalin*, 91.

(20) 同上 97.

(21) 同上

(22) 同上

(23) Letter from N. S. Alliluyeva to J. V. Stalin, Sept. 16, 1929, 4–5, Secrest Collection, HIA.

(24) Letter from J. V. Stalin to N. S. Alliluyeva, Sept. 23, 1929, 5, Secrest Collection, HIA.

(25) Letter from J. V. Stalin to Ordzhonikidze, Sept. 23, 1929, 16, Secrest Collection, HIA.

(26) Matthew Lenoe, *Closer to the Masses: Stalinist Culture, Social Revolution and Soviet Newspapers* (Cambridge, MA: Harvard University Press, 2004), 209.

(27) N. S. Alliluyeva to J. V. Stalin, Sept. 27, 1929, 6, Secrest Collection, HIA.

(28) Letter from N. S. Alliluyeva to J. V. Stalin, Sept. 19, 1930, 9, Secrest Collection,

HIA.

(29) Letter from J. V. Stalin to N. S. Alliluyeva, Sept. 24, 1930, 9, Secrest Collection, HIA.

(30) Letter from N. S. Alliluyeva to J. V. Stalin, Oct. 6, 1930, 10, Secrest Collection, HIA.

(31) Letter from J. V. Stalin to N. S. Alliluyeva, Oct. 8, 1930, 11, Secrest Collection, HIA.

(32) Letter from N. S. Alliluyeva to J. V. Stalin, Sept. 12, 1930, 8, Secrest Collection, HIA.

(33) Gogua, Transcription of Oral Stories, MEM.

(34) "Myths," *Live with Mikhail Zelensky*. アレクサンドル・アリルーエフはこの時まで一度もこの話をしたことがなかった。それは著者によるインタビューでも確認された。Moscow, May 25, 2013.

(35) Alliluyeva, *Twenty Letters*, 106.

(36) Gogua, Transcription of Oral Stories, MEM.

(37) Alliluyeva, *Twenty Letters*, 112.

(38) Vyacheslav Molotov, *Molotov Remembers: Inside Kremlin Politics—Conversations with Felix Chuev*, ed. Albert Resis (Chicago: Ivan R. Dee, 1993), 174.

(39) Richardson, *Long shadow*, 126.

(40) Alliluyeva, *Twenty Letters*, 113. See *Alliluyev Memoirs*, xviii.

(41) Montefiore, *Young Stalin*, 315.

(42) *Kreml'-9* writers, *Svetlana Stalina: Escape from the Family*, comments of Artyom Sergeev.

(43) Ibid., comments of Marfa Peshkova.

第3章◆女主人と従僕

(1) Alliluyeva, *Twenty Letters*, 122.

(2) 同上 43.

(3) 建築家ミロン・メルジャーノフは1942年に逮捕され、強制労働10年の刑を宣告されて収容所に送られた。

(4) Yuri Druzhnikov, "Visiting Stalin's, Uninvited," trans. Thomas Moore, from *Contemporary Russian Myths*, www.druzhnikov.com/english/text/vizit1.html.

(5) Molotov, *Molotov Remembers*, 208.

(6) Alliluyeva, *Twenty Letters*, 132.

(7) Letter from S. Alliluyeva to Stalin, Aug. 5, 1993, RGASPI, KPSS fond 558, opis 11,

D 1552, doc. 14, 19.

(8) Candide Charkviani, *Napikri da naazrevi* [My Life and Reflections], trans. Nestan Charkviani (Tbilisi: Merani Publishing House, 2004), 503. カンディード・チャルクヴィアーニはグルジアの作家・思想家で、1938年にグルジア共産党中央委員会の第一書記になったが、1952年に失脚した。グルジア共産党内の民族主義的反革命分子を十分に弾圧しなかったというのが失脚の理由だったと言われている。チャルクヴィアーニは1954年に密かに回想録を執筆した。

(9) Alliluyeva, *Twenty Letters*, 97.

(10) 同上。ただし、スヴェトラーナはパメラ・ジョンソン・マクミランによる英訳のうちの「家政婦殿」を「女主人様」に、また自分の愛称を「スヴェタンカ」に訂正している。

(11) Alliluyeva, *Twenty Letters*, 151.

(12) Letter from S. Alliluyeva to Stalin, Sept. 15, 1933. RGASPI, KPSS fond 558, opis 11, D 1552, doc. 14, 20.

(13) Alliluyeva, *Twenty Letters*, 150.

(14) Nikita Khrushchev, *Khrushchev Remembers*, trans. Strobe Talbot (New York: Bantam, 1971), 310–11.

(15) James A. Hudson, *Svetlana Alliluyeva: Flight to Freedom* (New York: Tower Books, 1967), 30.

(16) Alliluyeva, *Twenty Letters*, 144.

(17) Alliluyeva, *Only One Year*, 389.

(18) Alliluyeva, *Twenty Letters*, 143.

(19) 同上、121.

(20) Author's interview with Alexander Alliluyev, Moscow, May 25, 2013.

(21) Alliluyeva, *Twenty Letters*, 154.

(22) Larry E. Holmes, *Stalin's School: Model School No. 25, 1931–1937* (Pittsburgh, PA: University of Pittsburgh Press, 1999), 71.

(23) Svanidze, "Diary of 1933–37," 18, Secrest Collection, box 3, HIA.

(24) Rosamond Richardson interview with Svetlana Alliluyeva, Saffron Walden, 1991, tape 1. PC, Richardson.

(25) Holmes, *Stalin's School*, 22.

(26) 同上、37.

(27) 同上、36.

(28) 第25模範学校は生徒の出身階級の平等な構成を建前としており、1932年には在籍生徒数1,150人のうち労働者階級の子弟が61パーセントを占め

ていた。しかし、その割合は急速に低下し、「1934年にはプロレタリア階級の子弟の割合は34パーセントまで縮小した。1937年に同校を卒業したルシア・ダヴィドワによれば、彼女のクラスには労働者階級出身の生徒は1人しかいなかった」。Holmes, *Stalin's School*, 32.

(29) Holmes, *Stalin's School*, 39–41.

(30) 同上、10,18.

(31) 同上、37.

(32) Alliluyeva, *Only One Year*, 142.

(33) Author's interview with Diana Kondrashina of School 175 (formerly Model School No. 25), Moscow, June 5, 2013.

(34) Holmes, *Stalin's School*, 165–68.

(35) Author's interview with Diana Kondrashina of School 175, Moscow, June 5, 2013.

(36) *Holmes, Stalin's School, 166.* コムソモールに加盟できるのは14歳からで、28歳になると共産党への入党申請が可能となる。コムソモールに加盟すると、徽章と団員証が与えられた。団員証には加盟費の納入期日が印刷されていた。

(37) Svanidze, "Diary of 1933–37," 22, Secrest Collection, HIA.

(38) Letter from Vasili Djugashvili to Stalin, 5 August 1933, RGASPI, KPSS fond 558, opis 11, D 1552, doc. 3, 3.

(39) Letter from Vasili Djugashvili to Stalin, Sept. 26 (no year). RGASPI, KPSS fond 558, opis 11, D 1552, doc. 8, 10.

(40) Author's intreview with Chrese Evans, Portland, OR, July 19, 2012.

(41) Meryle Secrest interview with Svetlana Alliluyeva, audio recording, group 1, tape 21, HIA.

(42) Holmes, *Stalin's School*, 167–68.

(43) 同上、168.

(44) 同上、123.

第4章◆吹き荒れるテロル

(1) Svanidze, "Diary of 1933–37," 9, Secrest Collection, HIA.

(2) Rosamond Richardson interview with Svetlana Alliluyeva, Saffron Walden, 1991, tape 1, PC, Richardson.

(3) Montefiore, *Court of the Red Tsar*, 162.

(4) Svanidze, "Diary of 1933–37," 11–12, Secrest Collection, HIA.

(5) Matthew E. Lenoe, *The Kirov Murder and Soviet History* (New Haven, CT: Yale

University Press, 2010), 252.

(6) Lenoeの上記著書はスターリン黒幕説を否定する立場で書かれている。

(7) Stephen Cohen, *The Victims Return: Survivors of the Gulag After Stalin* (New York: I. B. Tauris, 2012), 2.

(8) Kuromiya, *Stalin*, 134.

(9) このように大規模な殺戮と投獄を引き起こした動機は何だったのか？ 残忍な独裁者の嗜虐的な心理が原因だったのか、それとも、個人の性格以外に複雑で悪辣な理由があったのだろうか？ 歴史家のHiroaki Kuromiya〔黒宮広昭〕によれば、当時、スターリンはヒトラーの動向を仔細に見守っていた。ファシズムと共産主義との戦争が差し迫っていると確信していたスターリンは、戦争が勃発する前に国内のすべての反対勢力を排除しておくための「先制攻撃」として、「大粛清」を発動したのである。ファシズムとの戦争によって混乱状態が発生すれば、現在の支配体制に不満を抱く国内の反対派がその災厄に乗じて内乱を引き起こすのではないかとスターリンは恐れていた。それは、まさに第一次大戦中にボリシェヴィキが帝政に対して取った戦略に他ならなかったからである。国内の反対派は国外のファシスト勢力よりもいっそう危険であり、したがって、まず排除しておかなければならなかった。Kuromiya, *Stalin*, 128.

(10) 大粛清の犠牲者のうちのかなりの部分は「民族主義的偏向」を理由として逮捕された。その際、特に攻撃の標的とされたのはソ連国内で暮らしていたポーランド系とドイツ系の人々だった。ドイツ人家政婦のカロリナ・ティルが姿を消した理由もそこにあった。

(11) Alliluyeva, *Twenty Letters*, 130–31.

(12) 同上、133.

(13) Alliluyeva, *Only One Year*, 5.

(14) Service, *Stalin*, 339.

(15) Svanidze, "Diary of 1933–37," 27–28, Secrest Collection, HIA.

(16) Montefiore, *Court of the Red Tsar*, 269.

(17) Alliluyeva, *Only One Year*, 148.

(18) Alliluyeva, *Twenty Letters*, 148.

(19) Author's interview with Alexander Alliluyev, Moscow, May 25, 2013.

(20) Alliluyeva, *Twenty Letters*, 55.

(21) Author's interview with Alexander Alliluyev, Moscow, May 27, 2013.

(22) Alliluyeva, *Twenty Letters*, 55.

(23) Author's interview with Alexander Alliluyev, Moscow, May 27, 2013.

(24) 同上。

(25) Montefiore, *Court of the Red Tsar*, 269.

(26) 同上。

(27) Service, *Stalin*, 352–53.

(28) 1938年11月以降、粛清自体は収束するには至らなかったが、スターリンは粛清のテンポを緩め、それまでに実施された粛清の一部に「誤り」があったことを認めた。ただし、「誤り」を引き起こした責任はNKVD長官ニコライ・エジョフに帰され、エジョフは1940年に処刑される。

(29) Orlando Figes, *The Whisperers: Private Life in Stalin's Russia* (New York: Picador, 2008), 283–84.

(30) Montefiore, *Court of the Red Tsar*, 325.

(31) Alliluyeva, *Twenty Letters*, 124.

(32) Biagi, *Svetlana: The Inside Story*, 70.

(33) Alliluyeva, *Only One Year*, 151.

(34) Holmes, *Stalin's School*, 98 生徒のひとりユーリア・カプストの回想。

(35) Meryle Secrest interview with Svetlana Alliluyeva, audio recording, group 2, tape 1, HIA.

(36) Alliluyeva, *Only One Year*, 151.

(37) 同上、148.

(38) Alliluyeva, *Twenty Letters*, 141.

(39) Svanidze, "Diary of 1933–37," 2–3, Secrest Collection, HIA.

(40) 同上。

第5章◆嘘と秘密の世界

(1) Alliluyeva, *Twenty Letters*, 140.

(2) Rosamond Richardson interview with Sverlana Alliluyeva, Saffron Welden, 1991, tape 2, PC, Richardson.

(3) Author's interview with Leonid and Galina Alliluyev, Moscow, May 17, 2013.

(4) Letter from S. Alliluyeva to Stalin, Aug. 5, 1940, RGASPI, KPSS fond 558, opis 11, D 1552, doc. 29, 40.

(5) Letter from S. Alliluyeva to Stalin, Aug. 22, 1940, RGASPI, KPSS fond 558, opis 11, D 1552, doc. 30, 41.

(6) Alliluyeva, *Only One Year*, 381.

(7) Letter to Mary Burkett, Sept. 2, 1995, PC, Burkett.

(8) Kuromiya, *Stalin*, 150. ドイツ軍師団の数はニキータ・フルシチョフの説に

よる。*The Crimes of Stalin Era: Special Report to the 20th Congress of the Communist Party of the Saviet Union* [Secret Speech], annot. Boris I. Nicolaevsky (New York: New Leader, 1962), 37.

(9) Mikoyan, *Memoirs of Military Test-Flying*, 102.

(10) Kuromiya, *Stalin*, 151. この時のスターリンの捨て台詞については、他にもいくつかの説がある。

(11) Richard Overy, *Russia's War: A History of the Soviet War Effort, 1941–1945* (New York: Penguin, 1998), 78.

(12) Montefiore, *Court of the Red Tsar*, 375.

(13) 同上、378.

(14) Alliluyeva, *Only One Year*, 392.

(15) Montefiore, *Court of the Red Tsar*, 372.

(16) Sergeev quoted in Molotov, *Molotov Remembers*, 211.

(17) *Kreml'-9* writers, *Svetlana Stalina: Escape from the Family*, comments of Marfa Peshkova.

(18) Alliluyeva, *Twenty Letters*, 160.

(19) Letter from J. Stalin to Nadya Alliluyeva, Apr. 9, 1928, 2, Secrest Collection, HIA.

(20) Alliluyeva, *Twenty Letters*, 101.

(21) 同上、159.

(22) 同上。

(23) Author's interview with Leonid and Galina Alliluyev, Moscow, May 17, 2013.

(24) Alliluyeva, *Twenty Letters*, 161.

(25) Overy, *Russia's War*, 80–81.

(26) Biagi, *Svetlana: The Inside Story*, 47–48. Biagi's interview with Yuli's daughter Gulia.

(27) Radzinsky, *Stalin*, 476. See also Montefiore, *Court ot the Red Tsar*, 378–79.

(28) Radzinsky, *Stalin*, 474. Yakov's capture is briefly dramatized in the film *Europa Europa*.

(29) Letter from S. Alliluyeva so Stalin, Sept. 19, 1941, RGASPI, KPSS fond 558, opis 11, D 1552, doc. 30, 43–44.

(30) Alliluyeva, Twenty Letters, 168. スヴェトラーナが当時クイブイシェフで読んだと称する英語の雑誌類をくまなく調べても該当する記事は見あたらない。レオン・トロツキーは1939年10月の『ライフ』誌にナージャの自殺に関する記事を書いている。"Joseph Stalin: Hitler's New Friend Is Sized Up by an Old Foe," *Life, Oct. 2*, 1939, 72。この記事はナージャの自殺は誰もが知る公然

の秘密だったとしているが、この記事を掲載した雑誌が人目に触れるような場所に置かれていたとは考えられない。もし、当局に発見されれば関係者の生死にかかわったからである。

(31) *Kreml'-9* writers, *Svetlana Stalina: Escape from the Family*, comments of Marfa Peshkova.

(32) Alliluyeva, *Twenty Letters*, 169.

第6章◆恋愛事件

(1) Alliluyeva, *Twenty Letters*, 171.

(2) *Kreml'-9* writers, *Svetlana Stalina: Escape from the Family*, comments of Marfa Peshkova. See also Alliluyeva, *Twenty Letters*, 155.

(3) Olga Rifkina, *Puti neispovedimye* [Inscrutable Paths] (Moscow: Progress-Traditsia, 2003), 72; henceforth, Rifkina, *Inscrutable Paths*.

(4) 同上、71〜72.

(5) "Mythe," *Live with Mikhail Zelensky*, comments of Olga Rifkina.

(6) Rifkina, *Inscrutable Paths*, 74.

(7) 同上、87.

(8) 同上、88.

(9) 同上、90.

(10) 同上、72〜73.

(11) 同上、74.

(12) Author's interview with Stepan Mikoyan, Moscow, May 24, 2013.

(13) Biagi, *Svetlana: The Inside Story*, 19.

(14) Mikoyan, *Memoirs of Military Test-Flying*, 84.

(15) *Kreml'9* writers, *Svetlana Stalina: Escape from the Family*, comments of Marfa Peshkove.

(16) Biagi, *Svetlana: The Inside Story*, 20–21.

(17) In an interview with Meryle Secrest. アリルーエワは彼女がカープレルと出会う前にすでに母親の死が自殺だったことを知っていたことを告白している。Secrest Collection, Mar. 1994, audio recording, group 2, tape 2, HIA.

(18) Biagi, *Svetlana: The Inside Story*, 22.

(19) Alliluyeva, *Twenty Letters*, 174.

(20) 同上、176.

(21) 同上、175〜176.

(22) 同上、175.

(23)　同上、176.

(24)　Biagi, *Svetlana: The Inside Story*, 21, 26.

(25)　Vladimir Alliluyev, *Khronika odnoi sem'i: Alliluyevy—Stalin*. [Chronicle of One Family: Alliluyevs—Stalin] (Moscow: Molodaia Gvardiia, 1995, 2002), 177.

(26)　A, Kapler, "Letter of Lieutenant L. from Stalingrad," trans. Anastassia Kostrioukove, *Pravda*, Dec. 14, 1942.

(27)　Alliluyeva, *Twenty Letters*, 177.

(28)　*Kreml'-9* writers, *Svetlana Stalina: Escape from the Family*, comments of Marfa Peshkova.

(29)　Meryle Secrest interview with Svetlana Alliluyeva, audio recording, group 2, tape 3, HIA.

(30)　Alliluyeva, Twenty Letters, 178. このやりとりはスヴェトラーナの説によっている。カープレルとルミャンツェフの会話は *Kreml'-9* writers: *Svetlana Stalina: Escape from the Family*. の中でドラマ化されている。ただし、引用されている文書 Top Secret, Copy no. 1 の正統性は疑わしい。

(31)　Biagi, *Svetlana: The Inside Story*, 27.

(32)　同上。

(33)　Gribanov,"And Memory as Snow Keeps Drifting,"159.

(34)　Biagi, *Svetlana: The Inside Story*, 25.

(35)　Author's interview with Alexander Burdonsky, Moscow, June 1, 2013.

(36)　Alliluyeva, *Twenty Letters*, 180–81.

(37)　同上、181.

(38)　Letter to Malcolm Muggeridge, Apr. 21, 1981, Malcolm Muggeridge Papers (SC-4), WCSC.

(39)　Alan Barenberg, *Gulag Town, Company Town: Forced Labor and Its Legacy in Vorkuta* (New Haven, CT: Yale University Press, 2014), 70.

(40)　*Kreml'-9* writers, *Svetlana Stalina: Escape from the Family*, comments of Vladimir Alliluev. See also Alliluyeva, *Twenty Letters*, 185.

(41)　Alliluyeva, *Only One Year*, 150.

(42)　Letter to Malcolm Muggeridge, Apr. 21, 1981, WCSC.

第7章◆ユダヤ人との結婚

(1)　Kuromiya, *Stalin*, 158.

(2)　Molotov, *Molotov Remembers*, 209.

(3)　Alliluyeva, *Twenty Letters*, 163.

(4) Author's interview with Leonid and Galina Alliluyev, Moscow, May 17, 2013. スヴェトラーナの従弟のレオニード・アリルーエフによれば、ヤーコフとパウルス将軍の捕虜交換の件はワシリーとスヴェトラーナには知らされたかもしれないが、2人以外の親族には知らされなかった。もちろん、一般市民も知らなかった。「捕虜交換の提案があったとしても、マスコミというものが存在しない我が国において国民が情報を知ることはあり得なかった」。

(5) Meryle Secrest interview with Svetlana Alliluyeva, audio recording, group 2, tape 3. HIA.

(6) Radzinsky, *Stalin*, 478–89. See also Montefiore, *Court of the Red Tsar*, 445–46.

(7) Letter to author from Stepan Mikoyan, Aug. 10, 2013.

(8) Letter to the author from Professor Lynne Viola, July 20, 2014.

(9) Alliluyeva, *Twenty Letters*, 162.

(10) Overy, *Russia's War*, 158–60.

(11) Letter to author from Stepan Mikoyan, Aug. 10, 2013.

(12) Alliluyeva, *Twenty Letters*, 184.

(13) Letter no. 2 to Robert Rayle, Aug. 23, 2005, PC, Rayle.

(14) Rifkina, *Inscrutable Paths*, 92–93.

(15) Alliluyeva, *Only One Year*, 150.

(16) 同上。

(17) Alliluyeva, *Twenty Letters*, 134.

(18) Rifkina, *Inscrutable Paths*, 93–94.

(19) Biagi, *Svetlana: The Inside Story*, 116.

(20) Meryle Secrest interview with Svetlana Alliluyeva, audio recording, group 2, tape 6, HIA.

(21) 同上。

(22) Alliluyeva, *Only One Year*, 152.

(23) Alliluyeva, *Twenty Letters*, 187.

(24) Meryle Secrest interview with Svetlana Alliluyeva, audio recording, group 2, tape 6, HIA.

(25) Radzinsky, *Stalin*, 317.

(26) *Kreml'-9* writers, *Svetlana Stalina: Escape from the Family*, comments of Marfa Peshkova.

(27) John Lewis Gaddis, *George F. Kennan: An American Life* (New York: Penguin Press, 2011), 194.

(28) Meryle Secrest interview with Svetlana Alliluyeva, audio recording, group 2, tape

6. HIA.

(29) Overy, *Russia's War*, 287–89. See also Harrison Salisbury, "Fifty Years That Shook the World," in *The Soviet Union: The Fifty Years*, ed. Harrison E. Salisbury (New York: Harcourt, Brace & World), 1967), 25.

(30) Meryle Secrest interview with Svetlana Alliluyeva, London, audio recording, group 2, tape 6. HIA.

(31) Author's interview with Leonid and Galina Alliluyev, Moscow, May 17, 2013.

(32) Svetlana Alliluyeva, *The Faraway Music* (New Delhi: Lancer International, 1984), 78.

(33) Author's interview with Chrese Evans, Portland, OR, Feb. 25, 2013.

(34) Letter from S. Alliluyeva to Stalin, Dec. 1, 1945, RGASPI, KPSS fond 558, opis 11, D 1552, doc. 33, 50.

(35) *Kreml'-9* writers, *Svetlana Stalina: Escape from the Family*, comments of Marfa Peshkova.

(36) Alliluyev, *Chronicle of One Family*, 189.

(37) *Svetlana*, television documentary, dir. Irina Gedrovich, Fabryka Kino (distributor), 2008, comment by Svetlana Alliluyeva. See also Rosamond Richardson interview with Svetlana Alliluyeva, Saffron Walden, 1991, tape 4, PC, Richardson.

(38) 1936年に「母性と嬰児の保護に関する法律」が制定された。Catrina Kelly, *Children's World: Growing Up in Russia, 1890–1991* (New Haven, CT: Yale University Press, 2007), 103.

(39) Letter to Rosa Shand, May 22, 1978, PC, Shand.

(40) Letter to Joan Kennan, Jan. 15, 1970, PC, J. Kennan.

(41) Alliluyeva, *Only One Year*, 384–86.

(42) Alliluyeva, *Twenty Letters*, 191; *Only One Year*, 384. For confirmation of Svetlana's description of Stalin's dinner parties, see Milovan Djilas, *Conversations with Stalin* (New York: Harcourt, Brace & World, 1962), 76–77.

(43) Rosamond Richardson interview with Svetlana Alliluyeva, Saffron Walden, 1991, tape 4, PC, Richardson.

(44) Sergo Beria, *Beria, My Father: Inside Stalin's Kremlin*, trans. Brian Pearce (London: Duckworth, 2001), 152.

(45) 同上、192.

第8章◆反コスモポリタン闘争

(1) Montefiore, *Court of the Red Tsar*, 6.

(2) Nicholas Thompson, *The Hawk and the Dove: Paul Nitze, George Kennan, and the History of the Cold War* (New York: Holt, 2009), 61.

(3) ソ連の原爆開発は国内の技術だけでも可能だった。しかし、最近の研究によれば、スパイ活動のおかげでソ連の核開発は二年ほど短縮されたものと考えられている。See Malcolm Gladwell, "Trust No One: Kim Philby and the Hazards of Mistrust," *New Yorker*, July 28, 2014.

(4) Thompson, *Hawk and the Dove*, 83.

(5) Author's interview with Alexander Alliluyev, Moscow, May 25, 2013.

(6) Richardson, *Long Shadow*, 215.

(7) 同上、221〜23.

(8) 同上、224.

(9) 同上、216.

(10) 同上、217.

(11) 同上、216.

(12) 同上、223.

(13) 同上、222.

(14) 同上、230.

(15) 同上、232.

(16) Alliluyev, *Chronicle of One Family*, 261〜62. 後年、ウラジーミル・アリルーエフはこのファイルを探し出して調べたが、そこにはアンナの罪状の証拠は何ひとつ記載されていなかった。つまり、アンナは彼女よりも少し前に逮捕された親族、すなわち、ジェーニャ、その夫N・V・モローチニコフ、娘のキーラの3人から不法に引き出された証言に基づいて逮捕されたのだった。(Protocol no. 22 of Special Committee of Ministry of State Security of USSR)

(17) Richardson, *Long Shadow*, 231.

(18) Alliluyeva, *Twenty Letters*, 196–97, and *Only One Year*, 155.

(19) Author's interview with Alexander Alliluyev, Moscow, May 25, 2013.

(20) Richardson, *Long Shadow*, 227.

(21) ベリヤは1917〜20年の内戦期にボリシェヴィキに対する裏切り行為を理由に危うく処刑されそうになったと言われている。ただし、ベリヤ自身は当時ボリシェヴィキのために敵中で潜伏活動をしていたと主張していた。外カフカス地方のGPU(秘密警察)に勤務する頃、ベリヤはレーデンスの部下だったが、レーデンスを敵視し、やがて、レーデンスの排斥に成功する。

(22) Richardson, *Long Shadow*, 242–43.

(23) 同上、245.

(24) 「ユダヤ人反ファシズム委員会」(JAC)はクリミア半島にユダヤ人共和国を創設するという昔の構想を蒸し返した。

(25) Alliluyeva, Only One Year, 151〜54. スヴェトラーナがその場面に居合わせたことを疑問視する証言もある。彼女の従弟のレオニード・アリルーエフも懐疑的だった。Author's interview with Leonid and Galina Alliluyev, Moscow, May 17, 2013.

(26) Joshua Rubenstein and Vladimir P. Naumov, *Stalin's Secret Pogrom: The Postwar Inquisition of the Jewish Anti-Fascist Committee* (New Haven, CT: Yale University Press, 2005), 2–3.

(27) Kuromiya, *Stalin*, 193.

(28) Yakov Rapoport, *The Doctors' Plot: A Survivor's Memoir of Stalin's Last Act of Terror Against Jews and Science* (Cambridge, MA: Harvard University Press, 1991), 33.

(29) Rubenstein and Naumov, *Stalin's Secret Pogrom* 39〜40. 著者のルーベンシュタインとナウーモフはミホエルスの死は事故死ではなかったと主張している。ミホエルスは滞在していたホテルから「言葉巧みに連れ出され」、ベラルーシ秘密警察長官の別荘に連行されて殺害された。スターリンの処刑命令に基づいての殺害だった。処刑後、死刑執行人たちはスターリンに電話し、殺害をカモフラージュする方法について助言を求めた。スターリンは「わかった。自動車事故だったのだ」と答えた。

(30) Alliluyeva, *Twenty Letters*, 196.

(31) Letter from S. Alliluyeva to Stalin, Dec. 1, 1945, RGASPI, KPSS fond 558, opis 11, D 1552, doc. 33, 49–50.

(32) Alliluyeva, *Only One Year*, 373–74.

(33) Alliluyeva, *Twenty Letters*, 56.

(34) *Alliluyev Memoirs*, xii.

(35) P. Fedoseyev, "Irresponsible Thinking," *Pravda* 119, no. 10510 (May 14, 1947): 3.

(36) Alliluyeva, *Twenty Letters*, 61.

(37) Alliluyeva, *Only One Year*, 169.

(38) Alliluyeva, *Twenty Letters*, 193.

(39) 同上、113.

(40) Michael Arlen, *The Green Hat* (New York: George H. Doran Co., 1924); mentioned in Alliluyeva, *Twenty Letters*, 113, 193.

(41) Alliluyeva, *Twenty Letters*, 195.

(42) Alliluyeva, *Only One Year*, 155.

第9章◆嵐の前の静けさ

(1) Alliluyeva, *Only One Year*, 388.

(2) Alliluyeva, *Twenty Letters*, 68–69.

(3) Alliluyev, *Chronicle of One Family*, 68.

(4) Author's interview with Stepan Mikoyan, May 24, 2013.

(5) Charkviani, *My Life and Reflections*, 503.

(6) Ibid., 505.

(7) 同上、505.

(8) Author's interview with Stepan Mikoyan, Moscow, May 24, 2013.

(9) Montefiore, *Court of the Red Tsar*, 137.

(10) Meryle Secrest Interview with Svetlana Alliluyeva, audio recordings, group 2, tape 8. HIA.

(11) Service, *Stalin*, 307. See also Jonathan Brent and Vladimir P. Naumov, *Stalin's Last Crime: The Plot Against the Jewish Doctors, 1948–1953* (New York: HarperCollins, 2003), 71–77; and Pavel Sudoplatov and Anatoli Sudoplatov with Jerrold L. Schecter and Leona P. Schecter, *Special Tasks: The Memoirs of an Unwanted Witness* (New York: Little, Brown, 1995), 317–18.

(12) Brent and Naumov, *Stalin's Last Crime*, 78.

(13) For the full text of the letter, see Brent and Naumov, *Stalin's Last Crime*, 81.

(14) Alliluyeva, *Only One Year*, 380.

(15) Beria, *Beria, My Father*, 152–53.

(16) *Kreml'-9* writers, *Svetlana Stalina: Escape from the Family*, comments of Stepan Mikoyan.

(17) Kyra Golovko, "Svetlana Alliluyeva: odinochestvo i nasledstvo" ["Svetlana Alliluyeva: Solitude and Inheritance"], *Izvestia*, no. 95 (Oct. 17, 2008): 10.

(18) 同上。

(19) 同上。

(20) Figes, *Whisperers*, 487–92

(21) Alliluyeva, *Only One Year*, 391.

(22) Alliluyeva, *Twenty Letters*, 197–98.

(23) Kelly, *Children's World: Growing Up in Russia*, 645, n. 203.

(24) Letter to S. Alliluyeva from Stalin, May 10, 1950, Alliluyeva, *Twenty Letters*, 199.

(25) 同上、198.

(26) Author's interview with Chrese Evans, Portland, OR, July 16, 2012.

(27)　Letter to author from Professor Lynne Viola, July 20, 2014.

(28)　Golovko, "Svetlana Alliluyeva: Solitude and Inheritance," 10.

(29)　Letter from S. Alliluyeva to Stalin, RGASPI, KPSS fond 558, opis 11, D 1552, doc. 37, 55–56.

(30)　Charkviani, *My Life and Reflections*, 507.

(31)　Meryle Secrest Interview with Svetlana Alliluyeva, audio recording, group 1, tape 9, HIA.

(32)　Biagi, *Svetlana: The Inside Story*, 135.

(33)　Alliluyeva, *Twenty Letters*, 211.

(34)　同上、209.

(35)　*Svetlana About Svetlana*, film, directed by Lana Parshina, 2008.

(36)　Letter from S. Alliluyeva to Stalin, RGASPI, KPSS fond 558 opis 11, D 1552, doc. 36, 54.

(37)　Alliluyeva, *Twenty Letters*, 71.

(38)　Konstantin Simonov, "Through the Eyes of My Generation: Meditations on Stalin," *Soviet Literature*, Moscow, no. 5（494）（1989）: 79.

(39)　Khrushchev, *Khrushchev Remembers*, 321; also Taubman, *Khrushchev*, 214.

(40)　Khrushchev, *Khrushchev Remembers*, 309–10. Khrushchev suggests that it was New Year's Day. Alliluyeva says the last time she saw her father was his birthday.

(41)　Rapoport, *Doctors' Plot*, 74–75.

(42)　同上、71.

(43)　同上、221.

(44)　Konstantin Simonov, "Through the Eyes of My Generation," 87–88.

(45)　Alliluyeva, *Only One Year*, 155.

(46)　Alliluyeva, *Twenty Letters*, 197.

(47)　Rapoport, *Doctors' Plot*, 243.

(48)　Alliluyeva, *Twenty Letters*, 207. ただし、スターリンがこの「医師団陰謀事件」をめぐるプロパガンダの規模を限定的な範囲にとどめようとしていたという説もある。深刻な健康悪化に苦しんでいたスターリンには、もう一度「大粛清」を展開する体力が失われていたと考えられる。Gennadi Kostyrchenko, "The Genesis of Establishment Anti-Semitism in the USSR: The Black Years, 1948–53," in *Revolution, Repression, and Revival: The Soviet Jewish Experience*, ed. Zvi Gitelman and Yaacov Ro'i（Lanham, MD: Rowman & Littlefield, 2007）, 189–90.

(49)　Alliluyeva, *Only One Year*, 155.

(50)　同上、155.

第10章◆首領の死

(1) Meryle Secrest interview with Svetlana Alliluyeva, audio recording, group 1, tape 17, HIA.
(2) 同上。See also Richardson, *Long Shadow*, 250.
(3) Montefiore, *Court of the Red Tsar*, 636–37.
(4) Khrushchev, *Khrushchev Remembers*, 340.
(5) Amy Knight, *Beria: Stalin's First Lieutenant* (Princeton, NJ: Princeton University Press, 1993), 176–78. See also Service, *Stalin*, 582–86; and Radzinsky, *Stalin*, 571–72. Radzinsky claimed to have interviewed Lozgachev.
(6) Montefiore, *Court of the Red Tsar*, 639.
(7) Taubman, *Khrushchev*, 237.
(8) Brent and Naumov, *Stalin's Last Crime*, 212. Vinogradov had treated Zhdanov.
(9) Montefiore, *Court of the Red Tsar*, 643.
(10) Alliluyeva, *Twenty Letters*, 6–7.
(11) Rapoport, *Doctors' Plot*, 151–52.
(12) Khrushchev, *Khrushchev Remembers*, 342.
(13) Alliluyeva, *Twenty Letters*, 215.
(14) 同上、9.
(15) 同上。
(16) 同上、8.
(17) Service, *Stalin*, 576.
(18) Alliluyeva, *Twenty Letters*, 10.
(19) Khrushchev, *Khrushchev Remembers*, 347.
(20) Biagi, *Svetlana: The Inside Story*, 86.
(21) alliluyeva, *Twenty Letters*, 14
(22) 同上、222.
(23) その十数年後、スヴェトラーナは父親の死が陰謀によるものだったという説にも一理あると思い始めた。当時クンツェヴォ邸で働いていた女性職員によれば、スターリンは寝ていた長椅子と電話機の乗ったテーブルとの間の床の上に倒れていた。スターリンが電話を受けていたことは明らかだった。スターリンの血圧は非常に高かった。飛行機に乗ることを拒否していたのも高血圧が理由だった。スヴェトラーナはスターリンが倒れていた状況、すぐに医者が呼ばれなかった事実、そして、彼の死後すぐにクンツェヴォ邸からすべての家具が持ち去られたことに疑いを抱いた。米国に亡命してから、彼

女はアメリカの専門家に意見を求めた。その専門家によれば、電話を通じて非常に大きな衝撃音を無防備な耳に聞かせれば発作を起こさせることが可能だった。発作は高血圧の患者に死をもたらす効果的な方法だった。スターリンの血圧は上が200、下が80だった。ベリヤの部下たちがスターリンの死の翌日にすべての家具類を持ち去ったのは証拠隠滅のためではなかったのか？　その種の工作に関して、ベリヤは天才的だった。Meryle Secrest interview with Svetlana Alliluyeva, London, March 1994, Secrest Collection, audio recordings, group 1, tape 9, HIA.

(24)　Molotov, *Molotov Remembers*, 210.

(25)　Richardson, *Long Shadow*, 254.

(26)　Rapoport, *Doctors' Plot*, 20.

(27)　Simonov, "Through the Eyes of My Generation," 96.

(28)　同上、96〜97.

(29)　Oleg Kalugin, *Spymaster: My Thirty-Two Years in Intelligence and Espionage Against the West*（New York: Basic Books, 2009）, 10–11.

第11章◆亡霊の復活

(1)　Alliluyeva, *Twenty Letters*, 222.

(2)　Cohen, *Victims Return*, 33–35.

(3)　同上。

(4)　Figes, *Whisperers*, 538; also Adam Hochschild, *The Unquiet Ghost: Russians Remember Stalin*（London: Penguin, 1994）, 223.

(5)　Rapoport, *Doctors' Plot*, 187–88.

(6)　同上、182〜83.

(7)　同上、182〜85.

(8)　Richardson, *Long Shadow*, 232.

(9)　同上。レオニード・アリルーエフは母親の病気を「分裂病」だと思っていた。「分裂病」はアリルーエフ家のいわば家族病であり、アンナの兄のフョードルを廃人にしたのも同じ病気だと家族は考えていた。しかし、1993年になってレオニードがアンナの名誉回復に関する一連の記録文書Case P-212を調査した際、そのファイルには「アンナが精神病に罹っていたという記述はまったく含まれていなかった（グラスノスチの時期には、多くの元囚人の家族が収容所時代のファイルを調査した）。ただし、レオニードの調査によって明らかになった事実があった。ウラジーミル監獄に収監されていた囚人23号（すなわち、アンナのこと）の刑期が1952年12月27日付けで

5年間延長されていたのである。刑期延長命令に署名していたのはベリヤの部下のS・A・ゴリーゼだった。スターリンの死によって刑期延長は無効となり、アンナは救われたことになる。1954年4月2日、アンナはモスクワに移送され、名誉を回復されて、家族の許に返された。Alliluyev, *Chronicle of One Family*, 271〜72.

（10） Richardson, *Long Shadow*, 233.

（11） 同上、244.

（12） 同上、234.

（13） 同上、223.

（14） 同上。

（15） 同上、225.

（16） 同上、239.

（17） See Eugenia Aleksandrovna（Zhenya）Alliluyeva Correspondence, GARF, fond 9542, opis 1, no. 85, 9–20

（18） Richardson, *Long Shadow*, 241–42.

（19） 同上、234.

（20） *Pravda*, Dec. 17, 1953.

（21） スヴェトラーナを含む多くの人々が、ベリヤは7月に逮捕され、その数日後に処刑されたという説を主張している。Alliluiyeva, *Only One Year*, 375〜76. ベリヤの軍事裁判は12月17日に布告され、12月18日から23日まで審理が行われたが、スヴェトラーナらの説によれば、処刑から数ヵ月を経て裁判が行なわれたことになる。Knight, *Beria*, 220〜22.

（22） Richardson, *Long Shadow*, 256.

（23） Alliluyeva, *Twenty Letters*, 218–19.

（24） 同上、16.

（25） Biagi, *Svetlana: The Inside Story*, 139（interview with Joseph Alliluyev）.

（26） Grihanov, "And Memory as Snow Keeps Drifting," 161.

（27） *Kreml'-9* writers, *Svetlana Stalina: Escape from the Family*, comments of Artyom Sergeev.

（28） Author's interview with Leonid and Galina Alliluyev, Moscow, May 17, 2013.

（29） Author's interview with Alexander Burdonsky, Moscow, June 1, 2013.

（30） Author's interview with Leonid and Galina Alliluyev, Moscow, May 17, 2013.

（31） A degree that is midway between a Western master's degree and a PhD.

（32） Alliluyeva, *Twenty Letters*, 17.

（33） Joshua Rubenstein, *Tangled Loyalties: The Life and Times of Ilya Ehrenburg*

(Tucaloosa: University of Alabama Press 1999), 281. 雑誌『ズナーミャ』編集委員会の面々は『雪どけ(オッチェペリ)』というタイトルに異議を唱えた。「このタイトルはこれまでのすべてが過ちだったという印象を与える。せめて『新段階(ノーヴァヤ・ストゥペーニ)』ぐらいのタイトルにすべきだ」。

(34) Alliluyeva, *Only One Year*, 177.

(35) Alliluyeva,"Letter to Ehrenburg,"607.

(36) Rubenstein, *Tangled Loyalties*, 212–17, 307.

(37) Biagi, *Svetlana: The Inside Story*, 33.

(38) 同上、33.

(39) *Svetlana* (film), 2008, interview with Svetlana Alliluyeva.

(40) Alliluyeva,"Letter to Ehrenburg,"607.

(41) Meryle Secrest interview with Svetlana Alliluyeva, audio recording, group 2, tape 5, HIA.

(42) Biagi, *Svetlana: The Inside Story*, 34–35.

(43) 同上、35.

(44) Leningrad would revert to its traditional name, Saint Petersburg, in 1991.

(45) Author's visit to Alliluyev Apartment Museum, Saint Petersburg, May 20, 2013.

(46) Alliluyeva, *Twenty Letters*, 89.

(47) 同上、223.

第12章◆大元帥閣下の娘

(1) Alliluyeva, *Only One Year*, 161.

(2) Khrushchev, *The Crimes of the Stalin Era*, 3–67.

(3) Alliluyeva, *Only One Year*, 162, 166.

(4) Author's interview with Stepan Mikoyan, Moscow, May 24, 2013.

(5) Biagi, *Svetlana: The Inside Story*, 95.

(6) Simonov,"Through the Eyes of My Generation,"43.

(7) 同上、48.

(8) Biagi, *Svetlana: The Inside Story*, 36.

(9) Golovko,"Svetlana Alliluyeva: Solitude and Inheritance,"10.

(10) Author's interview with Alexander Ushakov, Gorky Institute, Moscow, June 4, 2013.

(11) 同上。

(12) 皮肉なことに、この挿話はFBIを出所としている。"Anecdote about Svetlana and Synyavsky at Gorky Inst. In bio of Sinyavsky by Alfreda Aucouturier,"FBI

file 105–163639-A.

(13) Meryle Secrest Interview with Svetlana Alliluyeva, audio recordng, group 1, tape 13. HIA.

(14) Sheila Fitzpatrick, *A Spy in the Archives: A Memoir of Cold War Russia* (London: I. B. Tauris, 2013), 39–40.

(15) Galina Belaya, “Ia rodom iz shestidesiatykh” [“I Am from the Sixties”], *Novoe literaturnoe obozrenie* 70 (June 2004): 216.

(16) Alliluyeva, *Only One Year*, 166.

(17) Boris Runin, “*Moie okruzhenie*,” *Zapiski sluchaino utselevshego* [“My Milieu,” Notes by the One Who Accidentally Survived] (Noscow: Vozvrashchenie, 2010), 224–25. See alsoMiklós Kun, *Stalin: An Unknown Portrait* (Budapest: CEU Press, 2003), 417.

(18) Gribanov, “And Memory as Snow Keeps Drifting,” 161.

(19) Alliluyev, *Chronicle of One Family*, 68–69.

(20) Richardson, *Long Shadow*, 259.

(21) Mikoyan, *Memoirs of Military Test-Flying*, 146.

(22) Gribanov, “And Memory as Snow Keeps Drifting,” 157.

(23) Author’s interview with Stepan Mikoyan, Moscow, May 24, 2013.

(24) Gribanov, “And Memory as Snow Keeps Drifting,” 157–58.

(25) Vladislav Zubok, *Zhivago's Children: The Last Russian Intelligentsia* (Cambridge, MA: Belknap Press of Harvard University, 2009), 327.

(26) Gribanov, “And Memory as Snow Keeps Drifting,” 159.

(27) 同上、160.

(28) 同上、161.

(29) 同上、158.

(30) David Samoilov, *Podennye zapisi* (Daily Notes), 2 vols. (Moscow: Vremia, 2002), vol. 1, 300, entry for Nov. 17, 1960.

(31) Ibid., vol. 2, p. 30, entry for Mar. 24, 1967.

第13章◆雪どけ以後

(1) Ronald Hingley, *Pasternak: A Biography* (New York: Knopf, 1983), 237, 241.

(2) Alliluyeva, *Only One Year*, 293.

(3) 同上、295.

(4) Author’s interview with Alexander Ushakov, Moscow, June 4, 2013.

(5) Maria Rozanova, “Vdova Znamenitogo pisatelia i dissident Sinyavskogo Maria

Rozanova:「アリルーエワは私に向かって、『マーシャ、貴女はアンドレイを前の奥さんから奪った。今度は私が貴女から彼を奪う番よ』と言った」。Bul'var Gordona, no. 40 (232) (Oct. 6, 2009): 12–14. This story became common currency at the Gorky Institute. Interview with Alexander Ushakov, Moscow June 4, 2013.

(6) Interview with Chrese Evans, Portland, OR, Feb. 27, 2013.

(7) Letter to Malcolm Muggeridge, Mar. 9, 1970, Muggeridge Papers, Special Collections, Wheaton College, Illinois WCSC.

(8) Alliluyeva, *Twenty Letters*, 219–21.

(9) 同上、80. See also Kun, *Stalin: An Unknown Portrait*, 416–17.

(10) Meryle Secrest interview with Svetlana Alliluyeva, audio recording, group 1, tape 14, HIA.

(11) Biagi, *Svetlana: The Inside Story*, 122.

(12) スヴェトラーナは一度もこの結婚に言及していないが、従弟のレオニードによれば、彼女とイワン・スワニーゼは1962年に教会で結婚した。Interview with Leonid Alliluyev, Moscow, May 17, 2013. ボリス・グリバノフの記憶では、1962年11月5日にアシュケン・ラーザレヴナ・ミコヤンの葬儀があり、その際、スヴェトラーナから彼女の新しい夫としてイワン・スワニーゼを紹介された。Gribanov, "And Memory as Snow Keeps Drifting", 161. その後、最終的に2人の離婚に関する次のような記事が夕刊紙『ヴェーチェルナヤ・モスクワ』に掲載された。「イワン・アレクサンドロヴィチ・スワニーゼ(ドブロリューボフ通り35番地11号)はスヴェトラーナ・ヨシフォヴナ・アリルーエワ(セラフィーモヴィチ通り2番地179号)に対する離婚手続きを申請した。この離婚申請はチミリャーゼフ地区人民裁判所によって審査される」。See Kun, Stalin: An Unknown Portrait, 417.

(13) この判決は国際的な抗議運動の圧力に押されて1965年に変更され、ヨシフ・ブロツキーは国外移住を認められた。

(14) Lily Golden, *My Long Journey Home* (Chicago: Third World Press, 2002), 149.

(15) Yelena Khanga, with Susan Jacoby, *Soul to Soul: The Story of a Black Russian American Family 1865–1992* (New York: Norton, 1992), 49.

(16) Golden, *Long Journey Home*, 149.

(17) 同上、149〜50.

(18) Khanga, *Soul to Soul*, 138.

(19) Golden, *Long Journey Home*, 150.

(20) Khanga, *Soul to Soul*, 138.

(21) Golden, *Long Journey Home*, 151.

(22) Alliluyeva, *Only One Year*, 238.

(23) 同上、101.

(24) "Myths," *Live with Mikhail Zelensky* (television), comments of Olga Rifkina.

(25) Meryle Secrest interview with Svetlana Alliluyeva, audio recording, group 1, tape 12. HIA.

(26) Alliluyeva, *Twenty Letters*, 92–94.

(27) 同上、235.

(28) 同上、119〜20.

第14章◆優しいインド人紳士

(1) Terry Morris, "Svetlana: A Love Story," *McCall's*, July 1967, 143.

(2) Alliluyeva, *Only One Year*, 21.

(3) フランシス・セジウィックの証言による。セジウィックは交換留学生としてモスクワ国際大学に留学していたカナダ人学生で、1963年、スヴェトラーナと同じ時期にクンツェヴォ病院に入院していた。Author's interview with Frances Sedgwik, Toronto, Nov. 13, 2013.

(4) Alliluyeva, *Only One Year*, 27.

(5) 同上、31.

(6) Biagi, *Svetlana: The Inside Story*, 110.

(7) Morris, "Svetlana: A Love Story," 143.

(8) Alliluyev, *Chronicle of One Family*, 69.

(9) Alliluyeva, *Only One Year*, 180.

(10) 同上、37.

(11) Mikoyan, *Memoirs of Military Test-Flying*, 146.

(12) Alliluyeva, *Only One Year*, 41–42.

(13) Vladimir V. Kara-Murza, writer and producer, *They Chose Freedom: Dissident Movement from 1950s to 1991*, documentary film, 2013, comments of Alexander Yesenin-Volpin.

(14) Max Hayward, ed., *On Trial: The Soviet State Versus "Abram Tertz" and "Nikolai Arzhak"* (New York: Harper & Row, 1966), 41〜42. シニャフスキーの支援者たちは恩赦を期待していたが、シニャフスキーはほぼ満期になるまで刑期を務め、1971年に釈放された。その後、1973年にパリへの移住を許可される。

(15) Alliluyeva, *Only One Year*, 39–40.

(16) Author's interview with Alexander Ushakov, Moscow, June 4, 2013.

（17） Alliluyeva, Only One Year, 177〜78. ガリーナ・ベーラヤが彼女の記事 “I am from the Sixties”（Novoe literaturunoe abozrenie, 70）の中で証言しているところによれば、ゴーリキー研究所の研究員たちはシニャフスキーを糾弾する公開状への署名を強要された。しかし、ガリーナ・ベーラヤ自身は署名を拒否したと主張している。

（18） Martin Ebon, *Svetlana: The Incredible Story of Stalin's Daughter*（New York: Signet, 1967）, 138.

（19） アラブ連合共和国は 1958 年から 61 年までの短期間存在したシリアとエジプトの連合国家。ただし、エジプトは 1971 年まで「アラブ連合共和国」を国名として残していた。

（20） Alliluyeva, *Only One Year*, 43.

（21） 同上、48.

（22） Meryle Secrest interview with Svetlana Alliluyeva, audio recording, group 2, tape 17, HIA.

（23） Mikoyan, *Memoirs of Military Test-Flying*, 147.

（24） Svetlana Alliluyeva letter to Suresh Singh, reprinted in Morris, “Svetlana: A Love Story,” 74.

（25） Alliluyeva, *Only One Year*, 54.

（26） Biagi, *Svetlana: The Inside Story*, 114.

（27） 同上、114.

第15章◆ガンジス川の岸辺

（1） Morris, “Svetlana: A Love Story,” 143.

（2） Ebon, *Svetlana: The Incredible Story*, 12; Hudson, *Svetlana Alliluyeva: Flight to Freedom*, 78; and Alliluyeva, *Only One Year*, 62.

（3） Alliluyeva, *Only One Year*, 72.

（4） 同上、81

（5） Morris, “Svetlana: A Love Story,” 143.

（6） Alliluyeva, *Only One Year*, 99.

（7） Chester Bowles, *Ambassador's Report*（New York: Harper & Bros., 1954）, 74.

（8） Alliluyeva, *Only One Year*, 111.

（9） 同上、119.

（10） 同上。

（11） 同上、140.

（12） Morris, “Svetlana: a Love Story,” 146; and Alliluyeva, *Only One Year*, 189.

(13) Morris, "Svetlana: a Love Story," 146.

(14) Marilyn Silverstone, "The Suburbanization of Svetlana," *Look*, sept. 9, 1969, 56.

(15) Alliluyeva, *Only One Year*, 191.

第16章◆イタリア風コミック・オペラ

(1) Telegram from Secretary of State Rusk to L. Thompson, American ambassador to the Soviet Union, Secret, Flash, Mar. 6, 1967, LBJL, NSF, Intelligence, Svetlana Alliluyeva, NLJ/RAC 12-91.

(2) LBJL, Recordings and Transcripts, tape F67.08, side B, PNO 3.

(3) Telegram from L. Thompson to Rusk, Mar. 7, 1967, LBJL, NSF, Intelligence, Svetlana Alliluyeva, NLJ/RAC 03-113.

(4) CIA DB, NARA, Congressional Record, March 15, 1967, S3867-68.

(5) CIA DB, NARA, AMB file, Foreign Report, Jan. 5, 1967, CIA-RDP70B00338R00030009013-1.

(6) Peter Earnest, International Spy Museum, Washington, DC, podcast, Peter Earnest in Conversation with Oleg Kalugin and Robert Rayle on Defection of Svetlana Alliluyeva, Dec. 4, 2006, www.spymuseum.org/exhibition-experiences/agent-storm/listen-to-the-audio/episode/the-litvinenko-murder-and-other-riddles-from-moscow.

(7) Rayle, "Unpublished Autobiographical Essay," PC, Rayle.

(8) Earnest, International Spy Museum podcast.

(9) W. Rostow to President, Friday, Mar. 10, 1967, 8:45 AM, LBJL, NSF, Intelligence, Svetlana Alliluyeva, NLJ/ RAC 03-115 E.O. 12958, Sec. 3.5.

(10) Rayle, "Unpublished Autobiographical Essay," PC, Rayle.

(11) Herewith Verbatim Copy: Letter from Svetlana Alliluyeva to Children, Mar. 9, 1967, LBJL, NSF, Intelligence, Svetlana Alliluyeva, NLJ/ RAC 03-113.

(12) Rayle, "Unpublished Autobiographical Essay," PC, Rayle.

(13) Alliluyeva, *Faraway Music*, 144.

(14) Secret: From New Delhi, Mar. 15, 17, 1967, NARA: E.O. 13292, Sec. 3.5. NLJ 03-145.

(15) Alliluyeva, *Faraway Music*, 146.

(16) Rayle, "Unpublished Autobiographical Essay," PC, Rayle.

(17) Alliluyeva, *Faraway Music*, 147.

(18) Secret: From New Delhi, Mar. 15, 17, 1967, NARA: E.O. 13292, Sec. 3.5. NLJ 03-145.

(19) "Stalin's Daughter Said to Quit Soviet Union and May Have Approached US

Aides," *New York Times*, Mar. 10, 1967.

(20) Rayle, "Unpublished Autobiographical Essay," PC, Rayle.

(21) Secret: From New Delhi, Mar. 15, 17, 1967, NARA, E.O. 13292, sec. 3.5. NLJ 03-145.

(22) Alliluyeva, *Only One Year*, 207.

第17章◆外交狂騒曲

(1) Morris, "Svetlana: A Love Story," 146.

(2) Text of Indian protest note, C. S. Jha to Chester Bowles, Mar. 9, 1967, LBJL, NSF, Intelligence, Svetlana Alliluyeva, NLJ/RAC 03-113 E.O. 13292 Sec. 3.5.

(3) Letter to Mr. C. S. Jha, Foreign Secretary, Ministry of External Affairs, Government of India, from Chester Bowles, March 10, 1967, LBJL, NSF, Intelligence, Svetlana Alliluyeva, NLJ/RAC 03-113 E. O. 13292 Sec. 3.5.

(4) From Moscow, Mar. 13, 1967, attached to text of Indian protest note, Mar. 9, 1967.

(5) Gene Sosin, *Sparks of Liberty: An Insider's Memoir of Radio Liberty* [Radio Free Europe] (University Park: Pennsylvania State University Press, 1999), 118.

(6) NARA RG 59 Central Foreign Policy Files 1967-1969, Pol 30 USSR box 2684, folder POL 30 USSR: 012608, Mar. 13, 1967.

(7) Author's interview with Leonid and Galina Alliluyev, Moscow, May 17, 2013.

(8) Soviet statement on Alliluyeva's defection, NARA RG 59 Central Foreign Policy Files 1967-1969, Pol 30 USSR box 2684, folder POL 30 USSR: 008007, May 9, 1967.

(9) Author's telephone conversation with Marvin Kalb, Apr. 9, 2012. この発言にはやや誇張があった。在ベルンの米国大使館によれば、「アリルーエワ夫人はスイス当局と接触することを米側に要請した。彼女はスイス国内に数週間滞在して休息することを希望し、スイス当局に対しては、その件を公表しないよう要請した」。NARA RG 59 Central Foreign Policy Files 1967-1969, Pol 30 USSR box 2684, folder POL 30 USSR: 012407, Fr AMEM BASSY BERN to SECSTATE WASHDC, Mar. 13, 1967.

(10) Alliluyeva, *Only One Year*, 213.

(11) Letter to author from Ramona Rayle, Oct. 12, 2014.

(12) Alliluyeva, *Only One Year*, 210.

(13) Rosamond Richardson interview with Svetlana Alliluyeva (Lana Peters), Saffron Walden, 1991, tape 4, PC, Richardson.

(14) Alliluyeva, *Only One Year*, 216.

(15)　Gaddis, *Hawk and the Dove*, 599–60.

(16)　Letter from Ambassador Chester Bowles to Secretary Rusk, from New Delhi, Mar. 15, 1967, NARA, RAC NLJ 010–003–6–7.

(17)　Gaddis, *Hawk and the Dove*, 318.

(18)　John Gaddis, interview with George and Annelise Kennan, George F. Kennan Papers, MC 256, box 6, folder 1, PUL.

(19)　Letter from Chester Bowles to Walt Rostow, Eyes Only, Mar. 18, 1967, LBJL, NSF, Intelligence, Svetlana Alliluyeva, State Dept. Guidelines, EO 12958. Sec. 3.5.

(20)　Greenbaum had just represented Harper & Row in its dispute with Jacqueline Kennedy over the publication of William Manchester's *The Death of a President*.

(21)　Author's interview with Walter Pozen, son-in-law of George Kennan, New York, Feb. 12, 2013.

(22)　George F. Kennan Papers, MC 076, box 22, folder 5: Jameson, Donald, PUL.

(23)　Alliluyeva, *Only One Year*, 214.

(24)　同上、215.

(25)　同上、218.

(26)　同上。

(27)　Author's interview with Walter Pozen, New York, Feb. 12, 2013.

(28)　"Stalin's Daughter in the US to 'Seek Self-Expression': 2 Americans Had Role in Decision," *New York Times*, Apr. 22, 1967.

(29)　同上。

(30)　同上。

(31)　To New Delhi, Apr. 6, 1967, "Foll is summary of status and recent non-Indian developments in Svetlana case: Pls pass to Ambassador Bowles," LBJL, NSF, Intelligence, Svetlana Alliluyeva, NLJ/RAC 03–113 E.O. 13292 Sec. 3.5.

(32)　Andrei Sedykh, "Milliony Svetlany"〔Svetlana's Millions〕, *Novoye Russkoye Slovo*, Apr. 15, 1973.

第18章◆弁護士の出番

(1)　Author's interview with Alan Schwartz, Los Angeles, Dec. 5, 2013.

(2)　"Stalin's Daughter in the US to Seek'Self-Expression,'" *New York Times*, Apr. 22, 1967.

(3)　Author's interview with Alan Schwartz, Los Angeles, Dec. 5, 2013.

(4)　Letter from Greenbaum to Evan Thomas, May 26, 1967, outlining his account of events, PC, HarperCollins Collection.

(5) "Publishing," *Time*, May 26, 1967, 38.

(6) Other translators on the list were Patricia Blake, Robert Tucker, and Max Hayward.

(7) Author's interview with Priscilla Johnson McMillan, Jan. 21, 2013.

(8) 同上。

(9) Alliluyeva, *Only One Year*, 226.

(10) 同上、228.

(11) Golden, *My Long Journey Home*, 154–55.

(12) Author's interview with Golden's daughter Yelena Khanga, Moscow, Jan. 28, 2014.

(13) Author's interview with Leonid and Galina Alliluyev, Moscow, May 17, 2013.

(14) Ana Petrovna and Mikhail Leshynsky, *Poslednee interview* [The Last Interview] (Moscow: Algoritm, 2013), 71–72, hereafter Petrova and Leshynsky, *Last Interview*.

(15) 同上、73.

(16) "Myths," *Live with Mikhail Zelensky*, comments of Olga Fedorovna Redlova.

(17) Svetlana Alliluyeva,"To Boris Leonidovich Pasternak,"trans. Max Hayward, *Atlantic* 219, no. 6 (June 1967): 133–40.

(18) 同上、135.

(19) 同上、140

(20) Author's interview with Alan Schwartz, Los Angeles, Dec. 5, 2013.

(21) Alliluyeva, *Faraway Music*, appendix, p. 181.

(22) Author's interview with Alan Schwartz, Los Angeles, Dec. 5, 2013.

(23) Meryle Secrest interview with Svetlana Alliluyeva, audio recordings, group 1, tape 7, HIA.

(24) Author's interview with Alan Schwartz, Los Angeles, Dec. 5, 2013.

(25) Sedykh, "Svetlana's Millions."

(26) *Journal*, Offices of the Legislative Council [of the USSR], Tuesday, May 23, 1967; Nikodia Tsonev, CIA DB, Svetlana Alliluyeva, Press Items.

(27) Alexander Kolesnik, *Mify i pravdy o sem'e Stalina* [Myths and Truths About Stalin's Family] (Moscow: Technivest, 1991), 46.「1943年5月［1941年とする資料もある］、モスクワ＝リガ鉄道のジムニ駅付近に駐留していた我が軍の上空にドイツ軍機が飛来してビラを撒いた。ビラには、戦局が危機を迎えていた1941年当時、I・V・スターリンが敗戦に備えて200万ルーブルをスイスの銀行に送金したと書かれていた。地上に達したビラは回収され、焼却された。当時は誰一人その宣伝を信じなかった」。

(28) "$300 Million Gold for Svetlana," *Washington Observer Newsletter*, June 15, 1967,

CIA DB, NARA, AMB file CIA-RDP73B.『ワシントン・オブザーバー・ニューズレター』は右翼系のゴシップ新聞だったが、CIAがファイルに保存していたという意味では資料として重要だった。

(29) Memorandum for the President, Mar. 30, 1967, LBJL, NSF, Intelligence, Svetlana Alliluyeva, NARA, NLJ/RAC 010.003005/18.

(30) From USUN NEW YORK to RUEHC/SECSTATE, WASHDC, Apr. 24, 1969, NARA, RG 59, Central Foreign Policy Files 1967–1969, Pol 30 USSR box 2684.

(31) Author's interview with Alan Schwartz, Los Angeles, Dec. 5, 2013.

(32) Letter to Eddie Greenbaum from George Kennan, Apr. 15, 1967, PC, HarperCollins Collection.

(33) Sir Paul Gore-Booth, NAUK, Foreign Office, FCO 95/14, File No. IR 1/5/4, Confidential Defectors: Soviet Union: Svetlana Stalin, May 1, 1967.

(34) ソ連側はスヴェトラーナの亡命がすべてCIAの「計画、実行、資金提供」によるものであると確信していた。ジョンソン政権がスヴェトラーナの米国への入国を遅らせたこともCIAの「陰謀全体の一部」にすぎないというのがソ連側の見解だった。FBI files UPI-68 and 105–163639-A.

(35) Greenbaum, Wolff & Ernst, transcript of press conference interview, Aug. 15 1967, PC, HarperCollins Collection.

第19章◆アメリカの土を踏む

(1) FBI file 105–163639/53673, Confidential: From John Edgar Hoover to Director of Intelligence, Dept. of State, Apr. 25, 1967. フーヴァー長官は次のように警告している。「外交代表団のメンバーをFBIが調査していることが漏れれば、国防上の損害を招く可能性がある」。

(2) Ebon, *Svetlana: The Incredible Story*, 153; and Biage, *Svetlana: The Inside Story*, 150. ニコラス・トンプソンも同じ趣旨の記事を書いている。*Hawk and the Dove*, 228.

(3) Garry Wills and Ovid Demaris, "The Svetlana Papers," *Esquire*, November 1967, 176.

(4) "Stalin's Daughter in the US to Seek'Self-Expression,'" *New York Times*, Apr. 22, 1967.

(5) 同上。

(6) Alliluyeva, *Only One Year*, 319. See also Zubok, *Zhivago's Children*, 213〜17. フルシチョフは1963年に労働組合会館での集会でヴォズネセンスキーを激しく攻撃し、それが原因でヴォズネセンスキーは神経衰弱に陥った。

(7) Ron Popeski, "Ex-KGB Head Semichastny Dies at 77," *St. Petersburg Times*, no. 636, Jan. 16, 2001. See also Ebon, *Svetlana: The Incredible Story*, 152.

(8) Author's interview with Priscilla Johnson McMillan, Jan. 21, 2013.

(9) "Stalin's Daughter in the US to Seek 'Self-Expression.'"

(10) 同上。

(11) Wills and Demaris, "Svetlana Papers,"176–77.

(12) Memorandum for the Record, Apr. 1, 1967, Subject: Telephone Conversation with George Kennan, Mar. 31, 1967, Sanitized, NARA, NLJ 03–145, E.O. 13292, Sec. 3.5.

(13) From AMEMBASSY TEHRAN TO RUEHC/SECSTATE AMEMBASSY MOSCOW, Subj: Svetlana, May 9, 1967, NARA, RG 59, Central Foreign Policy Files 1967–69, Pol 30 USSR box 2684, Confidential.

(14) "Transcript of Mrs. Alliluyeva's Statement and Her Replies at News Conference," *New York Times*, Apr. 27, 1967.

(15) Wills and Demaris, "Svetlana Papers," 178.

(16) Alliluyeva, *Only One Year*, 317.

(17) 同上、314.

(18) Wills and Demaris, "Svetlana Papers," 178.

(19) "Mrs. Alliluyeva Goes Shopping on the Miracle Mile," *New York Times*, Apr. 29, 1967.

(20) Author's interview with Priscilla Johnson McMillan, Jan. 21, 2013.

(21) 同上。

(22) 同上。

(23) Letter to author from Priscilla McMillan, July 7, 2014.

(24) Meryle Secrest interview with Svetlana Alliluyeva, audio recording, group 2, tape 4, HIA.

主要登場人物

ソ連

スターリン家

ヴィッサリオン・ジュガシヴィリ（ベソ）

スターリンの父親。グルジア生まれ。靴職人。

エカチェリーナ・ジュガシヴィリ（ケケ）

スターリンの母親。グルジア生まれ。針子、洗濯女。スターリンはケケが生んだ子供の中でただ一人生き残った息子だった。

ヨシフ・ヴィッサリオノヴィチ・ジュガシヴィリ（ソソ）（スターリン）

スヴェトラーナの父親。グルジアのゴリ生まれ。革命家としての仮名はコバ。1913年からスターリン（「鋼鉄」）を名乗るようになる。

ナジェージダ・スターリナ（アリルーエワ）（ナージャ）

スターリンの二度目の妻。スヴェトラーナの母親。アゼルバイジャンのバクー生まれ。

ワシリー・スターリン（ワーシャ）

スヴェトラーナの兄。1921年、モスクワ生まれ。1962年、アルコール中毒で死亡。

ヤーコフ・ジュガシヴィリ（ヤーシャ）

スヴェトラーナの異母兄。スターリンの最初の妻との間に生まれた長男。グルジアのトビリシ生まれ。1941年にドイツ軍の捕虜となり、1943年に捕虜収容所で死亡。ヤーコフの二番目の妻ユーリア・メルツァーは1941年に逮捕され、1943年に釈放された。

アルチョム・セルゲーエフ

スターリンの養子。実の父親は1921年に列車事故で死亡。1920年代末までスターリン家で暮したが、その後、実母の許に戻る。

アレクサンドラ・アンドレーエヴナ・ブイチコワ

スヴェトラーナの乳母。スヴェトラーナの子供たちの乳母としても務めた。1956年死亡。

カロリナ・ティル

ドイツ系ラトヴィア人の家政婦。1927年からスターリン家で働いたが、1937年の「大粛清」に際して解雇された。

ミハイル・クリーモフ

スヴェトラーナのボディーガード。1942年から43年にかけて、心ならずもスヴェトラーナとアレクセイ・カープレルのプラトニックな情事を目撃することになる。

ワレンチナ・イストーミナ(ワーレチカ)

スターリンの忠実な家政婦。内縁関係だったと言われている。1934年からスターリンが死ぬ時までクンツェヴォ邸でスターリンに仕えた。

スヴェトラーナの親戚

アリルーエフ家

オリガ・アリルーエワ

スヴェトラーナの母方の祖母。ドイツ系、グルジア生まれ。子供は4人。

セルゲイ・アリルーエフ

スヴェトラーナの母方の祖父。鉄道労働者。ボリシェヴィキ派の革命家。1900年に初めてスターリンをアリルーエフ家に連れてきた。

パーヴェル・アリルーエフ

ナージャの長兄。1938年に心臓発作で死亡。妻のジェーニャは1947年に逮捕され、1954年に釈放された。

アンナ・アリルーエワ

ナージャの姉。1948年に逮捕され、1954年に釈放された。夫のスタニスラフ・レーデンスはウクライナのOGPU長官、カザフスタンの内務人民委員などを歴任したが、1940年に処刑された。

フョードル・アリルーエフ

ナージャの次兄。1898年生まれ。1918〜19年の内戦に参加し、その間に神経衰弱にかかった。

スヴェトラーナのいとこたち

パーヴェル・アリルーエフとジェーニャの子供たち

キーラ、セルゲイ、アレクサンドル。キーラは1948年に逮捕され、1953年に釈放された。

スタニスラフ・レーデンスとアンナの子供たち

レオニード、ウラジーミル。

スヴェトラーナの甥

アレクサンドル・ブルドンスキー

スヴェトラーナの兄ワシリー・スターリンの息子。スターリンの名を捨て、

母親の姓ブルドンスキーを名乗った。有名な演出家。

スワニーゼ家

エカチェリーナ・スワニーゼ（カト）

スターリンの最初の妻。グルジア人。1906年にスターリンと結婚し、ヤーコフを産むが、1907年にチフスで病死。

アレクサンドル・スワニーゼ（アリョーシャ）

スターリンの最初の妻カトの兄。ソ連対外貿易銀行の幹部。1941年に逮捕され、処刑された。妻のマリア・スワニーゼはグルジア人のオペラ歌手で、貴重な日記を残したが、1942年に処刑された。ジョンリード（ジョンニック）はスワニーゼ夫妻の一人息子だった。

マリコ・スワニーゼとサシコ・スワニーゼ

スターリンの最初の妻カトの姉たち。マリコ・スワニーゼは1942年に処刑された。

スヴェトラーナのソ連時代の夫たち

グリゴーリー・モロゾフ（グリーシャ）

スヴェトラーナの兄ワシリーの友人。ユダヤ人。1944年にスヴェトラーナと結婚、1947年に離婚。その後、法学部の教授になった。ヨシフの父親。

ユーリ・ジダーノフ

最高ソヴィエト議長アンドレイ・ジダーノフの息子。1949年にスヴェトラーナと結婚、1951年に離婚。28歳の若さでソ連共産党中央委員会科学部長になった。カーチャの父親。

ジョンリード（ジョンニック）・スワニーゼ（後に、イワン・スワニーゼ）

両親が処刑された後、犯罪者の孤児として孤児院で育った。その後、流刑処分となってカザフスタンに送られ、炭鉱で働かされたが、1956年にモスクワに帰還し、1962年にスヴェトラーナに再会してキリスト教会で結婚したが、1年後に離婚。

ブラジェシュ・シン

インド人。ウッタルプラデシュ州カラカンカルの王族の王子。1963年にソ連でスヴェトラーナに出会い、内縁関係となる。1966年に死亡。

スヴェトラーナがソ連に残した子供たち

ヨシフ・アリルーエフ

スヴェトラーナとグリゴーリー・モロゾフの息子。1945年生まれ。神経科

医。最初の妻エレーナとの間に息子イリヤが生まれるが、離婚。2番目の妻リューダと再婚。2008年に死亡。

カーチャ・ジダーノワ

スヴェトラーナとユーリ・ジダーノフの娘。1950年生まれ。地震学者としてカムチャツカで研究生活を送る。娘アーニャ。

スヴェトラーナのソ連時代の愛人

アレクセイ・カープレル

ユダヤ人の脚本家。1942〜43年にスヴェトラーナとプラトニックな恋愛関係になるが、スターリンの怒りに触れ、10年間、強制収容所に送られる。

ユーリ・トムスキー

1936年に自殺した労働組合運動指導者ミハイル・トムスキーの息子。孤児として強制収容所で育った。

ダヴィッド・サモイロフ

1920年生まれのユダヤ人詩人。ソ連の戦後期の最も重要な詩人のひとり。1990年に死亡。

アンドレイ・シニャフスキー

反体制派の作家。1966年にユーリ・ダニエルとともに逮捕され、反ソ活動の罪で7年間の強制労働刑を宣告される。1971年に釈放されると、1973年に妻のマリア・ローザノワを伴ってパリに亡命。1997年に死亡。

スヴェトラーナのソ連時代の友人

セルゴ・ベリヤ

モスクワ第25模範学校時代の幼馴染。ラヴレンチー・ベリヤの息子。

イリヤ・エレンブルグ

ジャーナリスト、作家。小説『雪どけ』(1954年刊)の著者。「雪どけ」はスターリン没後の時代を象徴する言葉となった。

リリー・ゴールデン

アフリカ研究所の研究員。アフリカの音楽と文化に関する研究業績を残している。

キーラ・ゴロフコ

女優。夫アルセニー・ゴロフコはソ連海軍の参謀総長。スヴェトラーナと同じ「川岸ビル」の入居者だった。

ボリス・グリバノフ

「児童文学出版所」の編集長。ダヴィッド・サモイロフの友人。

ステパン・ミコヤン

スターリンの政治局員アナスタス・ミコヤンの息子。妻はエラ・ミコヤン。

マルファ・ペーシコワ

マクシム・ゴーリキーの孫娘。セルゴ・ベリヤの妻。

オリガ・リーフキナ

モスクワ第25模範学校の同級生。スヴェトラーナの終生の友人。

フョードル・ヴォルケンシュテイン

モスクワ大学の化学教授。スヴェトラーナに『友人に宛てた二十通の手紙』執筆のきっかけを与えた。

スターリン体制下の政治局員と政府幹部

ラヴレンチー・ベリヤ

ミングレル人。1938年以降、スターリンの秘密警察組織の長官。政治局員として原爆開発計画を担当したが、スターリンの死後、逮捕され、1953年に処刑された。

ニキータ・フルシチョフ

モスクワ工業大学でのナージャの同級生。1953年から64年までソ連邦共産党第一書記。1956年、「秘密演説」でスターリンを批判し、非スターリン化を開始した。1964年に失脚し、71年に死亡。

セルゲイ・キーロフ

レニングラードの共産党書記長。1934年に暗殺された。キーロフ暗殺はその後の「大粛清」の序曲となった。

アナスタス・ミコヤン

1937年、ソ連邦副首相。1964年、ソ連邦最高ソヴィエト議長。1978年に死亡。

ヴャチェスラフ・モロトフ

1942年から57年まで第一副首相。フルシチョフによって解任され、1961年に引退。1986年、死亡。

ポリーナ・モロトワ

ヴャチェスラフ・モロトフの妻。スヴェトラーナの母ナージャ・スターリナの親友。漁業人民員を務めたが、1948年に逮捕され、1953年に釈放された。1977年、死亡。

アンドレイ・ジダーノフ

1938年から47年まで最高ソヴィエト議長。イデオロギー統制の責任者。その政策は「ジダーノフ主義」と呼ばれた。1947年、スターリンによって解

任され、1948年、心臓発作で死亡。

アベル・エヌキーゼ

ナージャ・アリルーエワの名付け親。中央執行委員会書記。1935年に解任された後に逮捕され、1937年に処刑された。

ニコライ・ヴラーシク将軍

1931年から52年までスターリン警護隊長。警護部長官。1967年、死亡。

ゲンリフ・ヤゴダ

1934年から36年までNKVD（ソ連邦公安情報部）長官。1937年に逮捕され、1938年に処刑された。

ニコライ・エジョフ

1936年から三八年までNKVD長官として「大粛清」の実行役となった。1939年に逮捕され、1940年に処刑された。

反コスモポリタン闘争と医師団陰謀事件の犠牲者

ソロモン・ミホエルス

モスクワ国立ユダヤ劇場の支配人。ユダヤ人反ファシズム委員会委員長。1948年に暗殺された。ミホエルスの暗殺が反コスモポリタン闘争開始の合図となった。

ヤーコフ・ラポポルト博士

ソ連の病理学者。医師団陰謀事件の容疑者として1952年12月に逮捕され、1953年3月に釈放された。

インド

I・A・ベネディクトフ

ソ連の駐インド大使。スヴェトラーナが大使館に提出していたパスポートをベネディクトフ大使が返却したことが彼女の1967年の亡命を可能にした。

トリロキ・ナート・カウル

インドの駐ソ連大使。ブラジェシュ・シンの友人。1966年にスヴェトラーナの草稿をソ連からインドに持ち出した。娘はプリーティ。

カッシーロワ

ソ連外務省の職員。スヴェトラーナのインド旅行のお目付け役。

ディネシュ・シン

ブラジェシュ・シンの甥。1966年から67年までインディラ・ガンジー政府の外務次官。娘はリーヴァ。

スレシュ・シン

ブラジェシュ・シンの弟。スヴェトラーナがニューデリーで亡命する前に滞在していたカラカンカルでの滞在先。

駐インド米国大使館

チェスター・ボウルズ

1967年当時の米国の駐インド・ネパール大使。スヴェトラーナへの観光ビザ発給を決断した。1968年に離任。

ジョージ・ヒューイ

駐インド米国大使館のニューデリー領事。大使館に駆け込んだスヴェトラーナに最初に対応した大使館職員。

ロバート・レイル

駐インド米国大使館の二等書記官。CIAの職員でもあった。1967年にスヴェトラーナがイタリアとスイスを経由して亡命した際、彼女に同行した。

スイス

アントニーノ・ヤンネル

スイス外務省東欧局長。スイス政府のスヴェトラーナ問題担当者。

米国

キャス・キャンフィールド

出版社ハーパー・アンド・ロウ社の社長。スヴェトラーナの著作のうち、最初の2作を出版した。

フリッツ・アーマース

1984年にスヴェトラーナがソ連に帰国した当時のCIAソ連東欧担当情報官。

エドワード・グリーンバウム

ニューヨークの法律事務所グリーンバウム・ウォルフ・アンド・アーネスト社の共同経営者。「将軍」と呼ばれた。スヴェトラーナの入国ビザと著作権に関する業務を扱い、彼女のために150万ドルの印税を確保した。

ドナルド・ジェイムソン

CIA幹部職員。スヴェトラーナの米国入国に関与し、米国の生活への適応を支援した。

ジョージ・ケナン

元駐ソ大使。プリンストン高等研究所研究員。妻はアンネリーゼ。

フォイ・コーラー

1967年当時のジョンソン政権の国務次官補。スヴェトラーナの米国亡命受

け入れの拒否を強硬に主張した。

アラン・シュワルツ

弁護士。エドワード・グリーンバウムの部下。

エヴァン・トーマス

ハーパー・アンド・ロウ社の副社長。

1967年以降のソ連政府指導者

ユーリ・アンドロポフ

1967年、スヴェトラーナ亡命後の時期にKGB長官に就任。1982年、ブレジネフの後継者としてソ連邦共産党中央委員会総書記。1983年6月、最高ソヴィエト議長（大統領に相当）に就任するが、8月に病気で倒れ、1984年、死亡。

レオニード・ブレジネフ

フルシチョフの後継者として、1964年から82年までソ連邦共産党中央委員会総書記。抑圧的な体制を復活させたが、1982年に死亡。

ミハイル・ゴルバチョフ

1982年から91年までソ連邦共産党中央委員会総書記。グラースノスチ（公開）政策とペレストロイカ（再編成）政策を導入したが、必ずしも成功しなかった。1986年、スヴェトラーナのソ連邦出国を許可した。

アレクセイ・コスイギン

1964年のフルシチョフ失脚後に首相。集団指導体制の中でブレジネフと権力を分かち合った。1980年死亡。

ミハイル・スースロフ

ソ連邦共産党書記次長。共産党イデオロギー部門の責任者。1966年、ブラジェシュ・シンとの結婚許可を求めるスヴェトラーナの申請を却下。1982年、死亡。

KGB工作員

ワシリー・フョードロヴィチ・サーンコ

1954年、オーストラリアで元KGB職員ウラジーミル・ペトローフの妻エヴドキア・ペトローワを拉致した。一九六七年にはスヴェトラーナを拉致する任務で米国に送り込まれた。

ヴィクター・ルイス（ヴィターリ・エヴゲニエヴィチ・ルーイ）

スヴェトラーナの『友人に宛てた二十通の手紙』の草稿をソ連国外に持ち出し、ロンドンのフレゴン・プレス出版社に売り渡した。また、スヴェトラー

ナの家族写真をドイツの雑誌『シュテルン』に持ち込んだ。

アレクサンドル・クールペル

工作員である可能性の高い人物。一九七五年にスヴェトラーナの息子ヨシフ・アリルーエフの米国亡命事件を企んだ。

米国でのスヴェトラーナの夫と親戚

ウェスリー・ピータース

フランク・ロイド・ライトが設立したタリアセン財団の主任建築家。1970年から72年までスヴェトラーナの夫。1991年死亡。オルガの父親。

サミュエル・ハヤカワ上院議員

言語学者。サンフランシスコ州立大学学長。1977年から83年まで、カリフォルニア州選出の連邦議会上院議員。1992年、死亡。妻のマージ(マージダント)はウェスリー・ピータースの妹。

オルガ・マージダント・ピータース(クリス・エヴァンズ)

スヴェトラーナとウェスリー・ピータースの間に生まれた娘。1971年、カリフォルニア州サンラファエル生まれ。

タリアセン財団

オルギヴァンナ・ライト

1897年、オリガ・イヴァーノヴナ・ラゾーヴィチとしてモンテネグロ王国で生まれ、1928年にフランク・ロイド・ライトの3番目の妻となる。「神秘主義哲学者」ゲオルギー・イヴァノヴィチ・グールジェフの弟子。1959年のフランク・ロイド・ライトの死亡後は、彼女自身が1985年に死亡するまでタリアセン共同体の主宰者。

イオヴァンナ・ライト

フランク・ロイド・ライトとオルギヴァンナの娘。

スヴェトラーナ・ヒンツェンベルグ・ライト

オルギヴァンナと彼女の最初の夫ラトヴィア出身の建築家ヴァルデマール・ヒンツェンベルグとの間に生まれた娘。1934年にウェスリー・ピータースの最初の妻となり、2人の息子をもうけたが、1946年に自動車事故を起こし、息子の1人ダニエルとともに死亡。

ブランドック・ピータース

ウェスリー・ピータースとスヴェトラーナ・ヒンツェンベルグ・ライトの間に1941年に生まれたもうひとりの息子。5歳の時、母親とともに自動車事故に遭遇したが生き延びた。チェロ奏者。家畜牧場の経営を試みるが、失

敗。

米国でのスヴェトラーナの愛人

ルイス・フィッシャー

ジャーナリスト。『スターリン評伝』(1952年刊) を含めて10冊の著書がある。プリンストン大学ウッドロー・ウィルソン公共国際政策大学院教授。1969年にスヴェトラーナと出会った。

マックス・ヘイワード

オックスフォード大学セント・アントニー・カレッジ教授。専門はソ連の文学政策。パステルナークの『ドクトル・ジバゴ』の英訳者。スヴェトラーナが1967年に書いた公開書簡「ボリス・レオニードヴィチ・パステルナークへの手紙」を英訳して雑誌に発表した。

トム・ターナー

当時52歳のビジネスマン。ドミニカ修道会の「平修道士」(世俗会員)。1988年にスヴェトラーナとの関係が始まったが、一年後の1989年に癌で死亡。

米国の友人

マリー・アンダーソン

ウィスコンシン州スプリング・グリーンで知り合った友人。

アルカージー・ベリンコフ

亡命反体制作家。23歳だった1944年、反ソ活動を理由に死刑判決を受けるが、減刑され、12年間、強制収容所で服役。1968年、妻ナターリアとともに西独に逃れ、その後、米国に亡命。

ダグラス・ブッシュネル

プリンストンの富裕なビジネスマン。1977年、プリンストンでスヴェトラーナと知り合い、娘オルガの父親役を演じたことがある。

ポール・チャフチャヴァーゼ

カフカス地方のグルジア貴族の末裔。英国を経て、1934年に米国に亡命。スヴェトラーナの著作『たった一年』を英訳した。妻のニーナはロシア皇帝の叔父の娘。

マイケル・コイン

エリザベス・コインの息子。スプリング・グリーンでのスヴェトラーナの親友。

ジョーン・ケナン

ジョージ・ケナンの娘。1967年の夏、スヴェトラーナを自宅に宿泊させた。

プリシラ・ジョンソン・マクミラン

ジャーナリスト。ソ連事情の専門家。『友人に宛てた二十通の手紙』の翻訳者。米国到着直後のスヴェトラーナを父親の別荘に匿った。

トーマス・ミラー

米国の火山学者。調査のために、毎年、ソ連のカムチャツカ地方を訪れていた。

ウォルター・ポーゼン

弁護士。ジョーン・ケナンの再婚相手。スヴェトラーナの財務管理を支援した。

キャシー・ロッシング

エリザベス・コインの娘。スプリング・グリーンでのスヴェトラーナの親友。

ローザ・シャンド

スヴェトラーナがプリンストンで出会った友人。英国でスヴェトラーナがテリー・ウェイトと知り合い、クエーカー教会系の学校「フレンズ・スクール」を知るきっかけを与えた。

エドマンド・ウィルソン

アメリカの有名な文学評論家。ソ連問題の専門家。

英国

アイザイア・バーリン

ロシア帝国生まれの英国の哲学者、作家、翻訳家。ハーヴァード、オックスフォード両大学の教授。1982年にスヴェトラーナの英国移住を支援した。

メアリー・バーケット

英国ペンリス市近郊のアイセル館に住んでいた。フェルト工芸品に関する世界的権威。

フィリッパ・ヒル

有名な物理学者の未亡人。スヴェトラーナがケンブリッジ市チョーサー・ロードに住んでいた頃の隣人。

ローレンス・ケリーとリンダ・ケリ夫妻

スヴェトラーナがケンブリッジ市で暮しいていた頃の隣人。ローレンス・ケリーはアレクサンドル・グリボエードフとミハイル・レールモントフに関する研究論文を書いている。

ニーナ・ロバノフ＝ロストフスカヤ

スヴェトラーナがロンドンで暮らしていた頃の隣人。ニーナの夫の父親はスターリンの命令で処刑された。

マルコム・マガリッジ

英国放送界のパーソナリティー。保守的な立場からのキリスト教宣伝で有名。1981年にスヴェトラーナを招いてインタビュー番組を制作し、テレビで放映した。妻はキティー。

ジェーン・レンフルー

ケンブリッジ大学の著名な考古学者。スヴェトラーナがケンブリッジ市チョーサー・ロードに住んだ頃の隣人。

ロザモンド・リチャードソン

作家。スヴェトラーナがサフラン・ウェルデンで知り合った友人。1993年に刊行された『長い影—スターリン家の内幕』の著者。スヴェトラーナは当初、同書の執筆に協力した。

ヴァネッサ・トーマス

スヴェトラーナがロンドンのラドブローク・グローヴで暮らしていた頃の友人。夫のヒュー・トーマス卿は歴史学者。

ヴェラ・スフチンスカヤ・トレイル

ケンブリッジ市に住む亡命ロシア人。祖父はロシア臨時政府の陸軍大臣だった。

ジャーナリスト

パトリシア・ブレーク

ジャーナリスト。プリンストンの知識人サークルで活動した。スヴェトラーナのソ連への帰還について『タイム・マガジン』に辛辣な記事を書いた。スヴェトラーナはブレークを敵視していた。

ジョージ・クリムスキー

AP通信社の記者。1975年にヨシフ・アリルーエフのアメリカ亡命を支援しようとした。

トニー・ルーカス

『ニューヨーク・タイムズ』紙のニューデリー特派員。1967年にインドから出国するスヴェトラーナに付き添った大使館員ロバート・レイルがCIA職員であることを暴露した。

訳者略歴
一九四〇年生
東京外国語大学ロシア語科卒
ロシア政治史専攻
主要訳書
ヤン・T・グロス『アウシュヴィッツ後の反ユダヤ主義　ポーランドにおける虐殺事件を糾明する』
サイモン・S・モンテフィオーリ『スターリン　赤い皇帝と廷臣たち　上下』
オーランドー・ファイジズ『囁きと密告　スターリン時代の家族の歴史　上下』
ノーマン・デイヴィス『ワルシャワ蜂起1944　上下』
オーランドー・ファイジズ『クリミア戦争　上下』（以上、白水社）

スターリンの娘
「クレムリンの皇女」スヴェトラーナの生涯　上

二〇一七年一〇月一五日　印刷
二〇一七年一一月　五日　発行

著　者　ローズマリー・サリヴァン
訳　者 ©　染谷（そめや）　徹（とおる）
装幀者　日　下　充　典
発行者　及　川　直　志
印刷所　株式会社　理　想　社
発行所　株式会社　白　水　社

東京都千代田区神田小川町三の二四
電話　営業部〇三（三二九一）七八一一
　　　編集部〇三（三二九一）七八二一
振替　〇〇一九〇 - 五 - 三三二二八
郵便番号　一〇一 - 〇〇五二
http://www.hakusuisha.co.jp
乱丁・落丁本は、送料小社負担にてお取り替えいたします。

株式会社松岳社

ISBN978-4-560-09573-7

Printed in Japan

▷本書のスキャン、デジタル化等の無断複製は著作権法上での例外を除き禁じられています。本書を代行業者等の第三者に依頼してスキャンやデジタル化することはたとえ個人や家庭内での利用であっても著作権法上認められていません。